精益思想丛书

低成本 零缺陷 持续改善

The Lean Manager
A Novel of Lean Transformation

金矿 II

精益管理者的成长

珍藏版

[法] 迈克·伯乐（Michael Ballé）
弗雷迪·伯乐（Freddy Ballé） 著

周健 刘健 译
赵克强博士 审校

机械工业出版社
CHINA MACHINE PRESS

图书在版编目（CIP）数据

金矿Ⅱ：精益管理者的成长（珍藏版）/（法）伯乐（Ballé, M.），（法）伯乐（Ballé, F.）著；周健，刘健译. —北京：机械工业出版社，2015.8（2025.5 重印）
（精益思想丛书）
书名原文：The Lean Manager：A Novel of Lean Transformation

ISBN 978-7-111-51073-4

I. 金… II. ① 伯… ② 伯… ③ 周… ④ 刘… III. 企业管理－通俗读物
IV. F270

中国版本图书馆 CIP 数据核字（2015）第 182273 号

北京市版权局著作权合同登记 图字：01-2010-4178 号。

Michael Ballé, Freddy Ballé. The Lean Manager：A Novel of Lean Transformation.
ISBN：978-1-934109-25-0

金矿Ⅱ：精益管理者的成长（珍藏版）

出版发行：机械工业出版社（北京市西城区百万庄大街 22 号 邮政编码：100037）	
责任编辑：程 琨	责任校对：殷 虹
印　刷：北京建宏印刷有限公司	版　次：2025 年 5 月第 1 版第 23 次印刷
开　本：170mm×242mm　1/16	印　张：23.5
书　号：ISBN 978-7-111-51073-4	定　价：59.00 元

客服电话：（010）88361066　68326294

四年前，《金矿：精益管理　挖掘利润》（以下简称《金矿》）中文版出版，我作序推荐。现在，《金矿Ⅱ：精益管理者的成长》中文版即将出版，我再次作序。之所以欣然领命，首先是看到《金矿》受到国内读者的普遍欢迎，它以小说的形式，将精益的理念、系统与工具，鲜活地介绍给大家。对于大多数在企业里从事具体工作的读者来说，一本好的小说读起来比学术论文或者教科书要轻松多了，并且随着主人公一道，体会那种在精益实施过程中"一波未平，一波又起"的不断挑战的感觉，学习效果也会好很多。

这一次，作者伯乐父子的新作《金矿Ⅱ：精益管理者的成长》推出，与前一本书有同样的主题：精益的思想、系统和工具，但不同的是，新书更侧重于人的问题，体会公司总裁、工厂经理、班组长、操作员工以及公司里各个不同层级与部门的人们，在公司通过精益变革进行自救的过程中，在传统与精益的两种不同管理方式下，经受的煎熬与成长。这个过程教育读者，精益不仅是一些方法、工具的应用，更是观念和管理方式的彻底转变。

在我国，精益生产的引入已经有二十多年的历史，但真正的热潮是过去十年。学习和实施精益生产的行业从汽车、汽车零部件向机械、电子以及其他行业扩展，从外资企业、合资企业向国有企业和民营企业扩展，精益覆盖的范围也从生产现场扩展到更大的生产运营系统，甚至是产品开发、供应链等部门。应该说，精益生产方式以及精益思想已经对我国制造业的发展产生了广泛而深远的促进作用，对促进我国企业从粗放式经营向少浪费的集约式经营转变做出了贡献。

尽管经历了大约十年的精益热潮，但是，我国企业在学习和实施精益的过程中也普遍遇到各种挫折——精益的实施远比想象的复杂和困难。许多企业在经历了最初的热情、取得了一些成功后，却发现遇到了存在于企业体制和人员观念中的更大障碍，感觉无能为力，不得不投降，又回到了最初的状态。这些"挫折"或是"失败"给我们的精益热潮浇了一盆冷水，提醒大家，精益绝不是可以一蹴而就的"运动"，而是一次没有终点的"长征"。而延续这种热情和前进动力的关键是什么？绝不是简单的方法和工具的实施，而是人员的培养，是包括观念、技能、组织在内的综合成长。

现在摆在读者面前的这本《金矿Ⅱ：精益管理者的成长》，正是以人才培养为主题的一本小说。本书和《金矿》有一个重要的差异：《金矿》的故事发生在一个中小企业里，当事的主人公菲尔是股东和经营者；而《金矿Ⅱ》的故事发生在一家跨国企业的法国工厂，主人公沃德的身份是工厂总经理，置身于一个大公司的政治环境里，与许多对精益跃跃欲试的改革者所处的情况非常相似。

两本书有一个共同点，那就是强调人是精益变革的中心，也是变革持续成功的保证。相信通过阅读本书，那些在精益变革中迷惑和煎熬的人们能得到指引，那些即将实施精益变革的企业和人员也会对这个过程中有关人的问题有初步的认识，从而变革得更有招数。

中国有句老话："十年树木，百年树人。"丰田公司过去也强调："造车之前先造人。"希望这本书能让我们对精益思想如何"造人"有新的认识。

　　《金矿Ⅱ：精益管理者的成长》是精益企业中国翻译的第 13 本精益丛书，我们很高兴继《金矿》后能再次带给您一本讲述精益管理的小说。《金矿》在中国已经重印了 10 多次，我们希望这本续集能带给您一个新的案例，使您获得更多新的启发。

　　本书的作者迈克·伯乐博士有特殊的天分，能够将平常观察到的一些企业实施精益的过程以及各种人物串联起来，并搭建成一个小说的架构。此次他沿用《金矿》讲故事的形式，与大家分享一家工厂如何运用精益的理念和方法，从即将关闭的危机转化到成功运营。所谓"事在人为"，成也在人，败也在人。本书以人的问题为中心，描述一个企业的领导如何一方面周旋应付总部和外在的政治问题，一方面驾驭并培养手下的经理，让他们同心协力，为工厂也为个人的发展而努力。书中的主人翁所经历的种种，可能正是你我曾经或是正面临的挑战。

　　培养一个精益的管理者不容易，书中的主人翁沃德就是一个例子。企业的一把手首先要能识人，并给予机会历练。企业的上上策是领导层亲自参与培养一批管理人才，分配横向管理的职位，改进顾客的满意度，频繁地与被培养的对象沟通，并检查改善的绩效，按照 PDCA 的科学方法学习与检讨，务求持续改善。作者的很多观点非常值得处在不同行业、不同岗位的我们深思，作为日后行事的参考，时刻自省。

感谢同济大学的周健、刘健带领他们的团队辛苦地翻译这部长篇小说。我们非常高兴能再次与机械工业出版社合作，继《金矿》《精益解决方案》《学习型管理》等一系列精益大师的著作后，出版这本好书。

我们非常希望您能和其他读者分享您的读后感想，来信请寄 www.leanbook.org，我们期待您的建议与指教。

赵克强　博士

精益企业中国总裁

"客户至上，准时交付合格的产品，降低成本，与手下人一起工作，培养他们解决问题的能力。"当詹金森向年轻的下属沃德解释什么是精益的真谛时，你可以感觉到沃德的挫折感——这么简单，完全和预想的不一样，是不是？

多年来，我一直从事精益工作，致力于将丰田那革命性的系统"翻译"和传播给他人。即使对我这样的人来说，也会有与你类似的感觉：我们如何能够在传播丰田生产方式（TPS）奥妙的同时，找到更好的表述方法呢？

我已经在运营管理领域里工作了大约25年。这些年里，曾经先后出现过多次声势浩大的运动——质量运动、全员参与运动、六西格玛运动以及精益运动，现在还有精益六西格玛运动。每次这些运动都将弗雷德里克·泰勒的"科学管理"当作对立面，强调我们需要超越局部效率的限制，去追求由人和流程构成的整个系统的效率。然而这一理解却一直停留在抽象的层面上，要使它能够被整个工业界或其他组织真正接受，仍是一个莫大的挑战！

我最初成为迈克和弗雷迪的粉丝，是因为读了他们的小说

《金矿》。我非常喜欢企业管理小说的想法，但并不期望有多少出色的作品，因为那是非常不容易的。读到《金矿》时，我感到非常兴奋，书中所说的，正是多年来我一直努力要告诉我的同事和客户们的！我迫不及待地把这本书介绍给认识的每一个人，让他们去读。然而现在回想起来，那时我想借这本书改变大家思维模式的想法，显然是不恰当的。真正的改变，只有在亲身实践的时候才会发生，正如这本新书《金矿Ⅱ：精益管理者的成长》所描述的情况一样。

《金矿》和《金矿Ⅱ》都是小说体裁，通过小说的故事情节扣住你的心，可谓是"引人入胜"。而一旦你沉浸到小说里，就会发现这本书的故事与自己关系密切。你将会以不同的方式，看到自己面对的问题。简单地说就是，你会觉得"身临其境"！我一直努力告诉我的客户和学生，TPS是一个"活"的系统，而非只是一个工具箱或路线图，必须把它变活才能真正理解它，因为它在不断地发展演化。然而，企业界仍然非常热衷于寻找一个清楚、实用的工具箱和路线图。所以，咨询公司们也就迎合着这种需求，提供客户们想要的这些东西。

我试着列出企业界在学丰田的道路上最常犯的"五大错误"，它们是：

1. 给整个改革任务取一个名字，例如"精益六西格玛"，然后将它确定为一个项目。

2. 试图用PowerPoint来演示，描绘出一幅通往精益的路线图。

3. 把执行这个项目的责任分派给中层管理人员。

4. 没有把它看成是一个重大的、需要无止境地去努力实践的文化变革。

5. 高层管理者没有承担亲自领导文化变革的责任。

我和迈克曾有过无数次的讨论，中心话题就是如何帮助各种公司或其他组织避免以上这些错误，使它们能够沿着文化变革的路径前行。这项任务非常复杂，然而又是难以置信的简单。这其中最复杂的部分就是，只有通过不断地"做"才能学会。然而，大多数人总是希望在自己决心好好做之前，首先在"理智上"被说服。

在本书中，詹金森做了他不得不做的事情。作为总裁，他有权要求员工做出选择——要么接受，要么走人。他选择性地运用了这种权利。他很清楚地把关注的焦点放在公司盈利能力上，即使这有时意味着关厂和裁员。事实上，他认为，如果工厂把某人给"改善"出去了，某人（或者相当的部分）就应该出局，尤其是当这个人不能接受变革的时候。

这一点是和传统的丰田方式相抵触的。丰田管理方式的目标是团队成员的共同成长和相互信任，为此他们尽一切可能避免裁员。但詹金森认为，如果整条船已经处于非常危险的境况了，那么最好的办法就是让某些人下船，保住整条船。

同时，詹金森对于培养人的承诺非常清楚。他已经从丰田学到了一个重要的价值观，那就是"投资于人"。他也从老师们那里学到了几个重要的招数——识别出那些乐于改进自己的人，给他们挑战性的目标，让他们经受挫折的历练，在他们学习的时候给予必要的支持。他让沃德在实践当中摸爬滚打，并时不时地现身帮助沃德想出新的办法。他向沃德提出问题，而不是给出答案。这是非常典型的丰田方式。对于教育来说，这种"苏格拉底方法"[⊖]比直接提供答案或结论的方式来得更加有效。结果是，即使是作为一个中等规模公司的总裁，詹金森也能够深入到工作的第一线，去变革公司的文化。对于这个故事来说，如果没有詹金森在总裁层次的领导，工厂也不会有机会找到自己的解决办法。在詹金森之前的阿奈斯特业务系统（Alnext Business System）就是一个没有生命力的机械式练习，因为它缺少前任总裁的切实推动和坚定承诺。

对于那些没有经历过精益变革旅程的人来说，有一些事看起来似乎相互矛盾。例如，詹金森总是谈"客户至上""投资于人"和"质量"，而同时他却命令下属工厂缩减质量部门的规模，并且把主导权从销售部门转到工程部门。在大多数人习惯的模式中，质量是质量部门的责任，而客户满意是销售部门的责

⊖ 苏格拉底是古希腊的思想家，他教育人的方法即以提问为主。——译者注

任。为了使整个组织能够从根本上改变，并让大家从习以为常的官僚体制中摆脱出来，詹金森在某种程度上不得不采取独裁式的做法。而当他的下属们经历了真正的改善，开始自己改变自己的时候，詹金森也从一个独裁者的角色，逐步转为一个教练和顾问的角色。

我们为什么会形成这样一种印象——需要公司最高层从根本上重建公司文化？我们为什么需要总裁来告诉大家，做好业务需要深入地理解人和流程，需要把第一以及最终的焦点放在客户满意上？从沃德的妻子克莱尔的角度，我们可以获得一个很清晰的对比。作为一个在行业里成长起来的小企业主，克莱尔非常清楚她的小马术俱乐部要如何生存，她对于每天的日常运作活动以及雇用的每个人都非常了解。当她要了解员工的安全状况时，她不需要去"安全部门"索取关于谁受伤了之类的统计数据。她非常清楚某一匹乃至每一匹马的优势和劣势，她也了解如何能让客户满意。从某种意义上说，她正是沃德需要成为的那种"精益管理者"。

整个世界到处都是小企业和小企业主，他们能毫不困难地理解这些问题的重要性：让客户满意；一如既往地交付增值的产品或服务；必须依靠人去完成这一切。然而，随着企业的成长，组织内部也滋生了一些不利的因素，整个组织变得越来越官僚化，并且迷失了方向。丰田成功的一个秘密就是它在成长过程中的管理——在组织变得逐渐官僚化的同时，公司没有迷失方向。这个过程中，丰田也曾时不时地偏离方向，但领导者们总能将它拉回到基本点上，就像我们今天从丰田章男那里听到的一样。

"价值流分析图"（Value Stream Mapping, VSM）是一个了不起的工具，它能帮助你学会如何去观察，为迷失的组织找回方向。公司应该在哪些方面为客户增值？在层层级级的官僚组织中有没有迷失方向，或被掩埋？通过价值流图析，思想开放的明眼人能够从自己参与创建的一堆乱象中，梳理出隐藏其中的增值流程。随后，"未来状态"就会抖落身上的灰尘，出现在正前方，从而不会被隐藏在复杂的组织结构和层层级级的领导之中。不幸的是，"价值流图析"有时也会沦为官僚体制的一部分，以至于失去了帮助人们观察的作用。

我可以从学术上用不同的方式反复讲这些道理，但却没有能力让它们变得鲜活起来。而这本小说，用来源于最前沿的鲜活经验，带领我们沿着"精益之旅"不断地取得进步，从单个工序的改善，到价值流的管理，到员工参与到问题解决，再进一步到由自觉的领导团队聚焦于正确的业务问题而形成协同的文化，这个过程中，公司逐步变得成熟。

我所辅导过的公司都渴望在领导力方面获得有效的指引，它们曾经求助于各式各样的领导工具，但后来也知道了那是一条死胡同。现在很合适开展一场这样的讨论，但问题在于，该如何进行这场讨论？

如果有这样一本企业管理小说，能真实地展示出人们在无情的商业竞争环境中挣扎的过程，展示出他们为了变革、学习以及适应而摸爬滚打的过程，那它应该堪称"无价之宝"。继《金矿》之后，我再一次地感到很兴奋，希望这本《金矿Ⅱ：精益管理者的成长》能为读者点亮一盏灯，帮助大家认识，真实的企业变革中，"客户至上"以及"通过培养人去实现这一切"到底意味着什么。那些负责这项工作的人必须改善这项工作。虽然有各种工具，但它们并不是"改善流程"的工具，而是把问题显现出来，帮助大家思考如何解决问题的工具。无论是看板、标准化工作，还是5S，这些工具的作用都是帮助工作团队建立一个标准，使得偏离标准的状况能够很容易被发现。然后，工作团队必须培养解决问题的技能，去识别问题的根本原因，并解决它。任何的解决方案都只是一个实验方案，也可以说只是"半仙"。如果这些工具不能改变做工作的人对自己工作流程的思考方式，那么它们就是失败的。如果领导者不了解如何运用这些工具，来激发大家的创造力和内在动力，他们也就不能算是好的领导者——充其量不过是在管理一个官僚化的流程而已。

如果这些都只是关于如何领导，以及聚焦于正确的业务问题，那么是否有什么是关于丰田、精益以及六西格玛方面的新内容呢？这个问题很好，我们可以就此展开一场有益的辩论。如果说这只是另一个卓越模式的框架，指点我们如何组织大家去实现一个既定目标，对我来说也不是不可以接受。

我非常钦佩弗雷迪·伯乐作为一个真正的精益领导者的深度经验，也非常羡慕甚至嫉妒迈克的小说写作能力（尽管迈克还是坚持说自己只是一个差劲的小说家）。他们的组合，对我所献身的精益改革运动做出了无可估量的贡献。他们以一种生动的方式讲述了那些原本抽象的要点，使读者身临其境。我希望有更多的人能够真正亲身经历它！

杰弗瑞·莱克

美国密歇根大学教授，《丰田模式》（*The Toyota Way*）作者

安德鲁·沃德　沃德，又称安迪，奈普拉斯公司下属佛顿工厂总经理

克莱尔·沃德　克莱尔，安德鲁·沃德的妻子，一家小马术俱乐部的企业主

菲尔·詹金森　奈普拉斯公司总裁，奈普拉斯的前身是阿奈斯特公司汽车业务部门，被一家私募股权投资机构尤尼宛收购，詹金森个人持有 20% 股份

艾米·伍兹　精益顾问，受菲尔·詹金森邀请，指导沃德等人实施精益变革

迈克·伍兹　艾米的丈夫，管理研究者，尤其关注精益变革中人的心理

鲍勃·伍兹　迈克·伍兹的父亲，经验丰富的精益大师

韦恩·山德斯　奈普拉斯公司销售部门负责人

劳威尔·科尔曼　奈普拉斯公司供应链部门负责人

让－皮埃尔·德隆　佛顿工厂人事经理

马提亚斯·穆勒　佛顿工厂原设备维护经理，后担任生产经理，后又因工会罢工事件转回担任设备维护经理

奥利弗·斯蒂格勒　佛顿工厂原生产经理，后辞职

卡罗尔·仙顿　佛顿工厂物流经理

玛里卡·查蒂　佛顿工厂原质量经理，后辞职

维基尼·勒叙厄尔　佛顿工厂质量部技术员

弗兰克·巴雅德　佛顿工厂的技术经理

斯蒂芬·阿曼迪　佛顿工厂财务主管

丹尼斯·克拉拉　佛顿工厂原生产主管，曾热心工会活动，后担任生产经理

希尔维·巴拉斯　佛顿工厂女工，原工会代表，后来担任生产主管

玛蒂尔德·韦伯　佛顿工厂女工，后担任班组长

桑德琳·伦布罗索　佛顿工厂女工

丹尼尔·皮特　佛顿工厂物流部技术员，工会代表

克洛泽·贝克梅耶　纽霍夫工厂总经理

汉斯·阿克曼　纽霍夫工厂持续改善专员

布莱恩·斯通布里奇　瓦克劳工厂总经理

客 户 至 上

安德鲁·沃德上班时得到了一个令人吃惊的消息，公司总裁菲尔·詹金森打算关闭佛顿工厂！

对沃德来说，关掉工厂意味着自己将丢掉这份工作，丢掉工作意味着将离开马兰科特，而离开马兰科特又意味着什么？沃德简直不敢想！

车子在春天的暴雨中徐徐前进，沃德则在脑中一遍遍准备该如何把这个消息告诉妻子。三年前刚得到这个工作的时候，沃德就害怕过这一时刻的到来，只不过随着日子一天天过去，这种担心慢慢消退了。然而现在，噩梦却突然跳了出来，并告诉他，自己是多么的失败。

沃德曾经是一个成功的咨询顾问。大学毕业后的许多年里，都过着中上流社会的生活：在伦敦市中心与几个雅皮朋友合租一套公寓；在世界各地飞来飞去，为客户提供审核和改进供应链效率的意见，并以此赚了不少钱。那时，亚洲刚开始觉醒，全球化合作的势头迅猛，能源的价格很低，低到甚至可以忽略运输费用……那时的沃德，常常是西装革履，明亮的眼睛里带着笑意，散发着邻家男孩的魅力。无论是从布拉格到新加坡的那些用钢筋和透明玻璃建造起来的总部，还是边远工业区里简陋的仓库，他在各种环境下都能适应。他会用充满激情的演讲使客户的管理层耳目一新。即使在布满灰尘的物料配送中心，他也能与搬运工结成朋友。他还经常光顾各个城市的酒吧，和当地的年轻人一起喝啤酒。沃德出生并长大的地方是里士满，那是伦敦的一个小康郊区，那里的金融业和娱乐界的名流经常在泰晤士河畔的酒吧里会面。他成长在城市、生活在城市，在全球旅行，从一个大都市到另一个大都市。他喜欢霓虹灯和拥挤的人群，他喜欢繁华的街道和酒吧，他喜欢白天的忙碌和夜晚的多姿多彩。

现在，沃德担任一家法国公司的工厂总经理，工厂坐落在法国与德国的边境，是香槟地区的外围。他之所以到这里工作，完全是因为一个最简单也是最复杂的原因——爱情！他爱上了一个女孩。而这个女孩的最爱是马：骑马、养马、马匹交易、为马配种。她曾经在伦敦一家高级马术俱乐部工作，兼职担任法语翻译。由于沃德小时候有好几个夏天都在他父母住的普罗旺斯度假，因此法语相当流利。当时女孩受雇为一场巴黎的演出翻译一份公司简介，而他被请来做指导。嘡！两人擦出了火花。很快，他们就在伯爵阁地区一间不大的房子里开始了同居生活。那时的他们，既年轻又漂亮，在伦敦热恋——生活就像舞会一样。

克莱尔的父亲经营马兰科特的马术俱乐部，一个距离梅兹市不远的小型马术俱乐部。在那里，克莱尔爱上了这种身形庞大而又沉默寡言的动物，并与它们一起长大。为此，沃德还经常嘲笑她是在马棚里出生的。不幸的是，她的父亲遇到了一场严重的意外，事故后身体恢复得很慢，甚至是每况愈下。克莱尔想到这个俱乐部是由父亲辛辛苦苦创办的，更充满着自己童年的欢乐记忆，便下定决心接手过来。尽管克莱尔一直将拥有一家马术俱乐部当作一个遥远的梦，然而面对突然而至的抉择时，她却发现自己完全没有做好准备——是专心待在马兰科特经营马术俱乐部，还是卖掉或者彻底关掉它？更糟糕的是，她与父亲交谈后发现，马术俱乐部的整个生意实际上处于高度的负债经营状态，并且从来就没有真正赚过什么钱，家中的生活开销一直都是依靠母亲在镇上当中学校长的工资。纵然如此，她仍然下定决心拯救马兰科特。如果沃德愿意的话，他可以跟她一起走，但是无论如何，她都不会再回伦敦了。

一切都是爱情惹的祸！沃德痛苦地承受着这个突发变故的折磨。不久，克莱尔搬回了马兰科特。他意识到两个明显的事实：首先，他离开她无法生活，这也许听起来过于夸张，但是，他坦然接受这个事实；其次，他的那些空中飞人般的全球顾问的工作经验，并不能帮助自己在法国的农村地区找到一份合适的工作。

在那些令人沮丧的日子里，沃德只能在伦敦和马兰科特的这个偏僻村庄之间不断来回，而克莱尔也在逐渐了解经营一家马术俱乐部与仅在那里工作的巨大差异。作为一个出生在城市里的孩子，他发现自己要面对的糟糕状况无以言表，但是，既然是男人就得像个男人样。此时，他参加了阿奈斯特公司汽车业务部门的一个长期咨询项目，为负责物流部门的副总裁劳威尔·科尔曼工作。这个部门的产品经常是在绕地球两圈之后才能到达客户端的生产部门，科尔曼一直为物流效率提高不上去而头疼。在沃德的项目中，他发现一个部件需要组装 21 个步骤、穿越 18 个国家（算上供应商的部件制造地）才能到达目的地。好几次，科尔曼表示愿意聘请沃德到他的供应链办公室，但是沃德并没有接受的意思。直到有一天，沃德终于把自己的两难之处讲了出来，而科尔曼则为他想出了一个解决办法：阿奈斯特的汽车业务部门在法国东部的佛顿镇上有家工厂，那个工厂的总经理快退休了。沃德是"精益/六西格玛"的专家，刚开始的几个月可以先做工厂的持续改善专员，以便熟悉流程，等年迈的总经理退休后就可以接手。佛顿距离马兰科特只有 40 分钟的车程，这样距离就不再是问题了。看起来这可是完美的计划啊！

每个人或多或少都会认为这是一个权宜之计。劳威尔认为，沃德不久就会厌倦了实际运营者的角色，最终加入他的供应链管理团队，而且对于一直作为顾问的沃德来说，有一些实际工作经验也不错。而当时的沃德虽然有点担心经营工厂会很吃力，但那却为他在当地寻找一份理想的工作赢得了时间。他想，一旦在法国定居了，找当地的工作总会相对容易一些。

后来，这个"权宜之计"演变成了一个令人满意的结果。那位即将退休的工厂总经理，注塑成型的老手布朗科，出人意料地欣赏这位性格开朗且工作努力的英国小青年。沃德发现自己的工程背景变得很有用，更让自己意外的是，自己也喜欢同这些机器以及工艺流程打交道。他在工厂的第一年，各种"六西格玛"的项目都完成得不错。除此之外，由于人事变动频繁，大部分管理层人员都挺年轻。他们对沃德的任命，有些人平静接受，有些人愤愤不平，但都没有过于激烈的反应。毕竟，这位从总部"空降"到基层运营管理岗位的新星，在工厂内外都已建立起良好的人际关系。就这样，沃德顺理成章地变成了一位称职的工厂总经理。

然而，菲尔·詹金森接管并将毁掉这一切——他决定立即关闭佛顿工厂！"再见了我的工作，再见了我的薪水，再见了我的马兰科特……"沃德絮叨着。他将很难在法国这个鬼地方找到一份同样收入的工作，而且克莱尔也不能保证来年的收入能养活这一家人。他们会渡过这些难关，但她将会感到很难过。

———

"劳威尔？"

"嗨，安迪。我正等你电话呢。他跟你说了？"

"是呀，他打算关掉工厂。你知道了？"

"嗯，詹金森不让我跟别人讲。他想当面告诉你。"

"呵，他办到了。你觉得这就是最后的结果么？"

"你的意思是？"

"詹金森，你一直跟着他工作吧，他真的这么严厉吗？"

沃德听到了一阵沉默，然后是深吸一口气的声音。

"他的确相当严厉，但并不像大家认为的那样完全不讲理。他不怎么跟大家在一起，你知道的，扯闲话。但是，他非常聪明。事实上，还没有人真正了解他。这里的人刚刚开始认真对待他的到来，这个话题有些政治……也很正常。"

"为什么会这样？"

"你看啊，从他到这儿，开始的四五个月时间里，他什么都没干。没有宣布什么，没有决策，什么都没有。他的大部分时间都花在了工程工作上，大家由此判断出他是一名工程师。他亲自去实施改善项目。他召集所有工厂管理层人员都要参加改善活动，但如果有人不出席的话，他也不会批评。每当遇到客户投诉，他都会亲自去拜访客户，但却不让销售人员陪同。他直接去客户的生产线，了解我们的产品是如何装在汽车上的。然后突然之间，他又开始在每一条战线上发起改革攻势。"

"将总部大楼一股脑卖掉，然后把总部工作人员重新分配到工厂去？"

"那只是冰山的一角啊。真正厉害的事情是把项目管理的职责从销售部门剥离出来。他解雇了大部分项目经理，这些人过去向韦恩·山德斯汇报，然后让技术工程师去掌管那些项目。还记得山德斯吧，就是那个把尤尼宛私募股权投资机构引进来的家伙。他一直自认为比总裁的权力还大，因为他紧握着所有客户的关系网——还不算那些投资商。然而现在，菲尔告诉他，销售力量是为工程师服务的，而不是反过来。这个言论对山德斯的打击太大了，我想不久他会反击的。"

"哇哦，我还没意识到呢。但重新安排工程师的工作，那些家伙没有怨言吗？他们最恨别人告诉他们该做什么，他们没有集体辞职吗？"

"没那么严重。记得吧，他曾经跟他们相处了几个月，而且给了他们更多的权限，因此什么职位的变动能比得上这个有吸引力呢？不管怎么说，这次变动还仅仅是个开始！"科尔曼提高了嗓门，掺杂着愤懑与质疑，"然后就该卖图拉卡的工厂了。"

"那个皇冠上的明珠，是吗？那个生产高毛利率的 SUV 部件的工厂？"

"是啊，这也只是冰山的一角啊。菲尔想卖掉它，然后可以将更多的资源分给小型车部件的部门。但这有什么意义？小型车市场的利润空间太小了，而且我们认为，现在确实需要提高这个部门的运营收入了。菲尔坚持自己的观点，韦恩则在他的方案中百般阻挠。山德斯认为，应该继续把重点放在高毛利率的产品上，尽管它们的销量很少。而菲尔则认为，现在有许多富余的产能，因此先要提高产销量。而降低成本使业务变得有利可图，则是他自己的工作。"

"这是丰田的理论，是吗？"

"哦？你看出来了？"

"那个，嗯，利润等于价格减去成本，"沃德故作含糊地说，尽量让人听起来不像一个很懂的人。"你知道，这个精益的幻灯片曾经在以前的演讲中用过。不是首先计算产品的成本，加上期望的利润率，然后按照这个价格出售，而是按照市场的价格出售，并且不断地降低成本，直到实现赢利目标。这就是丰田占领市场的方法。它们从小型车着手，虽然赢利空间不大，但同时竞争对手也不会太强，因为竞争对手认为这个细分市场不是很有吸引力。至少，在精益培训课上，老师就是这么教我们的。"

"你说得很对，说得很对啊。这就是他的观点，我希望他能详细讲解一下他的策略。总之，韦恩一点儿也不理解这个。现在工程师都被抽去支持小型车的新项目报价上去了，销售却还没好转。这真是纠结混乱啊。但关于菲尔，我还是要说，他不是一个轻言放弃的人。"

"那他在精益方面的造诣到底怎么样？"沃德迟疑地说，"他几乎看都不看

ABS [⊖]（Alnext Business System, 阿奈斯特业务系统）的这群人。"

"哦，我知道这件事。詹金森确实看起来漠不关心。记得我们以前搞过15人的专职团队到各工厂指导改善的事情吗？他关掉了那个办公室，给这些人一个月时间，要么回到生产线上去，要么离开公司。他声称，改善是工厂自己的事，而不是总部的事。现在只有杰瑞德·西姆留下来负责 ABS 项目，这个可怜的倒霉蛋，完全摸不着头绪。每次西姆问问题，不管主题是什么，菲尔都会回答，'教那些工厂自己搞改善，这是它们自己的事'，好像这是显而易见的事一样。"

"你是说不要做 ABS 审核了？"

"近期是不会了，我可以肯定。菲尔是个丰田迷。我们的白塔尼工厂仅仅为丰田汽车乔治城工厂供应几种小的零部件，以用于凯美瑞车型。菲尔辞掉了那个负责为丰田服务的工厂总经理。他从工厂内部提拔了一个人，仅仅就因为那个家伙有为丰田供货的经验。他的决策很简单，无论丰田要什么，他都给。菲尔的态度是，首先做，然后再算账。我相信，他正尽力与乔治城建立更多的联系，但他又总是捂着不让人看清他要出哪张牌。"

"那么，他怎么会对我们在精益上的工作不感兴趣呢？"

"我不知道！为了我的钱考虑，我怀疑他所理解的'精益'与我们所定义的'精益'，含义不相同。他在任何场合都没提过'精益'这个词，因此很难知晓。每次我们试着展示一些我们精益项目的成果时，他都是瞪着眼，摇摇头，然后离开。让我们都觉得自己很白痴。但他确实要求每个人工作得都和从前不一样。很少人能确定自己早上爬起来的时候，工作是否还在。"科尔曼说。

"他叫我以完全不同的方式观察供应链。他要求我从交付时间的角度，重新评估所有产品当地化生产的决策。他的目的是，要得到一张简单明了的图，从卡车运输的路线和频率的角度，去观察整个供应链。这与我们通常所关注的那种单位运输费用是不同的，我还没有找到如何从系统中找出可靠数据的方法。"

"既吝啬又精益，两者都要，哈？"[⊖]

"对的，他很严厉，但称不上'吝啬'。但可以肯定的是他不讲人情，而

⊖ 在丰田生产方式（TPS）受到广泛关注和认可后，很多公司热衷于将 TPS 及其他时髦的管理方法结合在一起，编制自己的生产系统（X Production System, XPS），或业务系统（X Business System, XBS）。——译者注

⊖ 原文为 mean and lean，此处双关。——译者注

且不是那么平易近人。他听着别人讲，甚至让别人看起来很像是听进去了。大家往往因为他表面上的迟钝和经常沉默而低估他。他提出许多问题，但却从来不让你知道他到底在想什么，这让人很有压力，然而他却屡试不爽。这家伙太聪明了，他的记忆力好得惊人。毫无疑问，他现在为自己树敌无数，但我不认为他这是故意的。他只是不太容易共事，因为他明明清楚地知道自己要采取什么措施，却不告诉你。结果就是，美国这边对他有很多不满。我怀疑你在欧洲那边也会感受到，他正盯着你们呢。"

"确实。真希望你早点提醒我，他完全出乎我的意料啊。"

"他就是这样，"科尔曼同意道，冷静地笑了笑，"听着，有些人热衷于把这家伙说得像个妖魔，但我的经验告诉我，他是个直奔主题的猎手。他会按他的计划办的。"

"那工厂就要做出牺牲？他要把我们放逐？是这个意思吗？"

又是一阵长时间的沉默，沃德想要清楚地听清来自大西洋彼岸的副总裁的回答。

"他已经关闭了彼得伯龙工厂。"科尔曼终于说话了。

沃德什么也没有说，思考着这句话。彼得伯龙曾是阿奈斯特的一家规模庞大且历史悠久的工厂。

"我会告诉你菲尔决定了什么，"科尔曼又补充着，"但他还是挺开明的。"

"是！是啊！"沃德爆发了，仍被那一天詹金森来工厂访问的懊恼经历折磨着。詹金森连珠炮似地发问着，不给你喘息的机会，要不就是表现出对所听到的内容不感兴趣。

"不，不是的，"科尔曼坚持道，"他还是很开明的。我的确见过他改变决定。他许多怪异的理论都是通过阅读大野耐一早期作品得来的，你知道，大野耐一就是那个被公认是精益这玩意儿的首创者……"

"我知道你在说谁！"

"不管怎样，菲尔认为，我们所有人一半情况下都是错的，他自己也是如此。"

"真的吗？"

"这就是为什么他如此努力地工作。他相信，证明对错唯一的途径就是实践，真金不怕火炼！在这方面他确实是个老顽固，对待每个问题都用相同的方法。笼统的概述不能使他信服，任何时候出现的任何一个与他所想相悖的迹象，无论这个苗头是多么微小，都能让他暂停下来——他要眼见为实。"

"我不理解，"沃德低声说，"他到底开不开明？从你刚才跟我说的，我感觉他只是固执啊！"

"你要这样想，做一件天马行空、但却不见结果的事并不能打动他，他对那没兴趣。并且作为一个傲慢的军人后代，他通常觉得自己的理由比你的更能让人信服。只有在事实面前，他才会低头。我曾经见到，当他意识到工作中存在更好的解决方式或者更好的做事方法后，他彻底地改正了作为一个决策者的很多根深蒂固的错误。所以，如果你想说服他，无论什么事，不要做纸上功夫，不要去和他争论，把真实的情况直接展示给他看。"

"谢谢你的忠告，劳威尔，"沃德灰心丧气地回应道，"但我不认为这真的可行。如果他脑子里已经下定决心要关闭我的工厂，我们怎么让他收回成命呢？"

"我也不知道，孩子，"劳威尔说，"我确实不知道，对这个人我没有足够的影响力，无法左右他的决定，即使我很想帮忙。如果事情真的变得不可收拾的话，我的团队仍然会有位置留给你。我们仍然需要你。"

"劳威尔，再次感谢。你实在是太好了。但是，你知道的，克莱尔说什么也不会同意搬走的。"

"哦，对了，她怎么样啊？还有你们的儿子？"

"我们很好。查理快 8 个月了，谢谢你……"

"再坚持一会儿！会挺过去的。"

回想那天新总裁的工厂之行，沃德曾经是既兴奋而又不安。他打听到詹金森就像个难伺候的顾客，但又像个真正的精益英雄。工厂的工作经历已经使沃德体会到，把书本所学与一个真实的工厂结合起来，是多么的困难，因此他一直希望寻找一位生产实践中的"真正"的精益专家。因此，他与他的管理团队为接待做了精心的准备，汇报佛顿工厂实施 ABS（阿奈斯特业务系统）的情况，还制作了用于展示"精益六西格玛"项目成果的幻灯片。

然而一切都是浪费。詹金森在工厂待的时间几乎不到一个小时。他从法兰克福开了一辆租来的车，在旋风般的参观之后又疾驰而去，留下沃德傻呆呆地站在工厂的大厅里——对他来说，这种感觉就像被骇人的飓风卷过一样。他慢慢地从茫然中清醒，想要回到楼上通知他的管理团队，但是很快他又改变了他的想法。他觉得在这个时候告诉他们不合适，决定还是先将这个令人失望的消息隐瞒起来。他穿过死气沉沉的大厅和几扇重重的大门，走进车间。这一刻，他不得不承认这座工厂看起来是多么的烂，黄不拉儿的墙上到处都是刮痕，脏兮兮的吊灯射出昏暗的灯光，使用多年的注塑机看起来是那么的糟糕，让人看不出来有人在这工作的迹象，并且好像从来没有工作人员进行日常的维修保养。

詹金森仿佛没看到已经准备好的成果展示。"我们去车间。"他说，根本就不按照你的安排来。沃德尴尬地打电话给助手，告知其他的部门经理不用等了，并跟着这个身材魁梧的男人走进了工作车间。

沃德又高又瘦——几乎可以称得上是"瘦骨嶙峋"了，有着一头蓬乱的黑色直发和一双帅气的蓝眼睛。詹金森看起来则更高更壮一些，这个大号的笨重男人，眼镜后面皱着个学究式的眉。讲话慢得让人不耐烦，还拖着加利福尼亚人惯有的鼻音，直让你产生想帮他快点说完的冲动。他的金发中夹着几丝银发，符合典型的北欧人的特征，粗糙的脸上甚至残留着几颗刚冒出来的青春痘。

詹金森在沃德的陪伴下慢慢地穿过工厂，时不时地停下来看看，询问一个又一个关于生产的细节问题。大多数问题沃德都答不出来。每次他建议找人来回答的时候，詹金森都会挥手拒绝，继续向前走，留下沃德尴尬得站在那儿。

"你们的销售额是 2.5 亿欧元是吧？"詹金森确认了一下，"换算成美元，差不多是 3.6 亿美元。"

"差不多，"沃德同意道，他的不安在增长，"我们的 EBITDA $^\ominus$是 4.5%，基本完成了预算目标——但我认为，这有些太低了，"他犹豫地补充着，"我们的成本……"

"告诉我，你们在客户端的 PPM $^\ominus$怎么样？每百万件的不良品数？"

"差不多 400 吧，"沃德畏缩着，"我们有好几种外观部件……"

"那么内部的质量情况呢？"詹金森打断道。

$\ominus$　财务术语，意思是"息税前利润"。——译者注

$\ominus$　pieces per million，百万分之一，用于描述质量水平。——译者注

"对这个，我们还没用 PPM 来计算过，"沃德回应，"我们有 3%~4% 的废品率……"

"我敢打赌，这就把你们的毛利水平打了对折——怪不得你们的财务状况如此糟糕！"

詹金森停在一台注塑机前面，看着机械手在模具中进进出出，捡起一件成品并把它丢到传送带上，有工人为工件磨去毛刺后，将它们放到客户的包装箱里。

"这是周末加班？"

"是的。我们有几台注塑机坏了，所以需要赶进度。同时，还需要生产一些本来已经决定转移到罗马尼亚工厂去生产的产品。因此，目前的情况是每周工作 7 天。"

"算了吧！"总裁不耐烦地提高了音量，伸展着手臂，像指南针似的指着注塑机那边，"看看你们这儿，有 1/3 的注塑机根本不运转！"

沃德小心谨慎地保持着他的面部表情，什么也没有说。他又能说什么呢……

"库存水平怎么样？"

"总体来说，20 天左右……"

"WIP $^{\ominus}$ 呢？"

"我需要核对一下，不过我感觉大概是三天吧，最多四天……"

詹金森瞪着沃德，仿佛已经将他这名工厂总经理看穿了。沃德突然意识到事情有多么严重，他的数字听起来有多么可怜，他的厂子看起来有多么肮脏、混乱。他以前总踌躇满志地认为，自己能轻松地解决任何困难，但是在这一刻，他明白，游戏结束了——这不再是他熟悉的高级顾问模式了，不再是满足于大致正确的数字，或者一两句搪塞的话就可以打发的对象了。这个家伙以一种与沃德迥然不同的方式来审视工厂，沃德看到，这次的赌注比他猜想的要高得多。

"我们在白塔尼的样板工厂，"总裁说，眼睛看着别处，"客户端的 PPM 低于 15，总库存少于 3 天，2 小时的 WIP，EBITDA 是销售额的 20%。"

"我们需要谈谈，"他补充道，"最好在你的办公室。"

$\ominus$　　work in process, 在制品库存。——译者注

"他就告诉我他要关闭工厂……"沃德轻轻地说，以至于自己都没听清。他径直奔向自己的车，没跟任何人说一句话。到家的时候，克莱尔正在给儿子洗澡。他一直喃喃自语般地讲着这次参观的事，却一直避开重点——那个老板的决策，以及它的后果。

"这是我这辈子最丢脸的一天。"沃德生气地嘟囔着，"他在工厂露面连一句'你好'都没有，也不把我们这么多天来总结整理的成果展示放在眼里，一句话不说就自顾自地走进车间，只是站在那里随意看看。"

沃德猛喝了一大口啤酒，看起来就像是妻子把儿子查理塞进了那宽松的睡衣里一样。克莱尔用眼角的余光瞥了他一眼，猜测着到底发生了什么事。他通常都是个乐天派，不把工作或者他自己太当回事儿。她都想不起来上一次见到他如此沮丧是什么时候了。

一定是发生了什么可怕的事情，但她无法确定到底是什么事。

"'你们最近一次的客户投诉是什么？'菲尔这么问。这让我完全陷入尴尬，我无法告诉他。'让我查一下，'我这么说的，但他只是耸了耸肩。'你们上一次损失工时的安全事故是什么？'我同样没法回答。'好吧，'他说，顺着注塑机的间隙继续前行，他看到第三台注塑机没有运转，旁边也没有工人。这时候，我都已经知道，可怕即将到来，我都怕了。'为什么这台注塑机停着？是没装模具，还是坏了？'我不知道。'这么看来，你那所谓的20台注塑机有几台运转、几台停着？'我觉得自己真是个彻底的蠢货。"

"嘿，亲爱的，你是工厂总经理，你没必要知晓所有的细节，不是吗？"克莱尔边安慰，边把孩子带到起居室那边。当他们搬进这个农舍的时候，他们把墙拆掉，在这座房子的一头设计出两个小的卧室，在另一头，设计了一个大的、开放式的起居室，还有一个美式厨房。她把孩子稳稳地放在摇篮里，然后回到沃德旁边。

"就像我说的，"他迟疑道，"这些就是我在现场所想的。我应该了解的是大局，是吧？我应该有下属知道那些细节，对吧？然而这却并不对，是吗？你一定能准确地说出上一次你的哪个骑手出了事故！天哪，你也许能告诉他那匹叫马兰妮的马在两周前扭伤了哪根脚趾头！"

"是三周前，"她心不在焉地纠正道，"而且佛莱德瑞克·海尼特在周一患上了颈部急性肌肉抽筋。"

"看？！你也许还可以准确地说出你的每一匹马的类型，就现在！"

"亲爱的，这就是我现在的事业啊。我养马，而你经营那个工厂！那是不一样的。"

"是吗？这不正是问题的关键所在吗？"沃德用一种难得一见的怀疑眼光盯着克莱尔，问道，"你马棚里的马，比我工厂的注塑机数量还多。我应该能知道哪台开着，哪台没有开，以及为什么。"

"不管怎么说，都没用了，"沃德指出，"在车间里面把我打击了之后，詹金森说他想跟我单独谈谈。于是我们就去了我的办公室，他以一个'好消息'彻底击垮了我：他决定要关掉这家工厂！"

"他开玩笑的吧！"克莱尔惊讶地站起来。

"不，他是认真的……工厂在过去三年里仅能勉强维持，不赚不赔。"

"但是你每年都能达成预算呀！"

"是的，但我们都知道，预算是多么的不靠谱。他不是在责备我，确切地说，并没有特别责难我。他比我更明白那些数据的意义。后来他跟我说，首先，今年工厂销售额的预算会继续下滑，因为发动机盖项目将会转移到罗马尼亚工厂；其次，明年不会再有新的项目。"

"但他们应该负责为你们工厂找出路的，是吧？"克莱尔听不下去了，神情沮丧地挥了挥手臂。

"那是以前的事了，"沃德低语道，搓了搓脸，"詹金森的观点是，我们工厂的成本太高了，而且他在欧洲的生产能力过剩，在波兰和捷克都有闲置的生产能力。不管怎样，我们的质量和交货表现都不够好，因此，他不会给我们额外的资金支持来引进新产品。"

"真糟！"

"确实很糟。"沃德认同地说，同时抱起查理。查理因为厌倦了爸爸妈妈之间严肃的谈话，开始大哭起来。

"你不得不把这个消息转达给大伙——他就是这么跟我说的。具体有三种方案：他知道在法国这里关闭一个工厂的复杂程度，一种方案是，我留下来帮他把工厂停业，给其中的每个人找到好的出路，这至少不是最坏的；另一种方案是他辞了我，再找个临时经理来。"

"你提到一共有三种方案，"克莱尔说，沃德这时忧郁而沉默地走来走去，不再逗咯咯笑的儿子开心了。

"是的，"沃德有些怒气地撇撇嘴，"第三种方案是，我也可以一怒辞职，领公司可怜的解雇金。"

"他真的这么说的？"

"没那么严重，他没必要这样做。但他凭什么那样打击我！这该死的家伙希望我立刻就辞职！"他爆了一句粗口。

克莱尔意识到事态的严重性，沃德的脸一会儿绝望，一会儿愤怒。他是她见过的脾气最好的男人了，有着随和的性情和她喜欢的自嘲式幽默。但现在，她看到了他黯然的眼神中流露出来的愤怒和痛苦，她打了一个冷颤，像冰冷的锥子刺穿了脊椎。

"当他刚接手当总裁的时候，你不是还觉得他很不错吗？"

"那说明不了问题，"他闷闷地说，把儿子递给了妻子，穿过起居室去了厨房。

她听到他重重地摔上冰箱门，翻箱倒柜地找酒瓶起子——这完全不是他的风格。她才是那个会突然间勃然大怒的人，会找茬儿，会抱怨和埋怨……用他的话讲，挺法国派的。看到他如此难过，她也被感染了。

沃德终于把瓶盖打开，继续沉默不语。说实话，当阿奈斯特公司决定甩掉那个逐步失去市场、被普遍认为是快要垮掉了的汽车业务部门的时候，詹金森的到来被看作救世主出现。詹金森来的时候是被光环照耀着的。沃德还记得那些邮件里互相传阅的、印着詹金森照片作为封面的《福布斯》杂志的PDF版，还有那个标题《精益管理者》。因为他曾经使一家电力设备公司起死回生，7年内扩展市场份额达10倍之多，这家伙便被称道不已。一些学者甚至因此写了一本关于"精益"变革的书。那种书沃德是从来不会费心去查阅的，但书的主旨他还有些印象，似乎书中提到精益是"一切都与人相关"。对，真有道理！

事已至此，沃德觉得自己就像傻瓜一样，没有预见到事情会发展到这一步。他最先不是从公司的决策委员会上，而是从报刊上听说奈普拉斯汽车零部件公司成立的。那个时候，查理刚刚出生，沃德根本就没注意、也没留心其他事。起初，欧洲这边的生产运营也没有什么变化。这笔买卖是与一个叫尤尼宛的小型私募股权投资公司成交的，这家公司以超乎想象的低价抢到了这个项目。迫于华尔街的压力，阿奈斯特的高管们决定专注于高利润的业务，因此决定甩掉汽车业务部门。据传，詹金森是被钦定的总裁，因为他曾经力挽狂澜的经历，还有他乐意把自己不少的钱都投进去，并占了20%的股份。

连着几个月过去了，没有听说詹金森采取什么行动，生产运作与公司经营也在照常进行——没有变坏，但确实也没有变好。沃德继续顽强地在那些不可理喻的客户、不争气的供应商，以及公司没完没了的报表纠缠中挣扎。他曾经申请投入一些资金，对工厂里那些年久失修的注塑机进行必要的维修，而现在他几乎已经放弃了希望。因为在过去三年里，汽车业务部门的利润已经被逐渐消化光了，公司掀起了一波又一波的节省开销或者降低成本的风潮。

后来，詹金森出人意料地做出三大战略性决定，一石激起千层浪！首先，他卖掉了位于墨西哥的图拉卡工厂，那在过去曾是最值得炫耀的工厂。因为这件事，沃德曾经怒火中烧。这个工厂给美国的汽车制造商供应SUV保险杠，业务赢利良好，被认为是公司为数不多的金牛项目；其次，他关掉了美国四家工厂的其中一个，并宣布了另外两家的合并，企图在年底之前使北美的工厂数量减半。纵然远离改革一线，但沃德还是大惑不解，并为此捏着一把汗；紧接着，詹金森又采取了第三步举措：卖掉了坐落在美国密歇根州安娜堡市的公司总部和工程中心，把所有这些职能都下放到了工厂！

通过这些措施，欧洲的势力得以保留，汇报关系保持不变。在留在阿奈斯特的时候，汽车业务部门就已经被按照产品线重组，将塑料发动机部件生产部门（佛顿工厂的业务），和诸如保险杠的外饰部件生产部门，以及一个专门生产仪表盘及其所涉及的小部件的第三生产部门分离开来。可以肯定的是，美国那边的许多高层管理人员都因詹金森的决策而离开了，尽管其中沃德本人认识的人很少。而且，自从当上工厂总经理之后，他就坚持管好自己分内的事就好，不去参与到公司政治的斗争里面。而现在，他开始后悔了。战火终于还是烧到了欧洲，而他本人，恰恰就是首当其冲的受害者！

奈普拉斯成立之后，沃德也见到过詹金森几次。最开始，詹金森例行公事地参观了所有的设施，并且总是被一群管理人员陪伴着。他的大块头、褪色的T恤、斜纹棉布裤、绅士的举止，与那些滔滔不绝、西装笔挺的管理人员形成了鲜明对比。他们不停地对詹金森讲这些部件是怎么装在车上的，就好似在对他讲汽车的"汽"字怎么写。大家都认为，这个书呆子打扮、来自小电器公司的家伙怎么可能熟知汽车行业的生产呢？而当詹金森在劳得达勒堡向所有的高层主管们宣布那些出乎意料的改革方案，引起公司上下轩然大波的时候，沃德感到他曾瞥了自己一眼。詹金森以新来的总裁的身份做了自我介绍，随后进行了关于"以人为本""质量第一"等内容的枯燥演讲。仅此而已。

当第一记重弹的炮灰在美国那边还没完全消散的时候，詹金森又抛出了第二记重弹。项目经理们要向负责工程部门的副总裁汇报工作，而不再向销售副总裁汇报，对于销售驱动的公司来说，这可是真正的改革。除此之外，他对生产部门的组织方式也进行了改革，让规模较小的工厂向区域总经理们汇报，而区域总经理基本上是那些规模较大的工厂的总经理，而财务和行政管理的职能也坚持区域式管理，这就意味着，佛顿工厂在大多数的公司管理职能上仍然依附于纽霍夫工厂。

唯一让这一切变得令人费解的是，尽管纽霍夫工厂的总经理克洛泽·贝克梅耶变成了沃德的直接上司，但詹金森自己将直接掌握工厂的运营。这位总裁解释说他会经常到各工厂视察的，事实上他的确也是这么做的，并在隔周的周五早上就与工厂总经理们通了电话。那时，沃德还屏着呼吸说，"我热切盼望您的到来啊。"

现在，沃德自责没有预料到，詹金森来欧洲打算要做的，就是曾在美国做过的事。这样的心情下，连他最喜爱的克罗娜啤酒，味道尝起来都变成苦涩的了。

注塑机产能过剩一直以来就是运营中的大问题，但是之前，公司的最高管理层里没有人愿意面对这个难题，现在，终于有人要解决这个问题了。

———

"到这来吧，"克莱尔说，倒了一杯香槟酒，递给他，他正目光呆滞地站着。"查理刚睡着，我们要小点儿声。"

"我们有什么要庆祝的吗？"沃德苦笑着问道。

"我不知道啊，"她强装欢笑地说，"不可以吗？"

"他的意思就是说，佛顿工厂即将成为历史了。"

她耸耸肩，与他碰了下杯，直视着他的眼睛。"你知道的，我父亲总是强调，你从摔倒的地方爬起来得越快，你的伤痛就减轻得越快——恐惧也是如此。'如果你还能讲话，你就还能骑马'，他就是这么说的。"

"管他呢，"他屈服了，"你是对的，我去生个火，然后我们喝酒，就咱俩。"

"好主意！"

沃德小心翼翼地把几片薪柴放进已经有年头了的壁炉里，用火柴点着。火焰燃烧起来，劈啪作响。几分钟之后，炉边就暖洋洋的了。克莱尔关上灯，点燃了放在壁炉架上的一排橙色的蜡烛。

沃德可不傻，在摇曳的火光中，他能看出她假装的笑容背后的忧郁。自从他们买了这座破旧的农舍以及周边的马棚以来，他们的钱就源源不断地投在房舍维修上。他们把那些已经荒置的房间收拾成了卧室和客房。如果没有他的一份收入，估计就不可能实现把这个地方变美丽的梦想了。

"你会找到另一份工作的，等着瞧！我们会没事的。"

他表情沉重，又喝了一大口，品着它的滋味。他想到住在香槟地区的这种生活，如果在别的地方的话，可能连维持一半的生活水平都不够。酒的余味将之前的思绪拉了回来，他整个晚上所压抑的愤怒与沮丧终于掺杂在一起爆发了，纠结在了一种鲁莽的矛盾之中。这还仅仅是给他和家人带来的物质上的损失，想想整个工厂里的每个人，他们都可能面临找不到工作的窘境。他从来没有因为工作而感到如此羞愧。而此刻，他的骄傲、他的自信，都被这可恶的事实扼杀了，他本应做得更好的。詹金森简直就是杀手！

但是，沃德不得不承认，他的老板也没做错什么。工厂本来就亏损，还有太多的交货和质量方面的问题，过去也只不过是勉强撑着不倒闭。他曾经一直觉得自己挺幸运的，每次都能化险为夷，坚持下来。现在，他的运气用完了，要面对挫折了。

"我不打算让工厂关闭。"他对克莱尔说，以一种异常自信的口吻。

"你是什么意思？"她很明显有些疑惑，"你能干什么呢？"

"我现在还不确定，"他承认道，"但是，首先我可以试着与那个家伙讲讲道理，毕竟在法国关闭一家工厂不是件容易的事，在他的日程表上肯定也占重要位置。起码，我可以争取一些时间。"

"我这么打算，"他坚决地说，卷起毯子，好让头枕在他妻子的腿上，"他明天去纽霍夫工厂，我也开车到法兰克福去，跟他谈一谈。就这么定了！"

⟿

当沃德踏入纽霍夫工厂的大厅，他惭愧了，这才是名副其实的工厂啊！在宽敞的接待处，整齐的玻璃展台里展示着产品，在恰到好处的灯光照耀下，装着保险杠和仪表盘的轿车模型熠熠生辉。两位穿着制服的、漂亮的德国小姐甜甜地笑着，仿佛在告诉他正在帮他联系工厂的管理人员。许多佛顿工厂很早以前就做过的成本节约项目在这里依然被展出。访客们需要自己签名，打电话到厂里请里面的人出来接。

与他一贯的良好判断力相反的是，沃德感到有些迷茫。开了三个小时车后，他感觉不大舒服，尤其是迎着瓢泼大雨，在德国的高速公路上以赛车般的速度前进，他多少有些不自在。现在，他有足够的时间去想出办法，掩饰自己的不请自到。坐在接待室宽敞而舒适的沙发里，沃德觉得自己越来越渺小，他希望没人看出他的底气不足。

"沃德先生，"其中一位小姐突然说，"阿克曼先生马上过来接您。"

不安的情绪一下没了。汉斯·阿克曼是这间工厂的持续改善专员，他们一起参加过"精益／六西格玛"的培训课。那是个长着络腮胡子的高大小伙，是从模具维护技术员的岗位被提拔到现在的职位的。他早就放弃在纽霍夫开展新的精益项目，但是，他的确曾教给沃德许多关于模具的知识。

"安迪！见到你真是太高兴了！"阿克曼咧嘴笑着，活力四射地挥挥手，"他们刚走，到涂装车间去了。"

纽霍夫工厂的规模是佛顿工厂的三倍。它过去就是阿奈斯特的欧洲地区管理中心，公司在欧洲的大部分工程师都在这里上班，而且每个业务分部都有管理人员。由于詹金森对区域管理组织架构进行了些改革，所以沃德很想知道纽霍夫的现状如何。刚刚看到的这些，让沃德觉得纽霍夫工厂很因循守旧，所以他猜想丰田的理论还没有在这里贯彻下去。他只知道，这里主要生产保险杠和仪表板。在欧洲，其他的发动机配件基本都是在波兰的瓦克劳工厂，或者捷克工厂生产的。纽霍夫工厂这里什么都大一号：大的注塑机车间，大的装配车间，当然还有作为工厂骄傲的大型涂装车间。

"还顺利吗？"沃德小心地试探着。

"真是一场血雨腥风啊！"这个大个子男人坦诚地说，用了个不合时宜的比喻，"我们刚才花了至少两个小时，计算真实的准时交货率。"

"我能理解你的感受，"沃德同意道，"我昨天刚经历过类似的过程。"

"根据 MRP 里的数据，物流部门的准时交货率是 98%。但是不清楚这指的是每天、每周还是每月对应的订单准时交货率，还有是否算上与客户沟通后延期交货等各种情况。"

"情况与我们很相似啊！"

"然后，詹金森让我们逐个列出昨天的 27 车货，并详细地分析每车货的顾客订单。接着他让我们比较卡车上所运货物的实际数据，与每车上客户实际要求的发货数据，不许多，也不许少。"

"怎么样？"

"27 个里面只有 4 个，"阿克曼会心一笑，"还有 15% 的准时交货率。他让卡斯纳，我们的物流经理，在白板上把字写得大大的 15%。他还问我们今天期望怎样的准时交货率！有多少车货能刚好满足客户的订单要求呢？贝克梅耶看起来像是被打了一拳。"阿克曼补充道。他当初被提到这个 CIO 的位置上，仅仅是因为公司要求每个工厂都要有持续改善办公室，很明显纽霍夫的人都对此不感兴趣。阿克曼刚上任的时候热情高涨，渐渐地他发现自己走进了死胡同。面对那么多阿奈斯特业务系统——就是所谓的"精益"项目——要求的各种报表，他痛苦得想辞职，但是实际上这些表格大部分在车间都被弃置不用。

沃德猜想，如果贝克梅耶遭到了詹金森和自己在佛顿工厂一样的对待，是否会爆发。贝克梅耶一直被认为是能力很强的管理者，虽然他的高傲气焰不怎么招人喜欢，但沃德不得不承认自己对贝克梅耶还有些欣赏。而且他蓦然发现，贝克梅耶的高傲用来对付詹金森倒是不错的选择。

尽管如此，沃德面对人家的生产运营系统还是相当惭愧。他嫉妒这里的整洁，按颜色区分的工作区，各种清晰的标识。相比那些他在佛顿工厂所努力做的"精益"，人家做得好很多。阿奈斯特官方的精益"路线图"贴在走廊里，就像巨大的展板上显示着紧急指示。当他们走过注塑成形车间，沃德闻到了熟悉的塑料焦味儿，惊异地看着人家的生产保险杠和仪表板的巨型注塑机。他不得不承认，只看了一眼，就能看出人家的机器保养和 5S 比他的好很多——没有润滑油和污水的泄露——不像他厂里，都快成小池塘了。另一方面，自从昨天受挫之后，他现在看到了差距，认识到过多的工人在注塑机旁边闲逛、搬运设备以及站着发呆是很大的浪费，看似忙碌，实际做着非增值的工作。

他们穿上特殊的工作服进入涂装中心。涂装车间像放在工厂中央的巨大的白色箱子，周围是满架的五颜六色的闪着光的保险杠等装配部件。涂装中心维持着适当的正气压从而使灰尘不落下，灰尘是涂装车间的大敌之一——每个混在油漆里的细小灰尘颗粒都可能引起成品上的质量瑕疵。作为以前阿奈斯特为高端轿车提供特制配件策略的一部分，也为迎合德国高性能汽车的要求，保证质量是这家工厂最根本的要求。事实证明，如何保证质量现在仍是需要讨论的问题。

沃德和阿克曼在涂装中心的尽头追上了那一小队人马。那里有平缓移动的传送带，工人们把涂过漆的保险杠从传送带的钩子上摘下来，把不良品放在返工区，把合格品放到待组装的架子上。再次检查合格之后，不同的合格品会在不同的装配区域组装，然后被存放在像超市一样的巨大货架上，按序列标识，工人再从货架取走订单要求的成品送到客户那里。

克洛泽·贝克梅耶严肃地站在那儿，脸色铁青。他身边还有一群助手和经理人员，这之中沃德认识好几个。沃德从他们的肢体语言中可以读出：詹金森的气焰打败了他们所有人，他们全都蔫了，就像被暴风雨卷过的树林。

"你的意思是，你不能算出部件第一次通过涂装工序的合格率？"詹金森慢条斯理地问。

"我不是这个意思，"贝克梅耶迅速地回应，"所有的数据都在电脑里，就像我刚才说的，我们应该找来涂装部的技术专家，他可以准确地回答你的问题。"

"我对电脑里的东西不感兴趣，对技术专家说的也不感兴趣，"詹金森说，带着因为隆重接待才表现出来的勉强的耐心口吻，"我想尽量弄清楚工人在实际加工过程中是否知道，他们所生产的到底是合格品还是不良品。看看，你们有多少返工啊，甚至没有人数过。工人们真的知道他们在为客户生产合格产品方面到底干得多好吗？"

"詹金森先生，"这位德国经理明显已经有些愤怒了，他说，"这些就是返工工人，他们有必要知道一个机器人化的涂装工厂的运营管理吗？不管怎么说，"他补充道，尽量克制着自己不发作，"我们的质量是无懈可击的！"

沃德注意到，詹金森在紧张时有一个不经意的小动作，就是把快要从他的鼻子上滑下来的眼镜用食指推上去，这个小动作在他听贝克梅耶说话的时候已经做了好几次了。他皱皱眉，睁大眼睛站在那里，就好似之前不认识眼前这个人一样。整个人群都清楚地感受到他们两个人之间紧张气氛的升级，工人也不再是时不时地瞟瞟他们，有些工人干脆停下来，注视着这次针锋相对的争论。

⟶

"首先，"詹金森打破沉默，"你的质量并不是无懈可击。你最近查过你的客户投诉记录吗？"

"那是不可能实现的期望，"贝克梅耶暴躁地说，"他们是德国人，他们的标准是世界上最高的！"

"也许可能，我已经花了几个小时听你的销售经理抱怨，他们尝试提高价格或者扩展新客户有多么困难，而提到的主要原因里面，第一个正是你糟糕的质量问题。克洛泽，有时候你应该尝试一下，事实上，我强烈建议……"他加了个长长的停顿以示强调，"你应该亲自拜访每一个有质量投诉报告的客户。"

"第二，"他尽量语气温和地说，"你的质量等级确实比公司其他工厂高。好很多，我要表扬你这一点。但是你必须看到，这种质量好的代价是昂贵的返工。看看你身后。"

詹金森示意每个人向后转。

"别看我，看看他们在做什么。返工，返工，还是返工。你们的质量是花费了大量的检查和返工得来的。我付不起这样的花销，你们更付不起。公司就因为这样的浪费濒临倒闭啦！"

与其他人不同，贝克梅耶没有转过身，站在原地盯着詹金森看。想想自己工厂里那可怜的质量等级，沃德恨不得找个地缝钻进去。同时，虽然有点罪恶感，但他还是不能抑制自己因贝克梅耶的遭遇而窃喜，尤其是昨天被打击之后，想到这里他的心理突然变得平衡了。

"詹金森先生，"贝克梅耶恶狠狠地说，"如果你想侮辱我，我希望你能有礼貌地在私底下告诉我，而不是当着我的员工。"

"克洛泽，这不是侮辱，"总裁回击道，"这是事实。我希望这间工厂以及整个公司都能像一个团队一样地工作。我们要一起面对困难，还要一起解决它。谁不愿意这么做请立刻离开，"他补充了一句，挑衅地看着在场的每个人，仿佛希望看到辞呈。有那么一瞬间，沃德产生了疯狂的念头：跟着贝克梅耶一起辞职算了。但是，当然，他们连大气都不敢出。

"那么，让我来明确一下概念，"詹金森继续说道，"我们的目标就是赢利，通过给客户提供他们想要的部件，并按时、保质保量来获取利润。当我们的部件不能使他们满意，就等于我们给他们发电子邮件，告诉他们去买别人的吧。当我们运到客户手上的部件他们能用，并且这个部件在生产过程中没有刹过车，换句话说就是一次成功，我们才能赚到钱。这就是我们挣钱的方式，并且只能这样。如果部件需要返工或者重新包装，我们就亏了！这样够明确了吗？在公司里，无论是总裁还是门卫，都必须在脑子里有这样一个简单的共识：我们靠产品准确地一次通过来挣钱！我们还要把我们的……客户……放在……第一位。"

"这里我提到的客户指的是生产流程中的下一道工序，"在一阵沉默后，他继续说，"并不是最终的客户，这应该成为所有人的共识。无论如何，客户优先于工作纪律、工作条例和系统。我希望我们每一个工序组都追踪自己的准时交货率和废品率，然后与下一道工序讨论。我们必须了解下一道工序需要我们做什么，他们才能圆满地完成好他们的工作：我们必须像团队一样地工作，不管来自什么部门或者什么工序。只有公司里的每个人都这么做，我们最终的客户才能满意，我们才有机会翻盘！没有'如果'或者'但是'，没有任何理由和借口！"

沃德以前从来没听到过詹金森进行这么长时间的演讲，这也让他有时间从这个角度去反思佛顿工厂的生产运营问题。

"现在，"这个高个子的美国佬深吸了一口气，继续说道，一边摘下眼镜用小手帕擦拭着，"如果大家都清楚了，我愿意与工人一起，为大家展示一下为什么我们必须搞清楚它。让我们一起回到涂装中心那儿。"

这一小队人马跟着他穿过了隔压门，在正大气压的涂装区，身着白大褂的工人正在检查和清理黑色的塑料保险杠，然后把它们放到传送带上，而传送带会把这些塑料保险杠运到自动涂装的工序位置。对沃德来说，涂装车间就像007电影里的场面，技术员都穿着实验室的衣服，在白色光洁的屋子里，在灯光下不声不响地干活。

他们这伙人爬上一个窄窄的梯子，排成单行走过狭窄的走廊，透过大的玻璃窗看到由齿轮传动的机械手把工件抓起放到传送带上。再下一个楼梯，从机械手的另一边，他们就进入了混合涂料的房间，突然间，强烈的化学气味扑面而来。

"我在想他要说什么，"汉斯·阿克曼帮沃德打开门，并低声耳语道，"我们刚才到过这儿，但是他什么都没说。"

在涂装区，从机械手喷出的涂料交织成网。到处都有残留的、干了的油漆，但这相对于沃德的厂子来说，已经非常整洁，设备也保养得很不错。詹金森径直走向排列着油漆罐子的货架，有一个工人正忙着把更多的油漆罐子从小运货车上搬到架子上。

当这伙人都聚集在货架周围的时候，詹金森故意用手指从油漆罐子的盖儿上一划，灰尘被刮走的地方留下一条干净的印子。

没有人对这个很明显的问题进行评论，詹金森请在场的德国人去叫一个工人来演示一下他是怎么开罐子的。在漫长的解释之后，困惑的工人终于明白他要干嘛了。他拿起螺丝起子，打开旁边的罐子。

"停！"詹金森在动作做了一半的时候发出命令，工人僵在那儿，像个在玩木头人游戏的孩子。这时候每个人都清楚地看到了开罐子的过程是怎样的，他快速地让盖子倾斜在罐中的油漆上。詹金森用手指轻轻加了点力，盖子上的灰尘就直接掉进油漆里。沃德发誓他感觉到了这些人底气不足，因为大家都知道，每粒灰尘都可能成为油漆中的颗粒，导致工件返工。

"让我们再去看看你们存放油漆罐的地方吧！"他命令着。

━━━━━━━━◠

正如所料，油漆罐井然有序地摆在外购物料仓库的货架上，从高处的窗口投下来的阳光里，可以看到灰尘颗粒在空气中懒懒散散地漂浮着。

"这就是结果，"詹金森讲道，"就是这道工序引起的返工！我们希望的是基于受控流程的好结果，因为它们是可重复的。基于非受控流程的坏结果表明我们不够专业，而基于非受控流程的好结果，"他难得地笑着补充道，"只能说明我们运气很好。在汽车制造业，运气在很久以前管用。而现在，在受控流程中出现了坏结果只能说明我们的无知，我们不能妄想因循守旧的同时，还能得到新的好结果！"

"现在，我知道公司在传统意义上只关心财务上的成果，不管这个成果是怎么得来的。有成果就有奖金，对吧？但是在这儿，在厂子里，你们只关心通过自动设备、传送带还有其他的工具来控制流程。对吧？"

纽霍夫的团队成员换上了不安的神情，思考为什么会这样。

"我所希望的是，"他认真地解释说，"每个员工都明白结果与过程之间的联系。你们也许坚信，只有涂装专家才能改进涂装质量，如果他们不能，那就没人可以。但是我要告诉你，只有每天在这里生活、工作的工人，才能完全理解这些工序。"

"只要你问对了问题，任何一个工人都会告诉你油漆罐盖子上的灰尘是潜在的污染源。"詹金森说，"因此，我所希望的是，管理层的人能与涂装工程师还有工人一起解决问题，一次涂装合格。只有这样，我们才能满足客户，并且创造利润！"

当这队人马在等待最后的汇报时，宽敞的会议室里死一般的寂静。没人碰过的咖啡和甜点仍然放在漆木会议桌的中央。沃德热切渴望喝杯咖啡，因为他出来得太早了，但是他不愿意破坏这帮德国人不成文的规矩。

"人力资源经理在哪？"詹金森走进会议室，"没有人力资源部的加入，我们从何改进呐？"人们面面相觑，揣测着人力资源部能对刚才的情况有什么作为。最后还是阿克曼拿起电话，叫来了人力资源经理。大家都在等他。詹金森舒服地坐在一把皮革椅上，揉了揉眼睛，而贝克梅耶则倔强地盯着窗外远处的小山。

人力资源经理终于来了，这个长得像老鼠的男人一脸的惊愕。他进入房间好像是分步进行的，先是头——仿佛在确认他是否真的被叫到这里，然后是迟疑的躯干，最后才拖着他的整个身体进了会议室。他在总经理旁边的座位坐下了。詹金森点头示意，清了清嗓子，对着坐得离抛光桌面尽可能远的人们开始发言。

"三件事，"他娓娓道来，一边直视着贝克梅耶，完全忽视其他人，"第一，我想从人力资源部门得到工厂人因工程评估报告。我注意到工厂里的职工岁数都不小了，而这里有许多大而重的部件搬运，即使有传送带，这与其他问题有关，我们稍后还会谈到。这份评估报告要赶快做，我希望月底之前我本人能够看到报告。另外，既然现在工厂由我直接负责，我要求所有的工时损失事故要在发生后的 24 小时内汇报给我。这事没什么可商量的！"

沃德不由自己地点头，詹金森在佛顿工厂有同样的要求，尽管佛顿的工人总体看起来比纽霍夫这儿年轻好多。

"第二，立即停止实施新的 MRP 系统。"

"你不是说……"其中一个高级管理人员嘟囔着。

"我就是这个意思。听好了，是停止实施。打发那些顾问回家，不要为此再多付一分钱！"

"但是我们签的合同怎么办？已经付出去的成本怎么办……"

"银行的门关上了，现在没钱支付 IT 投资了。所以你就撕毁合同，损失的成本就记到账上吧！明白吗？"

"詹金森先生，"制造部经理坚持道，看起来有些疑惑并且有些生气，"目前的系统有许多毛病，我们需要升级后的版本。"

"正是如此！你们必须学会自己解决问题，而不是依赖电脑。它不能解决实质问题。有些部件的制造你们做得已经很好了，保持下去。学着解决自己的问题。不管怎么说，这个决策已经在全公司范围里定了，所以同样地，没有可以商量的余地。"

沃德感到一种压迫性的沉默。

"第三，为保障客户满意，在质量问题上投入的额外资金太多了，必须根除。首先，我要求你裁掉质量部门 1/3 的人员。"

这句话引起了一阵骚动，沃德甚至怀疑自己听错了。

"没错，我想让你们精简质量部，同时降低质量差错率。"

"不可能！"贝克梅耶大吼出一句德语。

"有可能，"詹金森平静地回应道，"我刚才在提到客户预期的时候已经听你讲过一次不可能了。在这儿我们不能断言到底可能不可能，我们只有尽力追求这个目标。如果你们做不到，我会找其他人来的。我刚刚提到过，用老套的方法却想得到好的结果是不现实的。公司需要从根本上既提高质量又减低成本的方法，因此，我不会采用当前的方案。我想很清楚地看到，将质量的责任从质量部门转到生产部门。"

生产经理瘦瘦的，紧张兮兮的样子，光头，戴着耳钉，看起来很潮。他张了张嘴，什么也没有说，脸色苍白。奇怪的是，阿克曼向沃德狡黠地使了个眼色——也许他看错了。至少对某些人来说是个好消息。沃德想到那些持续改善专员，以前一直在将要被解雇的压力中"改进"，一方面受到来自生产经理的阻扰，另一方面他们的支持职能并没有受到关注。今天的裁决，对他们来说算是有了出头之日。

"生产直接对产品质量的好坏负责，"詹金森再次重申，"我并不是对你们任何的质量程序或者质量管理系统有何批评意见。改进与否完全取决于你们自己，但是我希望每位生产区域里的经理都能回答出你们的质量情况，而不是由别人来答！"

"你说说看！"生产经理怒目咆哮着，"我们能怎么做？你告诉我们啊？你刚说完客户至上，现在又要我们裁减质量部门！那你到底要我们怎么做？"

"用红箱子，"詹金森平静地回答，"或者红色货架。每个生产单元都要设有一个放不良品的地方。然后你们要分析一下不符合要求的部分。首先，我建议你们建立起一个质量任务团队，包括生产经理、工程部经理还有其他任何你认为相关的人。走遍每一个红箱子，你们就知道问题到底出在哪里了。这并不困难，但需要有组织并且有决心，而且要自始而终。

"什么？红箱子！"生产经理以嘲笑的口吻说，做了个愤怒的手势。随后他紧抱双臂，皱着眉头盯着桌子，不再抬头。

"无论如何，"詹金森不紧不慢地说，"让我讲得更明确一些：生产要对质量负责，你必须从质量部门把人头减出来，减少我们工厂的开支。补充一下，我希望你能聪明地进行这项工作。"

詹金森把话题又拽回到人力资源经理这儿，继续无情地讲下去。

"我希望人力资源部能在下周一之前把你们这里真正的质量专家的名单交给我。这些人要能区分合格品与不良品，并且知道工序中的哪个环节造成了不良品，哪怕他们岁数很大，甚至是快领退休金的人。人力资源经理要向我汇报这些人会留下来，而不是被辞掉。我再强调一遍：质量部要裁掉1/3，但是真正的专家必须留下。其他的，谁去谁留你们自己做主。换句话，你们可以在内部进行改组，但我要的是减少人头。还有问题吗？"

会议室中的紧张气氛太压抑了，对比现在的情形，被告知要关闭工厂看起来并不是最难的，想到这里，沃德不禁苦笑两声——这里才算是真正的艰难。沉默继续着，詹金森逐个盯着在场的人看，加重了这种紧张的气氛。

"有时间限制吗？"贝克梅耶终于简要地问道，可以看出他在极力压抑着自己的愤怒。

"人因工程评估报告和停止IT开发的任务现在就去做，"詹金森语气平淡，"在下面两周里，我会检查你们关于如何缩减质量部门的方案。对于实际的实施情况，则没有期限——当你们有了工作计划，我们会再讨论的。"

"先生们，你们或多或少都与改善的要求有关，"他站了起来，总结道，"如果你们有任何问题，直接发邮件给我。记住，每两周我们要通话一次讨论相关问题。事实上，我过些天还会再来的。谢谢你们的招待，祝好运！"

"安迪，"他转向沃德，在这儿第一次跟他打招呼，"你开车来的？"

沃德默默地点点头，骂自己竟然没出息地感到恐惧。我应该敬个礼，再喊一声"长官"——他自我挖苦。

"你愿意待会儿送我去飞机场吗？我订了今晚回去的票，我们可以在路上谈谈。"

去法兰克福的路上，总裁一直没有说话，不知道在想些什么。詹金森看起来一点都不像有钱人，随意地穿着海军横纹的褪色牛仔T恤，配米黄色斜纹棉布裤子，在沃德看来是相当的没品位。他穿戴的唯一看起来值钱的东西就是他手腕上那块炫目的劳力士。除了这个，他看起来更像是典型的工程师，古板地把笔别在上衣口袋上。而且，在沃德接触过的美国人里，像他这样的相当少见。这时他显出一副筋疲力尽的样子，估计是时差没倒过来。

雨已经停了，天气还是潮湿阴沉，路依旧湿滑，沃德也只能专心开车，无暇分神。机场越来越近，他越来越紧张，他试着鼓起勇气去面对詹金森，但仍然没有勇气开口打破尴尬的沉默。

最终还是詹金森开了口，低声说："为什么这么难？"

"你可以试着做更多的解释！"沃德冲动地回答。

"你这么认为？"詹金森问，在后排伸了个懒腰，"也许吧！这对我来说从来就不擅长啊。对我来说，好像我一直在重复地做着相同的事：不停地解释、不停地讲道理。而我解释得越多，他们却越能找到不做的理由。"

"有可能是你说的和他们期望听到的不一样……"

"那又怎样？"詹金森笑呵呵地问，"客户至上，准时交货，降低成本，与手下人一起工作，培养他们解决问题的能力。这些话听起来太简单了，跟你预想的不一样，是吧？”

　　“你知道我的意思，”沃德说得更加谨慎，“就是我非常希望你带着几个精益专家来，做价值流图析、改进流动⊖等。然而你却用质量问题给了我们当头一棒。我并不是说你不对，而是太让人郁闷了。”

　　“精益、精益、精益，”詹金森喃喃说道，“精益到底是什么鬼东西？！就我所知，丰田如果仅仅依靠改进流动和降低成本是不可能成就今天的辉煌的。它们制造了客户想买的汽车，这才是硬道理，因为它们的车更好、更快、更物美价廉。精益的第一原则就是让客户满意，然后才是消灭浪费。不管怎样，实现它的唯一途径就是培养人才。”

　　“客户满意、消灭浪费、培养人才，”沃德重复着，“我记住了，那么流动呢？”

　　“哦，别误解我的意思，流动也是很重要的。实施均衡化⊜，如果不能实现连续流就用拉动⊗。当然这仅仅是些技术，是用来找出问题的途径而已，没别的。最根本的还是态度，大家必须把客户放在第一位。他们要善于运用人才，也必须理解所做一切的终极目标是产品——客户愿意买的产品。这就要求我们的产品能为客户解决问题，而不是制造麻烦。如果我们想要客户付钱给我们的话，我们就要不断地持续降低不必要的成本。为此，我们需要人来做这一切。”

　　“你的意思是，需要人来改进产品，解决客户的问题？”

　　“是的，在制造产品之前先培养人。这就是问题的实质，但却很难做到。”

　　“让那些员工回家，你是认真的吗？”沃德想了想，说道。

　　“通常来说是认真的，”詹金森回答，疲倦地搓搓脸，“但你具体指的是哪些员工？”

　　“把他们的质量部精简掉1/3，却把快退休的留下来，如果你不介意我这么说的话，这看起来太……激进了。”

　　詹金森没有立即回答，过了一会儿，沃德觉得自己太冒失了。当他差点儿错过法兰克福机场出口的时候，他心里诅咒了一句。

　　⊖　流动，flow，精益术语，指生产过程中的物料流动，也指信息处理过程中的信息流动，基本原则之一是，流动得越好，浪费就越少。——译者注
　　⊜　均衡化，levelling，heijunka，精益术语，指任务较平均、稳定地下达，避免生产或其他工作的负荷过度波动。——译者注
　　⊗　拉动（pull），精益术语，指上游工序根据下游工序的需要生产。——译者注

"许多年以前，"他的乘客终于开口了，"我参观过丰田在加拿大安大略州的坎布里奇工厂，没什么特别的，就是参观工厂。他们让我们一帮人坐上小火车，类似于主题公园里的那种小火车，给我们一次奇妙的工厂之旅。显然，这里跟别的汽车工厂没什么区别，与丰田的其他工厂更是大同小异，所以原本没期望看到什么新鲜的。但是我发现了一个问题。"

"你看啊，这家工厂生产丰田高端的奢侈品牌轿车——雷克萨斯。据说，只有在日本的工厂有足够严格的纪律、足够苛刻的要求，能满足雷克萨斯的高标准。那么我就想，这儿的工厂有什么特殊的地方让他们能有资格生产丰田要求最高的产品呢？"

"于是，参观的最后，我问了他们。带领我们参观的并不是高级管理人员，而是退休职工，他们负责讲解和日常维护。但是他们的回答让我感到震惊。"

"答案是，班组成员和班组长的持续改善方法，他们这么说的。他们相信，丰田之所以选择该厂来生产最高水平的车型，是因为他们的工人解决了很多实际问题！在我的制造行业的生涯中，我从来没听到过这种说法。不是因为高级工程师，不是因为新设备，不是因为良好的管理，它得到了如此高端产品竟是因为工人的持续改善活动。核心的思想就是，为制造公司要求最高的产品，需要工人们坚持寻找许多小的改进机会，也就是说把问题找出来，并找到办法解决。"

"从这个角度来讲，这是众人所知的常识，"沃德同意道，"要求最高的产品一定是给那些有能力解决所有细节问题的人。该死，我希望有人对我自己的工厂讲这个故事。"

"常识，确实啊，"詹金森说，一脸古怪表情，仿佛在自言自语，"不幸的是，并不为众人所知。你看，我当时就不知道它是否正确，我无法想象丰田的高管们是如何把这个理念推广下去，但那些工人看起来显然很信服。于是我问他们如何办到。他们是如何开展这些改善⊖活动的呢？"

"嗯？"

"归功于班组长⊜和现场主管⊜们的努力，每个班组长管理一个小团队，由

⊖ 改善，日文Kaizen，持续改善。——译者注
⊜ 班组长，英文原文为team leader，直译为团队领导者，是丰田对第一线管理人员的称呼，每名团队领导者领导5~7名团队成员（即工人）。——译者注
⊜ 现场主管，supervisor，在丰田管理层级里，是仅比班组长高的级别。——译者注

5~7 名成员（工人）组成，每名现场主管领导几个小团队，大约有 25 名成员，班组长和现场主管们的职责就是保障改善活动的实施。他们说，'我们就是为解决问题而组织起来的'。"

"这使我豁然开朗，你看，作为管理人员，这才是我们要做的。我们需要了解如何组织和领导我们的团队。"

"对的，"沃德点点头，暗自怀疑自己是否具有那样的组织领导能力。

"然而我们的理解仅限于组织工人去生产，"詹金森说，"把产品运送出门，或者提供服务。用最少的资源，有清楚的工作说明，建立整体的系统，付诸实施。丰田确实在做一些非常不同的事情：它的组织就是为了解决问题。想想吧，你的工厂里解决问题的活动是有组织的吗？"

"貌似没有。大家认为解决问题是自己工作的一部分，没什么特别的。"

"正是！"詹金森喊道，继续他的主题，"解决问题没有组织，而工作有组织。因此，任何问题都总是别人的事，尤其在那些需要配合或者交换的情况下。进而，工作的严格限制变得比客户更重要了。我做了许多年精益管理了，直到有一天我突然开窍了。第一线的管理者应该学着如何识别、报告和解决各种问题：客户的问题、工人的问题、工序的问题，等等。"

沃德正想请求进一步澄清的时候，詹金森已经整理好了思路，开始讲道：

"我认为我已经想清楚了。我研究的这个课题可以一直追溯到 19 世纪，过去，企业的所有者就是管理者，他们身边有少数信得过的人，以中央集权的方式管理企业。有强大的生产线、不多的主管和大量的一线工人，组织结构简单。就像那种由私人秘书整理个人文件、汇报工作的组织结构，而不是一个掌握全局的人力资源部。就像彼得·德鲁克解释的那样，弗雷德里克·泰勒出现了，告诉老板们他们应该把公司的运营权力交给职业经理，以便更科学地组织生产。"

"科学管理，对吗？"

"嗯。泰勒劝说老板们引进专业人员，以更好地组织生产。这就意味着要付钱给工程师、职员，以及工程师设计的专业生产设备，其回报是工人劳动生产率的提高。这个方式运行得非常顺利！也正是这一原因导致了我们今天的公司，有财务部门负责报告财务状况，IT 部门建立了各种管理系统，而工厂的一线管理则弱不禁风，只会处理工会的事情，以及从事各种'救火'的工作。这一变化还创造出了我们这样的跨国公司，但却是令人难以置信地浪费！"

"为什么呢？"

"泰勒教导我们，通过在职员层级贯彻和应用知识，可以提高生产效率。这确实比一点也不利用知识好很多，但是它最终导致了依赖专业人员，而专业人员来自日常、真实生活的知识和经验却在逐渐变少。他们研究出来的东西也许可行，但效率却奇低。说说看，现有的IT系统对你真的有用吗？你的质量部门真正解决了质量问题吗？"

"好吧，"沃德笑了笑说。

"专家只会建立各种系统：信息系统、质量流程、人力资源手册、自动化生产线，等等。结果，生产线经理不能解决任何实质的问题，因为对他们的要求只是实施那些系统。合规、合规，再合规，经常是以能力培养作为代价的。那些系统总是太不符合实际，也不符合现场的各种工作条件，所以在实际中的具体改进工作方面也很难高效。"

"那，不这么做又有什么更好的办法？"

"在现场的生产线层级贯彻和应用知识，而不是在职员层级。这是丰田率先提出的。生产线管理人员的工作就是，通过日复一日地与工人在一起交流，改进生产作业，而不是仅仅教条地遵照书呆子们发明的系统做事。这样才会更精益，因为，第一，所有的流程都是由实际操作它们的人改进的；第二，职员的结构由真正的专家组成，而不是一群专门人员。我不需要一个IT部来为我运行系统，只需要有一个人告诉我现有的IT系统怎么用就行了。我不需要一个质量部门去编写什么质量流程，只需要有人能准确地解释给我听流程中哪里出了什么问题，进而我可以具体分析它如何导致了特定的质量问题。我也不需要一个财务部门计算各种财务比率，以及告诉我哪笔钱该花或不该花，我需要的是一个真正的财务专家教会我如何设计预算，以更高效地管理工厂。总之，我需要尽量少的员工，而需要的是尽可能多的专业知识。实现精益经营的关键是，管理层要组织领导员工不断地积累知识。"

快到机场的时候他们堵了一会儿，这让沃德有时间消化听到的理论。他不确定自己是否理解，甚至是否同意詹金森所讲的，但他感觉他听到的都是千真万确的事。这家伙看起来相当肯定。这也许是个不切实际的理论，但詹金森说得确实让人信服。沃德也不确定听了这些话之后，自己是恢复信心了，还是变得更加担忧了。这位真正的信奉者总是让他有些紧张。

"你知道，"詹金森又开始讲了，"这么多年来我一直在跟着不同的老师研究精益，他们用不同的方式讲着同一个道理：精益不是把精益工具运用到每个工序就完了，而是要把精益的改善思想落实到每个员工身上。你只站在山的这一边，就永远也看不到那一边的景象。对我们来说，运用精益工具很简单——建立一个新的部门，称之为'精益办公室'，聘请一些改善专家，派他们把精益工具运用到每个地方。然而，生产线上的管理团队依旧，没有真正参与进来。我们会惊奇地发现，精益工具在许多地方难以展开实施，事情也就不了了之。所有的努力都白费了，直到新一年的项目到手。"

"信不信由你，这家公司比我以前的公司好很多了，人们分工明确。你那里更好了，有完整的系统，流程更加规范了。然而，结果是，没有人找到问题，因为都依赖于别人。原因很明显，这样的分工太容易实行了，同时也太容易导致不良后果了，所以阿奈斯特赚不着钱。如果我想让这些设备、流程运转起来，从中挣到钱的话，那我可要打击你们的幻想了——更清楚的组织结构图、更多的分支架构、更简明的系统是不可能真正改进现状的。唯一能成功的事就是态度上的彻底改变，要培养一种态度，人们要能识别问题，并尝试各种方法直至解决。而要理解问题是什么，就要求把客户放在第一位。"

"一个精益的公司是这样一种企业，每个人直接为客户增值。增值从解决问题开始。你要如何实现呢？首先，让你的管理人员在自己负责的区域里忙于救火的同时，必须把时间精力都花在解决客户的问题和减少浪费上。然后，你要说服工人们献计献策，这样就能在运用他们双手的同时，也运用他们的大脑。你必须在客户撤销订单和汽车零部件市场变得愈发不景气之前，在物料价格飞涨到我们买不起之前，在银行催账和涨息之前，在董事会把我开除之前，就做完所有的事情。很明确，不容易，但是很清楚要做的。"

"唔。"

"那么，现在我解释完了，"詹金森说，听起来很高兴，"让我们来验证一下你的理论吧，你建议我多解释解释，那么，我做到了。有用吗？"

"有，"沃德不确定地说，又补充道，"没有。"

"这下你懂了，解释没有太大的作用。一个人只有通过亲身实践才能学会。"

"它有时候有用，"沃德试着说，"它让我感觉到，你知道自己在做什么。我的意思是，即使我没全部理解……但是知道有一个计划也是好的。"

听起来不错，但是沃德仍然担心科尔曼的评价，詹金森把项目管理的职权从销售部门转移到了工程部门，就像在纽霍夫精简质量部一样，这家伙似乎处理客户至上的方式比较奇怪。沃德经常听到阿奈斯特的大佬们高喊"客户至上"，尤其是山德斯。而通常他们就是接受客户过分的要求，然后回过头来责难生产部门为什么做不到准时交货和合格的质量。詹金森对这个词组有着不同的理解。沃德理解的是，解决现有的客户问题，或者下一道工序出现的问题，而不是绞尽脑汁满足客户不清楚的期望。这个观点值得沃德进一步思考。

"不管怎么说，"詹金森说，转动身体直面沃德，"我知道你开车过来不是想听我讲精益原理的。你想谈什么？"

"啊，"沃德犹豫着，"我怎么说呢？"

"直说。"

"那好，我说了。劳威尔·科尔曼说你知道你有一半决策是错误的，是这样吗？"

"他真这么说的？"总裁咯咯笑起来。

"是的。"

"问题是要分清是哪一半，"他笑着说，"是这样的。这是精益理论的基本假设：不管我们看起来多么自信，仍会至少有一半的错误，只有检验我们的信条与假设才行。这也是基本的科学思想，理论必须被实验证明。你为什么问这个？"

"我怎样才能说服您关闭工厂的决定是错误的？"沃德问道。

"嗯。"詹金森陷入了沉默。

沃德一路畅通开到机场，又一次担心他可能开过地儿。他的乘客一言不发。

直到沃德把车停进旅客下车处，关掉发动机，詹金森还是坐在那里，不急着下车，缄口沉思。

"工厂有什么困难？"詹金森终于问道。

"你告诉我，它现在不挣钱，但是你不知道如何为它引入新的产品。"

"而且整个公司的产能都过剩了，"詹金森帮他把话补全，"那你的困难到底是什么？"

"质量名声不好，得不到为公司生产更多产品的授权，还有作为第二级的供应商，运营费用太高。我明白，也懂得如何做了，只是缺少时间，还需要一些帮助。"

让沃德吃惊的是，詹金森笑了，不是轻蔑的嘲笑，而是真诚、渴望的。

"安迪，"詹金森直视他说，"你可以自救，你是工厂总经理，你就是工厂所需要的全部帮助。这里不需要救世主，我们也没有。工厂需要你——那就是全部。"

"那时间呢？"沃德问，被他突然的热情吓了一跳。

"这么办，"詹金森顿了一下，说，"比我更了解欧洲情况的人告诉我，关掉法国的工厂需要许多手续上的工作，这要花一些时间。说服我，你当真严肃地对待，并提出一个关闭工厂的可行方案，那时我也将乐意听听你的替代方案。作为起步，首先，解决你的质量问题，不要再有更多的客户投诉，不要再晚交货。如果你能做到这些的话，也许不能拯救你自己，但是起码能为你赢得时间。有时，如果你全力以赴，活到足够长的时间的话，奇迹是会发生的。"

"记住，"他又补充，咧嘴笑了笑，"你今天的表现已经成功了百分之八十了，现在我要的是结果。"

把客户放在第一位，让生产线管理人员负责和解决质量及交货问题。对照现行的依赖于工作手册、系统和流程的方法，这些做法是对原有系统的颠覆，而这就是沃德将要在工厂里开展的工作。他还意识到，自己要做得很明确，立即去关注客户投诉，而不是那些所谓的"顾客满意"。准时交付零缺陷的产品给客户，听起来似乎作为起步的点很可行，如果不介意把那个本来抽象的"客户"的定义延伸到具体工作中去的话。下一道工序就是客户。确实如此。

经过这次聊天，沃德既感到得到了保障（一些些），也感到了更多的担忧（很严重）。他意识到，自己要开展巨大的变革，否则还是会带来同样的结果，而詹金森不会再容忍失败了。可以肯定，这意味着他要靠自己去改变许多人的思想，他郁闷地想着。沃德一直觉得精益只是一个运营方法，而没有想到精益是属于管理的范畴。他过去认为，自己的管理基本是有效的，而精益的技术能通过节约成本帮他更有效地管理。令人不安的是，詹金森觉得整套管理模式都需要质疑。也许从这次谈话中提炼出来的主题就是——以这种全新的方式看待精益，这是一个艰巨的任务。沃德要重新考虑，如何发动每个人来建立起新的管理模式，每个员工都可以直接为客户利益出谋划策。

为了拯救他的工厂，沃德挖空心思地想着，唯一要做的就是完全推翻原有的管理模式，同时处理繁多的日常工作。这可绝不是件容易的事！

沃德看见农舍左边石砌的旧马棚里的灯还亮着，他一点也不感到奇怪。这座房子和旁边的马棚是旧农场保留下来的最好的部分了，在中心水塘的另一边，还有两座房子与破旧的墙连在一起。许多年前，克莱尔父亲在马棚里建了至少有三层栅栏，这样他就能把一些马和路另一边的新马棚区分开来。

当他拐到墙角停车的时候，前灯光刚好照在克莱尔身上。她站在第一道栅栏旁，刷洗一匹灰色的马。她正在给派古刷毛，那是匹上了岁数的猎马，克莱尔从小时候就喜爱骑着它进行跨障赛马。

"嘿。"

"你呢，"克莱尔说着，一闪而过的担忧的笑容，"怎么样？"

"不坏，"沃德迟疑地说，"但不是我期望的那样。"

派古嘶叫两声，蹭蹭克莱尔的后背，机械地拍打着。每次她背对它，它都会习惯地把它的前额放在她的肩膀上。

"我正在想这件事，"克莱尔说，把她手背上的马毛打掉，"所有这一切，我们可以不去理会。那不是我们生活的全部，我们可以不管别的事情直接搬家。"

沃德看到她在昏黄的灯光下不由自主地颤抖着，看起来就像是把所有的勇气都拿出来，试图把想法大声地说出来。马兰科特有他们共同的激情，还有他们的梦想，听到她提出了认输，他的心都快碎了。

"还记得你过去哄我的那些'马马虎虎'的故事吗？我曾用来放在我的演讲里逗乐。"

"有的很糟。"她笑了。

"还记得古希腊的赫罗多斯的那个吗？"

"关于贼和马的故事？"

　　"是的，在没被处死之前，贼跟国王讨价还价，一年内他将教会国王的爱马唱歌。其他的犯人都嘲笑他——他怎么可能教会马唱歌呢？没有人能做得到。'好吧，'贼回应道，'起码我赢得了一年的时间，谁知道这一年里会发生什么样的事呢？没准儿国王死了，没准马死了——甚至，马没准真的学会唱歌了呢！'"

　　"派古，你能为我唱首歌吗？"克莱尔哈哈大笑，抚摸着老马的额头。

　　"这就是我此刻的感受，我们有时间了，谁又知道会发生什么？詹金森有可能离开，工厂有可能又被卖掉了，也有可能，我成功地实施了精益管理！"

每人每天

当沃德回到工厂听说了他休假期间发生的事故后，他度假归来后焕发的荣光顿时消散了。阳光、海岸和希腊海岛上的那些泛着银光的别墅的美好回忆瞬间被工厂特有的噪声和气味所取代。

沃德陪家人休假归来，再开始工作的时候已经是 9 月下旬了。有两个原因使得他们没能按照法国人的习惯在 8 月份去度假。其一，8 月的乡间风景如画，马术俱乐部的顾客们大多都外出度假了，但马匹还得有人照顾；其二，沃德冒险投入一大笔钱对两台注塑机进行检修，虽然工厂历来会在 8 月停工两周，但积压的客户订单迫使他们必须保证一定的产量。这样一来，他得以有理由继续上个月的生产计划，还完成了对主要设备的检修，慢节奏的工作进度有助于他和他的维修团队仔细研究机器的性能，这倒不失为因祸得福。美中不足的是大多数骨干都在休假，沃德只好独自应付那些缺乏监督的临时工。尽管担心那些未经充分训练的临时工会把产品质量搞砸，沃德还是高高兴兴地去希腊度假了，毕竟他需要好好放松一下。但他认为，在休假的这段时间里，客户肯定已经开始抱怨产品质量了！

安逸的假期时光坚定了他的信心，他要收拾残局，以达到老板那些近乎苛刻的要求。在詹金森视察工厂之前，沃德从未如此拼命地工作过。这就像是一场无止境的挑战，伴随着各种变化以及内心的自我怀疑。每次走进车间就像是一次新的历险，因为他很有可能要处理新冒出来的难题，但他通常毫无头绪，不知从何着手。

从办公室走下来的路上，他不断地暗示自己要让每一个经理人员更加贴近生产现场。工厂有三层高，注塑机都在第一层，有些还有配套的装配单元，第二层几乎全部是单元式装配工作站；第三层则是仓库和与之协同的传送带。注塑机被整齐地排列在底层中央通道的两侧，左边是较小吨位的机器和维护区，右边是较大的机器。当走过第一台停产的大型注塑机时，他眉头微皱略有不快，他想不起来按照生产计划，这台机器应该工作还是停工。沃德没有为此耽误功夫，而是决定先找来工人玛蒂尔德。她上周受了伤，今天应该回来工作了。沃德与她没打过几次交道，只是隐约记得她是注塑车间的一个年轻女工，为人腼腆、勤奋，从没出过什么乱子。

詹金森步步紧逼式的命令让沃德觉得很棘手，但考虑到自己已经没有了退路，沃德决心尽力而为，严格遵照詹金森的命令，这样一来也不至于伤害到这个决定他工厂命运的人。而且，天知道，或许他的一些"建议"真的有效。沃德开始实施"紧急追踪"计划，要求主管们无论发生什么事故，都要在第一时间报告给他本人，当事故严重到造成延误交货期或工人停工时，他就会给詹金森发电子邮件报告情况。每当如此，沃德总会在24小时内收到詹金森用黑莓回复的邮件，内容是一如既往地简单："为什么会发生这样的事故？"最初几次沃德无法立刻回答，只好向管理团队求助寻找答案。这种方式令他觉得很沮丧，于是他开始亲自调研分析事故原因。

令他惊讶的是，主要的数据表明，连续几天来居然没有发生一起延期交货的事故，可谓大有进步。沃德为此感到一丝欣慰，虽然他明白仍然有很多其他的问题。有件事令他不解，为什么工厂短期内会有这么大的改观，直到人力资源主管德隆冷笑着解释道，因为没有了所谓的"周一早晨的事故"。沃德让他解释清楚何为"周一早晨的事故"，他说那是当地周日晚上足球赛的结果，并不是真的工伤。沃德感到无奈，他明白如果工人们在周末受伤可以宣称是周一早晨的工伤。这样一个不折不扣的狡猾借口，令沃德感到愤怒，但他必须承认数据拆穿了这一切。由于他对每次事故都亲自调查，周一早晨基本上不再出什么乱子了。

沃德和德隆一起为工厂的日常运作付出了很多心血，还要为关闭工厂制定详尽的时间表，应付准备法律文书的种种困难。但沃德却很难让自己喜欢上这个工作伙伴。德隆是一个50多岁、矮小粗壮的男人，他的脸就像一个干瘪起皱的苹果，头上的白发有些稀疏，脸上留着络腮胡子，嘴唇上却空空如也，在沃德看来他活像一个古代的水手。但他的确是个经验丰富的老江湖，他最初在附近的一家工厂工作，很久之前那家工厂倒闭后，经过一系列的兼并重组，他原来的雇主成为了总部在美国的阿奈斯特公司的一部分。在法国塑料工业的鼎盛时期，德隆顺利地晋升为集团人力总监的副手。其后他明智地接受了佛顿工厂人事经理的职位，躲过了兼并后的大规模人事调整。在那里他遇到了志同道合的布朗科，前任工厂总经理，两人一道不辞辛劳地经营着佛顿工厂。这些年里，同类型的工厂一家接一家地倒闭了，而佛顿还继续经营着。

德隆虽然表面上接受沃德被任命为工厂总经理，但总是持一种怀疑态度，他把自己的想法藏在心里。这也让他在自己的工作中总是怀着些许不满，偶尔会尖酸地对各种对象发表一些评论，大到宇宙和资本主义，小到工厂管理和管理层所犯的令人难以置信的愚蠢错误等。但沃德却不得不承认，他在工作上从未遇到过德隆的掣肘。事实上，德隆的见识与经验是无价的。他有毕生的处理激进的法国工会事务的经验：年复一年、例行公事般的罢工，一次次的谈判都是始于冲突而不是协商。法国这种以示威开始最终达成妥协，而不是自始至终的坦诚协商的倾向，令沃德感到十分惊讶。最初，这着实使他困惑。事实上，三年前沃德被提拔为工厂总经理时就曾引发了全面的罢工，是德隆老练地平息了事态，弥补了沃德由于缺乏经验而犯下的错误，而他那众所周知的、坚忍的微笑却令沃德很烦躁。现在，经过反复的争论，他们达成了一种工作上的默契，沃德也学会了不再依据片面之词而评价他人。

沃德对于德隆总是从最坏处怀疑别人感到很沮丧。此时此刻，沃德知道不会有人想到平凡的玛蒂尔德。她只是个新员工，有着棕色的卷发和露齿的笑容。她上下午班，在大厅尽头的一台2000T注塑机旁工作。沃德要求在换模的时候通知他，他想观察玛蒂尔德修剪和包装从注塑机上下来的部件的正常工作流程。当两个模具安装工人用天车把巨大的金属模具从注塑机中取下来时，玛蒂尔德正在清扫机器周围洒落的塑料碎屑。

"你好，玛蒂尔德·瑞格尼尔。你好些了吗？"他说道。

"哦，安迪先生，"她略有些羞涩，答道："叫我玛蒂尔德·韦伯吧，我最近结婚了。"

"啊哈，恭喜你。"他说道，暗自纳罕，他想起来了，前不久自己签过一张公司置办婚礼礼物的支票。对他来说，每一次在车间巡视都使得他不得不嘲笑自己，因为很多本应了如指掌的情况，他都毫不知情。他觉得自己最近总是不知所云。"你能给我讲讲上周发生的事情吗？"

"哦，安迪先生，那是一次很愚蠢的事故。"她不好意思地回答说，"那全是我的错，我走神了，一不小心走到了开着的叉车前面，就像这个样子。"

沿着注塑车间中间的通道，一排叉车正在不停地装卸完工的零部件和待加工的部件。在这片狭小的区域内，一小条褪色的绿色油漆标志出一条狭窄的通道。沃德发现它离操作区太近了，使得工人在倒退的时候，很容易误入叉车的活动区域。

"司机按了喇叭，"她有点儿尴尬地继续说道，"我就本能地向后退，但是我绊倒了，跌坐在地上。"

"那一定伤得很重吧？"沃德打量着周围的环境，并试图面对着她。事故本身并不严重，但她没准儿会因为被叉车撞倒或者因为摔倒而伤得很严重。

"是的，"她重重地点点头，"护士怀疑我摔断了尾骨，所以我必须去医院照 X 光片确诊，幸好他们说我没什么大碍，但是这一阵会很疼。"

"这真是令人很难过。但到底是什么使得你没看就走到了过道上？"

"哦，真的非常抱歉，我也不知道自己当时在想些什么，我那时走神了，就是这么回事儿。"

尽管他的法语很流利，也在当地生活了多年，但在日常闲聊时沃德还是感到不够流利。法语太难了，以至于他不知道什么时候表达同情会被理解为关心，善意的好奇，还是对隐私的窥探。沃德正准备说"请继续"以摆脱尴尬时，她却不安地转移了话题。

"安迪先生，我能问您一个问题吗？"

"当然了，随便问。"

"工厂真的要被关闭吗？"

沃德愣了一下才恍然大悟，但装出一副在意的样子，皱着眉头回答道："不，绝对不可能！"显得非常肯定，就像他能掌控全局一样，"你从哪里听来的？"

"银行，他们告诉我工厂很快就要被关闭了。"

"银行？"他大叫道，显得有些手足无措。

"是的，先生。"她显得有些唯唯诺诺，可能是意识到了自己不应该多嘴。尽管在工厂中的人际关系不错，但这毕竟是在车间里与工厂总经理对话，多少有些不同。"我们看到一所不错的房产，就在小镇外不远的地方，结婚后想买一套属于自己的房子，于是我和丈夫就去银行咨询。"

"对，好想法。"

"银行职员不给我们办理贷款，"她红着脸，小声地解释道，"他说我们的收入太低，更要紧的是我们的经济状况不确定，因此不符合贷款条件。我问他为什么'不确定'，我告诉他自己在佛顿工厂工作。他却说'谁都知道你们工厂会很快被关闭，你的收入没有保障'，这是真的吗？"

"不是真的，"沃德内疚地重复着，"我们需要努力工作，但据我所知，目前没有明确的计划要关掉我们的工厂。"他撒谎道。又问："是大街上烟店旁边的那家银行吗？"

"对，您瞧，我想这就是我心不在焉的原因了。"

就在他试图编造一个合理的理由时，挂在腰间的对讲机响了。

"沃德，"电话里传来秘书安妮·玛丽的声音，"菲尔·詹金森的电话，你现在方便接吗？"

"是的，请马上接进来。"他对玛蒂尔德道歉说："我接到公司总裁的电话，以后再聊好吗？"

她点点头，没有说话。沃德急冲冲地回去了，她又开始面无表情地清扫。沃德一边让秘书接通詹金森的电话，一边自言自语道："我刚才忘记了些什么？"

<hr/>

"你好吗，安迪？"

"是，我知道。"他顺从地回答道："这是这个月第二次发生损失工时的事故了。我正在做分析。"

"嗯。"詹金森顿了顿，让沃德意识到他打电话来或许不全是为了这个。"有个女工摔伤了，是吧？怎么回事？"

"她说她走神了，走到了叉车的通道里，司机及时注意到她，按了喇叭，但她后退了一步，失去平衡摔倒在地上。有可能伤得很严重，他们只得把她送医院拍 X 光。"

"那么，根本原因是什么？"

"啊，我不知道！是培训不足吗？我想过在机器和通道间设置屏障，但这样一来我们把物料箱搬进搬出可能会遇到更多的麻烦。"

"好吧，这次事故的直接原因是什么？"

胡说八道！沃德讨厌他的老板在这个时候用这种说教的语气。大多数时候他都不需要詹金森帮助他发觉自己的愚蠢。他自己能处理好。

"有没有什么'若非则无'的原因？"詹金森还在不停地追问，"比如说，如果她没有怎么样，她就不会摔倒。"

"因为她走神？"

"没错，那算是一个，但有些笼统。还有什么？"

"嗯，叉车？"

"对了！叉车在工作区域周围行驶——你想到什么了？"

"你的意思是，在车间内禁止叉车？"

"当然啦，在明确规定的区域内，比如在有大量工人工作和行走的通道内禁止叉车。"

取消叉车？

"哦，我明白了。"沃德含糊地说，尽管他很明显没搞明白。

"我打电话来并不是为了这件事，"詹金森说道，"我这里已经有人来投诉你那里的问题了。"

什么？沃德考虑到要做最坏的打算了。

"首先，我们接到了 PSA 公司关于变速箱垫圈的严厉投诉。"

"什么？"

"是的，显然，那种垫圈有两种型号。你的员工给了他们错误的那种，或者是贴错了标签什么的，他们在组装时也没有注意，在最终检测时才发现，但这个时候已经有些车停到停车场了。所以他们不得不找回这一批次的车辆，换掉那些装了这种垫圈的变速箱。这真是一团糟！一定要处罚一些高管，因为客户已经直接向我兴师问罪了。"

"呀，我非常抱歉。"沃德无力地说。

"好啦，很明显你必须行动起来，找出原因。我很奇怪，为什么 PSA 直接找到我，而你对此却一无所知。"

"这个月我们确实接到了他们的投诉，是关于引擎盖上的划痕的。他们声称这是外观部件，但是我们按照自己的规格把它当作功能性部件，并没有和外观部件一样的要求。我们还在争执这个，但这不太可能会造成那么严重的后果。"

"你为此拜访过客户的生产现场了吗？"

"嗯，还没有。"沃德有些心虚了。詹金森很看重这种针对质量问题的跟踪访问。但是由于手头有这么多事情，使得他腾不出时间做这件事。

"安迪，仔细听我说。"詹金森用他那种令人生厌的语气（让人听了觉得自己是一个傻瓜），缓缓说道，"做这种回访是为了弄清楚质量问题，并和客户建立良好的合作关系。这样一来也可以认识一些客户工厂中的员工，当遇到什么质量问题的时候，他们会给你打个电话。不应该有人从自己的总裁那里得知这样的问题。你清楚了吗？"

"清楚了。"沃德叹了口气。他已经走回了办公室，现在只感觉到一种莫名的冲动想趴在桌子上休息一下。

"还有其他的事情。财务部门对你有很大的意见。他们说你在 8 月份有大额的、未经计划的开支，所以他们在欧洲的计划被迫推迟，你介意告诉我发生什么了吗？"

这件事沃德已经有所准备了。

"尽管如此，我们仍然没有超出预算。"

"我没有抱怨你超出预算，我只是想搞清楚事情的经过。"

"在此之前，你有没有注意到我们在三个月内把质量问题的损失降了一半，从销售额的 3% 降到 1.5%。这相当于把不良品的 PPM 降低了一半。"

"是的，我注意到了，你们很努力工作才达到这些效果的。"

"而且，我们仍然得到了顾客本想转给罗马尼亚供应商的部件订单。很明显，他们还没有在那里成功地达到制造的要求，所以我们现在仍然每周开工 7 天。这对于我们是很大的挑战，需求量太大了，导致我们没有时间做必要的模具维护。现在凭借这份额外的收入我们能勉励维持，但迟早还会陷入绝境。"

"安迪，你做得很好。你的销售额得到了保证，减少了质量问题的损失，这很好。但是，不要拐弯抹角了，那些额外的开支到底是怎么回事？"

"夏天的时候我更换了两台注塑机上的螺杆。"沃德坦白道。

"那很贵。"詹金森冷淡地回答说。

"是的。这些年来我们一直很清楚两台主要的注塑机已经超过负荷了，每一年我们都把需要的维护设备的投资列入预算，但你也知道阿奈斯特是什么样子。我们的要求不断被拒绝，以至于质量问题在整个夏天不停地出现，我认为只有直面这个问题才能取得真正的进展，所以我就签字这么做了。"

"为什么不事先报告我？"

"这个……"沃德有些犹豫，"我本应该那样做的，但我知道你将会作何回答。"

"我会怎么说？"

"不准投资，首先改善。在改善设备之前先改善你的观念。"

詹金森出人意料地笑了，他的笑声从电话中传来，听起来就像他站在屋里一样。

"我或许会那么说，但是，年轻人，如果你做出一些承诺，我或许会同意。"

"菲尔，你知道这是怎么回事。"沃德显露出了他的沮丧，大声地说，"集团要求工厂独立经营，但是经理却被束手束脚，如果不事先向集团汇报，连买些小玩意儿都不能决定。"

"这次可不是什么小数目，我们在谈的是一大笔钱。"

"我知道，我知道，我花掉了大部分从减少不良品和那批罗马尼亚部件上挣回的钱。我承认这些。我之前已经告诉你了，我决心破釜沉舟，这些是必须做的。"

"好吧。"詹金森沉默了好久，显得有些不悦，"我会替你担保的，但仅此一次。不要再发生这样的事情了，任何情况先向我汇报。你不知道你造成了多大的乱子，我的日程表已经排得够满了，你就不要再给我添麻烦了。"

沃德不希望自己的喘息声在电话那头听起来那么沉重，他也没有意识到在对话中，自己一直在不由自主地屏着呼吸。

"现在回到正题上来，"詹金森继续说着，"对于在投资之前先改善的事情，我是非常严肃的，毫无疑问。事实上在我看来，如果我们做得足够好，不需要对现有的流程投入一分钱。投资可以节省下来，投入到新产品的研发和引进新的设备上去。你要做的就是通过改善，保证现有的设备和工具以最佳状态运转。你明白吗？"

"对现有设备不做任何投资，通过改善得到良好的结果。这些大道理我都懂，我也知道你想达到什么结果，但怎么才能实现，我毫无头绪。没有分文的投入，使用老旧的设备，还要提高产品质量，这怎么可能！"

"这确实很难，"詹金森说，"首先，我需要你为更换那两台机器的螺杆出一个有说服力的报告。注意，要朴实明了。我要更换前后的准确数据。"

"我尽力吧，但要点是什么？"

"听着，"詹金森很简略地回答道，"只要你能吸取教训，我不会太在乎这件事。我不认为你维护设备是错误的，但你的方式确实欠妥。所以我想看到一个清晰完整的 PDCA 循环。"

"计划 - 执行 - 检查 - 处置？"

"没错。既然你已经做出了计划，对吧？而且你执行了，因为你已经更换了那些部件。现在，我想要一个令人信服的检查，这样一来我们才能得到一个恰当的处置结论。"

"你的意思是与其他的注塑机做对比？"

"是的，让我们把你更换两台注塑机螺杆当作一次实验。更深层次的问题是：你从中能得到什么关于其他注塑机的结论。当然了，相比于'处置'，我认为'调整'这个词更好。如果你没有在这两台机器上得到想要的结果，你将如何调整计划以达到目标。安迪，你要从中吸取教训。"詹金森强调，"你要清楚，时间不等人啊。"

"让我们退一步想想，"詹金森继续说道，"你现在最主要的问题是什么？"

"我的主要问题吗？"沃德叹道，"这一切从何着手啊？"

"你说你降低了质量问题造成的损失，对吧？在我看来，那没有什么意义。客户不满造成的损失呢？是几个百分点的销售额吗？还是整个的新项目订单被竞争对手抢走？问题的关键是，你所制造的不合格产品是不是越来越少？"

"在某种程度上是这样的，"沃德慎重地附和道，显然是对詹金森刚才的话有些措手不及，"我们扔掉的好产品也变少了。"

"怎么回事？"

"是这样的，当我们仔细检查红箱子，仔细清点的时候，我们的 PPM 开始飞涨。我们意识到很多合格的产品可能被当作不良品一道扔掉了，工人有些过分谨慎了。同时我们也解决了一些明显的问题。我们在第一个月已经采取了 167 项改进措施，但这会给日后造成隐患，因为维护人员和工程师会为此终日忙碌，我们不得不放弃一些例行的设备维护。"

"好吧，但是你还是有不少客户投诉。"

"对，这令人非常沮丧。毫无疑问我们降低了客户端的 PPM，那是绝对的，同时也减少了顾客投诉，但效果还远远不够明显。我也不知道为什么。

整个系统中的不良品少了，但还是有不少不良品被送到了客户那里。我承认，我对此束手无措。"

"准时交货方面怎么样了？报告显示这有所增加。"

"对此我很严厉，我要求物流部门提前准备相当于一个班次的产品，这其中包括所有有可能被发货的产品，并列出其中缺少的产品。这样一来，我们有整整一个班次来补全最近的订单。只要不涉及由供应商提供的部件，我们通常万无一失。"

"但这样一来，你增加了成品库存。"

"是的，确实如此。"

"好吧，我是否能这样理解，"詹金森慢慢地说，"你减少了一部分质量问题的浪费，然后将结余的钱投入到保养注塑机。同时你以增加成品库存为代价，保证交货期以改善客户服务。我说的没错吧？"

"哦，天呐，"沃德大叫道，难以继续克制自己的不满，"我们是在按照你的要求做事！提高质量，改进服务，客户第一。这不正是你说的吗？你还想要怎么样？奇迹吗？"

"冷静点，安迪！"詹金森大喊道，"我这是在帮助你！你想要挽救你的工厂，你已经开始了解问题出在哪儿了。"

"说得对，很抱歉，"他很快转变了语气。生存法则第一条：不要与上司起冲突。"这太令人沮丧了。"

"跟我讲讲。"

生存法则第二条：不要抱怨。

"你现在最主要的问题到底是什么？"

"显然，尽管我提高了质量，我仍然让不良品流入客户手中。虽然我们在准时交货方面有所保障，但同时又增加了成品库存，这就表明我并没有改善生产系统，也没有显著地降低成本。"

"我也是这么认为的，但你的主要问题到底是什么？"

沃德本想说是"你"，但他抑制住了冲动，说："菲尔，我不知道。"他平静了一下心情，继续说："我希望我知道，但我没做到。我听人说了很多的问题，这使我有些措手不及。"

"哈哈，那听起来像是问题所在，"总裁笑着说，"好吧，你现在最担心什么？"

沃德不得不好好思考一下这个问题。

"是这样，我们改善了一些重要之处，但为此付出的成本很大。技术人员和维护人员都忙于处理质量问题，他们的日常工作倒成为次要了。短期里我们显著地减少了早期的质量问题，但我担心很难有更持久的效果。我害怕长此以往，大家都会筋疲力竭，尤其是忽视计划性的维护迟早会造成严重的后果。我觉得自己总是在治标不治本，没有真正地改善生产系统。"

"听起来是这么回事。"詹金森以一种兴奋的语气说道，让人感觉怪怪的。

"但，我不知道还能做些什么。"沃德承认道。

"记住，知道自己不知道恰恰是成功的重要条件，"詹金森再一次用那种令人生厌的傲慢语气说着，"试着找到它！下个月我会去法兰克福主持一些有关改善的活动，我会在你们工厂稍作停留，我们到时再聊。"

$$\backsim$$

不对现有流程追加投资？投资只能用于新产品和新设备？还指望着凭着现有设备通过改善而有所作为？这怎么可能呢？显然我如果不投入，这些设备就快散架了。这家伙一定是疯了，沃德眉头紧锁。我真正的麻烦是，我的老板是一个疯子。

挂掉电话，沃德呆坐在办公桌前。然后站起身，慢慢踱到窗前，窗外阳光明媚，9 月的天气秋高气爽，令人感不到一丝压抑。他在工厂里做什么？他应该在郊外看着邻居们开着拖拉机准备秋收，或者听着蛙鸣看着家畜悠闲地吃草，躺在躺椅里喝着冰镇啤酒，背着新背包领着查理去树林里郊游。而詹金森的一通电话让他信心全无。他本以为干得不错，提高了质量，还保证了交货期，但这个电话却在提醒他工厂被关闭迫在眉睫，他的工作和那些美好生活也将随之一去不复返了。

距詹金森给工厂宣判死刑已经过去 6 个月了，还没有人催他拿出关闭工厂的方案，所以他猜测总的来说他争取时间的策略是有效的，至少表面上是这样！似乎每隔一月都会发生些什么事情，成为棺材板上的又一根钉子。幸运的是，在詹金森的隔周电话中，只有少数是这么糟糕。他们很少超过 20 分钟，詹金森通常只是不断地问为什么，没有任何提示。回想起刚才的电话，沃德感到很沮丧，没能把花钱大修设备的事情说清楚。这是怎么搞的，他不由自主地想着。反正他们想要关闭工厂，花些钱又有什么。况且这又不是一定没有成效。

他刚从希腊度假归来吗？此时此刻，他觉得生活中充斥的是愤怒的客户、居高不下的不良品率、不能准时交货的悲伤、吹毛求疵的老板，还有挥之不去的工厂将被关闭的谣言。沃德突然觉得他需要把这些不快转移一部分给其他人。

"安妮·玛丽，"他打电话给他的秘书，"麻烦你给城里那家银行的经理打电话，我想立刻和他通个电话。"

"沃德先生，"几分钟后，一个电话打了进来，"我是安东尼·弗里兹，佛顿分行的经理。您的秘书打电话来说您想和我通话，有什么能为您效劳的吗？"

"感谢你打来电话，先生。我是奈普拉斯汽车公司的工厂总经理。能向您求证一件事吗？最近有没有一位名叫玛蒂尔德·瑞格尼尔或者玛蒂尔德·韦伯的女士在您那申请贷款？"

"嗯，这些信息是保密的。"那经理客气地应答道，"有什么问题吗？"

"问题是，你们银行的某位员工拒绝了她的贷款申请，理由是她的工作不稳定，因为我们的工厂马上就要关门大吉了。"

"先生……"

"请不要打断我。首先，我们工厂不会关闭；其次，您应该很清楚，佛顿是一个小镇，我希望您的员工能慎重一些；最后，我希望您能亲自核查那份申请，如果您发现申请数目是合理的，希望您能助她一臂之力，对此我非常感激。"

"先生，"银行经理回答道，言辞中露出不满，"这完全是银行内部的事务，我不能理解您会认为这样干预我们的工作是合适的。"

"好吧。"沃德答道，显得非常的愤怒和不满，"据我所知，我们工厂的主要账户设在你们银行的地区支行里。换一家银行完全由我说了算，我敢肯定如果你们的高层知道了由于你的个人失误，丢掉了主要的客户会非常不悦。而且，考虑到现在的劳资关系，一个不谨慎可能会导致严重的后果。"

听到电话中沉重的呼吸，沃德露出一丝坏笑。他想象着那人拒绝他要求时的得意，被害怕上级的怪罪抵消时的样子。沃德不是一个恃强凌弱的人，但自从他搬来这里，他遇到太多的不顺利的事情，把今天的苦恼转嫁给这个可怜虫没有令他感到丝毫内疚。

"当然了，先生。"对方终于开口了，显得有些紧张兮兮的，"我敢肯定其中一定有些误会，我会亲自了解这件事。"

"我敢肯定你会发现一切都符合要求。"沃德冷冷地答道，"玛蒂尔德·韦伯女士的申请被批准后，请通知我的秘书。非常感谢您的帮助。"

"嗯！"挂掉电话，他想了想说："我已经尽力而为了。现在，希望我们能让工厂生存下去吧！"

他试图让自己明白，自己险些在毫不知情的情况下失去工作。远离集团的高层，他很难知道发生了什么，只好给劳威尔·科尔曼再打一个电话，了解情况，但这个家伙这次也没什么新情报。显然，他还在休假——但是几个月的辛苦工作，他觉得有点失落。然而，他也开始自责，毕竟没人说过这事会轻而易举。要坚定沉着，好小子！接受失败，继续努力吧。不管怎样，他会坚持下去。

　　　　　　　　　　　　⌒

沃德结束了5月的法兰克福之旅后，管理层的那次会议就像看电影一样在他的脑海里盘旋着。他们知道詹金森对视察并不满意，沃德第二天的缺席更令谣言四起。仅此一次，经理们早早地来到会议室，不像往常那样迟到15分钟。沃德也偶一为之地为有这样一个团队感到骄傲，暗自祈祷不要让他们太过悲观。参加会议的有新任命的质量经理玛里卡·查蒂，戴着深度眼镜的生产经理奥利弗·斯蒂格勒，唯一西服笔挺的年轻财务主管斯蒂芬·阿曼迪，年纪刚过30、颇为漂亮、只是有些盛气凌人的女物流经理卡罗尔·仙顿，还有留着灰色短发、蓄着整齐山羊胡须的设备经理马提亚·穆勒，他虽已到中年，但仍然性格冲动。

在沃德看来，穆勒是这些人中最有能力的一个，也是最不好驾驭的一个，他不擅长团队协作。U形会议桌那端坐着人事经理德隆，和有些怀才不遇、未得提拔的技术经理弗兰克·巴雅德。

"按照公司的计划，我们的工厂将被关闭。"沃德宣布道。

"但是我们还有机会证明工厂存在下去的价值。"沃德边解释着，边举手示意，以防他们的过分愤慨或失望，"在详细传达总裁的意见之前，我想先听听大家的意见，为什么他认为我们的工厂不值得继续运转下去。"

大家相顾无言，猜测着谁会率先打破僵局。

"肯定是因为养老金。"穆勒的反应有些激动，他又着手坐在桌前，开始了他习惯性的对投机家牟取暴利的抨击，"他们所要的只有利润、利润、利润。"

"我们的成本上不够有竞争力？"斯蒂芬·阿曼迪问道。

"赢利能力的确是其中一部分原因，"沃德严肃地赞同道，"但仅仅是一部分。为什么他们要关闭整个工厂，而不是简单地裁员了事？"

"哪里还有裁员的余地？"人事经理露出讥讽的笑容，他的声音有些刺耳，"这些年来一直不停地裁员，我们都是有幸没有被裁掉的。起初还可以去除一些冗员，但现在已经无人可裁了。"

"我们有些产能过剩，不需要这么多注塑机。"玛里卡说，她往日轻快的语调现在有些低沉。

"缺少新产品。"弗兰克叹道，"由于整车销量下降，我们的产量也在下降，又没有新产品可以弥补。这一年里，我的研发团队大多无所事事。没有新产品，我们不如关门大吉。那些杂种把订单都交给了波兰和捷克工厂，甚至是纽霍夫工厂，我们什么都得不到。"他愤怒地总结道。

"说得很对。"沃德环顾四周，试图了解各人的反应和会场的气氛。他们会趁机提到或抱怨工作环境吗？沃德接着问："我们为什么无法推出新产品？"

"没有成本竞争力。"生产经理斯蒂格勒小声说，"我们都知道我们的成本很高，而且如果得不到投资，我们难以改变现状。"

"或许吧，但这些都不是他告诉我的原因。"

"饶了我们吧，别再问下去了。"卡罗尔喊道，"我们又不是小孩子，不想坐在这里直到说出你想听的原因。比如说我，就有更重要的事情要做。"

"在想出原因之前，你还是坐在这里吧。"沃德回敬道，言辞犀利地异于平常，令大家大吃一惊，"如果工厂的未来对你来说已经无关紧要，不如尽早收拾东西回家吧。大家都认真想想。"

大家都沉默地看着他，惊讶于他刚才的激动，仿佛换了一个人似的。沃德知道自己总是被人认为非常随和，但他们并不知道惹怒他的后果。然而，作为一群聪明人，他们正在慢慢地看出来。

"仔细听我说，"他有些激动地警告道，"我也不愿意忍受和菲尔相处的这种日子。从现在开始，无论你们是否同意，公司由他掌权。我本人并不希望看到工厂倒闭，所以我们只能按照他的想法工作，就是这样！他希望我们摆脱过去陈腐的思路，直面我们没有新产品这个事实！所以我再问一遍，为什么我们无法推出新产品？"

"显然我们的质量问题糟糕透了！"德隆的窃笑声打破了沃德发言后的死寂，他透过平光眼镜看着大家，十足一个老滑头。

"你怎么能那么说？"

"这不可能！"查蒂和斯蒂格勒同时说道。

"但确实如此。"德隆回应道，"不但如此，我们的服务也没有让客户满意。"

沃德坐在那里，慢慢地向后靠了靠，一言不发，等待更多的讨论。

"不要显得这么惊讶。就好像你从未接触过汽车工业一样。丰田在瓦郎西纳的工厂要求他们的供应商达到个位数的 PPM，甚至更低。我们呢？我们最好的时候也有 40PPM。他们要求超过 99% 的订单准时交货，我们如果能做到 95% 就谢天谢地了。相比之下我们怎么样？"

"我们并不给丰田供货。"斯蒂格勒阴沉地回应道。

"不幸的是，他们卖汽车。告诉我，我们的客户最新的订单有多少？"

"只达到预期的一半。"仙顿若有所思地回答。

"我们可以这样理解，"人力资源经理继续道，仿佛他故意这样自揭短处，"对于法国的代工厂而言，我们太贵了，我们亟需控制成本；对于德国的客户而言，我们的质量又不好；对于亚洲的客户我们又难以保证按期交货。谁能告诉我，我们还有什么出路？我们无法推出新产品是因为我们的状况不佳，而且我们的成本太高。这是一切问题的根源。如果我是整车厂，与其接受我们提供的产品和服务，还不如选择罗马尼亚的供应商，他们或许不会比我们好很多，但至少便宜得多。"

"皮埃尔说得很对。"沃德对大家强调，同时环视众人。"确实，这种状况糟透了。你们不愿意听，我也一样。但我们必须去面对现实——我们不够优秀去争取更多的订单。在座的每一位，包括我，都没有做到我们该做的，以赢取公司的信任，保证工厂的生存。"

"我们怎么才能做到？"技术经理失望地大声说道，"我们没有得到一分钱的投资。"

"没错，我们不可能再得到一分钱的投资。"沃德说，"记住，他们计划关闭工厂。但我不想不做改变就缴枪投降。正因如此，总裁给我们设定了期限。

首先，我和德隆必须制定一份关闭工厂的计划书，得要现实可行，还要有时间限制。不要抱怨，这是必须要做的。所以大家明白我们的处境了吧？"

"其次，詹金森已经要求我迅速改进质量和准时交货水平。如果我们能做到，他同意为我们工厂寻找一些新订单以增加产量。"沃德有些夸大其词，虽然他知道自己不擅长说谎，但他明白他需要让大家看到希望。

"我可以做好我的工作，"德隆微喘着说道，打破了沉静，他似乎很享受地、若有所思地拈着胡子，最终那不祥的预言成真了，"上帝知道，我曾经看着我以前的工厂倒闭。所以，年轻人，你们准备怎么做？"

他们开始了一场热烈的讨论，但都围绕着一个主题，那就是如果没有大量的资金投入，他们也无力回天。

"够了！"沃德怒吼道，"不要再发牢骚了，不要再说'这不是我的错'。如果我们齐心协力，我们就能成功。我相信我们会成功。所以听着，我们应该这么做。"

"首先，今天的会议内容不准向外透露。对外就说我们需要改善服务和质量以争取到新订单，目前招收新员工没有任何意义。"

"也没有能力这样做。"德隆有些讽刺地补充道。

"其次，"沃德没有理会他，接着说道，"无论是否同意，我们都要严格地遵照詹金森的意见去做。第一步就是在每个生产单元边上放置红箱子。"

"别胡扯了！"斯蒂格勒抱怨道，"早在我们应用阿奈斯特业务系统的时候，我们就那么做过，但没有任何效果。"

"不！"沃德否定道，"那是因为我们没有发挥出它的作用。我们过去把它们当作垃圾箱，所以不会有什么效果。这一次，我们要真正利用它。从今天起，我要求我们这个管理团队必须每天巡查三遍红箱子，分别在三个班次中间，上午10点、下午4点和凌晨3点。"

"凌晨3点？"技术经理笑道，"我猜您一定是要在深夜来工厂吧。"

"没错，我会的，我保证每周至少会有一晚在车间值班，如果你也能做到这一点，我会非常感激。同时，我们必须制订一个对夜班工作进行评估的计划，但你得保证，在白班的两个时间你都得到场。"

"另外，在返修不良品之前，我需要质量部拿出一份详细的每天明细表。"

"你的意思是，要求我们检查所有的不良品？"质量经理嚷道。她那表情丰富的脸看起来被吓呆了，就好像沃德在要求他们水中捞月一样。

"没错，检查每一个不良品！"

"安迪！你不了解情况，我没有足够的人手。"

"那就放下手头其他的工作。如果质量部只有一件工作要做，那就是它了。"

"那么质量系统和认证方面的工作怎么办？"她追问着，显得有些苦恼。

"检查不良品优先。我们亟需知道我们的问题所在，如果不立刻改正，我们就完了。如果公司对你有什么特别要求，告诉我，我会处理的。"

"第三，"沃德补充道，"我们需要明确如何保证按期交货，我承认，对此我毫无头绪。卡罗尔，考虑一下，给点儿建议。"

那次会议平静地结束了。沃德确信他们都是值得信赖的人，一旦了解局势并接受挑战，他们有能力渡过难关。他们已经习惯了沃德总是听辩论，稀里糊涂地应付事务。但这一次，沃德的发号施令着实令人惊讶。沃德下定决心终止原先的生产系统，全力推进改革的举措令他们非常困惑。生产系统是工厂管理的命脉，按照系统运作不正是他们的工作吗？沃德也深知是这一系统把全厂维系起来，但短期内他必须顺着詹金森的意图给他想要的结果。沃德有些左右为难。

现在，坐在办公室里，沃德不得不承认，无论如何他们做出了应对，在这件事上取得了一些成绩。仙顿想出了提前储备成品，在交货之前补齐缺货的办法。她要求库管员在出货前两班次的时候检查存货，将缺漏的产品排入下一班次的生产计划。查蒂也以惯常的激情着手解决质量问题，在红箱子里放了塑料袋，在例行的现场检查之后，收集每个班次的不良品，等换班后带回会议室仔细标记，然后再进行分析。那次会议之后，立即就开始对红箱子进行检查，虽然此举的价值在当时还很难显现。但检查报告涉及的问题很快就多到超出了工厂的解决能力，这令他们很震惊。设备维护部和技术部的人没日没夜地加班，但问题还是层出不穷，好像没有尽头。因此，他们决定集中精力从最简单、最不花钱的问题入手，但没过多久，又暴露了新的难题。

例如，回用料在混合材料中的数量对外观部件的质量影响很大，但他们并不使用自己的回用料，而是卖给第三方。不幸的是，工厂对采购来的塑料颗粒质量无法保证，因为供货商是纽霍夫的采购部门决定的，他们无权插手。

沃德坚信他当年做咨询顾问时，从一次培训课程中偶然记住的五个词：计划、组织、人员、影响、控制。总而言之，他认为这五条宗旨令他获益匪浅。比如，他把大家团结在了一起，他们执行了检验红箱子的计划，制定了实施细则，决定了参与人员。起初，他亲自参与了大多数的检验，以确保这一计划落到实处，结果他们找出了大量的令人难以置信的毛病。他的承担式管理（take on management）就是要把恰当的人团结在一起，给他们指明方向，并鼓励他们继续做下去。当然啦，大多数情况下派给他的人不是他想要的，前进的方向也难以准确把握，但总的来说，他把工厂管理得不错。

所以问题出在哪儿呢？问题出在哪儿呢？回家的路上，他反复地考虑着这个问题。晚上吃饭的时候，他心不在焉地听着克莱尔讲从希腊度假归来后遇到的各种琐事。在他们度假期间，克莱尔的父亲在打理着生意。想到这几天里沃德遇到了这么多麻烦，克莱尔不知道他如何能经营工厂这么多年。到底出了什么问题？

"这个问题，"沃德突然打断了妻子，皱着眉头，满脸疑惑地继续道，"问题在于我们没有做到可持续。"

"你在说什么？"克莱尔温柔地追问道。

"嗯，"沃德有些窘迫，突然意识到整个晚上都没有注意妻子在说些什么，"我们的表现大有改观，但却是通过一个不可控的过程。我们没有聪明地工作，只是更加辛苦而已。我认为，我们很难长久保持这样的状态。"

克莱尔点点头，把最后一点儿父亲带来的酒给他倒满。他们是在门前的院子里吃晚餐的，伴着远处夕阳的余晖。克莱尔非常享受这最后几个怡人的秋天傍晚，再过不久白天就会越来越短，然后是连绵的大雨，预示着漫长萧瑟的冬天的到来。她注意到这些天来，安迪回家后越来越心事重重，总是惦记着工厂的事情。

另一方面，她意识到情况似乎很糟糕，不能埋怨丈夫一心扑在工作上，对此她不知是该欣慰还是担心。她之前也见过丈夫承受很大的压力，但像这样，人在家里，心里却还想着机器和生产线，还是头一回。

"我们已经更加专注了，"沃德好像想到了什么，大声说道，"但我们却没什么改变。同时，改善客户服务实际上却增加了成本。在物流方面，卡罗尔为每个班次雇用了一个临时工，帮助他们点数，同时增加了成品库存。生产方面，只要我们有疑问，就要求工人对产品全部检查，这意味着要雇用更多的临时工。然而，这似乎于事无补，我们还是不能防止不良品流入客户手中。而设备维护部和技术部的员工仍在拼命工作着。"

"这样很糟吗？"

"只能说那些工程师罪有应得，"沃德笑笑说，"他们没有新的项目可做，这才是最重要的问题。但长期保持这种现状不会有好结果。设备维护部现在正是忙的时候，他们已经开始抱怨了。如果有哪一天请病假的人大量增加，我一点儿也不会觉得奇怪。"

"那你能做些什么呢？"

"我不知道，"他苦恼地说道，"我真是无能为力。我们已经尽了全力，但却力不能及……我希望詹金森这个顽固的家伙会带来一些好的建议。我有没有告诉你，咱们在希腊度假时，我几乎要被解雇了？"

"是的，亲爱的，你告诉我了。"她依偎在他怀里，靠在他肩头。

沃德苦闷地喝完了杯中的酒。过去的这个月里交织着希望和挫折。他们改观了不少，但为这小小的收益却付出了巨大的代价。就好像一个人就算使出全力改变了泰坦尼克的航向，但仍难以避免它撞到冰山。由于下班后洗过澡，克莱尔的头发散发出淡淡的香气，他还感受到了黄昏中慢慢升起的薄雾的味道。好久之后，当他有些困意的时候，他听到池塘中的蛙鸣，告诉自己这才是美好的生活。伙计，不要忘记。

⌒

"听着，安迪！"查蒂嚷着冲进办公室，"难道要我的人独自检查红箱子吗？"她尖刻地抗议道。

"不，当然不是。我们说过了，这至少应该由质量、生产、设备维护和技术部共同完成。有什么问题吗？"

"是的，没有一个他们的人，这就是问题所在。"她怒气冲冲地回答说。查蒂是唯一一个由沃德亲自任命的经理，尽管这并不是什么难事。她年轻，充满活力，有着极富感染力的幽默感，还很聪明，为人正直又努力工作。她也很有趣，她那爽朗的笑声能令任何一个冷漠的人露出微笑。作为一个地铁司机的女儿，她在巴黎的市郊长大。毕业于梅兹大学工程专业，在校期间成绩优异。安迪的前任把她招入公司担任质量技师，前任的质量经理退休后，安迪否定了两个自认应该被提拔的人，任命她为新的质量经理。她很擅长处理客户关系，客户们都很喜欢她，很少像对待她前任那样挑三拣四的。

"走，找他们去！"沃德长叹一声。自从开始例行的红箱子检查，出勤就成为一个问题。一旦沃德对此的关注有所减轻，他们就会逐渐缺勤。这不会很快成为一项企业文化，这是可以肯定的。

沃德一向对于从他前任手中接受这样一个团队感到幸运。生产经理斯蒂格勒，来自东部的孚日山区。当阿奈斯特关闭了他从前任职的工厂后，他就来到了佛顿。尽管沃德刚来不久就被任命为工厂总经理令他很失望，但他还是接受了这一结果。他总是嘲笑沃德与公司高层之间莫须有的交情，最终也只能盼着沃德早日另就高职。他每日来得很早走得很晚，工作井井有条。他很擅长应对危机，喜欢扮演救世主力挽狂澜，他有很多次也帮了沃德的大忙。他们并不能算是知己，但相处还算融洽。

他们在斯蒂格勒的办公室找到了他，他正在和物流经理仙顿讨论什么。斯蒂格勒看了他俩一眼，很快意识到他们所为何来。

"对，该检查红箱子了。"斯蒂格勒不耐烦地说，"我们真的有必要每天都去吗？我们看到的情况几乎一成不变。现在卡罗尔和我必须重新安排生产计划。萨尔路易斯多要了三成货，而且要求尽快交货，我们现在没有足够的存货。"

"你注意到这份订单了吗？"沃德和仙顿边握手，边问。

"我看到了，"仙顿自嘲道，"他们的订单乱七八糟的。"

"动用安全库存如何？"

"我们正在考虑这个，"生产经理回答说，"我们的安全库存有多少？我们如何能把它们补起来？"

"我不赞成为这份订单动用安全库存，"仙顿眉头紧锁，"安全库存需要留着应对急需。"尽管已经共事多年，仙顿仍然令沃德感到难以捉摸。她与整个管理团队刻意保持着距离。她就住在本地，中午回家吃饭。她个性独立，没有什么亲近的朋友。沃德只知道她的父母是当地人，她是一个离婚的单身母亲，除此之外对她的个人情况一无所知。她的办公室在物流部，远在工厂的另一头，事实上，除了管理层的例会，沃德很少能见到她。

"你的事也很重要，但我们现在需要奥利弗来一起检查红箱子，如果你乐意，也一起来吧。"沃德说。

"我想还是先把手上的事情先做好。"仙顿简短地答道。

沃德从未习惯过法国人的做事方式，只要命令不是强制执行且一式三份，并且三令五申，他们很容易就忽视掉那项命令。当他还小的时候，他的爸爸对他说"随便"做什么事情，意思就是立刻去做，不能犹豫，没有借口推辞。但在这里，"随便"的意思就跟字面上的解释一样。

生产、质量和财务部门的经理是沃德的核心团队，沃德对他们很满意，经常在当地的一家小饭馆聚餐，环境虽然一般，但饭菜很美味，老板也很客气。他很快就意识到四个人的共同点在于他们都是外地人，在佛顿这个偏僻的小镇举目无亲。财务经理是他们中最年轻的，来自法国南部，从商科学校毕业后就来到工厂，把他招进来是布朗科卸任前做的最后一个决定。他有些双重性格，是个活宝。在工作上，他是个难得的好参谋，勇于进取，渴望学习经验，沉稳，仔细，有时甚至有些沉闷。工作之外，他很活跃而健谈。他认为自己很讨女人喜欢，斯蒂格勒和查蒂却总是揭穿他的恶作剧。沃德没法儿分辨这些是否是真实的，但斯蒂格勒的讽刺、查蒂的幽默总是令大家相处得非常融洽。以专业的眼光来看，沃德希望这个年轻人知道他该做些什么，因为他自己没有太多时间深究财务报表中的数据，而这些数据在这几年变得异常复杂，他只能更加仔细地研究这些报表。詹金森貌似不太在意单纯的数字，但到了关键时刻，却又总能精确地知道工厂的财务情况。

对于管理团队中其他的人，沃德就没有这样深入的了解。设备维护部经理穆勒从未明确表露出想加入他们聚餐的意愿。即使在工厂状况很好的时候，沃德也没有觉得他容易相处。穆勒给人的印象总是看不起大家，可能是由于他那长期和机器打交道而产生的性格，与工薪阶层有些格格不入。至于新任的持续改善专员，他是一个有些羞怯的年轻人，他们经常邀请他共进午餐，他偶尔也会来，但更多时候是独自在办公室吃片三明治。最后是人力资源经理，他是前任工厂总经理的智囊之一，同时也是佛顿的副市长，对于当地政治活动的热情要高于对于工厂的事务。这曾经一度令沃德不满，但总而言之，他还是很有价值的，特别是遇到一些当地的纠纷麻烦，他知道该找谁解决，该如何解释。总体而言，佛顿工厂能保持和谐，这大多要归功于他的经验和影响力，部分也源自沃德对这种事情的迟钝。简而言之，在处理一些棘手的与人打交道的问题上，沃德对他言听计从。

沃德不知道布朗科是否同意任命自己做工厂的总经理。当沃德就任持续改善专员后，布朗科很快就把他当作副手一样栽培，教他一些工厂运作的基本知识。对沃德而言，布朗科既慈祥又生疏，由于年纪大的员工逐渐被年轻人替代，布朗科在自己的工厂中渐渐地被孤立。比如，他为管理层专设了一个餐厅，确切地说是为了他和德隆邀请其他的中层经理们。而沃德上任后的第一项举措，就是拆掉了那堵墙，扩大了餐厅。不和员工一起就餐令他心中不安，但这样一来又令他很不自在，因为他不知如何应付时而正式、时而随便、古怪的法国人。布朗科却认为应当与那些工人保持恰当的距离，以维护总经理的威信，他曾经告诫沃德："如果他们不怕你，就不会尊敬你。"沃德对此不以为然，但大多数情况下，他还是愿意去外面吃，毕竟这也有助于凝聚管理团队。

最终，他们也找到了穆勒并开始一起检查红箱子。沃德还定下规矩，例行检查是一项义务，这样够明确了吧？但现在他感到很沮丧，因为他发现红箱子里还是那么些东西，工人们仍然无暇处理这些问题，抑或他们不知如何处理。结果是，检查就像是一次次空洞的仪式，一次次无用的老调重弹。

沃德曾经在一次例行电话中与詹金森谈及此事，詹金森仍然执着于工作的持续性。"是的，我们每天都会遇到同样的问题，所以我们对问题习以为常。"他解释说，"这就是你要坚持每天检查的原因，员工面对这些已经见怪不怪了。无论如何，你一定要坚持下去。"

沃德察觉到一个重新出现的主题，觉得自己在接受一场考验，考验自己能否坚持到底。对于詹金森认为让工人面对这些问题是发动他们解决问题的关键，沃德也不知是否可行。但他已经同意了这么做，所以他不能让这个难得的机会溜走。一想到这个问题，他又觉得自己应该每天去监督对红箱子的检查，甚至要亲自参与。但又怕这样看起来有些过分，不想让工人们觉得他在吹毛求疵。但现在他很有可能不得不这么做。

⁓

"我叫阿马塔·伍兹，大家都叫我艾米。"她微笑着，伸手示意。

"安德鲁·沃德，叫我安迪吧。"他回答道。两人握了握手。他不知道在期盼什么，但可以肯定不是她的到来。艾米是一个身形有些矮胖的女人，精神饱满，能看出有明显的拉丁血统。她的打扮有些奇怪，白衬衣外是简洁的套装上衣，牛仔裤上的皮带扣装饰着银饰和玳瑁，脚上穿着磨得有些旧的安全鞋，穿着正式，而且能看出来价格不菲。沃德立马对她产生了好感。

"这是下出租车时，有人给我的。"她说着，递过来一个明黄色的传单，上面写着"拯救佛顿"几个大字。毫无疑问，工会领袖正站在大门外，向过往的人散发传单。仅过了一周左右，从银行传出的消息就遍布了全城，现在已经满城风雨了。唯一值得欣慰的是，秘书告诉他玛蒂尔德得到了贷款。

"工会的传单，我还没有看过。"沃德解释说，避开了艾米的眼光。然后她露出了一丝微笑。

"菲尔很抱歉不能亲自来了，所以他派我来这，我是一个咨询师。"

"对，他打过电话来，他现在在中国，对吧？"

沃德把她带到办公室，艾米接着说道："他们想这个月底开工，给通用汽车供货，但似乎做不出合格的产品，这简直是一场灾难。"她微笑着评论道。

"你似乎对此不太担心？"沃德小心地问道。

"菲尔会处理好的。他是一个天生的工程师，处理这种事情非常在行。他经常处理这种事情。"

"你认识他很久了吧？"

"可以这么说。"她笑着，不再说什么。她的笑声响亮明快，与她过人的沉稳和沙哑的嗓音并不协调。

"嗯，"沃德清清嗓子说，"我们不知道该做些什么，所以也没有特意准备。你想怎么做？先见一下我们的经理们，还是先听听我们关于工厂和最近工作的汇报？"

"那些以后再说，好吗？让我们先……"

"去车间看看。"他抢先笑着说道。艾米的好心情确实很有感染力。

"我想先喝杯咖啡。"艾米顽皮地回应。

"当然，当然，"沃德咳嗽了一下，以掩饰自己的尴尬，"但我们得到咖啡机那儿去，在楼下，这里没有人负责冲咖啡。"

"没问题，走吧。"

当他们走到休息区时，有几名技师正在那喝咖啡，沃德向他们点点头。

艾米则闭上眼睛，小口地喝着咖啡，微笑地说着："欧洲的咖啡，就算是机器冲的，也比我们那儿的好喝。"

"你应该去趟意大利，他们的浓缩咖啡是最棒的。"

"我打算在回家之前，到都灵工厂停一下，我非常期待这次的欧洲之行。"

沃德没精打采地喝完了自己的咖啡，百思不得其解总裁派这女人来做什么。

"我准备好了，"她两眼注视着沃德，"菲尔为不能亲自来感到很抱歉。他原本想在纽霍夫组织一场改善活动，中途在此停留。但他说你把自己逼入了绝境，我想听听你自己的说法。"

沃德大吃一惊，尽可能详细地讲述了工厂最近采取的一系列措施。艾米自始至终听得都非常仔细。当沃德说完之后，她要求看看那些红箱子的检查报告。

"当然可以，"沃德毫不迟疑地回答，"10点钟就会有一份，还有45分钟。"

"很好，让我们先抓紧时间去车间看看。你们现在没有在换模吧？"

"嗯，我也不清楚，让我查一下。"

这些人都怎么了？最近沃德一直努力工作，他确信自己可以面对总裁，准确地回答出任何问题，而不会像个无能的傻瓜一样。但现在他却被第一个具体的问题难倒了。今天看起来又会是漫长而痛苦的一天。

正如他所料，在车间里艾米尽管更和善一些，但她像总裁一样敏锐，且喜欢刨根问底。他们来到两台正在换模的1500吨注塑机旁。沃德把艾米介绍给两位工人之后，艾米对他们爽朗地笑笑，然后认真地看着他们工作。前10分钟，沃德都在试图不太露骨地恭维她。他的那些工人们此时都四散开来，有的在找些什么，有的在打扫散落的部件，有的干脆无所事事地站在那里。他们都在等着机器那头的同伴，完成换模工作。

"我最近刚刚参观过丰田的工厂，"她突然说，"他们有一座4500吨的注塑机，就像一所房子那么大。一边立着一个电子显示屏，上面显示着换模时间：5～7分钟。我向他们问及此事，他们说自己有一个专门的品管圈，致力于消除换模工作中的波动，目的是把换模时间稳定在5分钟。"

"嗯，他们一定有整套的配套设备以便换模，对吧？"

"哦，是的，你想想看那些模具有一辆小卡车那么大。他们有很多自动的轨道和其他装置。事实上，他们每次要花50分钟左右的时间来做换模的准备。但问题的关键是，他们将10%的机器时间用于换模，每生产一小时的批量就进行一次换模。你们的情况如何呢？"

"我们并不像那样计算批次，有些一天一换，大多数几天一换，有些从不换模。"

"想象一下这样做对库存的影响。"她机敏地说。

沃德暗自叹息，确实如此。因为担心损失注塑机工作时间和人工成本的损失，通常批量大小的确定是平衡增加换模造成的损失与减少换模造成的库存增加损失。较少换模意味着大量的存货，但却可以减少换模损失的时间。与此相反，沃德也明白，如果减少每次换模花费的时间，就可以减小批量，降低库存。当他还是一个供应链顾问的时候，他参加的每一场精益培训中，都会讲到缩短换模时间的 SMED 技术（快速换模），但他怎么从未在他自己的工厂中想到这一点呢？

艾米继续说："令人惊讶的是，丰田早在 20 世纪 70 年代就成功地把平均换模时间控制在 10 分钟内。他们甚至发现了一家美国公司专门设计可以快速换模的机床，这家公司濒临破产，因为当时没人对这样的机器感兴趣，丰田买下了这家公司的产品做研究。奇怪的是，对于此事我们怎么会无动于衷？咱们去看看装配单元，好吗？"

在去装配单元的路上，艾米停在一个中型注塑机旁，仔细检查。当沃德看到机器上泄漏的油渍、肮脏的油管、乱成一团的塑料残渣，他感觉自己就像一个在逃的罪犯落入了法网。艾米花了几分钟时间看到模具打开、机械手取下完成的部件、模具关闭再到加工下一个部件的加工过程。她用手试探了一下刚刚被机械手放在传送带上的部件，发现它只是微温，就拿了起来仔细检查着，然后什么也没说就递给了沃德。

沃德再一次咬紧了牙关。沃德知道，注塑成型的窍门在于尽可能提高注塑机的运行速度，以提高生产率。注塑机的运转方式最好是分成两级：首先，模具开启取出部件的时间要尽可能短；其次，尽量缩短工作周期中模具被锁死的那段工作时间。模具锁死的时间越短，加工后的部件温度越高，这个时间对于产品质量有很大影响，因为塑料部件需要在被取出前被充分地冷却以保持形状。加工好的部件温度不高，往往意味着机器没有被调到最佳状态，或者是为了增加产量。沃德不知道艾米这样做是出于无心，还是她深谙此道看出了其中的破绽。不管怎样，沃德知道今天是遇到行家了。

装配单元就更糟了。工人并没有很好地在单元里被组织起来，而是或站或坐，操作着孤立的自动化机器，将部件装到部件基座上去。有时，有些部件在经过某道机器加工的工序后就可以直接送给客户。但大多数情况下，需要经过一部机器到另一部机器，在机器之间堆满了成堆的在制品。

艾米让沃德把她介绍给一位工人，那工人正在为一台组装柴油机滤油器的自动化设备下料。她只是站在一旁静静地观察，一言不发，也没有注意沃德，只是看着。沃德有些着急，想领着她到别处看看。他的思路被车间中所见所闻的一切，以及回到办公室后可能会面对的麻烦，搞得一团乱。今天早上，德隆曾经问他，是否想试一下他对付银行经理取得贷款时用的绝技。他曾想要拜访那个银行经理——毕竟这只是一个小镇，这件事情令沃德很难堪。沃德谢绝了他，毕竟贷款申请已经被批准了，他没有再提过这件事。这些情景在他脑中打转，令他有些迷茫，他想离开这儿去别处看看。但艾米仍然站在那里不动。沃德强迫自己做个深呼吸，试图冷静下来。

"你在观察那'七大浪费'吗？"沃德问道，显得有些欲言又止。

"没错，看。"她用手比划着。

制造过多的浪费：那位女士是不是生产太多或太快了？不知道，因为没有明确的节拍时间。

等待的浪费：工人向机器中装入原料，然后等待流程结束后，取下完工的部件，再次装入原料。

搬运的浪费：箱子装满产品后，必须要把它搬到工作台的另一端，放在那边的货架上。

工序重复的浪费：红箱子里有很多没通过机器检验的部件。我敢打赌，其中有一些看似不合格的，但重新检验后很有可能通过，被证明为合格品。这样一来，它们就经受了两次检验，而不是一次。

库存的浪费：手头的部件多于加工需要用到的部件。

动作的浪费：在地上画个方框，模拟着她去拿部件时走过的路径。再在身前画一个方块，模拟把部件固定在机器上的动作。

返修的浪费：那边黄箱子里装的是需要返修的部件，是吧？

"天呐！你对我们遇到的麻烦有什么解决办法？如果我们能处理这些个细节问题，我们则可能会胜过竞争对手了。没办法！"他非常沮丧地说道。

"这就是你失败的原因。"她大声地以一种奇怪的语调说道。

沃德无奈地看着她。

"啊，振作起来。"艾米轻松地说，"那是我最喜欢的 Yoda 式口头语，你知道吗？从《星球大战》里学来的。"

沃德出神地看着眼前的艾米，不由得发笑。她说的对：确实是，他身处法国的工厂，听一个墨西哥裔女孩儿引用《星球大战》的台词。生活的古怪令人难以捉摸，不是吗？

她充满智慧地笑着说："我的意思是，由于你没有注意到这些细节，所以你的工作寸步难行。这只是菲尔的预感，但我认为他的预感是正确的。"

之后，对红箱子的检查同样令人难堪。

"奥利弗在哪？"当把艾米介绍给大家后，沃德用法语问道。

"他有其他工作要做。"查蒂无奈地耸耸肩。沃德无奈地想到一个新的问题。生产经理越来越多次地缺席，质量经理对此抱怨连天。物流经理已经彻底不来参加对红箱子的检验了，现在设备维护经理也不来了，他必须采取一些应对措施了。

然后，他们又回到注塑车间，检查缸盖产品上的划痕。大家讨论着这些划痕产生的原因。通过观察整个流程：工人拿着做好的缸盖，码放在一个巨大的容器中，最终，他们得出结论，缺少某种装置，以避免机械手从注塑机中取出的部件，再次被放到传送带上时掉到地上。这又引发了需要设置何种屏障才能防止跌落的讨论。

艾米一言不发，听着沃德对讨论内容的翻译。一会儿之后，她对沃德说："你能帮我翻译吗？"

"当然了，说吧。"

她从技术经理手中接过那个缸盖，走向工人。她让沃德替她引见，然后要求工人向她说明这个部件哪儿有问题。

沃德暗自庆幸这不是一个临时工。阿德里安梅耶来工厂已经一段时间了，很熟悉工作。他是一个高大消瘦的小伙子，略向外突的蓝色眼珠使他显得有些疲惫，实际上他是个稳重的人，工作认真，很少出什么差错。他指着上面的划痕说，他认为可能是由一些从工位上掉下来的部件造成的。

"那你为什么认为会发生这种事情？"艾米甜甜地问道。

"嗯，"他有些犹豫，紧张地看着那些经理们，他的目光在这些人身上游弋，让他看起来更加疲惫。"我完成一定数量的部件后，必须换一个箱子，就是这种箱子。铲车会送来一个空箱子，然后把装满部件的箱子搬走，但我必须用那边的液压车完成这一切，这也会花一些时间。通常，这时传送带上的部件会堆积在工作台上，但有些会跌落下来。这并不经常发生。"他很快补充说："但这确实发生过。"

"谢谢你，先生。"艾米微笑着说。然后走向那些经理们，说："现在，为什么那些部件会跌落下来？"

"因为工人离开了工位。"

"但这又是什么原因？"

"因为他不得不去更换部件箱。"

"这又是为什么？"

经理们面面相觑，没人回答。工人必须更换部件箱，这不是理所当然的吗？还需要什么解释？

"因为箱子太大了，难以搬运。"沃德开口说，"但这箱子的尺寸是客户指定的，我们不能轻易更改。"

"好吧。但你们可以把作业区的布局设计得更加合理。"艾米建议说，然后从查蒂手中抢过她的笔记本画了一幅草图，"让这些箱子流转起来。在这儿，设置一个方形区域，这边是装满部件等待运走的箱子，这边一个空箱子，这边是正在往里装部件的箱子。这样一来，更换箱子的时间就被压至最短了。"

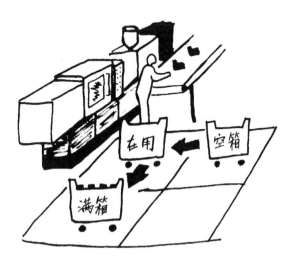

"但从根本上讲，安迪说得对。主要问题是箱子太大了，工人难以搬运。"

"我这样做想说明什么呢？"过了片刻，她问沃德，就好像他们还在继续检查红箱子一样。

"对一个问题问五次为什么？"

"是的，但不是全部。我想要说明的是，与一线工人的沟通。"

沃德愣在那里看着她。

"看看你的经理们！"她向在红箱子周围围成一圈的经理们努努嘴。

"你看他们！他们只是围着红箱子讨论，却背对着工人！他们从未和工人们讨论过这些问题！"她大声说，显得一反常态的愤怒，"那些工人每天与这些部件打交道，出了什么毛病他们比你们知道得更多。他们懂得很多，你知道吗？"

午餐的时候，他们俩在公司的会议室里继续讨论。

"工会的活动令你很不好过，对吧？"他们吃三明治的时候艾米问他，至少三明治的味道还不错。

"没那么严重。"沃德边吃边答，"在菲尔视察之后，他们逐渐理解了我的处境。我告诉他们，我们首要的问题是为工厂争取订单。他们也知道我们的质量和服务并不具备竞争力，所以示威活动也就慢慢平息了。最近发生了一起很愚蠢的小事儿，所以他们又开始抗议了，但问题不算严重。我希望如此。"他食指与中指交叉做出祈祷的手势。

"以我对菲尔的了解，罢工足以成为他关闭工厂的理由。"她无奈地耸耸肩，让沃德有些难堪，"相信我，他一定会那么做的，无论付出任何代价。"

沃德试图避开这个敏感的话题，说："你代替菲尔在纽霍夫工厂推行改善计划，是吗？他经常这样做吗？"

"对，几乎北美所有工厂的改善工作都由他亲自带头，但在欧洲却有些迟缓。过去，他亲自领导每一次的改善运动，并要求管理团队参与。所以，这一次他无法参与令他很是郁闷，但他更不能接受总是延误交货，因此只能采取 B 计划了，那就是由我来！"

"他为什么从未在这里推行改善计划？"沃德抱怨道，"难道他就那么确信工厂的命运已经注定要被关闭，所以他不想劳心费力了？"

这令艾米不由得发笑，她少女般地咯咯笑着，与她主持人般的嗓音大为不同。

"你笑什么？"他有些不悦。

"你认为菲尔为什么要亲力亲为？"艾米严肃地说。

"让大家认识到要改善的重要性？起到某种程度的示范效应？"她的问题

令沃德有些局促不安。

"这只是一部分原因。"艾米点点头，"那也只是对他们而言。为什么菲尔自己要这样做呢？"

沃德无言以对，无奈地耸耸肩。

"他在寻找人才，你懂吗？他在经理层中寻找可以依赖的、有领导能力并能参与其中的人。他现在事必躬亲是因为还没有找到这样的人，所以某种程度而言，他正在采取措施改变这种情况。"

"那么，为什么不在我们工厂推行改善计划呢？"

"你还不明白吗？因为你已经在针对自身情况采取措施了，他希望你可以自己摆脱困境，而不需要他手把手地教你。"

"此话当真？但他似乎认为我是在胡闹。"

"没错，而且你也确实不得要领。这也是他派我来的原因。"她微笑着说，洋溢着令人反感的自信。"咱们试着把你的问题找出来吧。"

沃德生气地回答说："我们的问题在于技术人员的工作强度太大，难以长久维持。而且即使这样，我们也没能防止不良品流出工厂。"

"对，那问题出在哪？"

"天哪，你们这些人！我也不知道问题出在哪，如果知道我一定会告诉你。"

"这么说吧，先从质量问题开始，你们面对的是一个帕累托问题。"她继续往下说，没有受到刚才一时激动的影响。

她在白板上简单画了一个帕累托图，说："我们都习惯于用最擅长的手段解决最重要的问题，同意吧？"说着，她圈出了前三个直方，意味着造成大多数问题的少数主要原因。

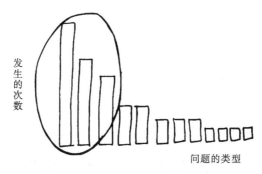

"没错。最有效地利用资源，着重解决80%的问题？"沃德有些无奈地回答。

"但是，你们在检查红箱子的时候都做了些什么？"

　　沃德非常茫然，大脑一片空白。他暗自骂自己愚蠢，努力搜索着答案。突然灵光一现。

　　"我们没有分清主次，忽略了那些主要的因素，而总是纠缠于细枝末节。"

　　她满意地点点头。

　　沃德有些激动地接着说："那就是了。我们其实早就想到这些了。在7月中旬的时候，由于需要采取的措施多到超出我们解决的能力，所以我们陷入了困境。每次检查红箱子都会冒出许多问题需要解决，却只能靠那几个人来做，以至于他们都快筋疲力竭了。因此我们决定设计两张行动表：一个依据每天红箱子的检查结果；另一个每周一份，参照周一的检查结果，预估下一周需要采取的行动。我们每周更改行动计划，所以技术人员每周都会按照那份行动表采取相应的措施。"

　　沃德接着说："下一周可以重新制定一个行动表。我记得曾向詹金森提到过这个计划，他好像认为这样做不错。最终，我们这样做了，只不过改为两周一次，因为很多工作一周难以完成，比如购买备用部件之类的。你认为如何？"

　　"非常聪明，但有效果吗？你的问题解决了吗？"

　　"这能保证措施得到了施行，但好像并没有解决问题。这么做保证了技术人员的工作进度，至少消灭了一些不实用的想法。但那些残留下来的问题，像是螺杆的问题，依然反复出现，所以最后我只好把它们作为一个特殊项目，另行处置。然而到头来，技术人员还是像以前那样超负荷工作，毕竟他们承担了所有的压力。"

　　"现在，什么样的客户投诉令你们最棘手？它们在帕累托图上占什么位置？"

　　"嗯，大概是这里，"他指着图形的最末端。它们大多是偶发的，都是一些很罕见的问题，但加在一起就很麻烦了。"

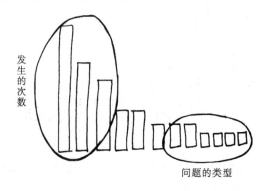

"那是些什么问题？你能具体说说吗？"

"我不知道，如果我想把图上的每个问题都解决掉，我需要成倍地增加技术人员。"

"就不能以精益的方法解决吗？"

"是的，我的确不能。"他笑笑说，突然想到詹金森要求贝克梅耶把质量部的人员裁掉 1/3，他应该问问阿克曼是否做到了这一点，"但我也想不出其他的办法。"

"你手下有多少人？"

"452 名员工，到我上次核查的时候是这个数字。"

"那么你发动了 452 个大脑了吗？还是你只用了你们 10 个经理的大脑和其余 442 双手？"

"我不明白这是什么意思。"沃德叹气道。

"这里的每一个人都有能力解决问题，但你却把全部的问题推给了那少数几个技术人员。这样做的话，你们很难有所改观。"

"但还能依靠谁？那些工人吗？你一定在说笑。"

"是吗？每次检查红箱子的时候，我都会向谁咨询？谁最有发言权？"

"那些工人，就算是这样，但是……"

"我在工厂里也碰到过几个主管，我为什么不去问他们？你看看他们每天都在做些什么？"

"白天的时候，我们每层楼只有一个主管。过去是每层每个班次配备一个主管，但两年前公司要求我们裁掉一部分非生产岗位的员工。"

"他们能解决问题吗？"

"可以吧，只是……"

"他们解决的不是产品的问题，而只能解决一些行政上的小问题。"

"别说了！"沃德挥着手，表示抗议，"你还是直说吧。"

"每位员工，每一天携手解决问题，这是解决这个帕累托图上最大难题的唯一办法。你必须使两种流动在工厂里变得明晰可见：一个是贯穿全厂的产品流，另一个就是问题流。菲尔在精益管理上的一个巨大的尝试就是，不应该所有的问题都仰仗核心的技术人员来解决，而应该让他们专心于真正困难的问题。你要做的就是在生产线上把问题解决掉。"

"你是说我应该发动工人们去解决问题？"沃德又问了一遍，同时不自主地摇头表示怀疑。

"为什么不行？他们毕生的时间都和这些部件及生产线打交道。"

沃德反驳她说："哦，请听我说！这听起来很有道理，但根本行不通。我们曾经确实邀请过工人们从事这方面的工作，但把他们请来后，他们又什么都不说。"

"那就是你要应对的挑战，你问了正确的问题吗？"

他的眼光在地板上打转，想到自己也曾是一个咨询师，便不住地摇头。难道他真得脱离生产现实了吗？在管理学所说的拉拉之地（La-La land）中迷失了？或许是吧。

"我是认真的。"艾米郑重地说，"工人们的知识来自于实践经验，而不是书本上。如果你循循善诱，他们可以告诉你很多有关产品和工艺方面的知识。还记得在装配单元检查红箱子的事吗？大家在红箱子里发现一些合格品，对此起了争论。他们不断责难那个女工人，那个女工说这是上个班次留下的。我问了她两个问题。"

"接着说……"

"你总是在这个工位吗？她说她以前那个工位的机器坏了，她刚到这儿。然后我问她最近一次接受这种部件的操作培训是什么时候。她说是在两年前，刚引进这个部件的时候。这就是你的问题了，两年时间里，没有人来了解她对这个产品和生产工艺的看法。"

"这和培训有什么关系？"沃德不耐烦地问道。

"除此之外还有什么更好的交流场合？不是令工人们坐在桌前，放在聚光灯下，对他们说，'把你们所知道的关于这产品的一切都告诉我'。别傻了。你需要经常和他们一起工作，亲自动手，在你操作的时候，就可以对每一个动作提出问题。他们会告诉你很多故事。你要营造一个融洽的氛围，让他们不受拘束地帮你解决问题。他们是你的第一条防线，可以在你真正碰到问题前提醒你。但这很难自发地完成，所以需要你把他们的积极性调动起来。"

沃德想了想，低声说道："我可以这样理解吗？像六西格玛这种关键问题需要由专业的技术人员解决，而那些小毛病要通过改善，由工人们解决？"

"没错！就算他们不能解决，也至少可以发现问题。工人就像是面对小问题和大麻烦时的第一条也是最后一条防线。菲尔一直反对经理层扮演消防员的角色，这不难理解，如果你不能消灭隐患，一切都会毁于一旦。但如果你总是忙于灭火，而不是防患于未然，那么你将面对越来越严重、越来越频繁的困难。你需要在问题还没有发生前察觉它，但你不可能有足够的工程师来做这项工作，而你的工人们能做到，他们可以在大火燎原之前，把那些细小的火星扑灭。"

"我同意这个理论。"沃德慢慢点头说，"但是工人，不，如何操作？我要怎样才能让他们做到这些？"

"正如我所说，你需要建立这种机制。你需要组织起工人解决问题，而不仅仅是生产产品。而这些又是以在工厂中建立基本的稳定性为开端的。"

"嗯？"

沃德对刚才救火的那个比喻记忆犹新，所以当他看到杂乱的装配区时，不得不承认，如果发生什么意外，这里很有可能要发生"火灾"。虽然机器整齐地摆成一排，但大多数机器前的工人却快要被凌乱的塑料箱、板条箱和空托盘等杂物淹没了，更要命的是还有来来回回搬运产品的叉车。

"还是按照刚才那个救火的比喻吗？"艾米微笑着说，"咱们就站在这里，你看到什么'火灾'了吗？"

"这里的每一个工人都可能会制造一个能引起顾客投诉的隐患。"他咬了咬牙。"我知道问题在于我们制造了太多的不良品。虽然设置了很多质量检查点，但仍然有这么多的产品不合格。这表明人工检验和我们应用的防错程序肯定出了差错，该死！"

"嗯，唔。或许这里有些隐患，但你没有发现它们。这儿？"艾米指着另一个工作台说，"还是那儿？"

"到处都是。"沃德承认，他确实看到了其中的问题。如果按照那样的思路，这里确实遍布危险。

"但，你看，这'森林'里并不是空无一人，这里整天都有人工作，或许他们可以向消防队报警。"

"那也未必。他们整天在这里，或许他们已经对此视而不见。"

"很对。所以怎样才能帮助他们认清隐患呢？"艾米问道，然后把他拉到一个工作台旁。沃德非常不情愿，因为这是桑德琳·伦布罗索的工位，她是一个全厂闻名的刺儿头，在厂里待的年数可能比任何人都长，也是沃德最不想理睬的一个人。当他们走近时，伦布罗索对沃德的问候"你好"毫无反应，反而腰弯得更深了，专注于手头的工作，想要完全地背对着他们。

"如果我是这儿的工人，"艾米问沃德，"我怎么能帮助你及早发现一个隐患呢？"

"需要对产品非常熟悉。"

"还有机器。"

"没错，需要能分辨产品的好坏，能观察机器是否运转正常。你的意思是我们需要加强对工人的培训？"

"当然，你需要培训他们的还有很多。"艾米笑着说，"但却不是以你想的那种方式。让我们就这个问题接着说，你先想一个问题，你个人，怎么能为他们创造条件，让他们熟悉产品和机器？"

"我明白了，他们需要在同样的机器上，生产同样的产品。想要预见问题，他们就必须对那些产品和机器了解得非常透彻。"

"这就是所谓'基本稳定性'。"她很明显地表示赞同，"你要确立一个稳定的价值流，以确保同一系列的部件总是在同一组机器上加工。"

"大多数的组装机是专用设备，这没问题。但这是不是就要把模具分配到指定的注塑机上？这样我们不就削弱了生产的柔性了？"

"这是 MRP 的思路，"艾米否定了他，"MRP 只能使你们更加的没有效率。"

"别这么说，"沃德打断了她，"这样讲有些太绝对化了。"

"是吗？你想想，MRP 让你们的工作更自动化了。一台机器坏了不要紧，MRP 会把产品分流到另一台适用的机器上，这样你们就有足够的时间去修理那台坏掉的机器。缺少一个部件也没关系，MRP 会再安排加工另一种产品，这样你们可以耐心地等待那个缺少的部件，而永远也不需要停工。"

"那又怎样？"

"显而易见，"艾米眨着眼镜对沃德说，"你需要激励他们，要求他们自觉保持机器完好、正常运转以及检查部件储备。现在考虑一下，如果产品经过固定不变的机器进行加工，你没有太多库存，还要保证按期交货，那么你是不是需要保证设备的稳定运行和部件充足呢？你觉得呢？"

沃德用心地思考着这个问题。他点点头说道："与其每一天由不同的工人操作不同的设备，不如像你说的，由专人在固定的机器上加工固定的产品。依你看来，如果这样做，工人们会感到一定的压力，从而保证生产和排除质量问题吗？"

"没错，"艾米认可道，"如果产品能按照指定的加工流程，在特定的区域生产就更好了。只要 MRP 系统提供给你在某个时间、某台机器上加工某种部件的其他选择,你们那些差错、延误、返工,就都变成了可接受的事了。准时化生产(JIT)系统的本质就在于,它迫使工厂要确保整个系统在任何时候都可运转,如果不能实现的话,价值流就会停止。那将是一个很大的压力。"

"你是说,我应该放弃现有的 MRP 系统?"沃德非常怀疑地质问。

"在安排生产计划时?没错。"她实事求是地回答,"你需要用 MRP 来安排进料,或者计划产量,但不是安排生产。MRP 可能是你们生产不稳定的首要原因。"

"这个问题我们稍后再谈吧。"沃德恳切地说,"你说的我都记住了,但现在我还不敢设想,这个工厂如果没有 MRP 系统会变成什么样子。如果我想把产品的加工流程稳定下来,该从何处入手?"

"用产品 - 工艺矩阵。"

"听起来确实像是咨询师的回答,好吧,"他笑着说,"想不通的时候,就画一个矩阵。"

"对,在这儿,在纵轴上把你所有的产品号列出来,按照产量由多到少列出来,横轴上写出你所有的设备。我给你简单地演示一下。"

"然后在加工某个部件时需要用到的机器下打个叉。刚开始这矩阵看起来杂乱无章。这样做的目的是把使用特定设备的部件归为一个产品族。你还可以快速地检查机器设备的产能能否满足要求。"

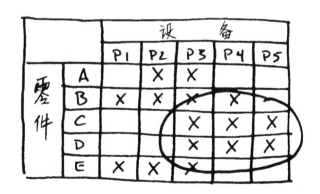

"我明白你的意思了,"沃德谨慎地说,"但并不表示我接受你的想法。因为我不敢想象,如果没有一点灵活性,如何能应付设备故障这类问题?但我觉得我理解你想要表达的概念。下面请为我讲讲为什么工人要在固定的工位,完成固定的工作，才能尽可能地熟悉产品呢？"

"这难道很奇怪吗？你平时运动吗？"

"我？"沃德笑笑说，"不经常，我对这个没什么兴趣，但我妻子训练赛马。怎么了？"

"真的吗？这样就有了一个难题，如果一个骑师想要赢得某项比赛，他是应该每天用不同的马匹，进行不同项目的练习，以掌握'全面'的技术呢，还是……"

"骑同一匹马训练固定的项目，以掌握马匹的个性和场地条件。你说的对，这道理显而易见。但我们不能让工人总是待在同一个工位上啊。"

"为什么？"

"是这样，每个工位都不是在连续的工作。工人通常在一个工位工作两小时，然后又到别的工位工作两小时。"

"为什么会这样？"

"因为……哦，我明白了。我们没有按照顾客的节奏组织生产，所以尽管工人不断调换工位，还是积压了大量的存货。这太愚蠢了。"

"你提到的'灵活性'并不是真正的灵活性。你只是想有足够的自由度，当某一机器出了故障时，可以把工人安排到别处继续工作。这样既不影响效率，又有了充裕的时间维修机器。所以你只是名义上给生产经理足够的灵活性，而并不是产品流的灵活性。实际上，这是接受浪费的一块遮羞布。"

"奥利弗要辛苦了。"沃德预言说。

"生产经理？他们通常都很辛苦。"艾米微笑着说。

"我赞成你前面说的。也就是说，我需要使贯穿整个工厂的价值流稳定下来……"

"还要把它们明确下来。"

"还要把它们明确下来？"他摊开双手，并不知道她所指的到底是什么意思，"我需要让工人操作固定的机器，但这样一来，又产生了人因工程方面的问题。而且这也不能绝对保证工人会乐意找出问题。"他不由得想到工厂中的几个不好相处的工人。

"这是因为他们被放弃了。"

"此话怎讲？"

"还是用体育打个比方。一个人想要单独努力打破纪录有多么困难？"

"相当困难，我承认。需要很大的决心。但是……"他想到了克莱尔的马术俱乐部，"尽管骑马的时候是单独的，但其他活动几乎从不单独行动。他们是群体的一部分，很可能是这样。"

"并不是一个群体，"她纠正道，"而是一个团队。"

"你是对的。一个团队。"

"士兵在战壕里不会为了自己、指挥官，或者报酬而前进。他们只有为了战友才会这么做。"

"团队，"他叹道，"当然啦，团队的规模要多大？"

"这不一定，7个人以下，3个人以上，我倾向于5个人，上下波动范围为2。少于3个人，更像是一个小组，而不是一个团队。超过7个人，内部不容易达成一致。想想这就像是咱们在酒吧喝酒，多少人在一起既可以热闹地聊天，又不至于各聊各的？"

"大概是5个左右，再多就有些拥挤了。"

"所以，你首先要让产品经过固定的设备进行加工，以此来稳定价值流。"

"其次，你要把员工组织在固定的团队中。"

"即使他们独立地操作不同的机器？"

"如果你能做到的话，最好是组织5个人组成单元式生产小组。如果不行的话，也可以把机器集中布置在一个区域，工人可以在其中轮换，同样有助于解决生产中的问题。"

"我猜一定还有第三条。"

"猜对了，第三，你要把工作量稳定在合理的水平，这样每个团队才能以相对平稳的速度生产某一系列的产品。"

"安迪，你考虑一下。如果制订这样一个重复生产的工作计划，用同样的工人，在同样的地方，生产相同的产品，你就可以把处理问题的一部分压力从技术人员转移给生产主管们。维护人员就可以专注于真正的问题，那些意想不到的、严重的设备故障；技术人员也能专心研发新产品，打开新局面。解决日常问题是生产主管们应该做的。

艾米的一席话令沃德茅塞顿开，几乎偷笑出来。这显而易见的常识令他的难题迎刃而解。

"怎么了？"艾米有些摸不着头脑。

"我明白了，真的，我明白了。"沃德严肃地说，"我不是在笑你。只是突然想通了你所说的，我们之前的措施和这简直是背道而驰。你说得很对，我们一直遵循 MRP 的调度，试图按照它来调整生产。你说得对，我想通了，确实应该稳定价值流。我也接受把工人编成固定的工作小组是我的责任，毕竟这是我该做到的。我也承认我没有对生产主管们提出必要的要求。但是怎么稳定工作量呢？你认为我们可以用什么来作为参考？你再想想客户们都会做些什么？他们可以在两天之内把订单翻倍！"

"真的吗？"咨询师艾米轻松地问道。"咱们再去看看物流吧。"

❧

"确实是一团糟！你看看这些！"艾米挖苦着大叫道。

在沃德看来，仓库还不算非常凌乱。这是一个很大的仓库，摆满了客户的货箱、铁箱或是纸箱三四个码成一摞儿，还有很多装满部件的托盘。远处的院子里支着临时帐篷，里面是一袋袋的塑料颗粒，这些帐篷本来是库管员四年前临时安置用来休息的，后来就一直保留了下来，现在显得更加破败了。仓库里叉车横冲直撞，拐弯的时候仍然速度飞快，沃德不由得紧张起来。

"这里有几天的存货？"

"全部？大概 20 天左右。"

"哦，难怪菲尔让我一定要来检查一下。"

艾米沿着一排货架走过去，仔细检查箱子上的标签，然后大叫道："天哪，三个月前生产的产品！"艾米就这样得意洋洋地又给他挑出一个新的问题，令沃德感到既气愤又羞愧。

仙顿正要走进她和别人共用的透明办公室，瞥见了沃德和艾米从叉车的通道走了进来，没有绕到人行通道。她不高兴地摇着头。安迪是一个很好相处的老板，他很随和，很支持下属的工作，也没什么过分的要求，但就是太缺乏常识了。

"安迪！我对你说过多少次了，不要在不打招呼的情况下，把人领进仓库。"

沃德转过身来，看见物流经理仙顿正怒气冲冲地走来。

"卡罗尔！"

艾米说："如果她是说这样危险，那么她是对的。"

"你刚才说什么？"仙顿用有浓重口音的英语质问道。她对这个美国女人的印象并不好。事实上她憎恨一切咨询师。他们就像候鸟一样地飞来，对所有人都吹毛求疵，然后再飞走。解释别人哪件事情做错了有什么难的？先让她看看这些人到底有多大能耐。

"我说，我同意你的意思，这些家伙开叉车的方式太危险了，好像在开法拉利的 Daytona。"艾米笑着回答说。

"我们遵循了每一条安全规范。"她板着脸说。

沃德不知是该大笑一场，还是找个地方躲起来。这两个女人面对面站着，就像是两个蓄势待发的拳击手。沃德注意到她们留着同样的发型，齐肩的直发跨过耳后束在一起。她们两个看起来很像，这显得很滑稽。艾米是圆脸，五官鲜明，不笑的时候嘴总是撅着的，黑色的大眼睛里看不出一丝愉悦。而仙顿就像镜像一样站在对面，蓝色的眼睛瞪着，嘴巴习惯性地微微喘着气，显出些许生气的样子。

"咳咳，"沃德清清嗓子，说，"我们正说到咱们客户的需求变化很大。"

"没错。"仙顿答道，目光转向了他。

"你能领我们看看，你把销量最大的货物存放在哪儿了吗？"艾米问。

"我得先查查看。"

"在电脑里？"

"当然是记录在电脑里，这里存放着成百上千份货物，我无法记住每一份放在哪里。这就是我们需要电脑的原因。电脑系统把空间分配给需要存放的货物。"

"如果我们把货物存放在固定的位置是不是会轻松一些？想想难道我们去超市买东西也要先在电脑中查询牛奶放在哪里吗？"

"不要再提固定库位了，"仙顿对艾米嚷道，就好像沃德不在那里一样，"我们已经达成共识了，现在仓库的面积无法为每份订单提供足够的空间，如果你想扩大仓库就另当别论了。"

"把所有的货物都放进仓库？这不可能。"艾米强调。

仙顿愤怒地看着他们两个人，说："安迪，请你原谅我，但我还有其他工作要做，没有时间听这人毫无依据地大放厥词。"

沃德对这两个女人感到既尴尬又烦闷，责备她说："仙顿，咱们是来学习的，毕竟咱们在存货周转率方面还没有达到世界一流水准。"

"好吧，无论如何，"仙顿坚持道，"我建议你从生产抓起，我可以向你保证我们可以把工作做好。"

"我也相信你可以。"艾米甜甜地说，这似乎更加激怒了仙顿，"我也已经看了我想看的东西。现在就剩最后一个问题了，我能看看最近的延误交货记录吗？"

"跟我来。"仙顿说着，转身就走了。她把他们领到仓库尽头物流部员工的办公室里。仙顿坐到自己的办公位子前，从桌上拿起一份打印的文件。

"我们把所有延误交货的订单都记录在这了。"

"然后呢？"

"然后什么？"

"你记录在案很好，但是接下来你是怎么处理的？"

仙顿没有回答，生气地看着她。

"你的分析呢？"艾米接着问道。

沃德知道他们根本没做过什么分析，他长叹一口气觉得很难堪。

"这么多都没做过分析吗？"艾米问。

沃德从仙顿手中拿过文件夹，看到了几个自己熟悉的编号。

"清单上的第二项是一批塑料盖。价值不大，但销量很大。做这种产品的注塑机已经明显超过负荷了。"

"客户的需求超出了我们预期的 20%。"仙顿辩解道。

艾米笑了笑，什么都没说，满意得就像是一只找到奶油的小猫。

—✍—

"仙顿的事儿我感到很抱歉。"他们在回办公室的路上，沃德喃喃地说，"她的工作做得还好，就是有些难以共事。事实上，她责任感很强，想要把工作做好，但这恐怕又可能使她越发咄咄逼人。

听了这番话，艾米笑着说："不用替她道歉，我真的没有生气。事实上，咱们已经查看了工厂的各个部门，只有她真正展现出了一个工厂总经理的价值所在。这是一个良性的反应。"

"你曾经说过我们工厂有三点需要做到。"沃德情绪低沉地回忆道，试图把他们谈到的总结出来，"你不介意再重复一遍吧？"

"当然了。

第一，使一系列的产品经过明晰的价值流。

第二，固定工人团队，进行单元式生产，或是在特定区域工作。

第三，稳定工作负荷。"

"这些我记住了，我可以做到前两项，但咱们还没有仔细讨论第三点。我实在不知道顾客需求的变化这么剧烈，我们怎么能做到稳定工作负荷呢？"

"当然要靠一些存货。但这需要一个完全不同的物流理念。说这个之前，咱们先谈谈前两点能带来的好处。"

沃德点点头，说："我觉得我至少在理论上明白了。如果工人持续地在固定的工位加工同样的产品，我就可以依靠他们预知一些问题，在这些问题爆发前解决它们，这就是主要的意思吧？"

"你说的对！"

"我猜这也是菲尔一直希望我们做到的。但我还是没理出头绪，不知怎么才能做到这一点。"

"再仔细想想，"她轻松地说，"你肯定会想到的。"

"是吗？"沃德怀疑地说，"所以你不准备告诉我了？"

"你花些时间整理一下你的思路，然后把你的计划打电话或发邮件告诉我吧。"艾米建议道。

"那工作负荷的事呢？"

"嗯，水杯装满水了，再往里倒水就会洒在桌子上。咱们改天打电话谈吧，好吗？"

～

"更换一个灯泡需要多少个顾问？"

"嗯？"

"一个，但前提是这个灯泡真的需要更换。"

克莱尔笑了出来。

艾米留给他们很多有关顾问的笑话。沃德则邀请艾米到自己的家里吃饭。艾米住的旅馆在梅兹，在与马兰科特相反的方向上。开车返回农场的途中，沃德有足够的时间再而三地思考。但克莱尔和艾米似乎一见如故，原来艾米有一个三岁的女儿，两人的话题很快就转移到了孩子的午睡、搞怪动作等上。

克莱尔抱着查理领着艾米去参观马厩了，沃德在准备午餐。法国的乡村生活带给他的一大乐趣就是他发现了自己对烹饪的兴趣。现在只要他早些回家，就会去做饭，这是一种很好的放松自己的途径，他可以放下工厂的事务，专心于家庭。作为一个工厂总经理，要面对持续的订单和成串的烦恼，一不小心就会心力交瘁。

"太好吃了。"艾米赞美道，又吃了一块法式咸派。

"这只不过是个煎蛋卷。"

"别听他的，安迪的厨艺很棒。"

"能看出来，他被你训练得很出色。"艾米笑着说，"我丈夫就很令人绝望，他用微波炉热比萨都会烧焦。"

"你怎么照顾你的女儿，特别是你要外出工作的时候？"克莱尔好奇地问。

"我并不经常出差，我丈夫迈克能照顾她。他在我们家附近教书，空闲时间很多。他也很乐意花时间照顾孩子。当然啦，像给孩子洗澡洗衣服这些事情他总是忘记。每次我回到家，女儿都脏的像只泥猴儿。所以我尽量不离家太久。我这次来这里只是为了帮菲尔一个忙。"

"你认识菲尔很久了吗？"沃德随意地问道。

"菲尔？天呐，是的。我是通过他认识迈克的，他们是最好的朋友。菲尔还在 ILM 公司的时候聘任我为那家公司的人力资源经理，那时公司只有两个工厂。"

"那你怎么又转行做咨询师了？"克莱尔问道，显然她对艾米与自己截然不同的职业生涯很感兴趣。

"我就像是一个笨蛋，的确是这样。"艾米笑着回答说，"我认识迈克是因为他的父亲在指导菲尔用精益理念改造工厂。迈克还写过一本这方面的书。不知怎么回事，当时我对改善非常着迷。但那以后不久，我就觉得没什么更多可学的了。这越来越像是一份工作，没什么乐趣了。"艾米做了个鬼脸，接着说，"然后，我在一家想要开展精益生产的大企业找到一份顾问的工作。现在，这对我也毫无乐趣可言。我觉得自己应该换个地方，换个其他的行业，但到处都是烦人的公司政治和虚假的精益。呸呸呸。"

"我理解你的意思。"沃德说，"我做过 8 年的供应链咨询，但我没感觉那么坏。我可以不断地四处旅行，这很酷，还能见到各种不同的公司。"

"或许你说得对，"艾米承认说，"只不过是时间不合适。我的老板是个很幼稚的人，真的，说实话我更想回家陪着迈克，而不是花许多时间在这种小镇上管理不善的工厂指导改善。"

她停了一会儿，看看杯中的酒，喝了一大口。

"嗯，味道不错。你们一定要来加州，我们有非常棒的葡萄酒。话说回来，我可能有些本末倒置了。我过去觉得，所谓精益就是采用一些手段推进生产，让大家全员参与，这些我都做得不错。"

"但与此同时，菲尔已经在把精益作为一个系统的管理方法，实施并进行研究，那是一系列完整的经营策略，而不仅仅是简单的生产上的技巧。就这样，当我和迈克、菲尔还有我公公一起吃饭的时候，他们不断地谈论这方面的事情，而我还在做毫无前途的改善，相比之下这太过乏味了。"

"这之后还有一件事情，我印象很深。菲尔听说业内有一家工厂要出售，他和鲍勃，也就是迈克的父亲制订了一个疯狂的计划，那就是如果他们能把库存流转的速度提高三倍，他们就能从中节省大笔的资金，而这些钱足够抵消购买这家工厂的成本。这时我插了一句嘴'有谁能帮你们做快速换模（SMED）的培训工作呢？'"

"于是，菲尔就聘任我为精益总监了。你相信吗？我和迈克还出资购买了一些公司的股权，虽说不多，但拥有一部分股份的感觉确实不同，特别是做了这么久顾问工作之后。"

"听起来真是棒极了。"沃德说。

"接下来就更加出人意料了，其后的五年里我们每年都并购一家公司，整个事情就有些难以控制了。我负责 JIT 方面的工作，菲尔负责他擅长的技术工作。"

"后来呢？后来发生了什么？"克莱尔听得着迷了。

"本来共赢的局面却得到了失败的结果。从一开始，菲尔就和他的一个朋友，也是长期的合作伙伴对半持股。后来他们闹翻了，我也不知道详情，最后他们决定卖掉公司分道扬镳。我非常不喜欢他的那个合伙人，但他是一个非常出色的商人。他成功地说服另外两家集团收购了 ILM 公司，但最终还是为此付出了很大的代价。原先的协议要求管理层留任几年以完成交接，但新任的管理层实在是能力有限，上任后取消了一切既定规章。他们简直是一群蠢人。所以，最终我们决定不干了。"

"这就是为什么你又当顾问的原因吗？"克莱尔问。

"差不多。"艾米苦笑着说，"当菲尔重新接手这个项目的时候，他问我是否想参与，但这些年经营 ILM 的疯狂日子已经让我感到有些心力交瘁了。不是因为这没有意思，而是因为没有时间。我儿子安德烈在慢慢长大，我想有更多的时间照顾家庭，而且我们有些积蓄，也没有赚钱的压力。"

"但是，"她笑着说，"在家待了几个月后，我竟然得了幽居症，因此迈克只好求我找份工作。然后我就成了一个独立顾问，大多的业务都是与菲尔及其他一些以前的老朋友合作。这相当酷，我只接自己喜欢的项目。"

"你成功了！"克莱尔欢呼道，她已经被打动了。但沃德却在表情冷漠地想，这相当地偶然。

"你也是！"艾米说，"看看你们这儿多漂亮，还有你为马匹做的那么多工作，这太刺激了。真的，我很喜欢这一切。"

———

"真是一个美妙的夜晚，"在他们开车回梅兹的路上，艾米说，"谢谢你，安迪。也谢谢克莱尔。她的工作非常出色。"

"那些又大又笨的马？"

"你胡说什么？它们很漂亮，很强壮。"

"它们看起来漂亮，但饲养它们很贵。"沃德让一步说。

"漂亮？漂亮并不是它们的全部。刚才有一个女孩在练习跳跃，看到她起跳的时候我能感到我的腿在颤抖。我无法想象骑着一匹马会是什么样子。但我知道我想要一份什么样的圣诞礼物了。"她咯咯地笑着说。

沃德苦涩地想，如果一切都这么简单就好了。他并不打算告诉艾米，他这个家和俱乐部在多大程度上依赖自己在维持，但想到这就几乎难以释怀。

过了一会儿沃德说："艾米，我不是有意打扰你，但我想知道我应该对物流做些什么。我已经听你说过库存的重要性了。"

"现在吗？好吧。首先要做的就是抛开电脑。在减少库存之前，你要了解这些积压货物的情况，还有它们是怎么造成的。所以，第一步就是为每一种货物确定一个固定的位置。"

"但卡罗尔说的也有道理，我们没有足够的空间。现行的电脑软件可以帮助我们最充分地利用空余的空间。"

"胡扯！我相信她确实这样认为，但你得要找出办法来。"

艾米陷入了沉默，沃德担心自己不知道该如何应付物流经理。

"喂，听我说，物流的诀窍，首先要把存货放在指定的地方，然后确定产品的生产补货周期，再逐步缩短生产补货周期，最终得到最优的生产和运输成本。首先，让库存实现可视化，你会意识到原来有这么多顾客不满意的产品堆积在那里，甚至已经过时了，而另一方面，你却没有能力生产你最需要的产品。"

"你这是在给工厂做建议？"

"对，给菲尔工作之前，我当过几年快餐店的经理。我曾经在那打工挣学费，所以毕业后他们给了我工作岗位，我继续在那里干了几年。现在想想，那可是一份有价值的工作。"

"无论如何，在一家汉堡店，一定要储备少量的畅销货，比如促销的品种或是在就餐的高峰期。这样当客人点到这个的时候，服务员拿出存货，客人就可以很快食用。后厨再做一份，补满存货就行了，是吧？"

"我同意你的说法。"

"但，如果客人要了一份加大而且不放洋葱的菜酱，就会被告知请先找个位子，我们会给您送去。这种情况，餐馆就增加了成本，因为照理应该是顾客先订的先做。但这只是很小的批量。当时的做法是，厨师先做完大批量的订单，再做这些有特殊要求的。但在'看板'管理法中，这种小批量特殊订单的生产看板卡往往会被首先送给生产者。"

"真的？"

"现在不用考虑看板法。MRP 运作的基础就是补齐所有缺漏的库存。物流经理认为如果所有的部件在任何的时候她都有储备，她就不会捉襟见肘。但这样一来，就会造成储备大量无用物品的局面。然而由于批量大以及补充不及时，还是无法满足大批量的物流需求。解决的办法就是，改变这种思路，储存足够的大批量产品，每天都补充，而其余的则按照订单生产。

"你是说大批量的产品按库存生产，小批量的产品按订单生产？"

"太对了！"

"但我不知道我们有多少大批量的产品，大多数都是中等批量。"

"饶了我吧，我敢和你打赌，肯定有占产品类型数 5%~10% 的产品的总量会超过库存总量的 50%。"

"你真这么认为？"

"从没出过错。"

"我明早上班后首先做这件事。对大批量的产品以补充库存的方式生产，而小批量产品依据订单生产。没错！"

"但是，"艾米提醒他说，"也不是那么容易，你得学着做。首先，你要使库存实现可视化，才能掌握情况。这是最重要的，从列表中的第一条记录开始，然后每天都要生产一次这种产品。"

"每天？那将会对现有的生产系统带来很大的冲击。"

"没错，所以你要做到快速换模。如果你不能做到10分钟内完成换模，你就只能出局了。安迪，要坚持，不要在一大堆事情中迷失了方向。首先也是最重要的是，坚持检查红箱子，让你的生产主管们参与进来。"艾米激动地说，"红箱子本身只不过是为了更好地了解产品的一个工具而已。"她非常严肃地对沃德说："但关键是让现场管理人员参与到解决问题中来，让他们负责问题的解决，让他们每天都有机会和工人们交流。明白吗？"

"明白了，你说得对。卡罗尔是咱们在工厂时见到的唯一的主管，我觉得我有必要同其他的主管们谈谈。"

"好，第二点，努力组织单元式生产小组或是工人团队，这样一来工人们可以学会一起工作。这是相当重要的。工人们能在问题爆发前消除隐患是成功的关键。"

"动用全厂人的智慧，而不只是10位经理的。"

"没错，但这需要由你来组织。第三点，现场改善是关键。你们有持续改善专员吗？"

"我们雇了一个年轻的黑带在做六西格玛项目。"

"那种四个月的DMAIC项目？定义、测量、分析、改进、控制？我的上帝！"

"有什么问题吗？"

"没什么，只不过，如果这些不能让你的管理人员和一线生产工人都参与进来的话，并不会帮你解决真正的难题。他这种做法就像是在闭门造车。"

"不是这样的……"

"对对，精益是一门由实践产生的学问。所以没有什么精益领域内的专家，而是像鲍勃说的那样，关键是经验。所以这就归结到了循环的问题，你和你的经理、主管、工人都需要进行一个又一个的循环，才能理解什么是真正的持续改善。"

"嗯，哦。"沃德含糊地答着，感到有些失落。

"所以，可以把你的员工组织起来，进行为期三天关于各项标准化问题的改善研讨会，就像是那些有关改善的活动一样，讲讲生产线平衡、快速换模、质量分析这类的问题。先花一周时间进行讲解，再花一周时间实施改善，就这样不断持续下去。"

"按照这种频率？"

"或许还不够。你要让每个经理每年至少参与两次这样的研讨会。如果一次研讨会有一个管理层的经理参加，这需要几次研讨会？"

"算上生产主管们，你说的没错。我们每年大概需要 20~40 次研讨会。"

"接下来，你想要让每个工人每年都必须参加一个研讨会，所以接着数……"

"但，这……"

"喂，这都是你要求的！"

"对，是我。"沃德咬紧牙关愤愤地说。他到底希望些什么？

"接着说下去吧。"她用冷漠的顾问一样的口吻说，说完就笑了。

———

"菲尔对待生产的手段，直截了当。"沃德正在宾馆前停车的时候，艾米说。他们把艾米安排在城里最贵的宾馆，是由一家修道院改建的，房间足够多，可以远眺到周围的大湖。

"第一，解决质量问题；第二，减少库存，释放现金；第三，消除你在做前两件事情时发现的各种浪费，进一步降低成本。他之前做过几次类似于这样的工作，所以只要听他的就行，他知道自己在做什么。"

"如果我们对困难准备不足，想得太简单了怎么办？"

"听着，这并不是什么高深的学问。定义这些精益模型的时候，丰田有四点重要之处。一是在管理生产的时候，培养由多技能的员工组成的团队，这样你既能保证产量，又不失灵活性；二是让人们都参与到质量问题中来，我是指所有的人；三是不断地缩短生产周期，推进 JIT 的过程控制，这将有助于销售和收回投资；四是消灭各种浪费以进一步节约成本。这些有什么难的吗？"

"是，真的很简单。"他有些嘲讽地说。

"真是这样，但你需要自己找出来。这工作不是靠你一个人完成的。你一定要发动每一个人，每天坚持。否则你就失败了。"

"我很抱歉仓促地请她来。"沃德走到床边，对克莱尔轻轻地说。她已经睡着了，散发着香味，暖暖的令他不由得想抱一抱。

"没关系，亲爱的。"她打了个哈欠，说："事实上这很棒，她是一个令人印象深刻的女士。"

"对。"沃德说着，把头埋向了妻子的头发。

"嘿，亲爱的，不要这么忧郁。我觉得一切都还算顺利，不是吗？"

"是的，绝对是。"

"那么是什么在困扰你呢？"

他转过身子，平躺在床上。

"开车回来的路上，我想到了一些事情，非常棘手。"

"什么？"

"这整件事，与工厂无关，而是关于我的。"

"你到底在说些什么？"

"是我自己！如果按照他们的要求，我必须重新学习所有我自认为掌握得很好的技能，所有！"

"听起来有点儿玄。"她嘟囔着，又睡着了。

"你认为你所知道的一切，在不同的条件下必须重新认识。这样才显得有乐趣？"

"哎哟！"她不由得抱怨。

～～

"他们是对的，"沃德大脑里思绪万千，难以入睡，"我总是在想把工厂管好，而不是把员工组织好。"他领悟了。艾米一针见血地指出了根源。他现在反应过来，他一直试图让所有事都合乎规范，但他从未考虑过把这450名员工组织起来。他总是把他们当作原料、资源来考虑，而不是可以帮助他解决问题，创造财富的帮手。但一个人怎么能够直接领导这么多人呢？

奇妙的是，他发现这些想法令人激动，一整天的参观也让他有些安慰。艾米是个和善的人，已经尽量把问题软化了，但他也不笨，在开车回家的路上，他感觉艾米对于工厂的存活并不抱太大希望，无论她试图说得多么鼓舞。他在回来的路上曾一度非常沮丧，但现在好了。因为他至少有事要做。他也想通了为什么固定每个人的工作环境会有所帮助，他同样明白了为什么菲尔坚持依靠生产线上的工人解决质量问题，而不是依赖办公室里的工程师。他还不知道该怎么做，但已经被学习新知识的激动所鼓舞。每个工人都很重要，每台机器都很重要，当然啦，但该怎么做呢？

艾米蜷在宾馆的大床里，长叹一口气。现在打电话到加州还太早，她烦躁地在那里躺了一会儿，看着天花板，焦急地想早点睡觉。他们都是好人，这同样也是问题。沃德确实想为工厂做些什么，但他还有很多事要学，她也在怀疑安迪能不能扭转困局。她难以想象沃德能在建立精益思想的同时，还能把员工组织起来。她坐起来，开始打开旅行洗漱包，盘算着菲尔是否比以前更加疯狂了。哦，可以肯定的是，他们已经对多家工厂进行了精益改造，随着ILM集团的飞速发展，这已经超出了艾米所能记忆的范围。但在每一次收购案例中，菲尔总是直接地指挥变革，跟他的管理层说，"要么按我说的办，要么走人！"

艾米知道菲尔并不喜欢这样做。他坚信的是要培养人，帮员工发展、晋升，而不是大多数高管那种"雇进来，解雇出去""要么升迁，要么淘汰"的简单看法。但是，他从早先的失败中吸取了教训，那就是应该在收购后，对公司大力改革，让员工尽早地坚定立场。他也认同了，宁可找不到合适的人，也不要任用不合适的人。

然而，在这次的大项目里，菲尔被卷入了距离的问题，由于工厂分布在世界各地，彼此间有很多联系与矛盾，他发现自己的公式无法简单地应用。同时，他没有在ILM时身边的那些可依靠的助手。在大多数新收购的企业中，菲尔总是任命几个关键的有精益经验的经理，以延续变革。而在奈普拉斯，他不得不在很差的基础上完成这些，时间和资源也不充分。在佛顿工厂的这几天让艾米很沮丧，因为菲尔要向她询问关于工厂是否关闭的意见。她不知该如何回答。没错，他们在努力，但他们已经几乎被放弃了，很难得到需要的支持。

沃德不但需要稳定工厂的局面，还需要让管理人员加入到日常问题的解决中来。如果知道怎么做，这并不困难，但边学边做就是一个不小的挑战了。她很内疚不能承诺多帮帮他们，但她确实也难以接受每个月都去欧洲出差。

事实上，她知道迈克会说些什么，这样的对话他们已经说了很多次了。他这位丈夫是一个社会心理学家，他的父亲是最早从丰田学习精益思想的美国人，是一位精益大师。迈克把他的父亲介绍给詹金森，他们联手经营公司，收购其他的公司，而迈克则专注于自己的研究，他试图阐明人对于精益思想的心理学基础，为什么这种办法有效运用时威力强大，但却很少有公司能发挥出它强大的效应。

她知道迈克首先会说的是，工厂总经理一定要了解一线的情况，这是能否成功推行精益的必备条件。经理人，上至总裁，最重要的是工厂的总经理，必须要亲自学习现场观察，不能马虎。他们不能把这件事委托给下面的经理，也不可能通过购买或雇佣的方式学习。他们必须走进现实，常去车间。在这个前提下，他会接着说学习来自于实践，然后形成了个人的独特看法。这些都与传统的经理人有显著不同：首先，传统的想法是经理人员的任务是安排别人工作，他们只需要协调和激励（啊哈！）；第二，他们都难以接受别人的意见，认为自己的工作就是发号施令，控制别人，告诉别人该做些什么。

依据艾米的经验，能够取得精益改革成功的经理人有两大特征：第一，有足够的自信，能果断地亲身参与到车间中的各种试验，而不担心可能失败的威胁；第二，有丰富的经验，愿意听取别人的意见，然后慎重考虑，而不是简单地接受或拒绝。沃德看起来既心胸开阔，又有改革的意愿，但她怀疑他推行改革的经验和自信。真是一团糟！艾米只能祝他们好运了。

现场观察

"哎，你终于拜访了客户的生产线，是吗？"

"嗯，是……有啊，"沃德笨拙地回应着，"忘了跟你说了，你的演讲很精彩！"

詹金森皱着眉头含含糊糊地说："公开演讲，相当烦人，就像欠了一屁股债似的那种感觉，让人不爽。"

沃德不由地笑了笑，面前这个高大的男人看起来有些失态。跟詹金森不同的是，沃德从来不害怕在公众面前讲话。直到现在，沃德依然可以从詹金森的回答里，听出紧张的感觉。沃德必须承认，詹金森的这次演讲不但清楚，而且非常简明扼要。但是，这次演讲的确引起了沃德新的担忧。詹金森在演讲中提出一个重要观点，生产部门应该搬到离客户装配地点更近的地方。这对佛顿工厂来说，可是个不幸的消息啊，因为这里的一些产品有可能要被转移到东欧去生产。

"我在这之前就想跟你谈谈这件事，"詹金森仿佛看出了他的心思，"我打算把你厂里的一些模具，转移到波兰的瓦克劳工厂去。"

沃德在心里不由地骂了一句。他已经逐渐习惯，与这位冷血的詹金森大人谈话，一定会有可怕的事情发生，不仅仅因为这个男人本身会令人不爽，还因为他会把那些令人不爽和震惊的消息，用很突然的方式告诉你。

由于从父亲那里继承了古怪的英式幽默，沃德认为大部分人都会在某些方面有滑稽而可爱的一面，但是，他至今都未发现他的老板哪里能跟"可爱"搭上边。詹金森在外表上就很强势——比沃德更高，更壮——而且几乎不笑，也不开玩笑，不会聊轻松的话题。他似乎并没有发现，自己讲话的方式就像政府首脑似的。仅仅这一点不能说明这个人有什么不好，但是他似乎也缺乏计谋。如果他不算可恶的话，就是有些笨拙，然而他就在面前。沃德再一次担忧会有什么不幸的消息，砸到自己的头上。

"那么，还是赶快跟我谈谈那个汽车装配现场的情况，"詹金森继续着，没注意到沃德对此说法的反应。早些时候，沃德曾经向公司的执行委员会汇报关于关闭工厂的初步计划，他特别强调了在法国关闭一个工厂的种种困难，但是所有人对此都不发表意见。看来，总裁要把生产转移到波兰，已经是一个十分明显的决定，也就是说，他要一步一步地结束在佛顿的生产了。

"非常有意思，"沃德回答说，"是的，我去查看了那项客户抱怨，就是那个发动机覆盖件上出现的划痕。"

"我记得，"詹金森点点头，表示自己对这个话题感兴趣。

"嗯，我不得不承认，那个部件确实是个外观部件。尽管这一点从来都没有被写进合同里，但一打开汽车的前盖板，就能看到这个部件在发动机的上面。因此，任何划痕都显而易见。"

"客户至上嘛。"詹金森耸耸肩回应道。

"没错。我们讨论了各种可能的原因，得出一个结论，应该是包装出了问题——也就是说部件是在后期搬运过程中损坏的，而不是在装配线上。因此，我们做了一些试验，希望找到解决办法。我们制订出一个很有把握的解决方案，但需要客户方人员批准，这是另一回事儿了。"

"干得好。如果进展得不顺利，立刻打电话给我。现在再告诉我，你们通过那次拜访，得出了什么结论？"

"是这样，"沃德谨慎地回答着，"上次艾米来工厂的时候，我们——我和物流经理——和她有些不同看法。艾米认为，我们的工作就是努力适应客户需求的波动，而我们认为客户的需求总是在波动，并且波动得很离谱，所以没法把这些需求均衡化 (Leveling)。"

"然后呢？"这个家伙带着狡黠的笑容问道，仿佛看到了沃德所描述的场景。

"我询问了客户的生产经理，"沃德思忖着，继续说道，"他同意艾米的说法。他们日常生产量的总体水平波动不大，至少在一个月内是这样的。"

"但是在不同品种的数量组合上有波动？"詹金森试探着问了一句，从眼镜的上缘，会意地看着沃德。

"对，在涂装工序后面，他们围着车进行细致的检查，来找出需要返工的车。包括漏装的问题，这些使他们不得不在最后一刻决定调整要装配的车型顺序，以及需要的部件。"

"也就是说……每月的总生产量是相对稳定的，但是每天的品种数量组合却有相当大的波动？艾米怎么看这个问题？"

"我还没跟她谈过这件事，但是我猜她会说，我们应该把客户需求的波动均衡化，是吧？"

"完全正确。去跟她谈谈这件事，她有丰富的经验可以解决这种均衡化的问题。"

"我希望你是对的，"沃德表示，"事实证明，这可能是我错误的那50%中的一次。"

"恭喜你，这正是学习的过程。"詹金森点点头，咧开嘴笑了一下，"慢慢地你就会习惯了。拜访客户还给了你哪些启示？"

"客户永远是正确的？"

"并非如此，"老板哼了一声，"拜托，'50%犯错'的法则对客户也同样适用。"

"按你告诉我的去做？"沃德讽刺道，根本不期待对方的回答。他对这种一问一答的模式相当反感，这个家伙明明知道问题的答案，却偏要让你自己解答。

"哈！那很好，换句话说：说到就得做到！"

"那是什么？"

"genchi genutsu"（现地现物），詹金森用一句日语解释道，"你亲自到现场观察（go and see），从源头上弄清事实真相，这样才能正确理解问题的本质。这大概是精益管理实践中最重要的部分了：去现场解决实际的问题。"

"genchi genutsu，"他认真地重复了一遍，意味深长地看着沃德，"这是精益管理的关键，最终要回到个人认知这个根源上。"

"个人认知？"沃德重复了一遍，感到谈话再次超出了他的理解范围。

"是的，商业运作的核心就是认知。如果你的认知正确，并且你做到了，那么你就能赚到钱；而如果你的认知错误，你就会亏损。如果你对于市场行为的认知比我好，那么你就有竞争上的优势，对不对？"

"我猜是这样的。"

"那么问题是：我们怎样才能获得更好的认知呢？我们如何能更好地判断？在这件事上，没有什么能替代得了经验。就像大家说的，良好的判断来自于经验，而经验是……"他顿了顿，"从糟糕的判断中总结出来的。"

"现场观察去获得经验，你是这个意思吗？那么，关于均衡化的问题并不是我们能争论得清楚的事——真正重要的是去车间找出问题的答案，是吗？"

"没错，没错。到真实的发生地点，观察真实的物品，向真实的人了解。数据当然是重要的，但相比之下，所有的数据都不能像第一手的经验那样帮你理解实际的问题。丰田里面就流传着一句老话，每个人必须每天洗三次手。"

"什么？洗手？这和我们说的有什么关系……"

"你早饭之前要洗手吧，"詹金森笑呵呵地说，"因为你之前去车间的时候碰过一些部件。然后，你午饭前要洗手，因为你在此期间又去过车间摸过部件。接下来晚饭之前……"

"……因为你离开工厂之前又去了趟车间？"

"我过去以为这只是说说而已。但是，如果我的工厂总经理们真能每次上班先去车间，而不是首先坐到电脑前面查收邮件的话，估计我现在的麻烦至少会少一半！"

"不仅仅是工厂总经理，"沃德惭愧地同意道，他不得不承认，查收邮箱确实是自己每天到办公室做的第一件事，"所有的管理者都该做到这一点。"

"这的确不仅适用于生产部门，对销售、采购、工程部门也同样适用。"

"这就是为什么你认为，遇到客户投诉时，一定要去拜访客户的原因吧！"

"是的，这能帮助我们搞清事实的真相。当然，也有助于培养我们与客户之间的关系。你看，在汽车业界有许多争吵的事，"詹金森无奈地说，"而我发现，争吵是最容易导致'事与愿违'的行为。事实上，我确信，每一个争论的背后，其根本原因都是由于存在误解。人们之所以吵架，很大程度上是因为没有掌握全部的事实。之所以在应该怎么做上面不能达成一致，是因为他们对问题的认知上不能达成一致。现场观察还要求倾听：倾听客户如何使用我们的产品，倾听工人如何装配我们的产品，倾听供应商如何生产我们的部件，等等。你到现场去观察，倾听那些实际做事的人，了解事实的真相。"

"安迪，嗨……不好意思打扰一下，"劳威尔走了过来，面对着他们两个，"菲尔，我能插句话么？山德斯与福特的采购人员谈过了，我们需要讨论一下他们的要求。"

"等一下，我先跟沃德谈完，马上去找你。"

"好吧。安迪，很高兴见到你，我晚些时候再找你。"科尔曼一边说着，一边把用食指做手枪状，甩了个敬礼的手势。

詹金森面无表情地看着他的供应链总监走开。科尔曼总是保持着一副无懈可击的形象，他有着花白、充满贵族气息的头发，穿着时尚的西服。沃德不由地盯着眼前的这个男人，暗中把他和另一个人进行比较，发现这位供应链经理看起来似乎比詹金森更像总裁。詹金森还穿着那万年不变的斜纹棉布裤子和牛仔T恤，他穿过别的衣服吗？估计没有。他大概把自己的衣橱，当作其他工作上的事情，给"合理化"了吧。

詹金森摘下眼镜，用手帕擦了擦，定定地望着远方。外面大伙正打开着他们的自助餐盘，聊着闲话，享受在奈普拉斯王国里最美妙的时光。沃德注意到詹金森似乎对闲聊不感兴趣。

"接着说吧，"沃德咳嗽了一声，清清喉咙说道，"继续打击我。"

"波兰，"詹金森意味深长地抬头看了看，说道，"你有一些产品要运到捷克的姆拉达市，是吧？我们希望你把这些部件的生产转移到瓦克劳工厂去，这样就能离客户近很多，他们之间只隔一个边境而已。"

"但是，这将拿掉我们销售的很大一部分份额啊，"沃德抱怨着，希望自己听起来不是那么满腹牢骚，"而且，我们与波兰在劳动力成本上的差距不是那么明显啊。"

"这不仅仅是成本的问题，"总裁平静地回答道，"主要是为了使生产地与客户更近。"

那么能不能把目前给在佛兰市或山德维尔市的法国OEM厂商的部件订单转给我们工厂呢？这些部件目前是在捷克或者波兰生产的……沃德心里开始盘算，但嘴上什么也没有说。

"关键是，我希望你亲自主持这次生产转移。"

"你的意思是，我负责把自己厂里的部件生产转移到瓦克劳工厂去？这多令我尴尬，真的非得这样做吗？"

"当然可以由其他人来主持这项工作。不过，我希望你来办。这项转移工作必须在这个财年结束前完成，也就是说，在3月之前，你需要增加一些产量，储备一些库存，为生产转移做好准备。"

　　沃德无奈地点点头，琢磨着这个要求可能带来的后续问题。11月、12月、1月、2月——留给自己的时间不多，看来必须加快行事。

　　"我得走了，不过还有一件事要跟你说，"詹金森继续说，使得沃德又紧张了起来，"你认识马克·纳威乐吗？"

　　"认识。"马克·纳威乐是奈普拉斯美国白塔尼工厂的总经理。这个非洲裔美国人长得又高又胖——沃德对第一次与他的见面记忆犹新。那是好几年前的事了，当时沃德还在做科尔曼的供应链顾问。在参加培训会的人里，马克看起来像个笨蛋。之后他们在一次会议上又相遇过，虽然同坐在一个桌子，但几乎没有交谈。尽管在先前的组织架构中，他们隶属于同一子公司，但那时的管理模式从来没有鼓励过工厂之间的交流。沃德也记不清马克当时的职务是制造工程经理还是生产经理了，这时他突然发现，詹金森解雇了白塔尼工厂的前任总经理，新任命的正是马克。天啊！

　　"如果时间安排得过来的话，"詹金森接着说，"你不妨在这里多留两天，星期一去拜访下他的工厂，如何？"

　　"既然您这么安排，那我就去看看吧。"沃德回答道，眼神里闪着一丝惊讶。沃德在心里也埋怨了一下，因为这意味着自己离家的时间更长了。但是他十分肯定，克莱尔对此不会有什么意见。毕竟，是她鼓励自己对詹金森的"建议"采取果断的回应。"给他一个机会嘛，"她总是这么对沃德说的，"我觉得他的主意是对的。"

　　"太好了！那就这么定了，"总裁高兴地说，还意外的大声地拍着手，引来了不少人抬头朝他们这里看。"我必须走了，我得看看是谁要把韦恩吃了。我相信，你可以直接与马克取得联系，安排好访问的事情。还有，安迪，问问他花多少时间在车间现场！"

　　沃德安顿好自己，等待即将开始的会议。他回忆起从前，他很享受参加这种公司高层管理会议。那时，他的角色就是演讲，不用跑到车间现场去。而现在，置身于实际的运营工作之中，他不得不承认，自己过去夸夸其谈的供应链模型、"主生产计划"理论，等等，是多么不切实际啊！他焦躁地拿起盘中微温的快餐，心里期望着这次演讲地点的选择只是出于对便利和场地的考虑，而不是因为地点本身的魅力。这家普通的酒店靠近规模巨大的列克星敦工厂，而奈普拉斯公司的总部也转移到了那里。沃德看着那些高管们各自围着自助餐台兜圈，在这个分部里实在看不出有什么团队合作的迹象。他觉得奈普拉斯的管理层有必要为公司打造更好的企业文化，而不是各顾各的，但沃德暂时还没看出他们在这方面取得了什么成果。在公司刚被卖给新东家的时候，曾经大张旗鼓地搞过一些工作，推出了新的公司标志，供使用PowerPoint时用的图表模板，还强有力地在公司去除一切"阿奈斯特"的标志。但除了最初的这些努力，别的就没什么了。

⟿

总裁的演讲可谓简明扼要，生产率在平稳地增长，客户的PPM则大幅下降，尽管这个趋势正在趋于平缓。在库存问题上则经历了一个波折：在最初的快速削减之后，库存已经逐渐爬回到起初的水平了。有些人对库存量问题有不同的意见，认为应该备一些库存，满足夏季的需求，但詹金森还是严格要求削减库存。

"减少你们每批的生产批量，"他又重复了一遍，"注意我说的，减少生产批量。"

真正的坏消息是，客户的需求由于经济萧条而大幅度削减。新上任的欧洲区总经理克洛泽·贝克梅耶，讨论了修改后的市场预测。许多车型都只有预计销量的一半，或者更少。这让沃德有种出于本能的不安。在詹金森直接干预工厂的运营之前，那位现在已经离任的业务分部总经理肯特·瑞德，曾拉着沃德一起，制定了一份"雄心勃勃的预算"（甚至可以看作"滑稽而可笑的"），那份预算是建立在不切实际的销售预期上。在两月一次与詹金森的电话沟通中，沃德曾想到过这个问题。但电话沟通的话题都集中在工厂的运营能力上：客户抱怨、PPM、减少人头数、库存，几乎没有关注过实际的预算。现在，就沃德所知，贝克梅耶现在负责欧洲地区各工厂的预算，这样一来，他就成为了沃德的上司——至少名义上如此。沃德觉得詹金森犯了一个愚蠢的错误，没有把预算的流程纳入到他对运营的直接控制中去。不过，嘿，这毕竟是詹金森的公司。

沃德对中国工厂的形势报告也很感兴趣。在汽车业务部门卖给新东家之前不久，山德斯和之前的业务副总裁就说服了三大汽车公司之一，从中国采购一组零部件。他们认为，中国的价格很有竞争力，甚至有人夸张地说，价格之低甚至让人感觉到可以违背重力原理！现在，这个项目正在加快进度，项目经理也正全力以赴，但詹金森却不得不三天两头地往中国跑。情况看起来并不如想象得乐观，没有因为进行了"精益变革"而得到解决的迹象。不管怎样，沃德自己的麻烦事已经够多了，任何能把管理层的注意力从佛顿挪开的消息，对沃德来说都是福音。

当他们结束午餐，进入到会议室，沃德期待着下一场讨论。詹金森请了他的导师，鲍勃·伍兹来讲"精益管理"。伍兹在汽车行业堪称是一个传奇人物——他作为第一位西方人，在丰田之外实施了一套丰田的生产系统。沃德在午餐时就想在人群中辨认出谁是伍兹，但没成功。听艾米·伍兹描述自己的公公，沃德想象大概是一位海滨迷和日本合气道（Aikido）高手的混合体。在几个月前马兰科特的一次晚餐中，艾米跟他们提起老伍兹第一次访问詹金森的工厂时的情景，他站在装配车间的正中位置说，"我看到了你的仓库，年轻人。但你的工厂在哪里？"据艾米说，老伍兹从汽车公司高管的位置上退休后，把自己的大部分时间都花在整理一艘老的木头帆船上，偶尔在旧金山湾附近出海航行。艾米描述了在夕阳下，航行穿过铁锈红色的金门大桥的感觉，那种诗情画意，真是让人心驰神往啊！艾米还给他们回忆了一些让人大笑的场景，当老伍兹穿着他给帆船刷漆时穿的外套在工厂里出现的时候，现场的工人还问艾米，为什么新来的锅炉工那么生气？老伍兹在汽车行业里非常有名，有很多熟人，也还有一些影响力。似乎也正是通过老伍兹的关系，那家股权投资机构才找到詹金森来做新成立的奈普拉斯公司的总裁。

那个最终站在讲台上举着话筒的男人，看上去一点也不像海边的老伙计，而像19世纪50年代电影里的操纵帆船的大师。沃德觉得此人跟詹金森肯定是在一家店买的衣服，因为他穿了同样的米黄色的、松松垮垮的裤子和海军样式的T恤，口袋和肩膀都有搭扣。鲍勃·伍兹直挺挺地站在那儿，花白眉毛下面黯然的蓝眼睛盯着就坐在阶梯上的人们。他的脸黝黑而饱经风霜，鹰钩鼻与薄嘴唇组成了一张冷酷的脸。他看起来并不显老，时不时像年轻人一样摩挲一下自己花白的络腮胡子，而这已然与他的年龄不符。当他开始开口讲话时，你会发现这个老家伙实在是很有底气。

"真正的精益管理，与你们所知道的那套东西有着本质的区别。"鲍勃·伍兹的开场连一句问好或者感谢的话都没有，甚至没有一句午饭后惯有的笑话。他没有停顿地接着说下去，毫不在乎那些还在期待精彩开场白的人，以及部分还没有入座的人。"精益就是以更少的员工、更少的库存、更少的资金投入，为客户提供更好的服务。要实现这个目的，你们必须通过更好地管理流程，和那些知道自己在做什么以及能创造价值的人一起来努力，这意味着要调换不合适的员工和消灭缓冲库存，消除在时间和金钱上的浪费。"

他停下来，望着所有人，仿佛要迎接来自每个人的挑战。

"让你们到这里来，并不是让你们来灰心丧气的。菲尔请我来给你们讲讲精益管理，但是我认为做类似的演讲，本身就是浪费时间，因为对你们来说，要么从亲自实践而获得理解，要么就无法理解。不过我还是打算试试看。"

"在企业界，有三种基本的管理方式。第一种是，经理们通过分配任务，让手下的员工做事，来管理一个部门。执行这个或那个项目，不用管项目对公司是否有益，执行就是了。比如做一次评估，发布一份新闻信件，实施一套新的软件系统。有些情况下，这种做法确实能运转得很好。例如，建造西部大动脉铁路，你每天要铺设多少英里的铁轨，还要保证均衡的铺轨速度，这种办法就可以。剩下的工作就是分配任务。但是，在大多数现代企业案例中，管理并不这么简单，单纯地实施一套系统或者一种程序，要求严格执行，其结果是极端的浪费。因为没有人会提出问题，他们都只不过是齿轮中的一个齿而已。"

"很多人都意识到了这个'分配任务'方法的局限性，因此发明了第二种管理方式，也就是依据财务上的结果进行激励。这种想法也很简单：我不管你怎么做，只要财务报表上的数字达到了目标，你就能拿奖金。如果你财务报表上的数字没有达到目标，那么，就另请高明。这种方法显然比第一种有效率，因为至少调动起了大家的积极性，但却不一定更有效益，而且是对员工聪明才智的浪费。每个人只干他们的工资要求的那份活，不多干也不少干，只要你达到了指标，老板得到了奖金，就皆大欢喜。聪明通常并不在奖金计划上，只有当有问题亟待解决的时候，大家才会变得足智多谋起来。这就是今天大多数人的工作方式，完成指标。不幸的是，个人的进步往往是以另一个人的损失为代价的——这种管理方式同样也是令人难以置信地浪费。"

"丰田采用了一种完全不同的管理方式。他们的方法是把行动和结果通过PDCA（计划－执行－检查－处置）思维模式综合起来。其要旨是，鼓励团队来一起解决问题。丰田认识到几种典型的问题，指导员工们深入细化地解决问题。如果你们想做到精益的话，理解这一点是非常重要的，这并不是什么即插即用的解决方案。精益系统是买不来的，你必须得激励你的团队去实践新的想法，不断地验证假设。这就需要质疑假设，需要提出疑问。最终，你将得到一个大多数情况下都能运行良好的流程，而少数的例外情况被拿来作为问题解决和改进的机会。你还要学会启发和鼓励大家用脑，在今天的大多数组织里都很少被用到。"

"要实施精益的流程，你得让每个人去思索如何消除浪费，每天都要这么做。"伍兹说道，以冷峻的目光迎接着众人的注视。

"我们从丰田那里学来的是，通过采用丰田管理模式下的丰田生产方式，实现更好的客户满意。我会尽我所能，为大家总结三大重点，但是请牢记，这些其实都来自于常识，然而很不幸，这些常识也并不为大家所重视。"

"毫无疑问，你们对客户满意并不陌生。让我来定义一下：按时交货，质量可靠，尽可能低的价格，安全无事故，并且员工斗志昂扬，简单说就是，质量、成本、交货期、安全、士气。丰田方法的特点在于，他们坚信，客户的价值是所有的员工在车间里创造出来的，而不仅仅是在工程师的象牙塔里，或在销售陈列室里。

首先，你得问自己两个关键的问题：

——我们的产品或者服务能自始至终满足客户的需求吗？

——工人能解决自身的问题，并持续地保持下去吗？

最终，我相信，精益管理的秘密将会被大家所接受，我们也将以更低的价格提供给客户更好的产品和服务，打破市场格局——由此获得业务和赢利的双丰收。同时，打败那些同样为了赢得客户满意却无法承受成本压力的竞争对手。我清楚地记得，当年丰田用凯美瑞进军北美市场的情况。我们都认为，对于那个价格档次，凯美瑞的工艺水平有点过于好了。一些整车制造厂商宣称，丰田由于没有支付员工退休金的负担，所以在生产每辆汽车时可以投入更多的资金。这有可能是真的，不过却忽视了问题的另一面，丰田是如何依靠他们对制造方法的熟练运用，在不花费高昂制造成本的情况下，生产出多品种、高品质的车型。凯美瑞是众多成功进军北美市场的产品之一，除此之外还有雷克萨斯（Lexus，创造了从白手起家到奢侈品牌第一名的奇迹——从第一天起，它的销售额就超过了所有竞争对手）、普锐斯（Prius，它超越了行业的常规思维，通过混合动力发动机为客户提供了'绿色'的品牌），还有现在的塞恩（Scion）。这些产品很难被打败，因为它们迎合了客户的需求，而且相对较低的生产成本允许丰田以更具竞争力的低价出售，并且还能赢利。正如你们所想，'精益'是用一套从根本上完全不同的管理方法，来识别并解决业务的问题。"

伍兹停顿下来，盯着观众看了看。沃德并不确切知道演讲接下去会怎样，但是他知道，这对自己来说，需要用一个全新的视角看待精益思想。以前，他一直以为精益不过是一套工厂里运用的技术，就像"及时化交货（Just-in-time delivery）"，而算不上是一种工程战略。但是显然，丰田成为汽车业的龙头老大，并不仅仅是通过控制成本，它还制造着合人心意的汽车。

"我的丰田师父（sensei），"伍兹继续说道，"直接受教于大野耐一，他曾经告诉我，大野先生对于把丰田生产方式写出来的主意感到很不安，他认为，必须通过每天在车间现场观察浪费与努力消除浪费，才能使 TPS 保持鲜活。他担心，一旦把 TPS 写下来，可能会导致误解与创造力的泯灭。"

"讽刺的是，事实正如大野先生所料——虽然没有发生在丰田公司里，却发生在行业里更广泛的领域。说实话，在我职业生涯的大部分时间里，我并没有'真正理解'精益。在我刚刚懂得其内涵的时候，我的工作却变成了对付那些想把精益思想变为文本游戏的官僚们。拥有最大的训练手册的人，未必是最具备精益思想的人。但不管怎么说，最终丰田生产方式——TPS 还是被正式文件化了，并被正式划分为了三大模块。

第一个是自动化（auto-quality, or jidoka）：不管你在做什么，遇到不良品马上停下来，而不是继续生产，这是 TPS 的核心主张。这要追溯到在 19 世纪末发明自动织布机的丰田佐吉。他很有天赋，发明的织布机可以在断线时自动停下来。停下来搞清楚问题所在，而不是继续运行，生产不良品。虽然 100 年过去了，依然很少有人能做到这一点。为什么？因为它竟是如此难以置信的不容易！我最近跟一个叫艾瑞克的朋友交谈过，在工作很难找的时候，他的第一份工作是我给他的，后来他加入了丰田。他告诉我一些关于自己是如何成为一名负责两条装配流水线的助理经理的过程。

你们都听说过生产线停止系统吧。如果工人发现异常之后，不能在一分钟之内解决，那么整条流水线都要停工。会有音乐声响起，并逐渐增强，直到整条流水线检查无误后再重新运行，这样做是为了让每个人都知道有故障出现。当流水线停工的时候，艾瑞克才刚开始那份工作。因此，他召集现场班组主管和最好的工程师一起到发生异常的工人跟前。紧接着搞清楚问题所在，并让流水线重新运转起来。由于是在丰田，首先会问第一个'为什么'，也就是为什么流水线要停下来。

当他们还在继续探讨这个问题的时候，装配流水线下游的某个工位又发生了停工，在很短的时间里有两个工位相继停工，所以，艾瑞克感到非常有压力，当他正打算带着团队跑去看怎么回事的时候，他的日本协调员抓住他的袖子说：'待在这儿，我们还没有问完五个为什么（five whys）呢。我们还没有找出根本原因。''流水线已经停产了，怎么办？'艾瑞克问。'没有你，流水线照样能恢复生产。'日本协调员回答道，'比恢复流水线生产更重要的是，我们必须搞清楚第一次失败的真正原因。'此时，下游段的班组长采取了一个即时对策，让大家可以继续去探讨故障问题。

现在，你们都是懂生产的人，可以评论一下，这件事有多么难。让故障留在那儿不管——首先搞清楚故障的真正原因，而不是急着去修理。这有许多种方法，不过基本上都是，停下来调查导致质量缺陷发生的原因，而不是任其沿着生产线向下游传递，这是 TPS 的一个重要支柱。

第二大支柱是大名鼎鼎的及时生产方式——JIT。听到这个名词，许多人会立即联想到，一辆辆卡车在部件被需要的确切时间，拉走部件，而不用保留库存。但事实远比这个复杂得多。

这一体系的真正关注点是如何根据客户的要求来生产——把客户需求转化为节拍时间（takt time，也就是在可用生产时间内，制造一件产品的频率）。实现这一目的最理想的方式是单件流(one-piece flow)，它意味着整个生产过程中，产品没有停顿连续移动，由客户需求的产品品种以及数量来拉动。如果你的生产过程中各种不稳定因素很多——比如发生机器故障、工人不在岗、零件质量不良等情况——或者客户的需求波动过大，那么你不得不持有一定的库存，但只通过持有刚够弥补波动所需的库存数量，然后通过持续改善，以减小库存。

我至今还记得 20 年前第一次在日本见到丰田装配生产线时的场景。他们将各种不同的车型混合在同一条流水线上装配。不像我们为每种车型分别建立专门的装配流水线，造成了产能的过剩，他们计算出每种车型的节拍时间，例如，某一车型是每两分钟生产一部车，另外有每五分钟的，第三种甚至可能要一个小时才生产一部。平均下来，这条流水线每分钟产出一辆轿车，然而当我看到他们装配的顺序时，我发现他们经过适当的组合，使工人们仍可以遵循一个稳定的周期性循环操作，而小装配工作量的车型与大装配工作量的车型，彼此间隔开来，我简直被迷住了。我跟他们说：'我明白了：长、短、长、短。'他们说：'没错，这样我们就可以利用看板从供应商那里取零部件。'

看板到底是如何运用的？我花了不少时间才搞明白这个问题。最终我明白了，汽车装配顺序的设计，不仅是为了让工人能按照'长/短/长/短'的操作周期稳定生产，而且主机厂与供应商之间的部件拉动循环也随着看板回流到上游工序的方式而得到稳定化。生产顺序的安排是为了让任意不同的产品都可以按照一个常规的节拍时间来装配，从而对上游供应工序也实现了均衡化拉动（pull levelly）。我是彻底服气了，那些家伙真的是考虑到整个生产系统，以及它的各个组成部分如何连接在一起的问题了。

不出所料，上游供应工序的生产单元可以以单件流的方式运作，因为它们的需求是如此稳定。也正是由于单次单件的生产方式，使得一旦有问题发生，他们需要停下整条生产线来。"

"连续流——遇到质量警报时停线；连续流——遇到质量警报时停线，"伍兹用手模仿着，"这是 TPS 最核心的内容。以团队的方式管理，来解决连续流在生产方面和质量方面的问题。为了达到这一效果，需要良好的稳定性。如果流程稳定，你就可以从那些波动入手，来改进整个系统的稳定性。稳定性靠标准化工作（standardized work）来实现，它的要点是采用重复和被共同认可的做事方式。按照标准化的方式进行，一旦有问题产生，先搞定这个问题，然后对标准化工作进行修订。所以，标准化工作和改善，是 TPS 的两大基石。"

沃德坐在前排，专心聆听着。他还偷偷地窥视邻桌，希望看到同僚们像自己一样的迷惑。他看到有人紧抱着手臂，有人紧锁着眉头。詹金森似乎陷入深思，好像隐退在深山里，离得远远的，观望着发生的一切事物。沃德不安地看到，山德斯坐在最前排，只跟总裁隔了几个位子，正在用黑莓手机回复邮件。

山德斯是一个短小精悍的人，充满着雄心和魄力，这使他看起来比他的外形更高大。跟他旁边的科尔曼一样，山德斯穿得也很妥当合体。对他来说，商务休闲装的含义就是，穿着昂贵的意大利西装，不打领带。他经常运动，皮肤晒成了永久的棕色，脸上永远挂着销售员的职业微笑。他曾经是前任大老板手下的重要人物，沃德很想知道他跟詹金森到底相处得如何。沃德记得，艾米曾提到詹金森接手奈普拉斯，是因为他与之前的商业伙伴分手了，而那个人被艾米描述成一个英俊潇洒的推销员。

"标准化工作和改善就像一枚硬币的两面，"伍兹继续讲道，"也像手心和手背。我花了很大的工夫才搞明白这个道理，这对理解TPS来说是至关重要的。一方面，没有标准，改进就无从下手。本质上讲，标准化工作就是把每一个工作活动都分解为一套特定顺序的动作。如果人们没有足够好地理解自己的工作，不能制定和遵守顺序的话，他们就永远不可能真正改进。最多，也就是哪里出问题了就在哪里改一改。标准化工作不仅仅与我们做什么有关，更是与怎样做有关，这样我们才能得到期望的结果。为了明白怎么做，我们必须在实践中了解大家是如何工作的。更重要的是，要寻找那些积极的典型——那些能够更好地完成工作、比别人更高效的工作人员代表，因为他们找到了有效的方法。"

"标准化工作并不是要求工人完全顺从。这可能是当初把TPS思想引出丰田时遇到的最大误解。标准化工作是在工作如何最好地进行这个问题上达成一致，这能帮助我们更清楚地看问题。而改善是关于如何鼓励工人和一线管理人员，去解决那些因现实与标准不一致而表现出来的问题，那些问题使得你无法按照标准循环运转。这就是问题，也是可以解决的，通常不用投入钱就可以，只要利用好员工的才智就足够了。"

伍兹再次停下来，让大家陷入沉思。

"不过令人感到惊奇的是，没有了改善，标准也不见得能维持。我所知道的公司都会将执行上的麻烦简单地归结为员工不遵守规章制度，或者不按标准办事。事实恰好相反！员工为什么要遵守规章制度？为什么要坚持按照规定程序来，日复一日循环往复，尤其是那些规则、程序不适合实际情况，并不可行？改善最基本的驱动力是人的因素：你可以强迫人们做一些事，但不能强迫他们感兴趣，也不能强迫他们去思考。员工们必须对此感兴趣，才会认真思考——这是由个人决定的。每个人都是天生的问题解决者，这是关键。通过提倡改善，我们能激发每个人解决问题的能量，每天都如此。当人们开始对解决自身的问题产生兴趣时，他们也就会按照标准工作了，因为他们明白标准是最好的工作方式。运动员遵守严格的训练标准，是因为他们希望每次都发挥出最好水平。这时他们才真正参与进来。"伍兹激情洋溢地说着。

"这也是TPS的真正目标：让每个人参与，这样，每一天的问题解决会带来每一天的创新，而进一步地，创新又会为客户创造更多价值，而这一切都会造福公司、员工以及更大范围的社会，从而达到共同繁荣。"

沃德在他的椅子上挪了挪。尽管他讨厌别人说教，但他还是被这个老男人所宣讲的愿景深深地打动了。但也就是那么一会儿，因为他仍然对改善能激励员工更好地遵守标准的必然性有所怀疑。他开始思考：很显然，顺从没有实际作用的标准，对法国人来说，是一种人格上的侮辱。让他的法国工人投身于改善活动之中，沃德忍不住笑了起来。然而不管怎样，这是一个新鲜的视角，而且伍兹看起来对此深信不疑。

"精益管理其实就是创造一个系统让人们去思考，"伍兹重复道，"也就是在制造产品之前先培养人。思考得越到位，产品也制造得越好。一定要理解这一点。这么多年来，我们一直在努力复制丰田的精益工具，寻找更加高效的做事方法，其结果经常是失败的——我们没有理解到安灯系统（andon system），还有 JIT 等，都不过是一些技术而已，它们最根本的目的是理清基本的生产问题。这些工具对解决实际问题的作用，就好比用望远镜来阻止流星雨，用显微镜来消除病毒一样。工具的作用无非就是，严谨地把'正常'操作中的问题凸显突出。老师们总是告诉我们：真正的精益并不是把精益工具运用到每一道工序中去，而是把改善的思维模式深深地植入到每一个员工的心底。我们没能听到他们的教导，因为我们并不想听他们的话。当一个人假装睡觉的时候，你是很难叫醒他的，其道理是一样的！"

"现在，"在一段沉寂之后，伍兹说，"在过去的 20 年里，丰田已经把 TPS 应用到本土之外，他们在运用 TPS 方面，也遇到西方人复制 TPS 时碰到的相同麻烦。像对待其他问题一样，他们也试着用一系列的对策，来解决这些麻烦。这些对策关注于文化，以及个人的行为，即便对丰田来说这也是最具挑战性的内容。若没有正确的行为准则与价值体系，TPS 完全有可能被错误地应用，从而无法得到预期的结果。看看丰田的竞争对手们遭遇到的失败频率吧，数目惊人。一位老师说过，你可以立一尊佛像在眼前，但却不信奉它。TPS，它的价值体现在从老板到所有员工都遵循同一个核心理念，而那些写出来的文件实质上不见得有用。就像对 TPS 的担心一样，丰田内部确实有争论，把公司的核心价值观正式地总结出来将会扼杀它的活力，也可能进而导致更多对它的误解。但就像最终还是把 TPS 的基本原则书面化了一样，丰田公司还是决定将丰田模式总结出来，用它来指导那些新进的员工。"

"他们最终总结出来的丰田模式，包括两大支柱，即持续改善与尊重员工。持续改善可以进一步分为三大基本原则。

1. 挑战。这意味着，为了实现目标而需要面对的挑战，有一个长远的愿景——理解该学会什么，比想要做什么更重要——然后就会产生直面挑战的精神力量。为了做到这一点，我们不得不每天对自己提出挑战，以检查是否正在实现目标的路途上。

2. 改善。永不满足，任何流程都不可能设想得非常完美，因此要持续地改进，坚持不懈地进行创新和发展。

3. 现地现物。亲自到现场去观察事实，做出正确的决断，促成共识，以尽可能快的速度达成目标。"

"尊重员工这一理念在丰田之外很少有人知道，它的核心包含两大基础性原则。

1. 尊重：重视每一位伙伴的问题，尽最大努力建立相互之间的信任。每个人有义务帮助别人完成目标。我发现，这能引起共鸣。作为一名管理者，我给下属们设定了目标，我就要负起帮助他们达成这个目标的责任。

2. 团队合作：通过团队合作解决问题，挖掘每个团队成员个人的潜力。这个思想就是要鼓励和发动员工将自己的聪明才智贡献出来，融入团队整体。团队不仅指车间里的生产小组，整个工厂，乃至丰田公司都是一个团队。"

"现在，"他对大家重复道，"菲尔请我来讲一讲我理解的丰田模式，尽可能地按照我的多位老师所传授给我的方式。我猜在座的各位现在都在思考，'这鬼东西究竟是什么意思啊？'我十分尊重菲尔，但是实话说，我不认为这样讲讲，就能掌握 TPS。唯有通过一年又一年的实践和反思，这些思想才能逐渐渗入我们的大脑。不管怎样，我会尽力，但是只能告诉你们我对丰田价值理念的一些拙见，这没必要成为奈普拉斯的价值理念。其实，我一直不相信理念这种东西可以复制和粘贴——它们是过去经验的累积，由众人分享的学习成果。我很清楚菲尔今天请我来讲丰田模式的本意，是为了让在座的各位明白，在生产系统下面，有一个支撑它的管理系统。丰田公司对自己的成功是这样解释的，他们通过使用 TPS 生产高品质的汽车，而 TPS 又是由丰田模式的价值理念支撑的。我和菲尔都坚信，关于精益的入门理念，就是要认识到，精益绝不是简单的生产技术，而是整套的经营战略。我今天过来，也是想打破你们对精益的已有观念，挑战你们对自己的管理方式的种种假设。"

沃德感到现场出现了一阵小骚动，有点尴尬和不自在。他是什么意思？我们没有得到预期成果并不是因为精益很难执行……而是说我们完全没有掌握精益内涵？虽然事实正如伍兹所言，但听起来实在让人难以接受啊。

"人们都会来找我，"他笑笑说，"并告诉我，'我愿意做精益，但你不了解我那里的特殊情况。我的客户不可理喻，供应商又不能提供好的部件，我的管理团队什么都不懂，我的员工从来都不按指示办事。拜托了，你去跟我的客户讲讲如何精益生产，然后跟我的供应商谈谈，现在你在这儿，能不能帮忙说服高层领导，他们应该实施精益？对我的员工也讲讲吧。'"

伍兹停下来，期待看到他所希望的效果，然后继续开始。"如果我们能把问题、责难都推给别人，生活就太容易了。不幸的是，精益活动要从在座的各位开始，从每一个人开始。很多人尝试了，但只有极少的成功。那些成功者显得光彩照人。这些成功的管理者是那些学会了质疑自己的管理方式，每天都去车间，而且还学习如何为实现精益而管理的人。他们时刻都鼓励员工参与去解决问题，因此，他们能做到用更少的资源，为客户创造更多的价值。"

"总结一下，我不太喜欢'文化'这个词，因为每个人对它的理解都有差异。共同的信念，共同的行为方式，民族的特质，这些都对，又都不对。然而，文化对创造可持续增长的作用是不可估量的，远超过精益系统和支撑它们的那些管理行为，因此，你们必须齐心协力创造出一种精益文化。任意两种文化都不尽相同，不过，我研究过丰田，也向老师学习了好多年了，我确实学来了一些东西，值得与大家分享。

首先，这种企业文化要求高级管理人员坚持到生产一线去，直接聆听雇员的声音。

其次，这种文化里，每天都会使用精益工具，目的是使潜在的问题凸显出来，每个人都会问'为什么'，直到找出问题的根本原因，并提出相应的对策。随后他们不断检查，以确认此对策是否是解决这一特定问题的正确方法。

再次，这是一种'问题优先'的文化。高层管理人员之所以能从下属那里得到坏消息，是因为他们对待问题的态度郑重而严肃。当员工找出问题的时候，不会尖锐地批评，也不会命令他们闭嘴，而是感激，与他们一起去面对问题。以后大家要试一下：感激那些找出新的麻烦的人。"

"现场观察，问'为什么'，表示尊重。"

伍兹语歇片刻，容光焕发地看着会场的人，直到人们在座位上不安起来，因为不确定他是否讲完了。他那张鹰一样的面孔正四下看着，仿佛要捉住每个人的目光。

"菲尔认为有必要我来为你们演讲，"他最后严肃地说，"我认为，真正想学的人就能学会，不想学的，不管给他讲多少，讲几次，也不能学会。无论如何，不要妄想简单地复制粘贴丰田的企业文化。以前也曾经有人试过这么做，但几乎没有成功的例子。同时，不要把丰田和 TPS 搞混。就算在丰田的巅峰时期，TPS 也还是丰田所追求的一种理念——这也是为什么要理解它们做事方式的原因。

我的经验是，必须不断尝试，一遍又一遍地重复基本原则。每当你的员工解决一个问题，他们就学到了新的东西。每当他们一起解决问题时，不仅改进了他们的生产流程，而且在团队协作的过程中还获得了成长。每当他们改善了一道工序流程，或者添加了一些新设计到产品上，也就为公司创造了效益。你们是管理者，你们，在座的每一位，不是别人，如果能一起努力，改变原先的工作方式，营造一个能带动员工为产品增加价值的良好氛围，我相信，你们的收获将与丰田一样多。如何做将取决于你们自己，希望你们一起合作，共渡难关！

谢谢大家，祝好运。"

现场响起了稀稀疏疏、犹犹豫豫的掌声，沃德是少数热烈鼓掌的人之一。人们经常抱怨，演讲者通常不会告诉你太多新鲜的知识，然而，当演讲者真的这么做时，听众们似乎又不那么乐意接受了。沃德看看周围的同僚们，得出这样的结论。伍兹从讲台走下来，詹金森上前迎接他的导师。沃德快走了几步，上前介绍自己，显出一脸的求知欲。

"鲍勃，这位是从我们法国工厂来的安德鲁·沃德，"詹金森介绍说。这时公司几个精益信奉者（也许是马屁精们）正想争取他的关注。

"啊，"年长的这位立即认出来了，他说，"那个有大牧场的家伙啊。艾米跟我们讲起过你，我还要去看你呢。"

"嗯，那基本上是我太太的地盘。而且，也算不上大牧场，更像是一片固定的骑马场所吧。"

"真是美啊！在法国中心地带的牧场。她说，那里同时还是红酒的故乡。"

"但愿是吧，"沃德茫然地同意着，因为他不确定自己是不是正被嘲笑，"期待您有空的时候到牧场来啊。"

"你的邀请可要小心发哦，"伍兹突然说，笑容满面，仿佛阳光洒在岩石表面。"我可真有可能会去的。菲尔一直缠着我，要我去他的欧洲的工厂参观一圈。他提到，你的产品质量进步不小？"

"9月不大好，"沃德皱着眉说，"我们夏季收到了不少客户抱怨，多得让我吃惊……"

"临时工太多了？"伍兹若有所思地插话。

"缺乏培训。"沃德悲伤地说。

"就当是这样吧！"

"嘿，也许我比较愚钝，但是我学会一条：改善，改善，改善？"

"你没错，"老家伙点点头，"技巧就是持续地做改善，随时如此。"

"我们还在努力朝这个方向做，"沃德承认道。

"这一切都是人为的！"伍兹说，"还要到车间现场去。当有一天，你接受了'你必须亲自落实每个工人都明白他在干什么'的原则，事情就会变得简单。"

沃德点点头。理论上他是认同的，但是他想不出自己怎样才能亲自培训那400多名员工。

"去 gemba（现场）！"伍兹的语气意味深长，他以师父们的口吻，使用了代表车间现场一词的日语，"gemba 是最好的老师。"

"安迪，你在这儿啊！"科尔曼招呼着，"我正到处找你呢。"

沃德惊愕地抬头看看。人们正走回原来的座位，等待下一个演讲——好像是关于小组管理的关键指标的通用定义——而沃德则陷入了沉思，眼神迷离地盯着他还没碰过的咖啡。伍兹的话引起了他的不安。他想，老头子演讲中的大多数言论自己是听明白了：尽管所谓"丰田模式"的管理概念是新的，但大部分的精益词汇以前他都听到过，还是一成不变。然而，伍兹扔过来的一句评论——"车间现场是最好的老师"，让沃德不得不思考起来，他甚至怀疑自己是否具有这样的学习能力。

的确，沃德在产品质量方面取得不小的成就，10月的结果比以前好很多了。但是他要面对的是：还没有实践过"及时化"的拉动式生产系统，更不用说"首次不良停线"。怎样才能做到叫停整个连续的生产流程？比如注塑成型机，出现一次质量不良就叫停吗？如果停下来再重新启动，那将会造成多少的调机废品啊？即便在装配区，他也担心"首次不良停线"的做法会使得生产线停的时间比运转的时间长，这与工人的连续标准化工作的要求背道而驰。至于标准化工作这件事，他也培训过多次了，学习过各种版本的培训资料，但从来没在哪里看见有人实际应用，老实说，也不知道哪里能见到。也许他应该申请去参观丰田的工厂？

"脸色这么难看？"科尔曼询问。

"在想事。"沃德回答，回过神来。开会期间他们还没有找到交流的机会，现在靠近一打量，他这位老朋友面带倦容。可以看出，在亲切的笑容背后隐藏着焦虑不安的心情。沃德十分尊敬他，感激他提供给自己现在的工作机会。科尔曼把沃德当作得意门徒，教了他许多关于如何在全球市场商业运作的知识和经验。

"不要因为把一些部件生产转移到波兰，就泯灭了你的斗志，这不过是个时间的问题。"

"詹金森当真打算关掉那个工厂？"沃德问，瞬间惊慌起来。科尔曼总是事前打好预防针——这一点上，他与詹金森恰恰相反。不过，他这次的预防针效力有些过猛了。

"计划总归是计划，"科尔曼耸耸肩，"菲尔既然说了就有可能去做。不过我最近没怎么听他提起。他现在还有别的硬仗要打。注意我提过的零件问题：我们应该仔细想一下，那些零件是怎么经过世界各地的，我们的确应该尽力精简供应链。我已经接到要求，要把产品到客户之前经过的停留地点数目减掉一半，目的是减少从接订单到交货的时间。当然，同时也减少了生产的单位成本。"科尔曼表情冷淡地补充道。

"不管你采用哪种精简方式，"沃德严肃地斟酌着，"对佛顿都没有好处。"

"面对现实吧，老弟，你正处在进退维谷的窘境里。山德斯态度强硬，我们不得不把高成本的工厂集中起来，把欧洲区的生产转移到东部。你没看出来贝克梅耶这几天很恼怒吗？"

"詹金森也这么想？"

"他的担心更多是关于客户，以及他们的中期展望。他明白在法国设厂给法国的整车厂供货带来的便利之处，但这些厂商最近的销售也实在不容乐观啊。"

"说说什么情况！我看来不得不把今年的预测向下调两倍。"沃德回应。

"争取德国的汽车公司客户非常难。尽管在法国生产成本可能比德国低，但还是相当高。这你是知道的。"

"嗯，这用不着提醒。"

"冷静，安迪，你以前跟我做过仿真模型。别把个人情感牵扯进来——这是公司经营。这个已经陷入困境的行业今年变得更糟了，我们只有大规模地节约成本，希望能幸存下来。"

当沃德正在思考这件事的时候，新的担心又冒出来了。

"劳威尔……告诉我一件事，"他犹豫地说，"还记得吗？去年这个时候肯特·瑞德还担任分部经理的时候？那时候我们还做过预算？"

"没忘，你想说什么？"

"嗯，詹金森在美国进展不顺的时候，瑞德曾经让我们做过雄心勃勃的预算。"

"雄心勃勃，是啊，有点……不过那就是我们做事的方式啊。他所做的，没有功劳也有苦劳吧。"科尔曼尖刻地说，"他忠诚效力于公司那么多年，可是詹金森一刻犹豫都没有，就请他离开了。"

"做预算的时候你也在场，他简直是逼迫我签署那些不可能实现的预算报告。"

"这就是游戏的规则。我们都了解的。你在愁什么呢？"

"嗯，到现在我依旧是被保留的那一类，因为我持有罗马尼亚的一些部件，尽管这些生产也在转移，但转移的速度慢了些。我们在这说话，那个转移过程也在进行。现在我要把另一些部件的生产转移到瓦克劳，我真的很担心，在那样的条件下能实现预算目标吗？而且我对任何一个决策都没有改变的权力。"

"这就是困扰你的问题吗？"科尔曼挥挥手，想平服沃德，"你不必担心那件事。有一件事我们都认同总裁，那就是他对各工厂所发生的一切已有确切的了解。大家都看到你已经尽力了，你所做的相当让人满意。你会没事的，别因为这件事睡不好觉啊。"

相当令人满意？沃德经常被科尔曼出其不意的赞美之词搞得不知所措，这也叫相当令人满意？

◦◦◦

"你没有义务背负拯救地球的重担。"沃德责问自己，深深地呼出一口气。在这美丽的秋天，他驾车在蜿蜒的山路上，望着远处窄窄的湖水。还有一半路就到白塔尼了，沃德把车停在秃鹰观光站，活动活动开了几个小时车的筋骨。景色令人心旷神怡，跟他以前在欧洲看到的任何景象都不同，红黄相间的树冠上洒满金色的光芒，耀眼的金光映衬着碧空万里。他放开身心，去感受树木的气息，尽情享受着第一次霜冻过后、在寒冬还没到来之前所剩不多的美好的阳光。空气中充满大自然的气息，一丝寒意从幽静的湖水中蔓延出来。

他选择开车从列克星敦到白塔尼，而不乘坐飞机。他以前经常这样，现在唤起了回忆。在当顾问的那些美好的日子里，如果去路程远的客户，他就租辆车，工作结束后的周末，享受在异国他乡驾驶的快乐。他还记得那些乐趣中，掺杂着对未知的、不熟悉的、不可预测的些许的紧张——有时还有梦境般令人着迷的异域美景。自从在法国定居下来，他几乎就没有再旅行过了。克莱尔不能经常离开马兰科特，也不能离开太长时间，而那有限的几次旅行，也都是探望父母。今年夏天的希腊之行，算是唯一一次真正意义上的旅行。行驶在宽阔的马路上真是幸福啊，他想，此刻，感受幸福就是最令人满意的事情了。

过了一段时间，穿过小村庄和红顶谷仓坐落其间的田野，沃德奔驰在乡间小路上，重获无忧无虑的舒畅感。此时此刻，他无欲无求了——什么孩子、婚姻、工厂，他想把这一切抛开，顺其自然。这一刻，在大路上纵横驰骋，他仿佛找回了自由的灵魂，仿佛与旧友重逢。

直到克莱尔打来电话，让他不要担心：查理发烧了。医生说是季节性流感，等他回去的时候估计就好了，没什么可担心的。一阵强风吹来！他的幸福生活跑到哪里去了？回到车里，广播里的音乐还在放着，"自由"这个词，实际上还有另外一层意思，就是一无所有。在这与心灵对话的时刻，沃德意识到自己患得患失的原因。他有太多的牵挂，太怕失去。

◦◦◦

"请问一下，"沃德拘谨地说，"您实际花在车间现场的时间有多少呢？"

马克·纳威乐面无表情地看了他几秒，让沃德觉得自己像个傻瓜一样，然后突然大笑起来。

"是菲尔叫你来请教我的，对不对？我早就跟他抱怨过，公司的事情这么多，我哪有时间去现场啊。"

尽管马克有些强势的外表和彪悍的体格让人感觉难以亲近，但是他有时也会变成儒雅而自信的人，这让沃德既嫉妒又羡慕。马克只比沃德矮一点点，块头却大得能装下两个沃德。短袖下面能明显看到肌肉，加上他黝黑的肤色，看上去格外强健。他，粗眉，胡子又黑又多，看起来更像夜总会的打手，而不像工厂总经理。

再次见到马克，沃德想起他们第一次的偶然相遇。多少年过去了？五年了？那时，沃德还是科尔曼聘请的顾问，马克则是参加培训的一个成员，沃德向大家传授所谓"世界级制造"的高级供应链管理方式的精髓。回想起来，沃德不得不承认，对实际的运营管理来说，当时的授课内容看来有些不合实际，如果他不想承认那些都是彻头彻尾的愚蠢的话。当沃德傻乎乎地想带领那个小组去完成任务时，大家并不乐意合作，因为每个人都打着自己的小算盘。那时的马克怒目圆睁，气呼呼地说出公司管理上最大的两个谎言，一个是"支票还没寄到"，另一个则是"我是公司派来的，我愿意提供帮助"，引起了一阵轰动。沃德的父亲始终坚持，如果你不愿意嘲笑自己，那么你就错过了世界上最大的幽默。但是直到现在，沃德仍然对自己当顾问的时候，对比自己还懂的人们做出的那些自负，而又没什么实际意义的指令，感到羞愧难当。

"这些报告和文件，"马克说，"每天都要把我拖在办公室里两三个小时。"

"两三个？"沃德有点震惊地重复道，"我每天能在工厂里待上一个小时就相当幸运了，总有杂七杂八的事情。"

"呀，那你不妨跟我聊聊。我的情况是，每天先去车间，午饭后才有时间收发邮件。有时候根本就没时间管邮件的事。"

"那你这么多时间都在车间里干什么呢？"沃德脱口而出。

"当然是改善啦。"

"你把我搞迷糊啦。我知道改善是发动实际操作者为流程和产品献计献策，但我听到的说法是，我不能仅仅依靠自己身边的 10 个人的智慧和几百号人的手，而要充分利用……"

"公司里每个人的智慧。是的，这是菲尔常说的。不过，这的确就是我做的全部。作为经理，你必须负责发动大家进行改善。否则，改善是不会自动开始的。"

"我自己不直接参与其中，但想要把这件事完成？要把改善工作委托给大家，你的意思是这样吗？"

"不完全对……听我说，我们为什么不去现场呢，到那儿更容易解释。"纳威乐建议，一口喝完他的咖啡。沃德也一饮而尽，庆幸这家伙有专用的特浓咖啡壶。这是一个星期以来他第一次喝到正宗的咖啡，为了这个，之前他已做好长时间被教育和训斥的心理准备了。

当他们进入工厂的注塑机区域，沃德刹那间被这里与自己厂里形成的鲜明对比震住了。在佛顿，有24台注塑机，大小型号不一而足，有一些装配单元，还有独立的组装台。两个工厂的产品大同小异——多是发动机的塑料部件。除了这两点，他仿佛到了另一个星球的工业区里了。有显著差别的是，这家工厂的布置是按照物流顺序来的。部件从一台注塑机移动到另一台，通过货架巧妙地摆放和传递部件，直接送达装配车间，而不用容器或者滑轮装置。沃德印象深刻的是，这里的每一条物料流动系统都是用白色钢管简易地铺设成轨道的，没有任何自动化设备。这里看起来人员效率非常高，与沃德以前参观过的工厂都不同，这里，工人都坚守岗位，厂里没有四处走动的工人。

好像少了点什么……这里没有叉车在注塑机与装配区之间穿行。代替的是，物料通过白色轨道上的小火车供应。与他的工厂里叉车整托盘、不定时地运送（几乎很少及时送达）不同，这里的小火车循环往复，按固定的小批量传送。刹那间，沃德领悟出了詹金森夏天与自己谈论叉车事故的时候说的"应该取消车间的叉车"的含义。马克告诉他，叉车的活动范围只限于装卸货区，用来将客户要的大型部件运到卡车上。沃德注意到，装卸区的布局能使叉车的利用最大化，总是首先卸下空的容器，然后装上满的。其他的物料都是通过小火车来运送了。

沃德想不通，马克用了什么巧妙方法，能成功地定时从客户那里回收空箱。在佛顿，他们总是在为这件事争吵不休，因为整车厂很少会可靠地让每一辆取货的卡车把空箱子返回，所以他们要么是箱子短缺，不得不用厚纸板箱代替，要么就是空箱子多得没地方放。

还有一个显而易见的不同点。在佛顿，每台注塑机旁边有专门的工人，负责把产品从传送带上取下来，修补上一道工序留下来的小瑕疵，并且把产品装进合适的包装箱里。在这儿，传送带连接各组注塑机，有一组工人从传送带上取下成批的产品，放在对应的箱子里，再把箱子放到对应的超市通道上。

"我们将工人按组分好，"马克解释道，一双大手指着工作现场，"不仅是为了鼓励团队精神，还因为只要改进了生产率，我们就可以在保证生产稳定的前提下，减少员工数量。如果他们彼此独立地站在注塑机前面，那么无论你怎么对单个工位进行改进，你都甭想减去哪怕是 1/3 个人。"

"你是对的，"沃德认同道，激动地浏览着胸衣口袋里《参观指南》背面的说明，"你的人员生产率是我们的两倍，近乎三倍。"

"是吧，"他谦虚地耸耸肩，"我可以告诉你，这也不是一夜之间就成功的。我们现在到了丰田产品的专用生产单元。"

沃德厂里装配的部件与这里基本上相同，不过是为不同的客户提供罢了。但是，他的车间跟这里看起来却大相径庭。首先，装配不是在生产单元里单独完成的。法国的工艺工程师把一些工序分散开了，一部分在注塑机车间加工，另一部分则分布在车间各处。而在这里，恰恰相反，所有的装配活动都是在同一个生产单元里进行，三名女工正从货架上拿取产品进行装配，货架也是各种不同的人性化设计的流水储货架。沃德在心里清点了一下，自己厂里做同样工作的工人数目，最佳状况也要有六七人。

"在所有来参观的人中，也就你这么感兴趣。"马克低声自语，看到沃德对他的厂子如此好奇让他有点吃惊。马克心里想，这家伙是科尔曼的得意门生，这么说来，也不可完全信赖。这么多年，公司里的闲言碎语他都咽在肚子里，他觉得自己比愚笨的沃德以及其他的顾问都要精明一些。当他还是一名年轻的制造工程师的时候，马克获得了去参加丰田组织的、在工厂中发展精益生产单元的项目，尽管现在看起来似乎已是多年前的往事了。那些年，他冷眼旁观，看着一个又一个管理团队完全没抓住精益的关键，系统性地破坏了价值，傲慢无知，仅仅做一些非常肤浅的培训，还有无药可救的局部性思维以及目光短浅的改进项目。詹金森是意料之外的改革创新人物，但如果马克是一个赌徒的话，他宁愿把钱押在詹金森不能拯救公司上，因为詹金森还没有看清自己所面对的是什么。

现在，极具讽刺意味的是，正是这个詹金森，把众多经理中马克最不喜欢的一位派来让他指导。"真是难以置信。"马克暗自想。沃德在被提拔为工厂总经理之前没有任何运营管理方面的实际经验，甚至他早期做供应链管理方面工作的时候，也是无足轻重的人物。马克猜测詹金森用人太草率，如果想靠这些小丑一样的英国人来拯救公司，那詹金森可是太难如愿以偿了。他冷静地吸了一口气，考虑自己该如何向盲人讲解色彩。

"这就是我每天做的事，"马克解释道，脸上挂着放任的笑容，让人感觉到他是在嘲笑，只是不确定这个嘲笑的对象是谁，"我只是站在生产单元前面，看看罢了。"

沃德尴尬地看着他，马克转过宽阔的肩膀，全神贯注地注视着他的生产单元。

"嗨，伙计们，"他打招呼说，"你好啊，山姆、柏琳娜、茱迪。"

"早上好，马克。"他们打着招呼，没有停下手中的活儿。

沃德盯着流水线看，他发现实在是无懈可击。他寻找艾米·伍兹所说的七大浪费：过量生产、等待、搬运、工序冗余、库存、动作、质量返工。他看不到任何明显的缺陷，在他眼前的这些工人都动作娴熟。三名女工以一种平稳而协调的方式，操作得不急不慢，太神奇了。

"茱迪，"在几分钟的观看过后，马克说，这使得沃德意识到自己已经把注意力转移到比较佛顿工厂的车间情形了，而没有认真地看，"似乎当你在拿最后的零件时，手腕会碰到容器。这经常发生吗？"

三位女士停下手中的活儿，转向经理，然后注视着流水线的货架。是的，确实如此，对于身高矮的工人来说，会发现部件位置略高。

"能给我们演示下吗？"马克请求。

"当然可以，马克。"她一边说，一边拾起部件。准备就绪后，她伸出手臂，当从盒子里取部件的时候则弯着手腕。

"当盒子快空的时候才会这样，盒子满的时候没事。"

"茱迪，你懂我的意思。这意味着你每个钟头都要弯好几次。你知道我最担心工伤事故，我不愿任何人留下腕骨弯曲障碍的职业病。"

"唔，马克，你说的对，很对。"

"不，还不够。告诉我为什么会这样。"

"我个子矮！"她马上坦率地笑着答出。她确实比较矮，一副意大利人的长相，黑色的小卷发梳成辫子，涂着时髦的、荧光粉色的指甲油。

"你是有点矮，"她的一位工友皱着眉说，此人高大健硕，一张圆饼脸看起来不太好惹，"不过我也有麻烦，我需要往前用力地伸更多，这会导致疲劳的，你会看到的。"

"那问题是什么呢？"经理问道。

"盒子太高了？"另一位金发碧眼的年轻女工试探着回答。

"货架角度不对？"

"嗯，记得吧，我们不得不把它放在这里，否则会影响机器运转的。"

"那么是不是容器太大了？"

"女士们……"马克开口了，扬了扬他那双大手。

"提出建议吧，"女工不约而同地笑了，"每次都这样。"

"请提出建议，"他认同道，郑重地点点头，"先跟皮特谈谈，然后找马萨，能做到吗？"

"没问题，马克。"

"皮特和马萨是？"当女工走远之后，沃德大声问。

"皮特是这个和下一个生产单元的班组长，下一个也是三人小组。有个家伙今天早上没来，所以皮特替班去了，要不然他会跟我们一起的。马萨是这个车间的区域主管。"

"你这里主管负责管理的人员数量是多少？"

"这要看是什么工种了。我有一个班次主管，负责管理大概40~45个人吧。不过这里是装配车间，我有一个助理主管，管理大约15~20个人。理想的团队规模是五人，我这儿不符合标准了。一个班组长手下有六七个组员。"

"哇，你这里的一线管理人员比我多得多。"

"每个人都这么说，"马克耸耸肩，"但是我觉得，如果能够做到生产的妥善安排，那么就值得。我几乎不靠任何办公室人员来管理。"

"那么，我就试着理解一下吧。这就是你每天所做的事情？"沃德问，"走走看看，要求大家提建议？"

"大体言之，"马克笑着回答，有些骄傲，"如果我不用跟客户、供应商在一起的话，也不用对付那些工程部门的傻瓜的话，那么就是如此了。在工厂我就做这些，很吃惊？"

"嗯，相当吃惊。我是说，太令人难忘了。就是太……你是怎么搞懂的？很难理解啊。"

"我所做的，实际上比简简单单要求大家提建议要具体一些，还有许多跟进的工作。我需要去和生产主管谈话，确保他们看到了问题。于是，生产主管们的职责就是和现场工人团队一起，根据标准化工作，把问题弄清楚。一旦一名班组成员（工人）提出了某个建议，生产主管就帮助他们，把建议对生产的可能影响搞清楚。一旦搞清楚了，就商定一个时间表，用纸板或者其他找得到的东西，尝试将想法实践出来。然后，生产主管带领工人按照 PDCA 的‘C’去检查工作。如果想法可行，这名工人要说服同班组的其他人，以及有下午班和晚班的工友们。只有这样，我们才能确认建议被真正接纳和落实了。可以说，整个提案建议的流程中，生产主管扮演非常重要的角色，而我也会定期对此进行检查。"

"你让他们自己搞 PDCA？"沃德问，"自己把一个想法做计划，尝试着做试验，检查试验的结果，根据需要做调整，跟其他的班组成员（工人）一起工作，是这样么？"

"正是，看起来我没有其他的事情可以消磨时间，是吗？"

"哇！"沃德惊呼，"我多么希望回去后也能跟我的员工这么做啊。"

马克向他投去一瞥，什么也没有说。他想起了，以前总是有人向他解释，自己永远不可能达到丰田的生产水平，因为自己的工人不是日本工人，文化背景与丰田不同，人员也不像丰田那么严格挑选，不具备丰田那般的态度，而且训练不足，还有一些其他的差距。他却反思，如果员工们反过来满足了管理层的预期，管理层就不会失败吗？哪里的工人不一样呢？要过多久，那些管理者才能明白这个道理呢？

"你不了解法国人，"沃德说，带着些辩解的情绪，但是也看出了对方的不赞同。"你在哪里学到这么做的？"他又问道。他们一起走向工厂的开放式办公室。

"这家工厂实行精益管理已经有些年头了。当我做制造工程师的时候，那是在阿奈斯特收购之前很多年的事了，公司就已经开始实施 JIT——小有成就。那时工厂的规模比现在大得多，他们在丰田乔治城工厂刚启动时就获得了一些部件的订单，主要是前灯。那时，丰田答应帮我们掌握 TPS，并且派高级工程师到我们这里一起设计，并改进丰田生产单元。他们认为，把供应商培训好对他们有益。我以制造工程师的身份被指派去参加这个项目。"

"20 年前？"

"差不多吧，"马克有些惆怅地笑了笑，"工作很刺激。我们原来就按照单元生产，这个项目使工厂的水平提高了一个大档次。装配单元依旧是把前灯包裹起来，然后装入大的厚纸箱，等待叉车运走。丰田为我们购买了有特殊隔板的塑料容器，每个只能装五个部件。他们还告诉我们，尽管丰田的货车一天只来一次，但是我们要做到每半小时就把箱子送到指定的区域，每次只送几个容器的货就好。最后，他们要求每个批次的产量 25 个，然后换模，不准更多。"

"25 个部件？"沃德重复道，震惊状，"5 个容器吗？"

"你没听错：每生产 5 个容器，就换模，"他用向下砍的手势加以强调，"5 个容器一换模。但是他们不允许我们花多于总生产时间 15% 的时间来换模，真是伤脑筋啊。"

"你们怎么解决呢？"

"很慢。前进的道路上烽火不断，最后终于学会了如何去做。在这个过程中，他们要求每次遇到不良品都要停下来，搞懂问题。车间里的场景是这样的：每半个小时就有固定数目的容器被送回来，一旦有不良品就停工，直到我检查流水线后说出原因。我可以告诉你，我基本就待在流水线上了。"

"还有什么其他的呢？"

"嗯，那也是个问题。不过那时的管理层认为学 JIT 这套东西很重要。大多数时候，他们感到有些失望，因为我们做的净是细节的工作，而且那时看来所做的改善彼此没什么联系。比如说，我们把所有的设备都改装一遍，这样一来生产单元里的工人们就可以独自完成换模工作了，而不用依赖模具安装工了。工厂非常大，但那时没有一个人意识到了这件事的潜在的意义。"

"潜在的意义？还有更内在的含义？"

"你想想，除了及时供货和遇到质量问题时停止生产线，还有其他事情吗？"他呵呵直笑，"兄弟，我学到的第一件事就是'说起来容易做起来难'。比如说停线，说起来容易啊。但实行起来后，流水线老是停，你也不知道是否真的有问题发生。所以就妥协了，你知道的，这种类型的问题太多了。"

"我还学到了团队合作的重要性。这可并不像一般理解得那么容易。对流水线作业而言，如果我们换掉一个工人，就要把全套的训练和解释说明重新来一遍。由于丰田的要求是平稳生产，因此需要一个非常稳健的团队，你知道，工人们非常尽职尽责。他们风雨无阻。我记得有个女孩被我们强制送回家，她重感冒还坚持上班。她不想耽误整个团队的进度。最终，我个人因为改革而受到公司表扬，但是总部管理层却不明白，大部分的功劳都来自于工人啊。"

他停顿下来，当快要回到办公室时。"等等，"这个高大的男人说，"我们回到流水线那里，我要给你看样东西。"

沃德有点眩晕，他感到内心深处一种空落落的感觉逐渐明显，你怎么可能比得上人家20年的经验？马克叫小火车的司机停下来，向沃德解释一些他没发现的事情。

"但不管怎么说，"当他们折返的时候，马克的话题也回到了他原先的故事上，"管理层变得没耐心了，尽管我们的生产率在缓慢地增长着，但他们仍然认为我们还没有学到那时候普遍理解的'及时供货'，还没有在生产单元中运用看板管理，仅仅在固定时间拉动固定数目的盒子的做法。因此他们与丰田讨论此事，于是丰田从供应商开发中心派来一位专家。这又是另一个故事了。那家伙来了只会说'单元'。我们必须把整个工厂都单元化。他懂的英语不多，这就造成了不少翻译上的麻烦。不过我们彼此都很清楚，只有按照丰田所实行的方式将生产单元化了之后，他才会离开这儿。因此我们按规定办，我接手了这个项目。任务十分艰巨；必须与从管理层到生产主管的每一个人并肩作战。最终，我们实现了目标。"

"然后呢？"

"现场库存，"他接着说，"每个生产单元都应该有存储高周转产品的小型超市，和一个用于低周转产品的专用摆放通道。尽管这是一场革命，但是原则还是很简明的：产品应该被存在在制造工序之后，而不是之前。简单地说，每个单元都有自己的生产，以及很少的一些产品库存，当需要的时候，下游（顾客）生产单元会来到这里并取走他们所需的。实践中的大问题是，这样就意味着取缔了大型包装箱，整个工厂都划分为小空间。这让他们受不了了，于是决定不再做这个项目，让我担任一个小得多的区域的经理，在那里他们就随我怎么折腾了。"

他们回到了生产单元，马克向工人们打招呼，工人们只是抬起头看了看，没有停下手中的活。

"这是要跨的下一个大步。"他说，指着一个长长的杆子，上面有一个整齐的队列，挂着那些夹起来的看板。

"现在，如你所见，我们已经实行看板管理方式了，把卡片挂在涂着绿色的板上，表示的是'好了'，红色和黄色的板上则表示的是'再做一些'。由于我们在丰田流水线上的已经拉动得相当规律了，所以不会搞混。但是在更广的范围应用的时候，老师要求我用上包括均衡柜、看板和'启动队列'在内的一整套系统。"

沃德看看那些吊着的看板卡片，试着读懂它。塑料卡片每五个夹在一起，排好成行。

"我懂了，"他终于谨慎地开口了，"你们按需求的顺序排列的，对不？"

"非常正确，每当一个盒子从那边的库房取走，这边就会有一张卡片放进这里的按批次分类盒子里。"

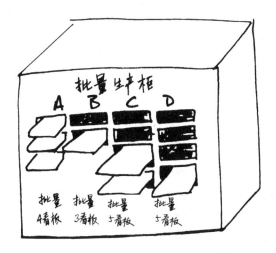

"一旦集齐五张卡片，他们就用夹子固定，挂出去。我们还没有达到用一

个包装箱的水平，但已经尽我们所能地接近按零件消耗的顺序生产了。理想的做法是按顺序一个接一个地生产。”

马克回头全神贯注盯着流水线，再一次地，沃德感到彻底地迷茫，不知道该看什么，这才最让人窘迫。毕竟，他都当了整整三年工厂总经理了！

“当工厂卖给阿奈斯特的时候，我们的计划正实施到一半，”马克皱着眉，叹气说，“我们被并入了内饰部件业务分部，由蠢货科尔曼掌权，那时候他们还没想到应该把他踢到供应链部门去。那绝对是白痴一个。”

科尔曼？沃德左右打量着对方，希望看到点提示，然而没有，这个男人回忆着什么，也有可能根本没意识到沃德与科尔曼的关系。有人如此评价他的导师，让沃德既担心又矛盾，之前从来没有人说过他的坏话啊。他怀疑马克是由嫉妒生怨恨的。

“这个蠢货看到了我们刚刚改用的小盒子，物流部门有人每半小时过来取一次——的确，我们那时还没有小火车——但是不管怎么说，他完全没看到小批量的优点，什么也听不进去，命令我们改回原来的大批量，以此减小搬运中浪费的劳动力。”

“我还记得在那之前发生的另一件事，那时我们正在运用看板。机器在半夜发生了故障，然后我被叫醒。我问他们，要运给丰田的库存还有多少。”

“那个时候，我们每两小时发一班卡车。他们告诉我是‘三小时’。于是我吻别了我的爱妻，其实我不愿这样做，但是我要奔向工厂，尽我所能解决那个问题。”

“同样的事情几个月之后再次发生，那时我们已经回归了大批量生产。他们因为另一个设备问题大半夜的把我叫起来，我问他们，‘你们还有多少库存？’他们回答我‘三天’。我告诉他们‘去死吧。让我睡觉，明天早上再说。’”

他出人意料地哈哈大笑，“不好笑吗？”

沃德敷衍地笑笑，感觉像是在大海中迷航了一样。

“不管怎么说，我对工作的这种纠结实在不爽，于是他们把我调回制造工程部。但是，跟新的管理者根本就没法相处，我决定辞职。我有足够的生产经验，而且我想尝试一些新的事情。我自己干。”

“真的吗？你真的创业了？”

“是啊，我在城里开了家自助洗衣的连锁店。”

"没成功？"

"运营得还不错，"他爽朗地笑着说，"不过后来感到太平淡了，洗衣店里什么紧张的事情也没有。"

"然后你又重返工厂了？"

"嗯，自作自受。说实话，我真的愿意离开。阿奈斯特的管理者裁员1/3，那些员工都失业了。白塔尼是一座很小的城市，那些失业的人我都认识。当一声令下的时候，我庆幸自己不是被裁的一分子。但是最后，工厂就剩下了一个烂摊子，他们却请来了一帮无能的傻瓜来经营。有人想起我来了，他们聘我当生产经理。'他妈的，'我告诉他们——'当就当！'"

沃德意外地发现，自己对眼前的这个人有了好感。这是一个本本分分地搞生产的老伙计。当沃德还在做顾问的时候，在飞机上享受商务舱的待遇、VIP候机室的沙发、宾馆的营养早餐等一般的一线经理不能享受的东西时，马克却在以艰难的方式学习精益，给那些丰田顾问当学徒，解决一个又一个的实际问题，从来没有人告诉他未来的前景是什么。这次，他赢得了工厂，而这是他应得的，他用了心。

现在呢，沃德意识到，自己也开始用心了，还不太确定他是否喜欢这种感觉。当他第一次听说佛顿时日不多了的时候，他惊慌地乞求多给些时间，确定他能解决当地的问题。但是，他对詹金森了解得越多，他就越能体会，公司的那些复杂业务和官僚体系，根本不可能被轻易搞定。假装实施精益根本行不通，无论讲得多么天花乱坠。虽然沃德更努力地尝试，但还是失败了。而现在，他看到了一个在精益旅途上走得领先得多的工厂，相比之下，自己的那个工厂还正陷在泥潭里呢。精益里面有很多精华是很难解释的，只能在实施过程中逐步理解。正是这些精华，使得马克兼具了表面的强势与深层次的谦逊。这些精益的精华你只能通过努力得到，偷不来，拷贝不来。啊，可恶！

"那么你再一次在这个工厂实施精益了？"

"什么？"马克回答。他正全神贯注地看着生产单元，双臂交叉在一起。

"不，恐怕不是这样的，我还没开始呢。工厂里有许多亟待解决的问题，像救火似的，公司总部要求实施好多新的项目，搞得我忙个不停，其中最大的项目是新引进MRP系统。但是我连试都没试，只能集中力量重建生产单元，将工人合理分组。不景气的那几年，公司总部要求压缩了生产主管的岗位，每个生产区域里只留一个生产主管。"

"我也同样经历着你所说的情况，"沃德同意道，"说起来是为了优化直接员工对间接员工的比率。"

"对啊，都是没有价值的招数。于是我召集留下来的老员工们，重建起一个可靠的生产主管人员团队；然后我们努力向班组长传授这些思想，同时还需要与工厂总经理进行日复一日的斗争。看那儿！"他提醒沃德，对着生产团队点点头。

"什么？"沃德问。

"不良品！"

一个工人刚把一个产品放入红箱，就在沃德眼皮底下，但是他太专注于谈话了，竟没看到。

"班组长高迪在别的单元工作，少了这一个人，整个生产换模工作有些走样，我一会告诉你。通常，每当把不良品放入红箱，班组长都会过来查看原因。"

"问题出在哪里？"

"我们还不确定。每次换模后都会有一些不良品，这个团队有一个品管圈，每星期他们会加一个小时的班，凑在一起，试着找出导致不良品的原因，但是至今没找到。"

"换模？"沃德脱口而出。

"没错，你没看见他们从等待生产的文件袋中取出另一套卡片吗？每次他们一干这个，就是要换模了，这正是我想让你看的。"

沃德忍住没说话。事实上，他根本没注意到进行了换模。他一直关注着操作，完全忽视了换模，这表示他没有真正在观察。他回想起佛顿工厂的做法，前一批产品生产需要的物料都要清空，然后再装满新的，一定要一个模具安装工到现场做夹具更换之类的工作，他理解为什么那么做，但是从来没有想过，自己在观察生产现场方面有多么差劲。嗯，如果眼前的男人可以做到，那么我也一定能学会！

"没有模具安装工，"沃德终于开口，"那些物料怎么处理？难道你不清理完前一种产品生产所需的物料，然后再开始下一种产品的生产吗？"

"已经不必了，"马克笑着说，显得非常开心的样子，"看啊，生产线上的每种产品生产所需的物料都一应俱全……"

"装在很小的盒子里，"沃德接着说，拍了下脑门，终于看清楚生产线的设置了，"该死！"

"你说对了！"

"该死，该死，该死！"沃德责骂自己，还完全沉浸在没有注意到换模发生的自责中。他虽然身在车间现场，但就是连看都没看到。"现场观察，"他自我检讨，"不是像个傻瓜一样地走过去就完事了的。"

他转过来看着马克，说："你所有的生产单元都这样工作吗？"

"也不尽然，"马克扮了个鬼脸，"不过正朝着这个目标慢慢靠近。让工人参与到团队中来，选出合适的班组长及生产主管仍然是重头戏。培养人员很花时间，但是我也才不过做了一年左右的时间。"

"詹金森来之后开始的？"

"对。当我听说工厂的时日不多了的时候，我又一次打算退出。我和工厂总经理两个人经常对吼，我认为管理层的再一次变更，只能导致更严重的退步。"

"通常是这样的。"沃德低语，这使得他长吸一口气，陷入了沉思。

"后来菲尔·詹金森和鲍勃·伍兹一起到工厂视察。詹金森此行的目的就是了解丰田流水线的情况，为什么我们的交货有那么多客户抱怨？工厂总经理一开始争论说，丰田的量不足工厂总生产量的10%，因此他没有足够的资源满足他们每一个订单的要求。那时，鲍勃·伍兹就说，'我没时间听这个，带我去生产线。'"

"他这么说？"

"你见过他喽？于是我就带他去生产线，我们开始探讨我在生产前灯时做的那些事，以及我在生产单元做的努力。现在的丰田流水线在生产另一种产品，因为我们不再生产前灯了。然后伍兹开始批评生产批量太大，我开始讨厌这个老笨蛋。难道他就看不懂我们所做的吗？于是，我要求伙计们停下流水线，示范一个换模过程。'看那，'我告诉他，'不到10分钟。'他瞪着我说，'应该喘一口气的时间就行了！'"

"喘一口气的时间？"

"是的，"他大笑着说，"零停机，你知道吧？换模要在班组长屏住呼吸的时候进行。伍兹明白，我们正尽力使现有的换模过程变快，而并没有真正挑战换模方法本身。所以，喘口气的时间就应该完成换模。使用新的一套方案，换模应该瞬间即可完成。这正是我们多年前从丰田顾问在前灯生产单元那学

到的东西，所以，我忍不住大笑，并问他他认为该怎么办。'别问我，'他说，'问他们！'

我知道的下一件事是，菲尔打电话给我，问我需要多久才能让整个工厂全部采用拉动生产系统。'两年吧，'我告诉他。'你只有一年的时间，'他说。这时候我才知道他解雇了我的老板，而我被提升为工厂总经理。"

⟿

"太感激了，马克！"沃德离开之前说，"我来得太对了。至少我明白了为什么詹金森那么急切要关我的厂。我彻底绝望过，但现在释然多了。"他表现出一句英国式的幽默。

"菲尔想关闭你的厂？"马克目不转睛地看着沃德，说道。

"不过，我现在知道原因了，"沃德令人同情地承认着，"我离他的要求差得太多了，这很可怕。而且我过去的20年也没有学到。没办法了。"

"我可不认为菲尔是那种愿意把工厂一关了之的人。"

"是吗？他正把越来越多的产品转移走，"沃德发着牢骚，没提他刚刚心里盘算明年就关掉工厂的计划。"把那些产品转到了波兰工厂，你知道的，成本低，"他没底气地解释道，"你看看，他上任后解雇了多少人！"

"是啊，"马克轻声笑着说，"你在网站上能看到那些空缺的职位，尽管现在不是很多。但你明白他的立场？"

"怎么说？"

"没人也比错的人好啊！"他笑起来，显然发现那实在有些搞笑。

"讲讲如何培养员工吧！"沃德回应道，听起来比他本来想象的要尖刻得多。不过沃德觉得，一方面讲的是，"在制造产品之前先培养好人"，另一方面的事实是总部到处裁人。领导力何在啊！

另一个男人凝望着他好一阵。

"我就是在这里出生的，你不知道吗？"

"什么，白塔尼吗？"

"我的故乡！过去这里是一个大得多的地方。而那时这里既有富人区，又有贫民区。"

他心不在焉地打了一个响指，目光停留在远方片刻。沃德猜测着他后面会说什么。

"不管怎么说，我跟菲尔那个家伙在上学的时候就认识了。他是个聪明的孩子，擅长数学和物理，非常喜欢工程学。他想考大学。然而，他周围的朋友都不上进，于是他开始逃课。但他还是能拿好成绩，却又不是每次都能拿到。后来有一天，他的一门对申请大学很重要的课程得了一个不及格，他请求老师放他一马，认为自己的分数不应该只有那么点，但是老师很生气，因为他已经好多天没去上课了。'但是我真的很想学习，'孩子恳求着。'是啊，那你还愿意让我教吗？'那个老师反问道。"

"所以你认为？"沃德问，"詹金森想尽力去教，但却没有人想学？"

"试着换种角度：你不可能教会那些抵触学习的人。首先，你要试着改变一个人的态度，然后才能改变他，"他有些愤愤不平地说，"转去波兰生产的产品？我听到你说过了。不过在这里，他把一些产品的生产从中国工厂调回来。今天，工厂已经满负荷了。当他交给我工作时，我们有一个口头承诺：我给他保证生产率，他给我保证销量。他至今没有食言。"

"你还要继续为丰田生产吗？"

"啊，"他面部的肌肉动了一下，"考察团还在外面呢。他们正在考虑给我们加一条新的SUV（多功能车）的零部件生产线，但菲尔不愿意降价，丰田认为现在的价格过高。菲尔的立场是，可以降低小型轿车产品的价格，但考虑到高端车的利润盈余，他觉得目前的价格是合理的。因此他们并不开心，这造成了一些麻烦，因为销售部门已经答应客户，这些部件给他们低价。他们现在说我们违约，这对相互间的信任影响不小。这件事还要谈多久，我不知道。与此同时，他还请他们帮我们，在现有的生产线基础上全面推行改善。我们还未得知丰田对此的态度，我希望他们派给我们一些指导的人。我已经黔驴技穷了，迎接不了更多的挑战。"

"遗憾的是，我们不是一个级别的，"沃德苦笑着说，"而我已经面临太多的挑战了。"

"没那么严重，"马克使了个眼色，"仅仅是多花些时间的问题，现场观察，改善，一次解决一个问题，就是这些事。一定要坚定信心！"

"弗兰克，过来，红箱子时间到了。"沃德叫道。他们已经在这个项目上花了相当多的时间，目的是为了把生产线改造成为真正的单元。弗兰克·巴雅德，佛顿的技术经理，来自德国边境的斯特拉斯堡，能讲流利的德语，之前在纽霍夫的制造工程中心工作过几年。在多次机构重组之后，巴雅德重新回到法国，接受了佛顿工厂工程经理的职务，但是他从未对此感到欣喜过。他的专业很强，但好像不起劲。沃德知道他尝试过找其他的工作，但至今没有成功。佛顿新产品的停顿影响了他的心情和对未来的展望，他总是提意见，要求保留他的工程师团队。沃德怀疑是一个事实在限制着巴雅德的选择，他的妻子在梅兹教书，而作为国家的公务员，不可能轻易挪位置。巴雅德是那种毫无幽默感的家伙，不容易共事。公平地讲，他是个不可多得的优秀工程师。给他一个难解决的技术问题，他不用跟任何人交谈，就能如痴如狂地钻研它，直到最终找出完美的解决方案。这次把红箱子问题交给他仿佛没什么挑战，他的兴趣始终不高。

沃德最近跟这位工程师花的时间可真是不少。白塔尼之行让他满怀热情，决定也要在自己的工厂建起相似的制造单元，立刻马上！然而，产品／工序矩阵并不如他想象的那么容易建立起来。对于一些生产中物料流明显要穿越整个装配车间，并且途经一个又一个工作站点的产品生产，他们首先进行了单元化，不过这造成了很多批量大小匹配的问题。一些生产单元的工作量超饱和，而另一些生产单元则仅仅有一个班次的量。通过为每个产品系列绘制价值流图，以及产品／工序矩阵，他们终于设定出了一个宏大的计划，将整个装配车间重新布局，这个事情沃德需要跟詹金森请示。

同时，他们不断地试着将工作台移这移那，终于成功地建立起几个较完整的生产单元。谢天谢地，巴雅德在此项目中非常投入。他把自己的小组分为两部分，一部分解决红箱子相关的问题，另一部分改进工厂布局。一如既往地以他的作风，自己埋头苦干自己的，设想工厂如何布局的决定权归他自己，这使得生产经理奥利弗·斯蒂格勒有些不自在。作为回应，他想方设法拖延巴雅德的计划和重新布局的实施进程。沃德不得不比预计的投入更多的精力在这个项目上。不仅因为他要紧盯巴雅德所做的重新布局方案，还要时不时地调解巴雅德与斯蒂格勒之间的矛盾，以保项目顺利进行。他期望每天两次讨论，让这两人手挽手地一起解决问题，缓解他们的关系，然而事与愿违。巴雅德在讨论的时候变得更加沉默寡言，而斯蒂格勒则对制造工程的事情更加不尽心了。人啊！

"你检查过了？"

"唔，检查什么呢，老板？"

"拜托了，安迪，像其他人一样地叫我'菲尔'吧。检查投资这项新的螺杆是否值得。我是掏钱的人，还记得吧？"

沃德咬咬嘴唇，忍住了内心的不爽。哎，又错了！诚然他本应该考虑到检查的。他现在对他的老板已经足够了解了，应该猜到他会提出极其细节的问题，就连这几十万欧元的支出都不放过。变态！

"运转得真的不错。我们的 PPM 率已经大幅度地下降了。"斯蒂格勒热切地加入到谈话中。詹金森是这天上午从纽霍夫开车到这里之后，瞄了一眼工厂的主要指标就直奔车间了，看起来斯蒂格勒执意向总裁展示他们所做的成果。

"它能运行我很欣慰，"詹金森缓慢地说，"不过它的必要性呢。"

"当然……"

"等一下，奥利弗，"沃德插话，"我们确实还没有检查过。我们只知道换了螺杆的注塑机生产的不良品减少了，但是并没有按 PDCA 的要求完成检查。"

斯蒂格勒把剩下的话咽到肚子里，对他们的工厂总经理再次感到失望。"安迪，看在上帝的份上，拿出点魄力来吧，"他想说出口，"别每次老板一发话，就装的跟只乖乖狗似的。如果我们不争取，他真的会关掉工厂。"他不能理解沃德竟然没有认识到他们陷入了怎样的危急境地，需要不惜一切代价拯救工厂。他担心大家会为沃德的没经验埋单。

"现在没时间犹豫。"詹金森说，摘掉眼镜，揉搓着眼睛。沃德想，他一定是还没倒过来时差。当沃德跟阿克曼谈论什么时候能见到总裁的时候，这位纽霍夫的持续改善专员兴高采烈地告诉他，詹金森的为期两天的参观像每次一样令人疲惫不堪。按他所说，贝克梅耶遵从詹金森信中要求的去做了——但是没有更多发挥——完全是不感兴趣。詹金森不断地施压，但是贝克梅耶仅仅做到不违背指令。结果，詹金森对工厂的查看就成为无休止的活动了，这使得阿克曼已经把它比作心理障碍。"不过，至少我有较多的自由来做事了。"沃德的这位朋友如是说。

"谁熟悉这个事？"詹金森问道。

在短暂的讨论之后，他们穿过注塑机大厅，来到维修部。谢天谢地，场面令人难忘啊。维修经理穆勒是个难对付的人，不过这次他配合得不错。过去他曾经对沃德想在厂子里宣传5S（再一次地）的意图嗤之以鼻，不过他自己负责的部门倒是井然有序，整洁、标准化，而且纪律鲜明。詹金森环顾四周，频频点头，难得一见的满意。

"穆勒在哪里？"沃德询问一个正坐在电脑前面的维修部员工。

"650吨注塑机又出问题了，他去查看换模了。"

他们找到穆勒的时候，他正在检查冷却水管道的连接部位，表情与旁边的两名模具安装工一样严肃。看到穆勒的方式如此危险，他已经半个身子伸进注塑机里检查模具，但是沃德知道最好不要对此发表评论。那家伙肯定会嘲笑他的。

"安全第一，请注意，"詹金森低声说。"安全。"他用不纯正的法语重复了一遍。

穆勒抬头看看，因为被打断而有些皱着眉。

"詹金森先生吗？"他伸出手致意，把手上的机油在牛仔裤上蹭了蹭。

"注意安全！"总裁又重复了一遍。

"是的，老板。"维修经理认同道，看起来有些生气，"我一直告诫那些工人，重新启动注塑机的时候要注意检查，确认管道不要骑在拉杆上，但他们就是不听，"他说这话的时候，身旁的两个模具安装工闷闷不乐地瞪着眼。穆勒已经50岁出头了，他把头发剪成平头，补偿脱发造成的心理上的不快，蓄着山羊胡，在心烦意乱的时候就捋一捋。这家伙在机械方面是个行家，但是反过来，这也是他的缺点：倔得像头驴，一点都不懂礼貌。他挑衅地看着正在注视打开的模具的詹金森。

沃德急切地解释着，总裁想要知道在新的螺杆上的投资是否必要。他出于本能的好奇，想看看穆勒对此做何反应。这位不苟言笑的技术专家没有立刻做出反应，但是他在思考这个问题，同时用手腕搓着下巴。与穆勒一起工作就像加热牛奶，你刚一转身，他就烧开了。

"完全可靠……"斯蒂格勒开口了，此话让设备维修经理扬了扬眉毛。

"确切地说，对于19号机是这样的，"穆勒打断说，"那些技术白痴在生产聚碳酸酯产品的注塑机上装了通用的螺杆。我告诉他们多少次了，这样行不通。转接的地方太短了，而压缩比例太高，它会蹭掉材料，在转换区因为摩擦导致额外的热量。而这额外的热量导致了我们 10% 的不良品率。我们现有的螺杆是为了聚碳酸酯产品设计的专用螺杆，这使得我们的不良品率降到 2% 以下，因此投资是非常明智的。自从开始生产，我就一直这么说的。"

沃德尽最大努力翻译着，詹金森专心地听着。

"而对于另外一台设备，"穆勒大声地说出了自己的想法，撇着嘴，"我不得不说，我并不很确定。不良品率降了一些，但是没有达到期望。我十分肯定，所有的故障都来自螺杆，因为看起来用得已经坏了，每一副模具都会产生一些不良品。换螺杆虽然解决了一些问题，仍有一副模具会带来大量的不良品。我正竭尽全力找出原因，但现在还是有很多飞边。"

"你们检查过传热板的垂直度吗？"沃德翻译完之后，詹金森问道。

穆勒反应了一会儿才明白过来，当沃德翻译的时候，他盯着总裁，然后露齿而笑。"我应该检查的，我怎么没想到呢？"他显然认可了詹金森的说法，有些恍然大悟的感觉。此时，斯蒂格勒则憋住一口长气。

"问题是，"詹金森坚持，"为什么把钱投在毫无意义的第二台注塑机的螺杆上呢？我接受你们在第一台设备上的投资，但是第二台呢？"

沃德的翻译触发了生产经理与维修经理之间激烈的辩论。最终，穆勒傲慢地耸耸肩，闭嘴不谈了。詹金森讨厌这种枝节事故，挑着眉毛瞪着沃德。

"你是对的，"沃德承认道，"我们无法给出一个确切的说法，即使它起作用，但也可能没有根治。"

"对。在没有把问题查个水落石出之前就花钱，是不负责任。这些钱你们明明可以用在其他更能产生效益的地方，同意吗？"

"计划 - 执行 - 检查 - 处置，"沃德认同道，"我们计划和执行都还好，但是我们总是在检查上不及格。真是让我极其不爽！"

"罗马不是一天建成的，"詹金森耐心地搭着话，"明确一下，你们本应该在作计划的时候就计划好如何检查。犯错误没关系，只要有所收获。只是，在这件事上，付出的代价有些高昂，"他微笑着说，使评论不带讽刺意味，"请替我感谢穆勒先生，祝贺他的维修部搞得这么井然有序，我几乎没见过更好的了。现在我们应该建议他采用更多的可视化管理！"

"没问题！"当沃德翻译完，维修经理用英语回答道，木然地接收表扬，简单地点点头，问了是否还需要他，就急匆匆离开了。斯蒂格勒盯着离去的身影，但还是保持着出奇的安静。他从来就不是个外向的人，有种把自己装成雕像的本领，把愤怒压抑在心中，留待日后慢慢消化。

让沃德没想到的是，生产经理突然说他要去接一个供应商的电话。沃德怀疑这仅是编造了一个离开的理由。詹金森看着他，不发表任何评论，尽管如此，沃德还是感觉他在这次测试中失败了。这些人都见鬼了？有一个支持生产制造的总裁就已经太不寻常了，更别提懂得那么多。他可以把穆勒的默然离去归结于自己不精的英语翻译，但是斯蒂格勒的消极态度，太让人沮丧了。

"我猜我有必要更多了解关于这些注塑机的知识，"他不自然地承认道，"我没有考虑到检查传热板的垂直度。"沃德过去一直认为，作为经理，他不必知道那么多的技术细节。他现在逐渐被说服了，如此这般是行不通的。并不是这个学科令他生畏——毕竟他是工程专业毕业的。只是由于忙着其他的一些事……

"也有可能那不是真的原因，"詹金森耸耸肩，"我那么建议，只是想让他们去思考。我有大量工程方面的经验，经常出现这种问题。关于聚碳酸酯的假设不无道理。"

"那么，"詹金森环顾注塑车间，说道，"现在工厂状况如何？"

"缓慢进步中，"沃德愁眉苦脸地回答道，"我不知道你是否能看出来，不过我们已经在大厅入口处挂起两个大板：一个报告最近一次安全事故的日期和无事故的持续天数，另一个是'蒙羞墙'。"

"蒙羞墙？"

"是的，什么导致了客户抱怨，我们打算如何做，时间节点等。按照现场观察的要求，我每天在车间现场做一个简要的总结，通过这个大板，主要关注客户抱怨。我们的PPM和抱怨都在持续下降，如果接下来的几天不出差错的话，11月将是我们目前最好的一个月了。现在，报废额占我们月销售额的2%以下。"

"从4%降下来的，干得不错，但是……"

"是啊，我承认还是有些高。更糟糕的是，现在还不稳定！老实说，我差点要被这一切搞崩溃了。我听从艾米的教导，每天早上听完质量经理的简报之后，其余的时间都跟现场主管待在一起。参观过白塔尼后，我们现在也将装配流程组织成小的生产单元了。我不知道这是否是明智之举，我已着手为工人分组，即使那些只需要一步加工就发货给客户的操作也不例外。"

"建立稳定的工作团队，这是对的。产品流经各个生产工位，有诸多因素影响，很多情况下并不那么简单，如果是条很长的生产线，应将它划分为五六个人一组的几个区域。相反地，如果使用的是大型自动设备，划分小组就有些不那么自然，按照不同工作区域的方式管理则是明智的。"

"太对了。我们会提出一个方案，在圣诞节假期中改变车间的布局。如果你有兴趣的话我可以给你。"

"啊，我更希望你不要做出如此大的动作，"詹金森回应道。"改善，改善，改善。一步到位的改进很重要，但前提是你必须非常清楚自己所做的事。以我的经验，如果没有一次一个单元的改善，直接彻底地改变车间布局，你将因为一系列的错误决策而告终，以后你会后悔的。一次改善一点，并学习收获一点，这种做法比较好。"

"噢，"沃德回过神来，"你要我们取消圣诞的布局调整计划？"

"取消。"

"那好，至少正面的消息是，这意味着我可以享受圣诞假期了！"

"在这个行业，"詹金森突然大笑起来，"没可能了。"

"我实际的问题是，我已经尽心尽力了，"沃德解释着，"我按照艾米的建议去做，每三周由持续改善专员主持的改善研讨会，目的是让生产主管更好地理解他们的工作区域的改善机会；这才有了现在每个生产主管都待在自己的生产区域前的景象。"

"那么你自己的管理团队呢？"

"嗯，还没顾得上。我需要强制执行吗？"

"你说了算。但是请考虑：谁最需要接受现场观察和改善的培训？"

"对啊，"沃德同意，一时语塞，"现在，我们已经有了红箱子检查制度，还有单元的设立。这里所有的一切，说实话让我感到压力重重。我们的产品质量有进步，生产率也有提高，但还是与我在白塔尼看到的有很大差距。拿库存来说，我们的物流经理尝试各种方法从一台注塑机提货，但是这就像泥牛入海。"

"我明白你的意思了，"沃德继续说。"我们 PDCA 的检查部分需要做得更好一些，尽管现在做了许多改善，但仍不确定结果反馈到财务指标上会是怎样的情景。或者说从检查的角度看，我不知道从哪里开始。现在你说吧，情况糟透了，你讲吧。"

"这里的技巧是，"詹金森解释道，"在 PDCA 的计划这个阶段就要提前规划好检查环节。"

"你把我搞糊涂了。"

"把你所做的每一项工作都当成科学实验。如果你想验证一个假设，你首先要知道你的预期是什么，在你开始实验之前，对不？合理地运用 PDCA 的关键教训之一就是，当你分析问题和准备实验的时候，就要为检查预先做好准备。不是执行之后检查，而是应该检查之后执行。学习与成果同样重要。因此当你计划的时候，就为检查做好计划。"

"现场观察，"詹金森用他演讲时的语调说，"不仅仅是有价值的工作，还是一门管理技术。有些人，比如白塔尼的马克·纳威乐，他们的全部工作时间都花在这上面，极少考虑别的事情了。"

"马克似乎确实不管别的了！"

"他已经实现了小组管理的最佳状态，记住这一点。目前为止，他的工厂效益最好，尽管那里的产品价格不高。现场观察就是他管理工厂的方式，而且不可能再有别的方法。事实上，如果被强迫用别的方式的话，他会辞职的。现场观察是精益管理的入门课，就好比在拉斯维加斯他们说的'明赌'那样。如果不能掌握它的话，你就无法进入游戏，练好这门功夫吧。每天不去实践现场观察的话，你只能停留在表面，不会有结果的。"

"我不得不承认这太困难了。即使我做到了现场，却被观察打败了。"沃德说出心声，心里想，到现场已经很不容易做到了：总有一些事情分散他的精力。数不清的会议，纽霍夫几乎每天都有新的报告，供应商的拖欠，员工之间的矛盾等着化解，没完没了的电话和邮件。每天，沃德都下决心要像马克一样在车间现场待上几个小时，但总是不知不觉中发现时光飞逝，他还没去现场一天就快过完了。

"现场观察是一门管理技术，"菲尔解释道，"这门技术分为四个部分。

第一，对假设进行验证，培养判断能力。现场观察是搞清楚我们的想法正确或是错误的唯一途径。在第二台注塑机的螺杆问题上的投资就是现场观察的反例：你们没有足够的判断能力得知是否值得做，或者是否应该在投资之前做更多的分析。

　　第二，在就解决方案展开争论之前，让人们对问题本身达成共识。我在企业界所见到的大多数冲突中，经理们对于解决方案的辩论，都是因为他们对问题到底是什么都没有共同的认识。结果，强加的解决方案令大家都不满意，即使胜出方也不开心，而其他人更会抵制解决方案的实施。如果他们对问题的看法都不一致，那么他们又怎么会认同一个解决方案呢？

　　第三，在实施过程中定期进行检查，从而实现以期望的速度达成预期的目标，一旦发现困难就及时提供帮助。这样一来，我们就能将高层次的目标和车间现场的具体实施联系起来，找出真正的困难所在。同时也能培养更好的判断能力来决定在哪里、怎样投入资源。

　　第四，通过让员工参与进来，赋予他们更多的权力。如何让操作人员参与进来？与他们分享公司目标，立即解决让他们烦恼的问题。中层管理者的参与程度，可以通过可视化管理的好坏来判断。身处组织架构中的人经常因为缺乏一个授权或者一点点推动力，而困难重重，这对高层管理者来说轻而易举。现场观察其实是思考这样一个问题，'我如何改进这个工位，或者我如何提升现在的水平？'"

　　'看吧，你一直在强调，期望佛顿的生产率达到白塔尼的水平是不公平的，因为你们的环境不同，对吗？"

　　"啊，嗯，我想是的。"沃德咕哝着。

　　"那么去实践现场观察吧，让我们验证一下。"

　　"怎么做？"

　　"我们去生产你在白塔尼所见的相同产品的生产线现场，好吗？"

　　这正是沃德和弗兰克着手改进的第一个生产单元，尝试着按照沃德在美国参观见到的那样，重新安排单元的布局，但是却招来无数争论，基本上因为，传统的阿奈斯特方式会要求装配操作尽可能地服从注塑机工序的流动。而沃德却偏离了这一传统，他将装配与注塑环节分离，因此，注塑工人在每个循环中的大部分时间都处于等待，这导致斯蒂格勒的抱怨，认为他们在破坏效率。沃德意识到还有一些关键点没有解决，他下一步的计划是将注塑的工人分成小组，每组配备像白塔尼那样的传送装置，但是他还没有机会展开第二步。同时，所有的装配工序被集中在同一个生产单元，5名工人在里面。沃德等不及建小火车了，因此，作为代替，他每组安排了一个第六人专门负责从旁边零时准备的超市，为生产单元做装卸物料的工作。他知道这样做违背了成品在制造点储存的基本原则，但原则上不持有超过一小时的零件库存。他期望詹金森会跟他说到这一点，但在总裁到来之前的有限的几周时间里，他想不出别的方法改进单元了。

"那么，你应该观察什么？"詹金森问道，他们站在那里注视着5名工人正忙着从设备那里拿进拿出物料。沃德以为这家伙至少也应该表扬一下生产单元的创立吧，沃德郁闷地想，但是没有，一句话都没有。哪怕是"干得不错！"这样的话，看起来他的词典里没有这个词。

"存在七大浪费吗？"

"对的。我倾向于首先寻找：

——脚的动作。

——手的动作。

——眼睛的动作。"

"说是七大浪费也不错。这里明显的问题是什么？"

"我们三个方面都有问题，"沃德说，"脚的动作：他们在工作区域里移动距离过大；手的动作：他们为了拿取工件要伸出很远；眼睛的动作：产品都摆在机器的四周，因此他们不得不四处找。"

工人之间的距离很远，尽管沃德成功地要求他们站立工作，为的是他们能轻易地在车间里移动，但是每道工序之间都放了小桌，他们可以先把积攒的产品放在小桌上，而不是以单件流的方式直接传给下一个工位。事实上，沃德原本的出发点是想让机器更密集，就像他在白塔尼看到的那样，但是工人反对，他们捍卫自己的"空间"，声称需要喘息的空间，即使会增加每个循环里的移动距离。

"没有单件流，"詹金森说，指着那些在制品库存，"没有实现单件流就很难评价工序之间是否较为平衡。仔细看啊。"

"不好意思，等我一下。"沃德说，一边走上前，用法语向工人们介绍詹金森，以及他们只是来看看新改过的单元布局，要求工人们不用表现得比以往高效，只要按照平常的节奏就好了。工人们斜眼瞟了一眼这位魁梧的男人，听话地回到工作岗位上了。

"你有没有注意到左边第三个工人比其他人快得多？"

沃德注意到了。事实上他之前就发现了。那位工人的名字叫蒂里·费南德，是个临时工。他在建立这个生产单元的时候就表现得非常积极，当时沃德曾考虑给他一个全职工作，但是人事经理德隆立即阻止了他的这个念头，指出这个年轻人有些社会问题。确实，今天他的一个眼圈是黑的，好像是被打过的痕迹。

"他是临时工，"沃德咳嗽一声，"不错的工人，不过，咳，我们感觉他的个人生活有点糟糕。"

"他能准时来工作吗？有没有最后一分钟缺勤的情况？"

"自从和我们在一起，就没有缺勤过了，"沃德答，回想起同样的对话他与德隆之间也进行过。

"好！"总裁兴高采烈地说，"我们开始现场观察吧。让我们试试看。你能让他们停下来一会儿，把我介绍给那位先生吗？"

"啊，久仰大名，"年轻人说，一边犹豫地与詹金森握手。他看起来不过是一个高个的男孩，黑色的眼睛，留着小平头。

"所有这些工位上的工作，你都被培训过吗？"詹金森通过沃德问道。

年轻人不自信地点点头，不知道他想要什么样的答案。

"看了几个循环之后，我想请你独自加工这个部件，完成整个工序。我来给你计时，可以吗？"

"愿意效劳。"年轻人答道，沃德开始祈祷这不会触发另一场工会危机。计时和秒表之类的问题在工厂里是高度敏感的话题，而沃德还没能说服德隆或者斯蒂格勒。但是对总裁本人，还是顺其自然吧。

"安迪，当我报出时间的时候，你能做个记录吗？"詹金森问，当他开始用他的劳力士表计时。20 个循环结束后，经过在白板上演算之后，事实证明，相比于 5 个工人分担工作的状态，蒂里·费南德比平均生产效率水平高出了 30%。透过眼角的余光，沃德注意到其他工人的反应，他们紧张地站在那儿，有的一脸茫然，有的一脸不屑。

"很好，"詹金森说，"平均工作内容是 358 秒，那么节拍时间是多少？"

"嗯，客户每天需要 450 个部件，我们开两班。那么节拍时间就是 840 除以 450，这个，112 秒？"

"那么理想的工人数目就应该是工作内容除以节拍时间，也就是 358 除以 112，3.2 左右对吗？"

"对的，而我们现在是 5 个人。"沃德咬紧牙关。

"而你却不认为这个单元 4 人即可，"詹金森笑吟吟地提醒着，"这诠释了我们到这儿来验证的目的。那么我现在想请这个小组 4 个人工作，除去费南德，严格地按照单件流的规则生产。你能帮我向他们解释一下吗？"

沃德来到小组之中，明白地告诉大家那位穿着宽松的伐木工人 T 恤的男人实际上是公司的总裁，暗中祈祷这帮家伙不会把这个当作提要求和发动罢工的好机会——按照詹金森的计划，毋庸置疑，那将会加速工厂的倒闭。沃德的语气尽量掩饰着内心的担忧，他解释说，老板想用 4 个人运作一个单元，问他们是否愿意。然后他小心翼翼地要求他们必须按照单件流生产，也就是必须直接从工友手中接部件，一次一个，如果下一工序的工人没有准备好的话，他们都要停下来等待。

"现在，费南德先生，"詹金森愉快地劝说着，完全不顾他所制造的紧张气氛，便急着让沃德翻译，"我想请你还留在这个单元，但是你本身不属于任何一个工序，你负责帮助遇到困难的工友。我们来运转几圈，然后讨论一下感受。你可以告诉我任何错误的地方，或者不妥之处。"

费南德看起来十分困惑，但还是像上次一样点点头，说他会尽力的。

"开始吧！"詹金森喊道，目不转睛。

开始就很混乱。詹金森时不时就叫停，通过沃德的翻译与费南德探讨他发现什么错误了，然后请沃德再翻译给生产单元里的其他工人。沃德来回地翻译，深深感到这位小伙子的看法其实是非常有深度的。其他的工人对采用费南德提出的建议不太满意，把矛头指向他的大老板靠山，但是他们还是相当服从地进行了工作。随着时间的流逝，沃德担心他将不得不解决一个社会矛盾。不过最后，他释然了，这是詹金森的公司，不是他的。

更让沃德吃惊的是，詹金森待在这儿两个小时，只是为了解决四名工人合理配合的问题。而与此同时，沃德召来了生产经理和维修经理。穆勒此刻心情激动，当他们讨论改善的时候，他已经与发生故障的设备耗了不少时间了。他基本上都是通过比划，直接与詹金森交流。而另一方面，斯蒂格勒还是闷闷不乐，也许是感觉到詹金森离开之后，他还要继续面对这烂摊子，就像沃德一样。

人们很难直接对詹金森产生厌恶，相反却很容易讨厌穆勒，因为他那种冷酷的脾气。看着他们俩以手势的方式争论并同时修理着设备，是一件非常有意思的事情。沃德和他的生产经理站在边上，当旁观者的角色。他还没见过他的老板发脾气，不管怎样都是绝对的礼貌。他的从容不迫让人镇定。让你对这个男人感到恐慌的，是他不按常理出牌的管理方式。此刻，再次证明，他的观点不是通过说而是通过做让你接受。沃德不是笨蛋，他学到了这一点。但是他面对许多不可控的因素：工人、工厂和他自己。以他本身安静的作风，詹金森是沃德参加工作以来面对的最厉害的霸主。他感觉自己在被推着往前一点一点地走向深渊，一旦失足就万劫不复了。感觉就像被彬彬有礼的人牵着朝一座独木桥走去，而那人背后藏着枪。沃德不愿意承认他害怕自己的老板，并不是因为他的脾气不好，或者其他什么原因，而是因为他总是在你准备好之前就强迫你变得更快以追上他的步伐。从把模具转移到波兰，到现在的车间现场小实验。他们已经操纵了我的意志！

记住要在装配车间强制实施单件流，找出流程中的变异因素，沃德提醒自己，这样才能看到生产率的真实潜力。如果运用到全厂，我就能看到生产率到底有多大变化。

"感谢大家，你们的团队表现非常出色！"最后詹金森热情地鼓动着大家，对着装配工们夸张地笑着，那些人也乐呵呵地回应着，两边人都不出声，场面很有趣。他们知道这样肯定会提高生产率，不过沃德怀疑，他们可能没意识到在他们的工作生涯中，应该不会再有与总裁一起工作的机会了。上帝知道他们最终会搞成什么样，不过当费南德回到小组的时候，他们生产部件的速度确实快了不少，而沃德也对此次试验中的收获做好了详尽的记录。

"然后呢？"当他们离开这个单元的时候，詹金森问。

"这个改进是可持续的吗？"生产经理尖酸地问道。

"这个，"总裁回应，突然转向生产经理，用一种过分关心的口吻说，"这其实是你应该做的工作。今天的唯一论题就是它是否可行，我相信我们已经证明它可行了，你不这么认为吗？"

"你已经证明了，"沃德深思熟虑之后同意道，"但我们还需要时间好好考虑一下怎么向工人解释整个这件事。"

"当然，"詹金森相当轻松地同意了，"但是，再次提醒，那不就是我付钱请你们的原因吗？"他无情地补充道，"看吧，最简单的方法就是把那个男孩调出来，安排到别的生产单元去工作。他在新单元里可能更快呢，你要从他那里学习。"

"然后确保其他工人能跟上他的节奏。"斯蒂格勒补充着，看起来依旧闷闷不乐。

"这与他们无关，"沃德激动地纠正道，"那是管理层的事。你没看到因为布局上的失误，导致流水线上大量的变异吗？检测机器的错误信息，缺失的零件，距离，没有关闭的焊机。醒醒吧，老兄，这是我们的职责。"

"一次解决一个问题，"当生产经理开始对着沃德吐法语的时候，詹金森扬了扬手说，"安迪，我们继续讨论现场观察。现场观察的第一个要点并不是消极被动的——你亲自去现场搞清楚真相对错。这就是提出假设，然后一试再试。

"理解丰田以及其他一些精益公司最困难的一点，就是他们的运营就像一系列可控的实验。无论做什么事，都通过实践来检验假设。非常严格的运营方式创造出了多种可能的灵活性。为此，公司教给工人 PDCA 这种科学的手段，并且激励员工广泛地进行实践。"

"现场观察就是要与工人一起工作，一起尝试解决问题。如果你觉得这样很傻，那太糟糕了。你要克服这些，这是不断地参与并扩展知识。现在我们就比早上了解了更多关于生产那个零件的知识了。这也是马克每天做的——相信我。他知道的制造知识比我们仨加起来都多。他创造了奇迹，因为他不仅自己明白怎么做，还教会他的员工怎么做。我的观点是，知识是科学的，它也是经验积累的，在实际操作中诞生，来自于真正的工人和产品。如果日复一日地这样做，也就能培养你更好的判断能力，在做决定之前去实地考察。还有什么比参与更好呢？记住：如果你不是一天洗三次手的话，你永远也不会成为一名真正的工程师！"

"关键是要倾听真正在做这项工作的人的意见，特别注意他们正遇到的问题。如果你仅仅读完报告，或者听完下属的分析就做决定的话，你很有可能犯了错都不知道。"

"就好比当我只需要一台的时候却投资了两台注塑机的螺杆？"

"正是。我并不是说抽象的分析不重要。但是事实更有助于理解你的分析是否正确。现场观察就是通过第一手的实践经验来做决策。"

"现场观察的第二个方面是对我们面临的问题达成共识，"当他们穿行在注塑机车间，詹金森继续说，"举个例子，这里的主要问题是什么？"

"生产率。"沃德立即回答，回想起白塔尼的系统奇迹般地提高了注塑机的生产率。

"维护问题，"斯蒂格勒不同意，"我总是要修理那些旧机器，好让它们重新工作。它们都快散架了,多少年都没在这上面投入资金了,好多注塑机早就该换了。"

"但是,相信我现在不会在这上面投钱。"总裁语气还算友好地说。

"个人认为,质量还是你们的首要问题,"他继续说道,"你们的红箱子里基本的问题泛滥,比如产品上的飞边,还有缺料现象。质量问题和换模过慢的问题,导致了大的生产批量以及大量的库存。在你们有效地控制了质量之前,我们不宜增加换模的次数,因为,如果不解决质量问题的话,只会导致越来越多的不良品。"

"三个人,三个观点。"沃德发现。

"我们需要的,"生产经理斯蒂格勒插话,"是监控软件,这样我们才能实时监控每台注塑机的工作。"

"那么我们讨论一下吧,"詹金森咯咯地笑,"我们已经说过在解决问题之前,先对问题所在达成共识。我相信你们已经用光了今年所有非预算投资了,是不是?"

沃德真想踢斯蒂格勒一脚,怎么到现在还不开窍。他本想提醒斯蒂格勒,直到我们交出能看得见的成果,工厂不会收到一毛钱的。他痛苦地想:斯蒂格勒天真地相信他需要新的软件、设备、小机件,以及投资,就能使工厂运作起来。但是他忽略了,他每次要钱都降低了詹金森对自己的信任度。一方面,沃德并不责怪他的生产经理太直接,只希望他更讲政治一些;另一方面,斯蒂格勒依旧拒绝认同詹金森的观点。

"如果你认为我会给你们投资哪怕一毛钱的话,"总裁补充道,仿佛看穿了沃德的心思,"想想目前富余的生产能力吧,你做梦!"

"那么我们怎么才能在问题上达成一致呢?"

"我们去现场观察。"

他们缓慢地穿过车间。詹金森在每台注塑机前面都要停下来与工人握手,检查红箱,察看不良品,围着机器走一圈,俯下身看机器的漏油,指向缠绕着的管道和纠结的控制线。按照这种做法,沃德以全新的眼光看待他的注塑机。它们确实已经是污秽肮脏,非常陈旧,没人关注。诚然,它们中的大部分还在运转,但它们看起来却是地狱般灰暗。油漆已经快掉光了。斯蒂格勒是对的,沃德心里总结。不花钱的话,不可能修理好这些注塑机。尽管如此,我们还是永远都不会拿到钱干这些活。

詹金森看着一个机械手从模具中拾起一个部件，然后，就像之前艾米做的一样，把他的手放在卸载到传送带上的部件上，检查它从注塑机出来的温度，来估算生产一模产品所需的周期时间是否过长，典型地，越冷，他们待在注塑机里的时间越长。

"从我们看到现场，你能得出什么结论呢？"

"除了注塑机看起来太糟了？"沃德问。

"它们确实很糟。"詹金森同意道。

"但是你一直精简维修人员！"斯蒂格勒喊道，情绪激动地挥舞着手臂。

"闭嘴！好好听！好好学！"沃德终于骂了他，他吓晕了。由于被责骂震住了，斯蒂格勒脸色惨白，揉揉他滑稽的镜片后面的眼睛，然后恼怒地竖起眉毛。沃德为自己突然发怒感到内疚，不过听到生产经理抱怨出了他自己的心声，他仿佛也发泄了一把。

詹金森就像没有听到任何声音一样，继续说道："回想一下我们所要学的基本事项。流程和……"

"结果。是的，我记得。通过控制流程达到满意的结果。"

"好，对于这些注塑机，我们敢说这些流程是在受控状态吗？"

"从细节上来讲还不能，"沃德回答，试着稳定情绪。"当然不能跟白塔尼比。虽然它们在运转，但是仅靠眼睛无法判断哪些是受控的，哪些不是。"

"那么结果怎么样呢？"

沃德想了想说："我们评估了这些注塑机的正常运转率。但我知道你会说，'在电脑里。'"

詹金森咧嘴笑了："因此，我们不能看着注塑机就得知结果，对吗？"

"对的。"

"这就是说，在注塑机旁边工作的人也看不到运作情况如何喽？"

"是的，是的，你说的没错。"

"那好，我们无法在主要问题上达成一致，因为没有足够好的可视化管理。可视化管理让我们可以一起看，然后一起了解问题，一起解决——无论工人还是总裁。"

"那么我现在要做什么呢？"

"首先，我们要追踪注塑机的生产绩效。我们可以像这样画一张生产表格。"

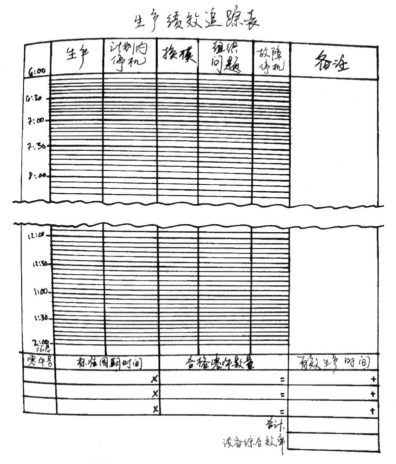

"这样一来，工人可以每五分钟跟踪一次注塑机的生产状况，并对生产做出分析。重点是让工人们注意每一个生产后面真正的细节。然后，就可以开始有区别地处理每台设备的问题，所损失的工作时间，是否是由于不良品、换模、故障、缺少生产任务及计划维修等方面的原因。这么做了以后，我们可以每周为每台注塑机画出帕累托图，找出最浪费的地方。如此，当我们再到现场观察的时候，就可以讨论实质的问题。"

"另一方面，我们可以看出注塑机的所有关键指标是否都在受控状态了。"沃德附和着。

"完全正确。我们要将流程和成果都进行可视化管理，以便问题分类，然后集中精力，攻破最亟待解决的问题。这点大家同意吧？"

"当然同意，你是老板嘛。"生产经理不情愿地说。

这家伙到底见了什么鬼？你不应该对总裁这样说话。沃德尽力控制内心的愤怒，想不通为什么斯蒂格勒变得如此古怪。此人过去是优秀而可靠的员工，并不是最难伺候的那种。他这次是怎么了？这可不是简单地陈述观点，全然是冒犯了。

"我的确是，"詹金森皮笑肉不笑地肯定着，"我可以强迫你服从命令，却不能强迫你同意。这是关键。我掌权，因此我的影响力比你们大。不过，我不会强制你们做一些你们认为错的事，但如果你在有问题的时候告诉我，我会感谢你。"

斯蒂格勒看起来很尴尬，识趣地什么也没说。沃德吐了一口气，看到生产经理不再跟公司的头号人物顶嘴，他放下心来。

"不管怎么说，我已经解释了现场观察的第二个方面，就是对核心问题达成共识。正如你指出的，"他加重语气，轮番地看着沃德和斯蒂格勒，"这里不讲民主，总经理说的永远是正确的。不过，你必须换个角度看待这个问题。如果总经理不得不强制执行的话，就意味着他在协调上的失败；这也是管理上的失败。"

"那么让执行变得困难的是，"沃德总结道，"员工们还没有认可改变的必要性，没错。"

"安迪，你懂了。每次我命令别人做一些事情的话，我同时也就损失了他们对流程的智慧。这是需要技巧的，因为学习的唯一途径就是实践，所以我不得不把大家推入水里，看看他们到底是沉下去了，还是学会了游泳。这就是人生！"

沃德望着注塑车间，豁然开朗了。此刻，他看到了人，而不仅仅是机器。他看到工人在各自的工位上，生产主管急匆匆地找着什么，叉车司机费力地吊起角落里的箱子，技术工人正在讨论一套新的设备。他看到了这一切。然后他想起了詹金森要求他负责将大家凝聚起来，而不是让大家仅仅服从指令。他过去一直认为，管理是让手底下的人做事或是应用系统。现在他明白让员工们首先要认同问题出在哪里，这使得他更深一步想到：他对如何做到这一点还没有思路。

"现场观察的第三个重点，"当沃德还在为自己的不自信感到担心时，詹金森继续说，"确保工作按照正确的节奏向目标靠近。工厂的改进道路上有一些不能忽略的必要条件，比如客户交货、新产品投产、预算复审等。就像银行账单是必须要支付的一样，目标也必须要实现。这是一个基本的精益思想——必须准时。通常，经理们把能想到的项目都同时提出来，然后任其发生发展，由于我们没有仔细地筛选项目，我们使劲把它们都塞进一个管子。于是，最终，只有极少数成功了，剩下的都被挤到外面去了。"

"我过去真的没有注意到这一点，"沃德不自在地笑着，"这确实是在开始红箱子项目时发现的问题，同时有太多事情要做，导致大家完全止步不前，直到后来才每两周重新进行一次任务的优先排序。"

"聪明，"詹金森认可道，"但是对于亟待解决的事情则要特殊对待，哪些最重要必须牢记在心。没有或者这个或者那个的观点。当我走进一家工厂，头脑里会有两个问题：

——今天做什么改善能增加利润率？

——为了工厂两年后的发展，现在必须做什么？"

"你们对红箱子所做的改进确实回答了第一个问题，可以概括为整体和局部的改进。但是，在关乎工厂今后持续发展的关键项目上，我们必须全力以赴。如果做不到，一切皆成历史。"

"比如说获得新产品的生产任务吗？"斯蒂格勒疑惑地问，不甘示弱地再次参与到话题中来。

"完全正确。为了获得新产品的订单，我们需要做什么？需要说服谁？做什么？"

"嗯，"沃德同意道，"这一点你已经讲得很清楚了：工厂如果能提高直接人工效率10%，减少50%的PPM，降低20%的库存，减低50%的资本性支出，就能够获得新部件的项目。我不知道如何实现那些目标，不过照你刚才所说，我们应该去现场找途径。对不对？"

"对的。事实上，通过今天早上的现场观察，我对你们现在的情况有了一些了解。如果你们继续这样努力，我相信不良品率将会在一年的时间内至少减半。生产率方面，你们已经有了一些进步，不过从正在实施的单元来看，你们还被困在黑暗之中，最好按照我们关于注塑机利用率的谈话内容去改进吧。对于资本投入，你们今年的预算已经用光了，我们现在就只能看一下库存可以进步多少了。"

"啊，物流。"

"让我们一起到现场观察吧！"

"这里没有我的事儿了，"生产经理插嘴说，"我还有许多事情要做，就陪你们到这里，没问题吧？"

"不，很有问题！"沃德回答，用不信任的目光瞪着斯蒂格勒，"没有什么事情比跟着你的总裁和工厂总经理一起更重要的了！"

斯蒂格勒看起来好似被扇了一巴掌，做了一个法国人的耸肩动作，然后跟着他们走进了物流区。沃德仍然咬紧牙关，给物流经理打了个电话，让她准备迎接，心里想着这回她又会提供怎样的迎接。

今天是意外之日。在斯蒂格勒不成熟的生气反应之后，彪悍的物流部女掌管卡罗尔·仙顿给了他们贵族般的礼遇。毫无疑问，她看起来很友善。根据沃德初步判断，为了赢得高大强健、具牛仔作风的叉车司机们的尊重，她改掉她鲁莽以及面无表情的形象。不管是否如此，效果还是有的。一旦她开始改变，就只有继续演下去了。沃德与她在艾米的视察之后进行过一次长谈，关于粗鲁地对待公司管理人员或者他们的顾问，都不是明智之举，看起来她听进去了。

在这几个人喝完咖啡后，她领着他们来到库房的尽头，那里她在地板上画着黄色的标志线。不知道是否有意为之，当他们穿过一排排直奔天花板的货架和一堆一堆的容器的时候，她没有理睬詹金森的摇头。当沃德估算着他们所拥有的存货数目的时候，鲍勃·伍兹那句著名的俏皮话出现在他的脑海中，"我能看到你的仓库，不过你的工厂在哪儿？"

"这里，"她解释道，"我们考虑了顾问的意见，尽力改进。这种零件不需要经过装配，从注塑机下来直接就可以送给客户。"

"每天几辆卡车？"

"量大的时候每天两辆卡车，会运输全部两种型号的产品：左侧型号和右侧型号。不同于通常把从生产区运来的成品按照电脑仓库管理系统分配的空间存放，我要求叉车司机把产品容器运来，直接就放在这里。"

"你们在这儿给卡车装车？"

"是的。"她运用英语的能力让沃德很是吃惊，他平时都是跟她用法语交流，所以对她如此流利的英语口语感到震惊，尽管她的口音有点硬，还用了一些古板的短语，不过她的观点还是阐述得相当清晰。

"进展如何？"

"首先，很明显不可能。我们过去的情况是，先生产一种产品两天，然后生产另一种产品再花两天多。于是仓库拥挤不堪，每个人都在抱怨。"

"然后呢？你学到了什么？"

"这样很不好，"她说，一边将一缕黑发轻拂到脑后，动作很妩媚，甚至有点卖弄风情了，"尽管有大量的库存，还是会经常延误交期。不可思议！"

她用手比划着，假装库存就在手中。

"我生产右侧的型号需要两天，"她一边解释，一边举起右手，"但同时，我派卡车把左侧的型号送走了，"把她的左手放下。"因此，当右侧的型号生产结束的时候，我右侧型号太多了，但左侧型号却几乎没货了。于是换模，开始生产左侧的型号，"两手相向而动。"相同的事情发生了，当左侧型号生产好，我的右侧型号又缺货了。"

"是这么回事儿，"詹金森心领神会地笑着说，"那么然后呢？"

"这样很愚蠢。如果有什么类似于换模延误之类的发生，即使保持平均三天的库存量，也依旧有可能延误交期。于是，我开始思考，我要求生产区的工人每天都生产两种产品。开始他们不想这么做，但是我没有气馁。然而他们依旧不愿意，于是我去找沃德先生，他说，'按她说的办。'"

她用手快速地比划着，演示批量变小。

"现在，我们库存量变小了，准时发货的可靠性却更高了，因为我建立起一个更大的安全体系，库存全放在这里，就这么些。"

"不错，"詹金森鼓励着。"你下一步的计划是什么？"

"每次轮班换一次模——然后按客户的需求运送。但是生产部不愿意，他们现在想恢复一周一次的换模——他们说，换模太频繁了。"

"一派胡言，"生产经理用法语插话，"现在这一种产品的换模频率多……好了，我不知道！"

"注塑机的生产能力有问题吗？"

"不，没有。这是600吨的机器，而它所生产的就是这两种型号的产品。我不明白，为什么工程部不能像通常一样，设计一种一出二的模具呢？"

"那么对卡罗尔想要的有疑问吗？"

"这将是一个大噩梦！"斯蒂格勒继续说，他的愤怒激增。"模具安装工们要不停地在这台注塑机上换模，而与此同时，另一些换模操作就没人完成了。我没有足够的模具安装工来玩这种游戏。"

"让我想想，"詹金森打断说，"生产能力不足？模具安装工人手不够？还是每次换模之后的调机废品太多？”

“模具安装工的问题！”沃德确认。

“SMED，”詹金森命令生产经理，“快速换模，减少你的换模时间，动手吧，按她说的办。”

“好吧。”斯蒂格勒回答，再次冷静下来，可是沃德还是注意到他那令人印象深刻的耸肩。你可以从中读出些什么：让你折腾生产部，我们走着瞧。

“干得不错，卡罗尔，”詹金森面向仙顿说，而她也笑脸回应——仙顿会微笑？“你下一步打算做什么？”

“这么做对么？”

“完全正确。你什么时候开始在下一个产品上实施：专用的存储场地，每天生产？”

“我还不太确定，”她看看沃德，有些迟疑地回答，“我们还在试验，这对生产部来说是挺困难的。”

“你们是什么时候开始做这个的？”

“在顾问来过之后吧？大概是 9 月份？”

“你们有多少种注塑件？”

“大概 300 种常规的品种，”沃德回答。“是啊，其中 20 个品种占了全部量的 50%。我们在艾米走后检查过。”

“我得跟她谈谈，不能坏了我的好事，”詹金森咧嘴笑笑，显示少有的幽默感，“她想要抛弃我的冲压流水线啊。我敢打赌，5%~10% 的品种，占了你们现在总生产量的一半。那么，20 个品种……每个品种实施花两个月的时间，这意味着，对于全部那些高周转率的产品来说，我要等 40 个月才能建立一个能运转的拉动生产系统？绝对不可以接受。这家工厂的命运在那之前就得决定下来。你最多还有 6 个月时间。”

“一个月推进三个品种？”物流经理立刻领会了要义，惊恐地问。

“你们已经展示给我，你们知道怎么做——那么现在的问题就是你们是否愿意做了，没别的了。”

“不可能实现！”生产经理喊道。

“有可能，”詹金森掰着指头说，“世上存在不可能的事。但我告诉你，这不是不可能的事情，因为以前已经成功过。”

“别告诉我在白塔尼？”

"是的，还有别的地方。因此，各位，做好你们的本职工作。我希望这里尽快实现拉动式生产。我还希望成品储存量减少。大展身手吧。"

沃德看看仙顿，又看看斯蒂格勒。她假笑得很不真实，而另一位则面如土色，低声自言自语着。她很聪明，知道为每种产品实际规划库位时会遇到问题，但与车间里每台注塑机每天（或者更频繁）一次的换模相比，都是小巫见大巫。

"这就是现场观察的第三个方面。我们现在有了目标，你们必须定时检查，看我们的每一步是否都按时达到目标。明白吗？"

沃德默然地点点头。

"管理者的职责就是查看员工们是否付出了最大的努力，然后一旦他们有困难立即提供帮助。确实，有时候计划雄心太大，有时候我们要挤进相当窄的门。这就需要总经理的介入，用强力把门打开。去现场观察吧。"

"现场观察的第四个方面是通过让员工参与进来，赋予他们更大的权力。"詹金森说，"管理层与员工的关系在某种程度上是不对等的：作为经理，每天都有人向你汇报，这些员工你有印象，但是相比之下，从员工的角度出发，他们很少有机会见到你。结果，当他们真的见到你的时候，这个时刻对他们来说很重要。而这种时候，你也很有可能犯错，甚至不经意地以一种让人恼怒或者伤人心的方式触犯了他们。比如，叫错了工人的名字，或者不恰当地起外号，事实证明这很有趣，而且没什么恶意，但仍然会让人受伤。"

"现场观察是通过让员工明白公司的整体目标，让大家参与。有一个关于路旁石匠的故事，他心里在想的事情，或者是切开石头，或者是用石头砌墙，或者是盖一座大教堂。尽管在做同样的工作，但是参与度却大大不同。在工厂目前的阶段还很难讨论这个话题，因为可视化管理还不健全，以至于无法与工人深入探讨他们的工作。"

"你什么意思？不就像我们在装配车间谈过的那样吗？"

"某种程度是，"詹金森回答，推了推他的眼镜，"不过我不得不像刚才那样，面对一些具体的场合。我只是在提出一个观点。与工人之间的不对称交流，既要有教育意义，又不能让他们陷入困难，这就需要标准化工作。"

"那该怎样？"沃德问道，彻底思路混乱了。

"嗯，大野耐一在他的车间做的第一件事是在每一个工作站张贴出标准化工作顺序。你只要在工作台上拉一条绳子，挂一张纸，上面写着标准工作步骤、节拍时间、周期时间和标准在制品库存。给我你的记事本，就像这样。"

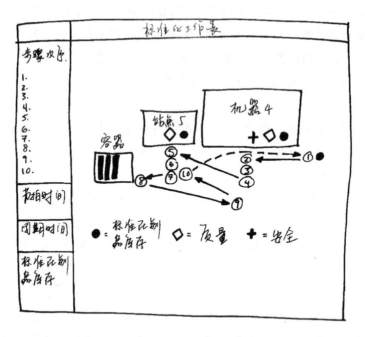

"你明白了这个想法，但必须自己去推动这件事。在丰田生产方式里面，生产主管最主要的工作就是跟工人一起完成这些标准化工作表格。重点是，这些文件是与工人探讨工作的基础，让交谈变得简单。我可以问工人，为什么她不遵循标准化工作，然后她可以告诉我她缺少容器，因此她不得不绕过工作台去取。这创造了彼此交流的好机会：我来解决缺少容器的问题，工人承诺按照标准操作。之后再发现新的问题，再解决。"

詹金森看看沃德、斯蒂格勒，还有仙顿，发现他们的目光呆滞。已经讲了太长时间了，他们有太多需要消化的内容。他开始犹豫自己还应该跟他们讲多少。

"我们先不谈这个。现场观察让高级管理人员有机会与一线的生产工人建立直接的联系。这件事对于管理者的重要性就像政客在竞选期间与民众握手、亲吻小孩那样。要想让人们信任你，必须先让人们认识你。让人们知道你对他们的工作感兴趣。因此你必须现场观察，而不是仅仅看看他们使用的机器，或者他们生产的产品。"

"现场观察的基础是当你在车间现场的时候，每次解决一个工人的问题。我们总是要求这些人做各种各样的事情，而且我们越是进步了，越是要求他们不断地改进、改进、再改进，并且融为一体。我们至少应该做的事情，是立即帮他们解决一部分问题。我们当然可以问他们需要什么，不过刚开始他们也不知道说什么。为了帮他们更好地认清自己的问题，我们必须首先'擦亮窗户'，就是创造一个工作环境让问题都能暴露出来。就是与我们现在的物流部的状况恰好相反的工作环境。"

"什么……"物流经理刚一开口，詹金森此刻显然是累了，打断了她，举起手成防卫状。画面很搞笑，这位金发的巨人竟然怕了这位褐色皮肤的娇小女士。

"不要伤心，看看你周围，我并没说乱成一团。我说的是，这里无法让人知晓是否存在问题。举个例子，这些部件，"他一边说一边指着一个看起来脏兮兮的卡板箱，"已经在这里待了……"他读着标签，"六个月了，这是不是问题呢？"

"我……我不知道。"她回答，抿着嘴。

"除非你亲自检查，否则没人做，"他解释说，"这就是我的全部观点。为了融入工人当中，必须让现场观察变得轻松简单。我们必须建立让每个人都可以看到的可视化工作环境。

可视管理的建立需要回答四个关键问题：

1. 是否每个人都能看到这里现在是正常还是不正常？

2. 是否每个人都能看到自己应该采用的标准方法？

3. 是否每个人都能看到在这里工作的工人明确他们的主要问题是什么？

4. 是否每个人都能看到他正在做什么？"

"那么，"他理了理思路，继续说，"我们通过告诉大家什么是我们的目标，并且帮助他们解决生产中的细节问题来发动群众。谨记，这些'细小'的事对他们来说可能是真正的大事，因为它们可能发生在每个生产循环过程中。为了实现这些，管理者的参与必须是为了'擦亮窗户'，通过改善工作环境和实施可视化管理，来获得大家的支持。明白吗？"

"明白。"沃德迟疑地点点头。

"最后，当我们在车间现场的时候，或者在客户的现场，或者在陈列室，在供应商那儿，基本上所有工作场所，我们都要关注人。我们要经常寻找好的范例，谁做了更先进的事，谁尝试得更努力等。但我们需要培养人。这是现场观察的终极目标。我们要培养这种能力，发现我们需要培养的人，因为，他们的工作和他们的参与，是我们可持续发展的保证。"

"费南德，"沃德喃喃自语，灵光一闪。

"或者马克，或者其他人。不管我在哪，或者我在做什么，我的脑子里都在想：谁看起来有希望？谁每天早上露面？谁能解决问题？谁能想出更好的办法？如果我能使他们参与进来并培养他们，那他们就是我的希望。"

沃德觉得他的老板已经陷入自言自语了。当总裁沉默的时候，法国工厂的几个经理面面相觑，无言以对。沉默在扩展和蔓延着，他们似乎都不愿打破。最终，叉车的喇叭把他们惊醒了。

詹金森叹着气，说道，"在叉车区走来走去，我们应该穿橙色的背心。"

"那些做不到的人怎么办？"仙顿出人意料地问。

"谁做不到什么？"

"承诺，按你刚才说的做。也要他们参与进来吗？"

"培训他们，"他回答，"希望他们能进步。"

但他们愿意让你教吗？沃德想起了马克讲的故事。

⌇

沃德跟在总裁的身后走到了工厂入口处。他建议去吃午饭，但詹金森害怕错过了航班。他们就在入口处的玻璃门后站着，门外是11月底的阴雨天气。一场大雨倾盆而降，尽管已是午饭的时间，但却像黄昏般昏暗。詹金森穿着一件很长的黑色大衣，套在他平常的工作服外面显得很是昂贵考究。外面的天色由于大雨而显得阴沉，朦胧中他有些不安，看起来就像是《教父》中的人物，沃德想得有些远了，又或者像布鲁斯·韦恩——蝙蝠侠？

"很感谢您这次来，"沃德说，"您走之前真的不来点儿什么？喝杯咖啡？"

"我很好，不用了。"詹金森回答说，尽管他疲惫的笑容说明根本不是这么回事，"你去过瓦克劳工厂了吗？"

"上周我本打算去的，但他们通知我取消行程，因为他们的工厂总经理离开了公司。"

"是的，在找到合适的总经理之前，我们已经找了一个临时的经理来接任。"

"你还想继续进行这次生产转移吗？"

"当然了。"詹金森很惊讶沃德会这么想，"这需要在年底之前完成。"

"好吧。"沃德迟疑地同意了。

"还有，今天你们的生产主管们都去哪儿了？"詹金森问道，又把他拉回到了工厂。

"嗯……"

"还记得咱们在纽霍夫时说过的话吗？你不可能独自做好这些事情。你必须依靠你的手下，必须让你的生产线人员参与进来，这是关键。"

"我同意，这就是我在白塔尼所见到的。生产主管负责标准化工作，班组长每周一次重新平衡生产线。持续改善，没错，就是……"

"听着，其余的都还不错。你在学习进步，或许没有我所期待得那么快，然而你在进步。然而你不能独自做这些事情，这不可能持续下去。你需要建立一个由各个层级的人组成的金字塔，让大家都参与到改善中来。除此之外，别无他法。"

"我知道了。"沃德说，几乎要说出自己只是不知道怎么办而已。他确实不知该如何着手，那些家伙就是不愿意被牵扯进来。

詹金森看着工厂大院中的雨水越积越多，好像是在看怎样走到他的汽车前，然后鼓起勇气在这么大的雨中驾车数小时。

"安迪，"他最后说道，"我知道你已经很努力了。我也很欣赏你希望挽救工厂的热情。可能有些晚了，但不要失去希望。"

他到底在说些什么屁话！

"我不是说已经晚了，"詹金森更正道，"但现在所有事情都很急迫。所以，听好了，你在等着发生突变，但这不会有任何效果，因为方法不对。你最终会无以为继，在沙滩上的城堡还是会轰然倒塌的。首先要进行改善，让更多的人参与进来，让他们先做些小事情——红箱子、快速换模、单件流、工作站的改进。像你改变自己一样地去改变他们。这样的话，实现全面的改变就会变得容易了。你听见我说什么了吗？"

"我同意。"沃德没把握地回答说。

"过去我们总是寻求大的改变。为全球性的问题找到全球性的解决方案。但这都没有效果。我们总是犯错，因为我们没有对所处的情况有更为深刻的认识。现场观察还没有做够。所以换一种思路：注重到现场观察，让尽可能多的人参与到改善中。小步的，频繁的进步。10次10%要强过一次100%。

试一试。共同学习。快一点儿。无论发生了什么，这些学到的东西都不会浪
费。明白？"

这是想让我觉得好过些吗？沃德对自己说。

———

"你今天是怎么了？"当他把生产经理领进办公室后，沃德问。他已经尽
力和经理们一起向来访的总裁详细汇报了情况，然而对于他们大部分人的无
动于衷，沃德感到很费解。没有问题，没有建议，甚至没有一句评论。特别
是斯蒂格勒，一直是不高兴地看着手中的笔记本，丝毫没有任何眼神交流。
他们的问题在哪里？会议结束后没有一点儿动静，反而大家都在窃窃私语，
所以沃德把生产经理叫到了办公室。

"是我的错吗？"斯蒂格勒生气地说，"你知道你是怎么跟我说话的吗？"

"那你知道你是怎么跟总裁说话的吗？"

"当然了，"他说道，脸上浮现出讽刺的笑容，"所以你是站在他那边了？"

"站在他那边？"沃德发怒地说，"你不和总裁站在一边，那你站在哪一
边？你应该按他说的去做。"

"他反正是要关闭工厂。"斯蒂格勒火爆地反驳说，"你看不出来吗？你和
我一样清楚这件事。这所有的一切都是虚伪的。"

"或许是这样——但我们还是要按他的要求去做，而且是一字不落的！"

"你还没有看穿他的把戏？"生产经理诚恳地说，"他在玩弄我们！他给我
们设定不可能完成的目标，以及无法做到的事情，所以我们必然失败。到那
时他就可以关闭工厂，这全都是我们的脑袋啊！你看看他是怎样当众使你威
信扫地的。我不知道你怎么能这么软弱地让他们这么做。还没有人敢当众对
我那么说话。"

他的话令沃德无法说下去了。他突然意识到，自己并没有想象中的那么
了解斯蒂格勒。虽然已经共事四年了，他还是无法分辨斯蒂格勒究竟是真想
要弥补自己工作中的缺陷，还是只把这次改革当成一次大型的"秀"而已。

"你不能在工厂中这么做！他就像是一个愚蠢的美国佬，根本不知道这里
劳资关系的关键。"斯蒂格勒愤怒地继续说着，"直接去见工人，让咱们在自
己的车间里出丑。他一定是疯了。我们以后哪还有威信可言？就像咱们在游

泳，他却把咱们的头按在了水里。我可以告诉你，他这是在为了关闭工厂而陷害我们。"

"那他还费这么多事干什么？"沃德问，"你不认为，与其在他准备关闭的工厂里耽误时间，他难道没有更好的事要去做吗？"

"别再天真了。"斯蒂格勒同情地说道，"你去和那些老员工们谈谈吧。这是投资方关闭工厂时所做的第一步。每个人都来告诉你前途是光明的——然后就要下手了。"他还做了一个捅人的动作，"四处问问，你就会明白了。我们或许不知道什么是精益生产，但我们很清楚被裁员是怎么回事。我敢打赌，除你之外的所有人都至少经历过一次工厂被关闭。"

"好吧。但我不希望这会发生。"沃德坚定地回答，希望可以掩饰自己的颤抖。

马兰科特、马兰科特，这个名字就像是一段传说，有时又像一道魔咒。20 年前，克莱尔的父母买下了一座舒适的农场、一幢大房子、一个荒芜的谷仓，还有钟楼附近一些破旧的房子。克莱尔的父亲在那盖了一个巨大的马舍，养了 40 多匹马，还有一个露天的马术练习场。那里保持了一种宁静的魅力，沃德初次看到就着了迷。几年前，他的岳父出了车祸，只能靠拐杖勉强行走。于是，克莱尔的父母只好搬回城里住。颇具讽刺意味的是，他老人家多年从马背上摔下来那么多次都没有什么大碍，却在帮朋友干农活时从收割机上摔了下来。起初沃德和克莱尔很满足地重新设计了宅院，有一块面积很大、像阁楼一样的生活区域，用地板替换了老式的瓷砖，在屋子后面长满藤蔓的斜坡上开了窗户。

后来，克莱尔计划把马兰科特彻底改造，想把第二幢房子改造成提供住宿和早餐的旅馆，还要重新装修来吸引更多的客人。她被怂恿，并且还得到了一个儿时朋友的资金支持，她小时候在这里学习骑马。沃德最初并不赞成这项计划，但发现了克莱尔对于这项计划的热衷。最终，由于克莱尔把相当大的精力投入到了装修中，他也改变了主意，周末的时候也会帮助妻子，直到那片乱石和藤蔓逐渐变成了美景。

但残酷的现实是，就现在的情况而言，马兰科特的大部分是属于银行，而不是他们。这些房产都是贷款买的，他们还需要额外的贷款进行改造工程。总之，这些都要求他必须能挣足够的钱来偿还贷款。他已经开始在周围的区域找工作了，以防詹金森哪一天会告诉他已经下定决心关闭佛顿工厂，他目前的经验已经确保他可以管理任何一家工厂，在法国的任何地方都可以，尽管不太可能是在这个穷乡僻壤。像巴黎、伦敦这样的大城市里任何一家公司的总部也可以。但是，马兰科特就像一条锁链，把他束缚在了工厂。

沃德走进马棚大门的时候，第一间马厩是关着灯的。这幢建筑就像是一间混凝土做的仓库：两侧是关着马匹的格子，覆盖着铁质的屋顶，夏天热，冬天冷。克莱尔的爸爸把外墙都刷成了白色，好更加引人注意，而内部却仍然是砖墙的灰色。笼子的上方是一串灯泡，发出昏暗的灯光。雷阵雨打在白铁皮的屋顶上，发出隆隆声。

"亲爱的，你今天早回来了？"

"是，詹金森来视察，我们的工作都被打乱了。我跟大家简单总结了情况后，就下班了。"

克莱尔独自站在马厩里，靠在马厩的门上，看着里面那匹黑色的马。

"过来抱抱我。"她说。

他抱住她，吻着她的脖颈。

"你身上都湿了。"她嘴上说着。因为辛勤工作，她身上散发着马匹的味道。

"我想这匹马的右后腿有点问题。"她自言自语道，"但我看不出什么异常，只能早上再来检查了。"

"你每天晚上都这么做吗？"

"做什么？"

"检查所有的马匹？"

"当然！我得确保马厩在夜里安顿好，还要给它们清理一下。它们这个时候比较温顺。白天骑它们的时候，我就知道该检查什么了。"

那匹枣红色的马走近他们，在他们面前打着响鼻。克莱尔抚摸着马头，心不在焉地擦洗着。至少她不像她的大多数客户那样，对它们说话。她说她不必这么做，因为她坚信它们有心灵感应。它们能闻出人的心情，而且能对不同的心情做出反应：害怕、冷静、生气、高兴、犹豫、激动。就像是她以前说过的，马是骑手心情的镜子。

"你应该去干我的工作。"沃德建议说。

她笑着，钻进沃德的怀里看着他。在这昏暗的灯光下，她蓝色的大眼睛看起来像是黑的。沃德不明白为什么在一起这么多年了，当她看自己的时候自己还是会沉醉。她的眼神很完美，她的脸庞有些窄，五官轮廓鲜明，并不是非常漂亮，但她的眼睛却令人着迷。

"真傻！你怎么会这么说？"

"如果你在我这个位置上，你可能做得比我好。现场观察，这就是你每天所做的。我希望我也能每天下班前去检查一下那些机器，看看它们是不是能正常工作。"

"这不一样，严肃地说。"

"哦，我就是很严肃的。"沃德从背后抱住她，把下巴搭在她的头顶。

她依偎在他的怀里，把头埋在他的胸膛。

"咱们该去科莱特夫人家里接查理了。"她说。

"好，咱们走吧。"

她讨厌听他这么低沉的声音，这太不像是沃德了。他过去总是会讲起与自己一见钟情的故事，当她回答说自己也是心有灵犀时，他却不相信。她这样一个女人怎么会看上他这么一个普通人？她从未告诉他自己的担心，以及那种焦虑。虽然终日与马为伴，热爱它们，热爱骑马，但却常有恐惧感，害怕运气不好摔下马背，害怕突然的事故，害怕她12岁时最喜欢的母马在比赛中落选，害怕有骑手没有从丛林中出来。她知道自己曾招很多男人喜欢。她在伦敦的时候见过很多这样的男人，接触之后又都没有感觉。直到她遇到了沃德，她还记得自己的吃惊。那种恐惧一扫而光，靠近他就能感受到阳光，持续的美好感觉。当初并不这么深刻或者影响深远，只是轻松和甜蜜。但她看见他的那一刻，感觉就像是回到了家。

克莱尔不愿多说什么，因为她知道沃德这么努力地挽救工厂，全是为了自己。但这已经使他改变了，他失去了以前那傲慢和慵懒的一面，认为优雅的举止和魅力会帮他渡过生活中的任何难题。他开始用心了。她虽然不喜欢这些改变，但他确实成熟了。她暗自祈祷，沃德千万不要变得过分老成，她可不能忍受那样的变化。难道为了马兰科特，真的值得他们付出这么大的代价？

管理即改善

"你凭什么拿薪水？"鲍勃·伍兹问生产经理。这个完全出人意料的问题令奥利弗·斯蒂格勒感到茫然不知所措，他几次张口欲答，却无话可说。伍兹又转向安德鲁·沃德，说："你也是，同样的问题。"

这是二月里一个寒冷早晨，由于一场交通事故，客人们在路上被耽搁了四个小时。詹金森最终还是说服了他的老师，鲍勃·伍兹，来欧洲的工厂看看。他们先是视察了纽霍夫的工厂，然后来到佛顿，接下来还要去姆拉达和瓦克劳的工厂。据沃德所知，伍兹不喜欢四处出差，他一到来就显现出怪异的举止和苍老的面容。他对工厂的经理们做自我介绍时说是一个精益顾问，仅此而已，没有再多说。这一次，沃德有机会近距离观察他们的总裁，詹金森身着裁剪得体的正装，还打着领带。沃德猜测他可能刚刚拜访了客户。伍兹则完全相反，穿着半旧的羊毛衫和磨白了的牛仔裤。他不断抱怨："加利福尼亚的天气让人忘记了什么叫作寒冷。"他早已挑剔地环视了一下工厂的状况，很明显地觉着这里已经无可救药了。

"没有什么要为自己辩解的吗？花钱雇你们是为了什么？你们难道不知道吗？"伍兹又问。

当然是经营工厂了，还能干些什么？沃德越想越气，但什么都没说。他早已不止一次地提醒自己：不要激怒他们，不要激化矛盾。经过这几次的视察，他已经明白了一件事情，那就是要习惯在大庭广众下接受责骂。这一次詹金森有所回避，让他的导师当主角。如果有人认为詹金森已经非常严格了，那他们这次一定会有些新的认识，那就是伍兹更加严格。

他们一群人又一次围在注塑车间的红箱子周围。与以前不同的是，沃德已经为这次的视察做了准备，他已经把三个生产主管安排在管理团队中了。当一群人跟在大领导后面的时候，沃德觉得，这就像是一群学生跟着教授在参观医院。当他给车间的管理人员配备了白色工作服后，这种感觉更加明显。只有人事经理德隆对他的这个做法不理不睬。生产主管们仍然穿着平常的灰色 T 恤。沃德本来打算让所有的全职员工穿着统一的印有标志的 T 恤，但人事经理说服了他，不要在这种私人问题上操之过急。法国人对于私人空间和工作有着不同的认识，像这样被要求工作时穿什么衣服，可能会引起他们的反感和抵触。沃德最后放弃了这个想法。

"我拿薪水是由于我可以确保工人更好地完成工作。"斯蒂格勒最终说出了他们想要的答案。

"说得不错，"伍兹点了点头，指着红箱子接着说，"现在一切正常吗？"

"您指的是什么？"沃德问道，他小心翼翼地插话进来，努力压抑着自己的愤怒。箱子里装着不超过六七个的不合标准的产品，比之前已经有了很大的进步。这个胜利来之不易。当沃德把模具维护和机器维护的职责都分配给维护经理穆勒后，当时的模具维护经理就感觉自己受到了轻视，声称自己患有精神抑郁，后来便没有再来上班。这样一出心理剧引起了其余的三个模具维护工程师的混乱，好在穆勒出色地平息了事态，既安抚了众人，又取得了显著的成效。尽管模具经理的离职让他们有些人手不足，但对于是否要他回来工作，沃德还是感到矛盾。

"咱们在这里见到了几个产品？"伍兹问道。

斯蒂格勒一边轻轻地把产品拿出来，传给大家检查，一边说："7 个。"

"那么，7 个不良品对于这个班组而言，是不是正常状态？"伍兹追问道。

"你指的状态是什么意思？"沃德不解地问。

"状态。"伍兹不高兴地一摊手，说："就是事情的状态，你知道，就是当考虑到外观、质量、工艺顺序这些问题的时候，它们怎么样。这条生产线在这个时段产生 7 个不良品，是不是正常？如果不是，这个时段的正常状态该是什么样？"

卡罗尔·仙顿由于和那三个生产主管的关系不错，所以由她来负责翻译。沃德希望她能注意一下翻译时的措辞。

丹尼斯·克拉拉是一个 50 多岁的倔强老头儿，就像是一个从黑白老电影

中剪辑下来的人物。他一头灰白的头发束在脑后，穿着紧身的哈雷 - 戴维森
T 恤，显得身材很棒。他说话总是习惯性地带有很多卷唇音。沃德听说他有
两辆很大的摩托车，能很轻松地拆装任何机器。他是一个很出色的技术人员，
与维护经理穆勒共事多年，私交很深。不幸的是，他总是对管理层怀有强烈
的不信任感。自从阿奈斯特收购工厂后，克拉拉每次都是工人的谈判代表，
与他接触时，沃德总是小心翼翼的。沃德对他不抱有一丝希望。

　　组装生产主管里奥·莫丹，是一个 30 多岁的年轻女人，沃德的前任看到
了她的潜力，提拔她当了主管。作为两个孩子的母亲，她总是显得很疲惫，
一年四季都有很深的眼袋。由于大多数的组装工人都是女性，所以她和她们
关系融洽。虽然在沃德看来，她似乎厌倦一切改变，但至少，她总是有意识
地求助于克拉拉，解决一些技术上的问题。

　　夜班的主管阿方索·桑切斯生于葡萄牙，在他以前工作的化工厂倒闭之
后来到佛顿工厂。他是一个瘦小的男人，有着黑色的眼镜和八字胡。沃德推
行现场观察计划时曾经至少每周一次地要涉及夜班班组，其间令沃德感到，
桑切斯的管理大多是靠他的个人能力，除非遇到技术问题。然而，他不喜欢
换模，沃德深知这注定会带来些麻烦。

　　克拉拉不耐烦地说：“如果这是他想要问的问题的话，那么答案是，确实
比以前好多了。”

　　“我敢肯定是比以前好，”听她翻译完后，伍兹回答说，“但这是不是正
常？难道我应该盼着，每个周五下午三点钟的时候，这种产品都有 7 件不合
格？那才是我要问的问题。”

　　“我们不知道，好吧？”沃德咬牙切齿地说，有点生气。他讨厌伍兹和詹
金森那种做法——明明知道答案，还要费很大力气问问题，直到有人说出来
想要的答案为止。“我们一直坚持每个班次检查一次红箱子，但还没有做到那
么详细。”

　　伍兹冲正满脸疑惑、皱着眉头的克拉拉点点头，说：“这是不是表示，这
位先生不知道他是否应该插手此事？”

　　“我猜不是。”

　　“你们也都知道，如果没有发现问题，如何能够解决问题呢？”伍兹说。
这听起来既像是一个问题，又像是一个结论。

　　“但我们确实解决了这个问题。”生产经理反驳道，“你不知道之前我们有

多少不良品。"

"谁解决的?"詹金森小声地问。仙顿把这个问题翻译成法语后,引发了一阵讨论。

"是穆勒。"她解释说,"丹尼斯说他们一直在讨论这个,到最后,马提亚发现,生产较长一段时间以后,模具的排气口会堆积大量的碎屑。"

"模具需要滚铣修整?"詹金森点点头表示赞同,"模具长期被夹紧,导致排气口变浅了,是吧?"

"是的。"沃德回答说,"维护人员仔细地清理了模具,已经解决了大部分的问题。"

"清理模具?这难道是维护人员的职责吗?"伍兹质问道。

"嘿!"穆勒大喝一声,脸上显出不同寻常的满意的表情。

当然了!沃德想说,维护设备当然是维护人员的本职工作了。但他没有做声。詹金森和伍兹则总是回到那个问题:谁解决了这个问题?如何解决的?什么时候解决的?

"你的意思是,这种问题应该由生产工人来解决?"沃德最后问道。

"清理模具吗?醒醒吧,你怎么认为呢?"伍兹挖苦地说,"这当然是一个生产的问题了!你不认为我们应该让维护人员去做更加重要的工作吗?像是检修注塑机之类的。"

仙顿照实翻译了,这又引起了两种截然不同的反应。

"很明显,如果我有足够的人手,我可以做到。"克拉拉说着,露出一丝笑容,言外之意这是显而易见的。他知道,不要奢望得到任何来自管理层的高见。他早在这一切被发现、被解决之前就知道了。

"这是维护人员的职责。"斯蒂格勒看起来很生气,几乎与克拉拉同时说出口。

这时伍兹和詹金森什么都没说,只是看着沃德,沃德确信他们早已私下交换过了意见。

经过长时间的沉默,沃德已经仔细检查过了手中的不良品,他说:"这个过滤器壳体有什么问题吗?"

沃德从各个角度检查过了,看不出有什么明显的不合格之处。我们有法子让你说话,沃德暗自对这块了无生机的塑料说。"它有什么问题?"沃德问旁边的工人。那工人一直不停地把传送带运来的产品装入包装箱,但也始终关注着他们的谈话。

"因为有一道痕迹。"那工人勉强地回答说，然后停下了他习惯的工作节奏，把产品上一条浅浅的白色划痕指给沃德看。难道他们自己不能发现吗？工人接着说："他们似乎总不能把原料调配好，所以我们总是收到这样的产品。"

"在客户看来，这会是一处缺陷吗？"沃德大声问道。那工人只是耸耸肩回到了自己的工位，毕竟产品不停地从传送带上下来，他被总经理耽搁的时间越短越好，至少他是这么想的。

"质量部的人呢，这算是一处质量缺陷吗？"沃德问。

玛里卡·查蒂小心翼翼地拿起那件产品，就像是它会咬人。"我必须检查一下。"她用一种异乎寻常的低沉嗓音说。她过去总是非常强势的一个人，即使在一个男性居多的工作环境中，她开朗的性格也总能占据上风。沃德很少见到她今天这种畏缩的样子。如果说仙顿像是一块冰，那她就像是一团火，沃德自嘲地想，她们俩会把自己变成一摊温水。

"既然工人已经说了这是不良品，难道你身为质量经理，还非得要检查过后才能确定？"

她的脸瞬间红了，嘴唇抿成一条线，虽然有些尴尬，但也没有还口。沃德有很多理由可以表明她值得赞赏：客户对她的喜爱、由于她的努力轻松地通过了每一次客户和 ISO 体系的审核、对细节的重视、负责的工作态度，等等。但自从他在车间花费了大量的时间与精力之后，沃德发现，自己很少在生产现场见到查蒂，除了检查红箱子的时候。当时他曾非常在意这件事，亲自指出，确保有关人员及时参加红箱子的检查，是她首要且直接的责任。她服从了这条命令，虽然没有太多的激情，但仍然以她惯有的稳健工作方式接手了这项工作。

"让我来给大家解释一下。"詹金森插嘴说，"安迪，请你帮我翻译好吗？"

"生产部门需要学会解决自己的问题。这里有这么多聪明的员工：工人、生产主管，还有你们自己。让大家把大脑都开动起来。生产部门解决自己的问题。"

"但要这么做，就需要各职能部门的专家教给每位工人，什么是问题，什么不是问题。"他冲查蒂点点头，接着说："我希望，质量经理能准确地告诉我合格品和不良品的差别，以及具体是流程中的哪一部分导致了这些问题。

要把样品展示给工人看，要训练他们检查产品的能力。"

"需要我训练工人？"她眨着眼睛脱口而出。

"没错，你和你的团队。你们可以设计一个检查产品的可视化流程。"他说着，拿过沃德的记事本，画了一个过滤器壳体的简图，以及一系列按顺序需要检查的部分。

"还有，每一天都要到车间现场来，确保你们对于产品质量好坏的认识与工人们保持一致。如果我们想要听取工人的意见，首先要做的，就是准确地告诉他们我们需要达到什么标准。听明白了吗？"

"没有比这更好的了，"注塑车间的生产主管插了话，声调有些尖刻，"但我们有很多事情要做。我喜欢解决问题，这很有趣，只是我们没有那么多时间。"

"你还有什么其他的工作？"伍兹通过仙顿问道，而仙顿这时看起来比任何时候都紧张。她的工作服很大，至少大两号，穿在身上显得弱不禁风。她小心地注视着每个细小的变化，不自觉地咬着上嘴唇。

"文书工作、在电脑系统里记账、排班、处理材料问题，等等。大概五六年前，他们让我们'自治'，其实就是把负担都转嫁给我们。以前我能够和这个班次里的每个人都聊上一会儿，但现在我做不到了。"

"那么。"伍兹又转向了沃德。

这位工厂总经理正若有所思地点着头："我们应该调查一下。生产部门解决自己的问题，这就是你要说的吧？这说起来简单。"

"你需要组织一个清晰的解决问题的流程，"詹金森又解释了一遍，"工人应该非常熟悉正常的状况，所以，无论他们遇到什么与之不同的状况，就可以知道这是个问题。现场观察不仅仅是对高层管理者的要求，也是每个人都应该做到的。这意味着特别是工人，需要了解他们生产的产品和使用的工具。怎样才能使得所有的工人都认识到问题？第一个表明有地方出错的迹象是产生了不良品。如果有产品出了错误，那么生产它的生产流程中肯定出了问题。但是看看这注塑机，它处于正常状态吗？"

他们都转身去看那台老旧的7号注塑机。这台有年头的机器，长期以来年久失修、超负荷运转，而且不得不承认，它看起来就很脏。

伍兹挖苦说："如果注塑机脏成这个样子，我怎么能说有没有什么问题呢？肯定做不到嘛。"

沃德有些期待着他手下那两个强悍的家伙——穆勒和克拉拉的爆发。但令他意外的是，这二人看起来很沮丧，什么都没说。总之，他们显得很窘迫。

"你的意思是……"沃德长出一口气，说，"我要做到的是，让每个人都在正常状态下工作……"

"这样一来你就可以按节拍时间，并且以最小的成本去生产，同时还能保证安全。"

"要做到这一点，我必须先组织一个系统，使得每个人都可以看到正常的状态是什么，这样一来他们就能知道该怎样应对问题。"

"没错，首要的一个问题是要明确现状和标准的差距，任何不正常的状态都被认为是个问题。"

"而且生产部门必须要学会解决自己的问题。"

"没错，无论任何时候。"伍兹点点头，"专业的职能部门需要成为真正意义上的专家，而不仅仅是专业技术人员，他们要处理好工人努力之后仍然无法解决的问题。我不需要什么维护人员，或者六西格玛来告诉我模具脏了。反之，我需要维护专家们解决那些突如其来的事故，或者做好主要的检修。"

"太对了，太对了。"沃德挥挥手，显出泄了气般的顺从，"所以，请帮助我们摆脱困境，我们应该怎么做？"

"放松点儿，年轻人。"伍兹微笑着说，"你已经在这么做了，至少做了一部分。"

"好吧，首先你们要明确什么样的问题是需要由工人们发现的，咱们试着从这五方面思考这个问题。"

"第一，安全——我们是不是在安全地操作？

第二，质量——什么样的产品是合格的，什么样的产品不是合格的。

第三，交货——我们的生产进度是领先还是落后？能不能及时地在约定时间交货？

第四，设备——是不是处于最佳状态？是不是快要坏了？我们有没有做到足够的保养？

第五，生产率——我们能不能做到坚持标准的生产循环而不被打断？我们有没有做不必要的工作。"

"我们先看安全。安全区域和非安全区域有没有做到可视化的区分？比如路标这样的标志。然后是质量，你们已经设置了红箱子，但它可以做到更加精细。你还需要制定书面的标准，规定什么样的产品应该被放进红箱子，什么样的不行。与此同时，还要有一个面对工人的持续的在职培训计划。

交货。你们已经使用了带有小时计划的生产分析公告板，但我没有看到任何解释说明现状与预期差距的评论。同时，我也没有看到任何计划换模的时间安排。

设备。注塑机需要彻底的清洗，还要用颜色标识，这样确保可以很容易地看出异常。我们必须承认还有很多的工作要做。你们已经开始运用摄像机来指出可能出问题的环节，但我检查过一些，几乎没有任何评论。我们需要的是大家指出问题的记录。

最后，生产率。生产主管和工人要把标准的生产流程制定出来，在工作台旁标明。这样一来，每个人都能知道工人是不是做了什么多余的操作，比如修剪注塑后的飞边等。

当然了，如果你的客户能从机器旁，直接拿走需要的产品，这一切都会变得非常简单。你最好在每条生产线的末端设置一个'产品超市'，其中每种产品货箱的数量可以反映出你们是否处于正常状态。"

"我不认为他了解咱们的处境，"生产主管耸耸肩，无奈地说，"他希望我们解决问题，这其实是我们每天都在做的。关键是问题没法根除，它们总是反复，搞得我们都已经习以为常了。"

"确切地说，"伍兹听完翻译后大声地说，"这是最根本的问题。你们整天处理这些问题，但没有真正解决它们。你们是在围着问题转，而不是解决问题。解决表面问题于事无补，如果不能解决根本，问题的反复就是不可避免的。"

"好吧。那么你认为怎样才能算从根本上解决了问题？毕竟现实中有些事情总是会出错。"仙顿反问道。

"我承认。"伍兹点点头，露出了少见的笑容，显露出了他冷峻外表下的幽默本性，"当然总有事情会出错，这就是生活。"

"所谓解决问题，就是要指出什么情况下，可以付出最小的投入，得到最大的产出，最大程度地获得收益。具体而言，有两点最重要。

一是要快速反应，这样生产才能尽快恢复到正常状态；

二是要找到问题的根源，这是付出最小的代价（时间和金钱）就可以解决问题的关键因素。"

"嘿，没错，有些事情总是出错。你看，每次保险丝熔断时，我都可以换一根保险丝，或者，我可以检查泵是不是使电路过载了。一种解决方式是更换保险丝，这样的状况会反复发生。另一种方式是管理好泵，让泵保持在正常工作状态。我们从未真正'解决'问题，只是在需要解决时才做出改变。每次更换保险丝，我们都要付出时间、精力，以及物料，而问题还是会反复出现。而让泵保持正常工作状态，就可以使保险丝不再断，为此，我付出了智力劳动，找出了真正的根本原因，而不仅仅是一次又一次地更换保险丝。我的目的不是换保险丝，而是在管理泵。想要找到问题的根源，就需要问自己五次'为什么'。"

伍兹接着解释说："咱们就以清理模具的问题为例。你们现在所做的是对付一条不断制造不良品的生产线。这需要付出努力，最终，还要耗费人力，对吧？"

"这些不良品要被收集起来，还要清点。"等翻译完之后，克拉拉同意地说。

"我们还要确保，它们没有漏过检验而流向客户。这些都耗费了太多的精力。那么，到底为什么会产生不良品呢？"

"我们找到了根源，由于反复的夹紧，模具的排气口堵塞了。"

"没错，但是等一等，试着慢慢地把问题分解。为什么产生了不良品？"

"排气口堵塞。"

"排气口为什么会堵塞？"

"反复的夹紧——对这种模具而言，这无法避免。"

"哦，为什么？"

"因为这些模具没有被经常清理，或者清理得不够干净。"穆勒不耐烦地插话说。

"很好，我们同意。"伍兹没有停顿，继续问："但那又是为什么？"

"你指的是什么？"

"仔细考虑一下。为什么你们现在还会有不良品？"

"显然是维护人员没有经常清理。"生产经理的回答激怒了穆勒。沃德赶紧拉住了他，避免了一场可能的争论。

"为什么？"伍兹继续问穆勒。

"因为我们有很多工作要做。"穆勒生气地说，"我们也希望有足够的时间去做这种琐碎的事情。但你不知道，为了保障生产线开动，我们需要做多少工作。"

"啊哈。"伍兹转向克拉拉大声说，"现在你了解了吧。我们把处理不良品的问题，变成了清理模具的问题。明白吗？"

"我想我明白了。"生产主管小心地回答说，"问题没有消失。但我们可以做个选择，是对付不良品，还是做好模具的维护。就像你说的那样，我们不是在解决同样的情况。没错，我明白你的意思了。"

"那么，该由谁来做呢？"伍兹问。

"非常有趣的事是，"沃德深思熟虑之后大声说，"作为红箱子流程的一部分，现在是由质量部在处理这件事。但事实上，我们需要把设备的维护清理任务，转移给真正操作生产线的人，也就是生产部门，对吗？"

詹金森说："这没有一定的答案，全看你怎样分配任务了。但无论如何，鲍勃的观点非常重要。问题很少能被彻底解决，但我们可以把一个耗资巨大的整体性维护工作变成一些更具体、更经济的工作，交给不同的人去完成。确切地说，这就是为什么我们要做好团队合作。"

"管理好一个流程，需要先准确地了解流程中的哪些项目需要小心地管理。"伍兹说，"优秀的管理者，应该明确地知道是什么导致了生产线出问题，并且以最小的代价保持生产正常运行。而另一方面，拙劣的管理者往往为此花费了大量的金钱和精力，可是到头来耗资巨大，仍然毫无起色。改善是解决问题的关键，通过持续的尝试和反思，找到能够得到最大回报的解决方案，以及发现哪些是无关紧要的。解决问题就必然要学习用流程中的一个经济的维护行为，去代替一个昂贵的维护行为。做到这一点毫无秘密，只需不断地尝试再尝试。但通过维持正常的状态，我们可以更加聪明地工作。就像某个大人物说过的，给我一个支点，我可以撬动地球。"

沃德努力尽可能准确地翻译伍兹的话，尽管克拉拉显出少有的沉思，但沃德不知道大家可以理解多少。对沃德自己而言，却是茅塞顿开。他似乎恍然大悟什么是所谓的"可视化管理"。当他面对注塑机时，他不知道该检查什么，如何检查。没有指示告诉他，"当你发现产品上的毛边时，应该在这里检查注塑压力，在那里检查温度，在那里检查合模力，等等"。也没有标准表明，正确的参数应该被控制在多少，或者正确的数值应该是多少。

如果问题不明显，当然无法让大家参与到解决问题的过程中去。同样显而易见的是，他无法独自完成，所以必须让他的管理团队参与其中。他过去认为，改善只是生产车间里的事情，一群专家和几个工人试图改变某些状况而已。他从未把改善当作一个持续的活动，尽管在白塔尼时马克就试图向他阐释这一切。

"你凭什么拿薪水？"这个问题不仅仅是作秀。他突然明白詹金森和伍兹对工厂总经理这个角色的期待，和他自己的想法大相径庭。他们对于实施系统和每季度的报告并不感兴趣。他们首先希望的是，营造一个良好的工作氛围，让在流程中工作的这些人自己解决问题。

在制造产品前先培养人才，这意味着让每个人的每一天都投入到解决问题中去。为了解决问题，员工们首先要能够分辨问题。沃德想通了，管理层的工作就是彰显需要维持的状态，并把这些可视化。这样一来，任何人在任何时候都可以检查操作是否正常，是否进展顺利。如果不是，他们也知道该如何应对，使之恢复正常。太棒了！这个新认识，让他看到了一丝希望的曙光。

"但是，那救火的事情呢？"沃德顺着自己的思路，打断了刚才的对话，"这么做需要大量的时间和精力，似乎我们每天都在救火。"

"这同样是你的工作，年轻人。"伍兹微微一笑回答说，"这样想，如果你不把火扑灭，让它们越烧越旺，你会被烧死，这没有讽刺的意思。反而这是事实。"他说着，伸出一只手指，就像是一个传教士在诅咒火种和硫磺，"但如果你只是不断地救火，你会面对更多的火灾，而且越来越严重，到最后每个人都会被烧死。"

"的确不是讽刺。"沃德面无表情地回答。

"管理工厂交杂着救火和改善的情况。通常，工厂总经理花80%的时间四处救火，花20%的时间改善。而真正的窍门是颠倒这个比例。如果你花了大部分精力致力于改善，你会有越来越少的火灾需要救，而且火还会越来越小。"

沃德总结道："好吧，我们让生产可视化，让问题暴露出来，然后怎么做？"

"一个一个地解决它们。"总裁回答道，"你们进步的速度，取决于你们能多快地进行PDCA循环。"

"这简直是愚蠢，为什么不一次解决？"仙顿大声说，"如果我们知道自己存在问题，我们难道不应该立刻解决它？"

"除了去现场观察，"沃德说，不知道他的总裁听到被称"愚蠢"会怎样想——詹金森甚至没有眨一下眼，"不要过大的计划，不要飞跃性的变化。我们需要的是一次做好一件事，因为我们需要了解我们改善后所取得的效果。"

"听我说，年轻人。"伍兹更正说，"一次一步仅仅是一方面，这很对。但不要让大家认为，在工厂里的一个时间里只发生了一件事。还有很多并行的工作可以做，只要一个人在一个时间负责一件事就可以了。还有，记住，你需要快速地反应，把工作带回正轨。这并不是解决问题，而是回到标准。"

"当然了。那么，我们暴露出问题，然后逐一解决。这就是全部吗？这听起来有点儿……"

"什么？"詹金森问道。

"我不知道。"沃德说，"不充分吧，我认为。想想你每次来带给我们的打击。这不是冒犯你，菲尔，但你每次不仅仅是揭露我们的问题，你也很大程度地鞭策了我们。"

"好吧……"

"这到底是什么？"当大家都在慢慢地沿着走廊走时，伍兹大喊，眼睛瞪着远处的一台注塑机。

"又怎么了？"生产经理充满敌意地问道。斯蒂格勒还是没有明白发生了什么。这次他克制了很多，但仍然像面对一个竞争对手一样面对每一个问题。事实上，他的荣誉感受到了挑战。

"这个！"伍兹指着一台开启的注塑机大喊，就好像目睹了一场严重的犯罪。

"没什么，"斯蒂格勒耸耸肩，不在乎地说，"换模而已。"

"你们让一台机器张着嘴说'喂我吧，喂我吧'，你却认为这没什么！"伍兹震惊地大喊道。

"他确实发现了一个问题。"詹金森冷静地说，他擦了擦眼镜，皱着眉头说："你们总是向我要求更多的注塑机。"

经过斯蒂格勒、克拉拉和穆勒间的短暂交流，生产经理解释说，模具安装工遇到了一个线路连接上的问题，需要等维护人员来修理，所以他们就去做别的事情了。这种情况在穆勒在的时候不太可能发生。他似乎在暗示，意思是说：如果我们不是被迫来参加这个无聊的陪同，我们都能把自己的工作做好。

"你同意他的说法吗？"伍兹直接向注塑的生产主管求证。克拉拉在沃德翻译完之前就明白了怎么回事，他耸耸肩，诡异地笑着说，"我能做些什么？这些工人不归我管。"

"怎么回事？"

他继续耸肩、继续无奈地笑着。

"模具安装工归我管。"斯蒂格勒突然说。

"哦，拜托！"伍兹说，"我还想，这间工厂已经明白了换模有多重要？我们居然让这样的事情发生！菲尔，看在上帝的份上！"

"我知道，我知道。"詹金森摸着下巴说，"他们正在学习。"

"在学习？以这种速度，他们学会之前咱们就完了。"

"我们没必要忍受这些。"穆勒生气了，他脸色通红，显得他的山羊胡子更加白了，"不，安迪，不要拦着我。我不在乎他们是谁。咱们没必要听他们的谩骂，过去几个月，咱们做了那么多工作。这些废话我听够了。"

"你会闭嘴的。"沃德嚷着，"你要么愿意学习，要么就离开这里。"

沃德的失态令大家很意外，大家都目瞪口呆地看着他。沃德能看到穆勒冲动地想要动手，以对他的了解，他可能会离大家而去。穆勒张开嘴，却什么也说不出。他瞪着沃德，透过眼镜片，他的眼睛显得更大了。

"如果你现在转身离开我们，"沃德说道，"就不用再回来了。我就是这个意思。"

"没有人敢对我这样说话，年轻人。"穆勒咬牙切齿地说。在一边的斯蒂格勒暗自窃笑。查蒂看起来很震惊，瞪着沃德，显出无声的反对，就像是用另一种眼光在看他。

"听着，你最好习惯这些，你就像是一个缺乏教养的孩子。"沃德大声说。"你们都知道工厂的未来悬而未定，我已经受够了你的所作所为——无论何时只要有人说了你不爱听的话。"

他看出了自己的爆发令穆勒大吃一惊，这是他们共事这么多年以来自己第一次以牙还牙。过了一会儿，沃德后悔公开地提到工厂被关闭会有什么影响，但现在他厌倦去考虑这么多。让他们关闭工厂，把自己解雇了吧。

"大家听好，"他说，"我之前已经告诉过奥利弗。我们不要发牢骚，要仔细听、认真学习。我不在意你们是否喜欢，但应该对总裁和他的客人有足够的尊敬。还有，有机器闲置在那里，换模被打断，我们应该为这种事故感到惭愧。至少我现在就是这么想的。"

"我们要改变态度，或者是接受这样的结果。"他继续说道，像烈酒一样的愤怒充斥在他的血管中。他近乎疯狂，似乎能感到自己的腿在颤抖。

"我们什么都不能说吗?"穆勒用意大利语问。

"你当然能说你想说的。"沃德用英语说,紧咬牙关试图冷静下来,"但你应该冷静下来再说,镇定,提出建设性意见。明白吗?"

"应该讨论,不要争吵。"詹金森非常冷静地补充道,"我会听取的,但也希望大家都能听听我的意见。"

"模具安装工还没回来。"伍兹故作欣喜地说,"你们可以争吵任何你们想要的,但这注塑机还是闲置着,你们可以欺骗自己,但要明白,你们这样做不能让我们信服。"

"狗屁!"注塑车间的生产主管突然说,然后接着用法语说了一连串,说完就气冲冲地去找那些换模的工人了。沃德大概听懂了他的话,意思是说这帮人到底去了什么鬼地方。

"嗯。"一阵尴尬的沉默过后,詹金森又控制了局面,他说:"刚才安迪提到,将生产可视化并且暴露出问题,是不是就能维持改善的成果呢?情况大家也看到了,这是不够的。同样还需要管理人员的参与。"

他有意识地停顿了一下,环视众人,尽可能确保自己的观点令人信服。

"管理人员参与其中,要让每个人意识到自己所面对的问题。在此,我们应该承认,我们有很多不同层面的问题。就安迪的层面而言,我发现整个工厂对于控制换模时间不够重视。既没有时钟或是计时器,也没有做到快速响应,我不知道这里有没有人像我和鲍勃一样重视这个问题。但是相信我,你们应该重视它。"

"第二点,你,奥利弗,没有足够专注于对换模工作的组织。对于车间而言,换模就像是动物的脊梁一样重要。不要再欺骗自己了。大批量的简单产品我可以安排给中国的工厂,哪怕它们需要经过几个月才能运过来,我也不在乎,毕竟它们是大批量的简单产品。之所以在这里生产,是因为这些是小批量的定制产品,而我们需要快速地给客户交货,所以在附近生产才有意义。明白吗?逐渐的,这里的订单会全是小批量、技术要求不同的产品。所以,请听好:换模是你们的工作。这就要求你们要做到质量可靠地生产不同的产品。我们肯定不会再储存大量的库存了,所以你们最好尽快成为换模的行家。"

伍兹接着补充说:"尤其是考虑到工厂产能过剩,你们有可能得到的订单产品往往都是其他工厂不想要的,而这又偏偏是令人痛苦的小批量订单。如果你们还固守着大批量的思路，并以此安排生产，你们就永远不可能满负荷生产。"

"您能说详细些吗？"沃德不解地问。

伍兹解释说："试着这样想，你们最小的批量是多少？"

"有些注塑机我们每个班次换模一次，大概7小时。"仙顿回答。

"那么如果我给你们一份订单，每天只需生产一个小时，会怎么样？"

她仔细思考后回答说："我只能每七天生产一次，也可能每两周生产一次吧。"

"所以你宁愿有机器闲置，也还要选择负担两周的存货？"

"我不太明白。"

"我想我懂了。"沃德慢慢地说，"因为我们无法利用空隙的时间生产，所以没法轻易地完成小批量的部件，产能也就随之过剩。您是这意思吗？"

"鲍勃所说的比这还多。"詹金森强调说，"我上任后的第一件事就是核查总的产能。各个工厂的总经理们不断地要求投资新的生产线，但我们的产能已经足够了，只是没有人知道如何真正利用。无论你用什么办法，你的工作就是做到小批量。"

"我以前工作的时候，情况顺利时，我们可以在8分钟内完成1000吨注塑机的换模，我们生产的批量都在两小时以下。我们能很可靠地把换模时间控制在10～15分钟之间。对于低周转率的产品，我们可以把生产批量减至半小时。而这已经是10年之前的事了！"伍兹强调说。

"哎呀。"想到自己的换模时间平均在40分钟到两小时，沃德不禁感叹。

"咱们还是回到主要问题上来。"詹金森坚定地说，"没错，改善开始于生产过程可视化，以暴露问题。但是其后就需要管理人员的参与，来制定明确的任务，并跟进监督，这就是把到现场观察去与改善结合起来的办法。两者缺一不可。"

"改善有不同的形式。其关键在于让每个人每一天都能为改进流程和产品做出贡献。我们已经讨论过了其中的一种形式，就是面对各种的不正常状态，让生产主管和团队成员（工人）将其依次解决。第二种形式就是我们都已经参加过的改善研讨会，为期三天，由跨职能的小组对某一类特殊问题进行专门的处理。"

"这是我们正在做的。"

"没错,这也是我们现在到现场去观察的。但首先让我概述一下我所熟悉的改善活动的四种类型:

1. 通过将问题可视化来应对日常的问题,管理层需要参与,使大家能将注意力集中在关键问题上。

2. 为特定的问题,以标准化的形式组织跨职能的研讨会,比如单件流、快速换模、5S,等等。

3. 质量小组,定期地把团队内的工人们组织在一起,在主管和专家的帮助下解决一些具体的问题。

4. 工人的个人提案建议,在主管的指导与支持下,他们可以阐明自己想要解决的问题,尝试自己的解决方法,检查效果,并让其他团队成员接受。"

"认识到所有四种类型改善的关键,不仅在于现场观察,团队合作也同样重要。一个人无法独自做改善。团队合作,既包括不同职能部门一起工作,也要求不同层级的人一起工作。"

詹金森仔细地琢磨了自己说的话,看起来很沉静。他很高大,但有时显得既保守又激进,就像是他在上面遮上了某种阴影。沃德也因为自己所看到的魅力有些走神。他已经冷静下来,他的呼吸不再急促,他的血压不再上升。他不知道该如何评价自己的老板。这个人在公众场合明显地局促不安,演说缓慢、单调、没有激情,和伍兹一样。但是在另一方面,他展现出的某种坚定令人印象深刻。

"今天看到的争吵,我把它看成是团队合作的失败。技术人员把责任转移给他人。管理层没能做到齐心协力面对困难。要明白一条:改善会带来你们想要的结果,只要你们做到精益的两个关键方面——现场观察和团队合作。"

"走吧。"伍兹迈开大步,淡淡地说,"咱们去看看他们的改善研讨会。"

"你们现在正尝试解决什么问题?"

"我们在实施看板,先生。"

"我能看见,不是瞎子。"伍兹回应说,"我问的是你们在解决什么问题?"

"我们在这设置了板子,每当货箱从生产小组的产成品超市搬出,货箱上的卡片就放在这里。当卡片移到黄色区域的时候,工人就知道应该生产这张卡片对应的产品了。"

"年轻人,我这一辈子见过不少看板了。我能看到你们在做什么。但是'你们在解决什么问题'这句话有什么不清楚的地方吗?"

年轻的持续改善专员塞巴斯蒂安·马丁傻站在那里，不知该如何回答，就像是被车灯吓住的小鹿。伍兹的苛责几乎毫无预兆。马丁已经付出了巨大的努力，超越了他的六西格玛背景，主持了多项改善的工作。沃德曾与他共同确定了一次为期三天有关标准化工作的活动，使用了一些团队训练的幻灯片，还有一系列的活动：七大浪费、节拍时间计算、20循环测量、工作内容计算、单元设计、与工人一起的问题解决，等等。这个年轻人制定了令人筋疲力竭的活动节奏，每三周一次活动，其中一周准备，一周改善，一周平衡生产单元。他性格沉静，勤奋，需要交流很多之后，才会欣然地谈任何问题。身处这种重压之下，他显得相当疲倦。然而，沃德指出，最好的策略是让伍兹说出自己的观点，然后从中学习。

"你是在试图解决生产率的问题吗？"伍兹用嘲讽的语气问道，"还是一个质量问题？一个库存问题？"

"库存问题，"年轻人仓促地回答，"我们在努力降低库存。"

"知道吗？这块板子会怎样帮你减少库存？"

这一次包括沃德在内的每一个人都面如土色。他也无法回答这个问题，只能希望伍兹不要点到自己的名字。

仙顿用带有口音的英语说道："我们想建立一个拉动循环，从物流到装配。这不好吗？"

"这毫无意义。"伍兹突然说，"我们不能想做什么就做什么！我们要试图解决问题。如果不是这样，你只是做一些愚蠢的事情，还在那里想为什么没有效果。所以，再问一次，你们在试图解决什么问题？减少库存吗？好吧，这样做能减少库存吗？"

大家的眼神都很茫然。

"该死的，看板系统的目标是减少什么类型的库存？"

更加茫然的目光以及死一般的寂静。

"精益管理中更严重的浪费是什么？我希望你们至少看过书！"

"过量生产。"沃德小声说，"我知道这个。"

"过量生产！没错！我们总是试图以超过客户需求的速度生产。这让人觉得安全，以防机器故障、不良品、缺勤等情况。结果就是我们用了超出需要的人力和设备，而且这还是系统的一部分，我们无法消除。对吗？所以如果我们接受过量生产，就成了你们厂这个样子，到处都是超出需要的托盘、货箱、盒子，过剩的叉车，多余的仓库，集装箱，所有的一切。最终，我们难以做任何真正的改善，因为过量生产掩盖了这一切。这就……"

"导致我们难以解决问题。"沃德点点头接着说，"我同意这种说法。"

"我希望如此。"伍兹说，"那么你们的看板将如何停止过量生产呢？"

"这个……"沃德说道，"工人生产的产品不能超出他收到的卡片。"

"真不能吗？如果他这么做了会怎么样？"

"一些其他的品种会进入红色的区域。"物流经理指出。

"然后呢？那又怎样？如果两个品种的部件同时进入红色区域怎么办？"

"我猜，工人肯定要选择他下一步要生产哪种产品。"

"这能控制不过量生产吗？"

"好吧，确实不够清楚。"沃德若有所思地说。

"把这个问题弄清楚，安迪。"詹金森坚持道，"鲍勃说得对。所有这些手段的目的，都是暴露问题——而不是解决它。你们想要解决什么问题？"

"好吧，我们所做的就是为了能在这一个工作站上及时化地生产五种产品。"

"怎么做？"

"取出一个，再做一个。"仙顿皱着眉头说，"补充存货。"

"还有呢？落了什么？"

"顺序！"沃德惊呼，"要按照顺序。我在白塔尼见到的就是这样，我几乎忘了，这一直在困扰我。"

"没错！按顺序补充存货，这是原则，按顺序单件生产。"

"工人不会过量生产是因为你标明了等待的顺序，所以工人知道下一个该生产什么。"

"白塔尼用的什么？"詹金森关切地问道。

"他们没有用这种板子。"沃德闭着眼睛努力地回忆，"他们用的是一种管道，来挂看板卡，那是一种排队系统。"

他怎么会总是犯这样的错误？他以前看过教学片，但他从这一刻起才真正记住。他并不是不知道答案，而是不知如何联系起来。"我们需要把生产的顺序可视化。当然，这很重要。你说的对，我确实在白塔尼见过这东西。我怎么总是忘记这么明显的事情，真糟糕。"

"真正的难题是问自己正确的问题。"詹金森有些生气，继续说，"咱们每次分析一个活动的时候总会考虑什么？"

"我们希望从中得到什么结果。"

"对，如果你之前问过自己你想要从这破板子上得到什么结果。"

"我们应该仔细考虑我们想要解决什么问题。我应该设定降低库存的目标。我们应该对所有的事情发问。"

"而且你应该先打电话给马克，而不是等到我们来这发现问题。"总裁埋怨说。

"你，年轻人。"伍兹对可怜的站在那里的马丁说，"不要让你的管理层这样对待你，当你想做改善的时候，按照这个清单。"

1. 我们试图解决什么问题？

2. 我们希望得到什么结果？

3. 我们应该依据哪些原则？

4. 我们得到想要的结果了吗？如果没有得到，那么是什么原因？

5. 我们从中学到了什么？后续该怎么做？

把这些记下来，现在就记下来。你不应该让你的老板牵着鼻子，明白了吗？

"计划－执行－检查－处置，"沃德喃喃自语道。

"没错，PDCA循环！你认为改善研讨会的目的是什么？"伍兹夺过话头，说，"现在，有人能带我看看你们真正取得了效果的车间吗？"

"这边。"沃德说，"我相信这里我们做得很对。"

他们来到了一个装配小组前，这里有三个工人正在忙碌地组装产品。工人们突然见到这么多人显得有些紧张，但谢天谢地他们之前已经被叮嘱过了，因而没有被打乱节奏。詹金森郑重地走进去，和每个工人握了手，而伍兹只是木然地看着。

"这种产品，"沃德说着，传递着一个产品给大家，"和白塔尼生产的一种很相似。他们车间只需要三个人生产，而我们过去需要六个。自从菲尔上次视察之后，我们达成共识，通过改善可以提高生产率，正因为和白塔尼的差距，我们选中了这个小组。"

"这是暴露问题的正确途径：与标准之间的差距。"詹金森表扬道，"很好，继续说。"

"没错，我们的问题很明确了，就是要达到白塔尼的水平。我们达到了这个目标，这不仅意味着工人的数量精简了，还意味着要遵循客户的需求。"

"根据销售的速度来决定生产的速度。"伍兹表示赞同。

"首先，组织工人组成生产小组，通过这一步，我们从六个人减至五个人。然后我们计算了节拍时间，记录下每位工人的操作时间，经过 20 个循环，绘制了一个图表发给每个人。"

"我们发现了很多工作循环时间的不同，大多数是因为物料供应的问题。当我们成立生产小组之后，我们在走廊中设置了货架，盛放少量的零件。但工人们还是不得不打乱自己的工作节奏去拿零件。然后，在您上次来以后，咱们经过讨论，通过强制实行单件流，我们与生产工人交流后，轻易地解决了生产线平衡问题。"

"那个小伙子怎么了？"詹金森好奇地说，"你知道……"他说着指向自己的眼睛。

"临时工。那之后的几天，他就没来了。"

"那很遗憾。他很有潜力。"

沃德从来不知道到底发生了什么事，只是怀疑其他工人给费德南穿小鞋了，因为他在管理层面前表现，最后使他不得不去其他地方找活干。

"总之，基于节拍时间的计算和周期时间的管理，我们确定了所需的最少工人数目。最终，减到了三个人。"

"但我还是看不到标准化的工作。"伍兹皱着眉头说。

"您说得对。"沃德叹道，"我们还没有公布出标准化工作。"

"而且我也不认为，你的目标能代表合理的工作量。"伍兹接着说。

"您的意思是？"

"你看看生产分析板上的目标。这很明显是不可思议的，因为只要几个小时工人就能做到。你说你们已经确定了最小化的工作量，对吗？"

"没错，那就是写在生产目标上的。"

"那，他们怎么能达到这个目标？这是真正的最小工作量吗？"

"并不是。"沃德犹豫地说，"我们和制造工程部门的人一起，是他们决定的什么是合理的工作速度。"

"所以，这不是实际工作量，同意吗？"

"嗯，如果你这么说的话……"沃德默许了，并不肯定该怎么回答。

"所以，咱们总结一下。"伍兹说，"我看到的目标不是依据真正的工作量制定的，也没有看到公示的标准化工作。你们怎么能进行改善？"

沃德看看伍兹和詹金森，感到很沮丧。仅此一次，他认为自己做对了。但显然还是漏掉了什么。

"我来换一种说法。"总裁打断说，"你们提高了生产率，对吗？"

"我们确实是。"

"那么你什么时候准备把这缩减至两个人？"

"什么？"沃德怀疑地脱口而出，"我们已经把效率提高了50%，你还要我们更进一步？"

"这就是所谓的改善，持续改善，而不是一步到位的改进。这是有根据的。"

"'改善之后，继续改善'，我的老师总是不断地这么说。"那老头说着，一根指头在空中指指点点，"这才是改善的本质。除非你意识到'管理即改进'，然后继续改进，否则你就没理解精益管理的精髓。"

———

"我上一次来工厂的时候，咱们讨论了现场观察的四个方面。咱们来看看：你们已经改善了一些客户服务，也做了不少努力提高生产率和维护机器。但请记住，迄今为止，我还没有看到你们任何有关改善财务问题的努力。"詹金森在详细了解情况后在回会议室的路上说。

"老板，我们的产量太少了……"生产经理抱怨道。

"跳过这一条。"总裁说着，举起了他的手，"我们都面临着问题。这样的情况我经历过许多次，也懂得其中真正的差异所在。尽管对于你们所做的工作，我深表感谢，但我确实没有看到什么财务数字上的改进成果。如果你们想成功，我需要你们把改善的精神贯彻到每位员工。"

这意味着我们要更好地理解可视化管理：

——我们要让生产可视化；

——任何时候都要暴露出问题；

——一个接一个地解决它们；

——改进我们的管理实践。

"这同时意味着管理层必须到现场去观察，并且，当出现问题后，要亲身参与其中，组织起恰当的人，弄清楚问题，并同时找出即时的应对策略和问题的根本原因。这是改善精神的第一个方面：使正常状态可视化，确保任何人都能分辨出正常和不正常，并且能立刻找到可以解决问题的人。如果你和在座的各位没有决心和恒心的话，这一切就都不可能实现。所以问题是第一位的。"

"第二个方面涉及改善的节奏。你们做得足够了吗？你们是否组织了足够的人力？我的第一条原则就是，每位工人一年至少参加一次改善活动。但无论如何，最重要的是，我们需要明白，改善不仅是我们首要的工作，而且是我们工作的全部。你们改善了一个生产单元，这很好。但难道我应该因为你仅仅完成了自己的工作而祝贺你吗？更重要的问题是：我们改善的这个过程真的有效吗？我们从中学到了什么？是靠谁做到的？我们什么时候会进一步推广这项工作？"

"听着，你们或许会感到失望，觉得我一定是疯了，对你们的要求太多了。那么现在就让我告诉你们，我的期望是什么。我期望你们，能在这家工厂中做到，管理即改善。我们的现状并不可取，因为每个工序都在加班生产，这是一场不会停息的竞争。此时此刻，我能确定，你们觉得自己已经做了很大的努力来扭转工厂的颓势。请相信，对此我深表感激和重视，但这并不是我所期望的。你们的任务首先是明确你们自己的任务，那就是，改善是你们的主要任务。管理即改善。"

⌁

"他们已经走了吗？"早餐时间，桑德里·伦布罗索坐在餐厅问。

"我觉得是。"另一个工人回答说。由于团队慢慢地稳定下来，在早餐时他们逐渐地聚在一起。一个经验丰富的工人加入了他们的团队，这令大家都很惊讶。她就是克兰其，虽然她不是太有人缘，但大家都尊敬她，毕竟她是车间里的老手。

"哈哈，他们又来视察你们了。自从第一次改善之后，他们总是来看你们的小组。"

"他们还不坏。"坐在桌子对面的一位瘦小的中年女工回答说，"但他们总是怒气朝天，花费好几个小时争论一些显而易见的事情。"

"那生产率提高是怎么回事？自从他们开始这些改善活动，你们就忙得没有喘息的时间了。"

"唉，我也不知道。他们确实改善了不少，工作变得简单了一些。"

"我简直难以置信。希尔维！你是工会的代表！"伦布罗索大声说，"你是在为他们辩护吗？"

"我没有辩解什么。"希尔维底气不足地反驳道，"我来这儿是工作的，如果我们不用更加辛苦就能生产出更多的产品，我肯定支持这么做。这毕竟能保住咱们的工作。"

"不用更加辛苦，哼！"另一个女工不屑一顾地说，"希望如此！我们过去总有时间抽支烟或是聊聊天，现在我都不能经常见到你们了。你还想让我相信你们不辛苦。你们已经接受了，就是这样。"

"你给我走开。"一个年轻女工打断了她，"我赞同希尔维。我们没有更累，只是大大减少了中断的时间，我是说，我们只是没有让时间白白浪费，我发誓。而且现在，当我下班回家之后，也没有以前那么累了。你还记得以前下班之后，咱们有多累吗？"

"对啊，我的腰已经不用再带那些护具了。"那个工会女成员点头说道。

"荒唐！简直令人难以置信。"年龄稍长的女工说，"这最终会毫无结果的，你们会看到的。所有这些'改善'的招数，我之前给韩国生产电视机的时候，都已经领教过了。这只不过是靠压榨我们来提高生产率。记住我的话，你们会看到那一天的，会的。"

"如果你非要这么说的话。"希尔维抱怨说，拿起她的餐盘走了。她并不喜欢伦布罗索，只是也害怕事实会被这个老家伙不幸言中。她很喜欢工作小组中所做的改善活动，她也看到了这样做的效果。没错，这意味着和那些顽固的老经验们对着干，而且他们似乎能看得更远。但毕竟大家都是凡人，他们又能知道什么？不过她确实有些担心结局会是怎样。他们已经做了一些快速提高生产率的工作，而且她并没有质疑降低成本的合理性，但她确实怀疑这是否公平，或者是否会影响到工人。她也深知，作为工会领袖，她积极参与改善活动或许会造成些麻烦。哦，好吧，她想。至少我们改善了工作环境。

当沃德开车送这两个人回城的时候，他不停地想，为什么他们每次视察都这么细致入微。他之前所学到的管理理念，是应该与生产中的细节保持距离，这样才能总揽全局，而且要让下级员工做好自己的工作。但现在，无论是他的总裁还是顾问，都在这些细节上花费了大量的时间，连维护经理都对此不解。他过去所养成的是总体上分析的技能——研究全球的状况，然后找到总体的解决办法。这根本不适用于把他们挑剔的那些问题放到显微镜下去研究。事实上，他怀疑詹金森到底有没有战略眼光。这个人貌似很清楚自己在做什么，也给公司指引了很清晰的道路，但很难看明白他要把公司引向何方。所有这些具体的改善都很棒、很有效，但沃德不知道，这如何能扭转整个公司的局面。

老实说，沃德甚至怀疑这是否能拯救自己的工厂。尽管这些话他不吐不快，但他还是很谨慎地没有问起佛顿工厂的未来。詹金森没有提起什么，沃德也不愿陷入这些争论，以免加速事情发展。但他很清楚，自夏天以来所做的工作并没有使他的财务状况有明显的改观。这其中有些是自己的失误。比如，穆勒确实大大增加了注塑机的可用工时，这令沃德确信他们有能力大量减少周末加班。但由于生产安排和物流计划间的一系列误解和失算，隔周的加班还是难以避免。在很大程度上，他努力保持着希望，直到目前为止，还没有什么有关工厂要关闭的消息。

他还必须为弗兰克·巴雅德和斯蒂格勒之间由于那些被从生产线上分流的工人而引起的日益加深的争执做仲裁。由于制造工程师的支持，几乎每次由年轻的马丁主持的改善研讨会，即使完全没有考虑到老伍兹所提到需要注意的因素，他们都能把生产小组的人员编制减少20%以上。但这些生产率的提高，并没有反映到财务的数字上。沃德已经开始怀疑，虽然通过改善减少了工人数量，但还没有真正解决问题，随之出现了下班后缺货再加班弥补的局面。这同时可以解释员工们对于工作小组定员的抵制，正如伍兹所言。沃德要解决的另一个令他无所适从的问题是，他无力独自做好这些。或许詹金森和伍兹说得对。只有仔细检查每一个特殊的情况，才能真正了解该做什么。

"你们总是在说精益管理，"沃德说，"但你们只是不断地教给我们一些方法。我觉得这不是靠一些方法就可以解决的问题。"

坐在他后面的伍兹开心地笑了。

"有一个关于禅的故事，说在你参悟之前，山在你看来就是山。当你用心参禅的时候，山在你眼中就不再是山。而当你最终顿悟的时候，山依旧是山。"

"鲍勃。"沃德笑着说，"我觉得这确实很深奥，但我还是不明白你的意思。"

"当你刚开始接触精益的时候，面对的只是各种方法手段。这无可厚非，因为你必须先进入问题之中。当几年之后，你会发现这不仅仅是一些管理方法那么简单的事情，而更是一种管理的态度。"

"像是现场观察和改善精神一样？"

"没错。但是当你最终精通此道之后，你会发现到头来还是这些方法。并不是这些方法本身，而是你如何应用它们达到目的。"

"这些方法只不过是帮助你理解的手段，"詹金森补充说，"帮助你理解问题，这就是为什么要严格地应用这些方法的原因。虽然现在没有任何结果，但只要你的态度端正，它们最终会以一种前所未有的方式令你茅塞顿开。反之，如果你的态度出了错，就很难有什么收获。"

"这就是你们英国佬征服世界的手段。"伍兹说，"土著们很快就学会了怎么使用毛瑟枪，但他们始终不明白如何群射以及这背后所需要的组织。所以他们从没有击败过你们的红衣火枪手——火器给他们带来的只是延缓被消灭的速度。"

"他们的人数还远少于白人。"沃德反驳道。

"年轻人，当你手指向月亮的时候，你应该看着月亮而不是自己的手指。"伍兹生气地说，"原谅我不恰当的比喻，我要说明的是，这些方法只是一种思路的衍生品。如果你以一种错误的思想运用它们，你将陷入技术层面的泥潭，不会真正有所斩获。"

"看着手指而不是月亮，就是比喻这个。"沃德赞同道。

"我们所做的这一切，一次一次不厌其烦。但另一方面，你必须应用这些工具，不能忽略它们——它们是处理那种顽固情况的标准分析技术。有时候会有其他的方法，但并不像解数学题的方法那样多。如果你没有掌握这种标准，而是误打误撞，那么你在找到对策之前还会煎熬很久。"

❧

"太神奇了！和艾米说的一样。"鲍勃·伍兹大喊道，"你看那边。"

在这个阴冷冬天的细微阳光中，克莱尔站在暗淡的蓝天下，身边的沙土中掺杂着泛着光亮的雪花。她的卷发被风吹散在身后，笔直地站在一匹巨大的种马前，马的毛色在雪地的映衬下黝黑发亮。当她抓紧缰绳的时候，那匹马用前蹄蹴地，她手中的马鞭纹丝不动。这种场面沃德见得多了，但每次都会被他妻子面对畜牲时的勇气所鼓舞。他不禁想，这样“美女与野兽”的场面会对他的客人造成多大的震撼。克莱尔站在那里，磐石一样地与那匹马对峙着，马的身上泛着汗水的光亮。他们如痴如醉地看着。

“这匹马的名字叫特兰格，堪称是马兰科特的骄傲。”沃德解释说，抱着查理，小孩子穿着冬装依偎在他怀里，看起来像是一只熊仔。“它非常棒，简直不适合待在这么小的马场，但它的主人是克莱尔的一个好朋友，一个当地的富家女儿，嫁到了一个更有钱的人家。夫妻俩都是由克莱尔的父亲教会骑马的，女主人不知道还有什么更好的地方寄养它。她很热心地支持克莱尔的工作，她是每年比赛的赞助者，这使我们出了名。”

“简直难以置信。”当那匹马跳起来的时候，伍兹大喊道。克莱尔则表现得令人惊奇，接着训练。立定、后退、前进，让马安静下来。早晨的时候，克莱尔一直用套索训练它，现在是时候该装上马鞍了，而这匹得奖的烈马总是令人棘手。

“吁！放松。”克莱尔镇定地说。而那匹马总在不停地摇着头，鼻子里喷出两道白气。

“这些马需要按时接受训练。”沃德解释说，“遗憾的是，冬天里它们被乘骑的时间不足，所以当把它们放出来遛的时候，总是非常兴奋。”

这两个美国人并排站在那里。伍兹的脸上洋溢着笑容，显得年轻了许多。詹金森仍旧是那种沉思的表情，而且更加明显了，与他身上的羊绒外套很不协调。

“不好意思，”沃德打了个喷嚏，感到非常的冷，“我得先把孩子送回家里，然后准备咱们的午餐。请不要客气。她马上就要骑它了，这很值得一看。”

“我们就不打扰你了。”詹金森反应过来，有些拘束地说，“由于我们决定今晚再去布拉格，鲍勃才坚持要来这转转。很明显，艾米告诉了他有关这里的事情。我们就不打扰了，我们还是赶路吧。”

“没有的事。”沃德笑着说，“这一点儿都不麻烦，克莱尔让我一定要留你们吃顿便饭，她很期待认识你们。”

“你说真的？”

"当然。你知道人们都怎么说？"沃德打趣道，"千万不要与拿鞭子的女人争吵。来吧，查理，咱们要回家去了。"

"请用，它们能暖暖身子。"沃德说着给二人各倒了杯香槟。

"啊哈！"伍兹激动地说，"这才是男人该喝的。我猜里面有酒。里面加了什么？"

"当地的鸡尾酒：在普拉姆白兰地里加了少量的李子汁。"

"太棒了，真遗憾，我还得开车。"詹金森说完又抿了一小口，放下了酒杯。

"幸好我不用。"伍兹笑着说，"真是好酒。"

"你妻子很出色。"詹金森羡慕地说。听了二人的评论，沃德觉得她很得他们的欣赏。他知道看着一匹骏马全速奔来是多么的刺激，难怪詹金森和伍兹会这么印象深刻。

"我非常同意艾米的意见，这的确是一个很棒的农场。"他布满皱纹的眼睛闪耀着光芒。

他们喝着咖啡和酒，坐在能望到后院的窗前聊天。远处是一大片平缓的牧场，覆盖着昨夜的雪，一直绵延到长满赤杨树的小河边。牧场的另一边则通到森林的边缘。在视线的尽头，茂密的树木成为一道屏障，阻隔了白雪和蓝天。

"地板。"伍兹指着地说，"据我所知，传统的法国民居里是不用地板的。"

"这是克莱尔的主意。"沃德冲正在忙着哄查理午睡的妻子努努嘴，"她还把所有的隔墙都推倒了，在后墙开了窗。当他父母住在这儿的时候，这里全是小房间。"

"聪明的姑娘！"

"鲍勃。"沃德停顿了一下，想把话题转移到工作上，"我能问你几个问题吗？"

"当然了，问吧。"

"你对于我们生产分析板上的目标是怎么看的？为什么得到一个可实现的目标有困难？我认为所有的目标都应该，让我想想……"

"SMART。"詹金森笑着说，"有针对性的（specific）、可测量的（measurable）、可实现的（achievable）、符合实际的（realistic）、有时间限制的（time-constrainted），不是吗？我们已经看到了这套理论在阿奈斯特的效果，对吧？"

"依据你的经验，这很重要？"沃德问。

"没错。但实际上，我们同样看重有针对性的、可测量的、符合实际的、有时间限制的。"

"嗯。"沃德想想说，"针对性和可测量性，在生产单元中可以实现。时间限制也做到了，因为这是每小时的目标。但你总在质疑是否能够实现。"

"咱们看待这个问题的角度不同。"伍兹解释说，"这又是一个很具洞察力的问题，很难解释清楚。对我们而言，这些目标并不是你所想的那样。他们只是标准而已。"

"所谓标准，就是已知的最好的表现。"詹金森接着说，"所以，我们可以测定最好的工人几个工作周期的时间，就像上次我在这里时我们做的一样。或者，你们可以测定生产线上工人五个最佳周期的平均时间。或者，你们可以分析出实际的工作要素，测量 20 个工作循环里每个工作要素最小时间之和。无论你用什么方法制定标准，关键点是，对这个生产单元在今天的条件下所能得到的最佳时间，你要有一个真实的测量。"

"但要求工人们保持这种速度整整一个小时，这能符合实际吗？甚至整整 8 个小时？"

"这是改善精神的重中之重。"詹金森有些渐入佳境，他接着说："怎么才能在每个周期都达到最佳速度？所谓问题，就是现实与标准之间的差距，还记得吗？所以我们需要每时每刻都能看得到标准。"

"这听起来很艰巨，不是吗？"

"你们的员工不是按件计薪的吧？"总裁突然郑重其事地问。

"不，当然不是。"

"那么，这还有什么艰巨的？所以最主要的问题是那些'被忽视的因素'，你肯定会在你的工厂里发现这些因素的！我们需要灌输持续改善的精神，每时每刻。这就好像每周末都在公园跑步，你心里知道，大概 30 分钟左右能绕公园一周。当天气好的时候，阳光普照，心情舒畅，只需 20 分钟。如果天气下雨，道路泥泞，情绪不高，就需要 40 分钟了。这都没关系。但另一方面，如果你要参加比赛的话，'平均时间'也许是最坏的目标了。专业选手总是每次都尽力跑出最短时间。同样的道理也能适用于工作。如果五个连续的周期显示能达到每个班次 1500 件产品的生产能力，那么这就是目标了。不仅工人们要达到，而且整个团队，生产主管，以及工厂总经理都需要达到。工厂总经理能做什么确保团队达成这些目标呢？答案只能从改善中来。但你一定要警醒：如果遇上不好的情况，每个人只是简单地耸耸肩的话，那么世上任何的精益工具都帮不上忙了。"

"但是对那些工人们无能为力的问题怎么办？"沃德问，"例如，我们总是有机器的问题，物料供应的问题，甚至是身体疲劳。"

"安迪，这就是重点！如果咱们把这些因素考虑在内，然后减少每小时的任务量，那么对于你们而言，工厂总经理还有你的团队，就没有任何刺激因素可言了。这种态度就像：现在，我们制定目标的时候把所有这些不利因素都排除在外，还要进一步提高效率，拜托，那不可能，饶了我们吧。这种态度绝不可以！我们需要大家的参与！我们需要管理层为达到这些目标而承担起责任，要观察所有的问题，并解决它们，和工人们并肩作战，更好地制定生产流程。"

"可视化的生产。"伍兹补充说，"明白了吗？我们需要随时都可以观察到问题，然后一个一个解决它们。"

"同意。"

"但这还不算完成任务。"伍兹向后靠着，详述他的意思说，"一个一个地解决问题，应该会引导我们改进自己的管理实践。比如，在咱们今天看的生产线上，你提到了给生产线提供物料的问题，并且在生产换模的过程中，提前准备一批物料，还有专人一直不停地负责为生产线供料。我这么理解对吗？"

"那是我们正在做的，目的是减少工人在每个操作循环中的变异。这招的成效还可以。"

"但是你改变了工厂内物流的方式了吗？你有没有提高管理的标准？"

"您的意思是？"

"供应零部件和维护物料流的原则是什么？"

"产品被存放在生产的地方，并且按照JIT的要求准时地发运。我知道，这些储存品不应该放在现场，而是应该放在仓库里。而且我应该安装一部轨道小火车，像白塔尼一样，每10分钟运送一次。"

"很对。你想啊，你只是局部地做了些改变，而没有对你的经验进行全面的总结。在这件事儿上，你虽然做到了检查，却没有按照你的发现进行处置。解决这个问题应该让你重新评估自己管理物料流的整个方式。"

"我已经想过这些了。"沃德喃喃地说，"在物流部门设置一片中心区域，把所有需要的零部件装在小箱子里准备好，然后用小火车运到生产线上，但是……"

"没有但是。你应该学着如何做到这些。这就是改善的要点：

一是可视化生产以暴露所有的问题。

二是一个接一个地解决问题。

三是改善管理实践。

我听说每当丰田建造一个新工厂的时候，他们总是先根据全球范围内他们最好的工厂的表现，来为每件事情制定标准。我不知这是真是假，听起来棘手，但并不令我惊讶，他们的思路就是这样。"伍兹说。

詹金森喝完杯中的咖啡，说道："关键是，生产分析板上每小时的生产目标不单单是为工人们设立的。咱们退一步讲。第一条原则，当然是生产的速度应该与销售的速度保持一致，或者尽可能地保持一致。不能过量生产。所以，节拍时间决定了我们生产量的需求。那么，依据生产线上的工作内容，我们可以确定需要多少员工，以及他们每小时的工作量，然后分流多余的工人。最佳的员工数应该是工作内容除以节拍时间。精益的要点在于，工作内容也是精益的，里面不应该留有任何的松懈。工作内容应该是生产一件合格产品所需的最少工作量。正如我所说的，这些数字不仅仅是给工人们的，而应该是大家共享的，可以帮助大家找出共同达到目标的办法。"

沃德琢磨着这些话，说："所以我们永远也不可能完全达到这些目标了，因为一旦我们实现了目标，我们就需要重新检查标准，它们会变得更加严格。"

"是的，但重点还是在于目标是可实现的，而不是超出管理层的控制。这是一个对几个生产循环的客观测量。然后你要找出，需要做些什么才能持续地做到，一个小时、两个小时，乃至一直如此。为此，你找到了波动的原因，然后解决它们，这就是改善。"

"注意，我们的关注点一直是'潜力'水平，而不是'平均'水平。这种关注使正常化运作显得更加重要。我们不是仅仅让一个流程运转，而且是要花时间弄清楚，如果能持续地以最佳状态运行，它所能达到的潜在效果。作为管理者，如果你开始问自己，是否每一秒都让自己的流程最佳运转，而不是差不多就行了，那么你自然就会关注工人是如何工作的。显而易见，一个有竞争力的运动队需要一种不同的管理和教练的指导，而不仅是一场周末的比赛。如果我们想让流程总是以最佳状态运转，我们就需要关注一线的管理者们是如何认识自己的工作的，还有生产流程中的技术细节，以及他们如何指导自己的队伍以保持一流的状态。"

"这样一来，努力改变潜在的'如果没坏，就别急着修'的意识。任何麻烦的迹象，都需要及时排解，否则我们永远不会达到那些潜在的目标。我们需要在有事情出错的第一时间应对，而不是简单地把产品从生产线上拿下来交给客户。任何一个不符合标准的产品都是窘境的前兆。在不良品出现的第一时间应对，是检查一线管理是否能有效组织团队保持最佳，以及在真正危机前如何应付麻烦的最好的方式。"

"好吧，这真是一种不同的思路。"沃德低沉地说，"但我每次尝试，总是碰到这样的思维障碍。我就是难以明白这些道理，不是吗？"

"你认为，我们中有人是突然想到这些的吗？"鲍勃笑着说，"我花了15年的时间，最终才想明白这是思路的问题，而不单单是运用这些工具的方式问题。长久以来，我一直相信我需要做的就是找到精益的工具，这样，我就能战胜丰田。我确信我们有实力赶超他们。但花了很长的时间，才发现我们并不是在同一种思路上。你可以问问菲尔。"

"是的。"詹金森回答说，"这一切来得并不容易，也不迅速，相信我。我是一个工程师，全靠艾米才让我明白了这些，真的，一切全都是关于人，以及他们处理问题的方法。真相是，通过事后之见，我发现可以有很多大不相同的解决办法，从持续改善，到让最天才的专家研发出什么革命性的技术。"

"让大家有事可做。"沃德若有所思地点点头说，"因为他们都参与其中。"

"同时，他们也确实知道很多——他们的毕生时间都在和这些产品、机器打交道。对咱们自己的挑战，就是要向他们问出正确的问题。"

"因此，就有了生产分析板。"

"还有，第一次遇到可疑情况时就叫负责人来，有不良品时就停止生产，等等。真正了解是什么出了错的方法就是现场观察，出了问题的时候就待在那里。我能再要点儿咖啡吗？这真的很棒。"

"咱们说了这么多应对问题的事，然而在改善的理念中，找到根本原因也同样重要。"当沃德拿着浓咖啡回来的时候，鲍勃说，"很多年前，我是一家类似这样的生产塑料产品和汽车配件的公司的生产副总裁，我们努力搞好与丰田的关系。我印象深刻，有一种产品我们总是做不好。10件产品中就有一个报废的，那个丰田的老师对我们很严厉，因为我们总找不到解决方法。"

"最终，他让我们在注塑机边上设置了挂纸板，详细地展现了整套的铸模生产流程。问题是，'我们需要做些什么，才能生产出色的产品？'所以我们回顾了所知道的关于注塑的一切基本知识。然后他要求我们列出所有可能引起问题的因素。那是一台新的机器，所以我们只是考虑了那些平常的东西：压力、温度、螺杆的形式、模具的维护这类的事情。"

"那时，我们大概列出将近 10 条可疑的因素，他要求我们一一验证。他建议我们'每天用一个小时的时间做试验，直到找到正确的原因'。有些情况下，这种活儿并不容易，但通过彻底的分析，我们最终成功地把所列出的因素都验证了一遍，却没有得到什么肯定的结果。这样的结果令人疑惑，但老师只是说'再想想更多的因素'。"

"最后，有人想出检查一下仓库中采购的原料。我们之前从未想过，因为这是公认的高密度塑料颗粒，丰田是不允许用再生的塑料给他们做产品的。所以我们在仓库的不同位置采样，最后不出所料，我们的供应商提供的原料来自不同的生产地，也就是说，材料不一致，这就影响到了产品的质量。我们与供应商严正交涉，最终解决了这个问题。"

"可笑之处在于，这之后我问老师，找出这个问题他花了多少时间。'哦，'他说，'这很容易，立刻就想到了。在丰田，他们会经常检查 4M：人力、机器、物料，还有方法。你们的机器没有明显的问题，所以我想到了物料。我们因为物料的不稳定有很多问题，这就是为什么不让你们现在用再生塑料的原因。当你们对于生产流程足够了解的时候，我们或许就可以用了。'"

"'你为什么不早点儿说？'我问他，'我们已经为这个问题花了好几个星期的工夫了。''我知道，'他回答说，'你在尝试过 11 个原因之后才找出正解。如果我马上告诉你，你们只能学会一条。这样一来，你们就学会了 12 条，现在你们知道了其他 11 条因素对于这种缺陷没有影响，而是原材料的原因。这比我立刻告诉你们，能让你们学会更多。'"

"我们只有在自己知道错了的时候，才能真正学习到，是吗？"沃德苦笑着说。

"而且咱们在半数时间里都在犯错误。"詹金森打趣地说，"问题是，咱们不知道是哪一半出了错。"

"如果你问我的话，我只能说道路坎坷啊。"沃德抱怨道。

"有人说过实施精益是件轻松的事吗？"伍兹笑着说，"精益的关键在于击败竞争对手。这当然是很困难的，但没办法，这就是工作。"

詹金森欠欠身，相比于他的身材，椅子就像是个玩具，在他身下吱吱作响。沃德总想收集一些老式的皮革座椅摆在壁炉前，但就像其他的家居用品一样，他没有买到，所以只能用木制的椅子将就着。如果按照克莱尔的设想，她肯定会把这里装饰成震颤派风格。他们共处的第一个夏天里，他们去美国东海岸度假，在那里克莱尔迷上了木器。他们接手马兰科特后的第一件事就是重新装修了农舍，这令所有人都大吃一惊。注意到总裁不再继续这个话题，沃德终于发现了这个男人令人讨厌之处，那就是他总是慢吞吞的。他说话缓慢，行动迟缓。但既不笨拙，又不迟钝，反而总是极度的深思熟虑。总之，沃德明白了不应该低估菲尔。

"伍兹的故事的重点或许并不是你所想的那样。"詹金森用他单调乏味的语气解释说，"对于这些丰田的故事，你可以很随意地听听，但故事背后的经验却是最难学的，对我而言就是这样。"

"当伍兹在我的第一家公司指导精益生产的时候……"

"你把我从车间里赶了出去。"鲍勃戏谑地插嘴说。

"就像我说的那样，当我刚开始接触的时候，我用一种工程师的眼光看待精益。我们暴露问题，然后解决问题。我们当时陷入了资金短缺，但那当时只是一个小生意，所以我差不多能亲自参与到每项事务中。当时工作很辛苦，而且多少有些浅尝辄止，但最终我们还是渡过了难关。"

克莱尔终于把孩子哄睡着了，安静地拿来一碟点心。

"艾米跟我们说过一些这件事情的情况。"她说。

"当时艾米就离开了，辞职后做了咨询师，这令我陷入了困境。我是说，我们曾经境况很好。最后我们摆脱了困境，找到了对策，她为此贡献很大，然后她就离开了。"

他摇了摇手，好像艾米当时的选择仍然令他沮丧。

"这以后，解决了麻烦，我们有机会在那个小地方收购了其他的小公司。这很疯狂，没错，因为我们摆脱了自己的困境。虽然我们尽了力，能用过去的方式维持运转，但所得的效益仅能勉强维持。最后，我们希望能够通过增加销售额，增加公司的价值，而不是全部用来偿还债务。"

"长话短说吧，这个很有用，但再一次的，又出了乱子。"

听到这，伍兹笑了。"别说这些了，"他笑着说。

"还没那么糟。"詹金森微笑着说，"不管怎样，鲍勃最终还是成功地让我认识到，我不能一个人做这一切。我学会了解决问题，并且让工人们参与到改善中，但我没能让我的管理层和我保持一致。我还是指挥着每个人，就好像他们是我意愿的延伸。我能制订计划，监督实施。但我觉得只要我没有亲自参与，事情就会出错——这是一个理性的感觉，他们也总是这么想。"

"鲍勃总是跟我说我管得太多了，我应该去教他们，而不是那样叫他们做事。一个人怎么能管那么多事情？这是不可能的。"

"然后，有一天，我在一个会议上遇到了一位丰田的高级工程师。他的工厂在美国，就快要退休了。他管理着大概150位工程师，这几乎是我所有企业中工程师数量的两倍。我们讨论起工程师们管理起来有多难，他评价说那就像是在'养猫'。然后我问他怎么分配自己的时间，他告诉我每周花两小时左右的时间做些行政上的管理工作，其余的时间，他会亲自参与到解决问题的过程中。"

"似乎他每天在办公室和会议室的时间不超过两个小时。"沃德打断说。

"或许是，我很不了解他怎么能花这么少的时间在管理上，但我很赞同亲自参与到解决问题中。那家伙又说，'当我遇到问题时，通常都是人的问题。总有人不知道如何处理各种事情。所以，也可以说我花了大多数时间在教别人怎么做。这是我们公司的系统一直教我们的——要做个老师，而不是管理者。'"

"我一直在跟他这么说，他总是不听。"伍兹调皮地眨着眼镜，打断了他的话。离开工厂，他就像是换了个人。没错，他确实是个倔强的老头儿，但他也有他的幽默，这令沃德对他有了更多的好感。

"这就像是主显节（epiphany）[⊖]，"詹金森接着说，"我不得不传授改善，而不仅仅是亲自执行。我必须要让我的管理团队真正理解持续改善。所以在那次见过他后，我开始把这种想法付诸实践。显而易见的事情是，我需要让我的管理团队学习这个过程，就像我自己那样。所以，当我回去后，我就把包括子公司的所有管理层都召集到了车间里，我们做了一次快速换模。然后我告诉他们，这就是我所希望他们做到的，如果做不到就请另谋高就。那又是一个领导、追随，或者走人的故事了。"

"这有效吗？"克莱尔好奇地问，她总能有办法对于人们全神贯注，就好像对待她的马匹一样——尽管很少有人能令她感兴趣。沃德总是觉得她的这种性格令人难以抗拒，就像是照耀他的阳光。

⊖　宗教用语，意指对事物真相的领悟。——译者注

詹金森迟疑地说道："世上没有那么简单的事儿，但，没错，最后还是见到了成效。这以后我们又收购了更多的公司，平均一年一个，他们都得到了还算不错的回报。"

"管理者一定要是老师？"

"让我告诉你，"詹金森笑着说，"这就像是一个谜题。我并不是完人，我也很清楚这一点。有时我也被难住了，我也没有万全之策。到后来，我还是给自己制定传授改善的标准。"

"这儿的风景真美。"他看着窗外，突然说。或许是被那些阳光照耀下镶着金边的树叶吸引了。

"夏天的时候，我们在那片牧场养小马驹。小河的那一边是一块耕地，马上就要收割了。"克莱尔说。

"你能告诉我，你是怎么做到的吗？"沃德身子先前倾着，诚恳地问道。

"对于我教别人的标准作业？不知道这能不能帮上你。"

"至少不会添麻烦，不是吗？"沃德说。

"我管这叫基于解决问题的管理，这可能听起来有些傲慢了。"詹金森慢悠悠地说着，就像是快睡着了，"一共有7个步骤。"

1. 现场观察。

2. 使问题可视化。

3. 衡量局部的绩效表现。

4. 标准化当前的做法，与过去的最佳水平做比较。

5. 传授基本的分析方法。

6. 做试验，并收集反馈意见。

7. 为整个生产系统做正确的总结。

"这第一点，我想你现在已经很熟悉了：这些天你花了多少时间在车间里？"

"比过去多了很多。或许不像马克那么长，但至少每天有一半的时间。"沃德回答说，"这或许没有展现出来，但这些天我们确实在车间现场做了很多工作。如果我没在车间现场，什么都不会发生。我觉得我真的陷入了贝克梅耶的麻烦，这些天都没有电话来找我。斯蒂格勒可以为此证明。"

"别在意这些，也不要觉得我没有看到你们的改变。但我要的是结果。"

❧

公正地说，沃德确实在车间里花了很长的时间，变化也逐渐显现。首先，他把自己从必须亲自检查红箱子的现状中解脱了出来。他不在的时候，从得到的报告可以看出，过去的检查工作就会变成管理团队不停地争吵，而现在，工人们开始重视，并开始发表自己的意见，没有什么比这更好的了。他还做到了让工人们系统地参与到讨论中去，但这，不知为何，还是让穆勒和斯蒂格勒心存芥蒂。但或许，这仍是他两唯一能达成共识的问题。

事实上，他已经养成了对红箱子的兴趣。他向巴雅德和穆勒学到了很多。技术经理和维护经理很少对问题的原因达成共识，哪怕是最平常的问题，但这是一个教育的过程。就在上周，他们还在讨论引擎覆盖件上的一个缺陷的原因——那种产品表面上的银色条纹。穆勒认为，这是由于模具腔内温度过高，导致了树脂的分解、碳化，碳化了的碎屑在注塑的时候浮在表面，造成了表面的瑕疵。巴雅德则针锋相对，认为这问题是由于模具的开口太小了，造成了对于液态塑料的阻力，所以炉内的原料才会软化。沃德也不知道谁对谁错，但这很美妙。因为现在有了伍兹教的技巧，他看到了一条可以更加清楚、不用更多无用的争吵的前进道路。

确实，这些讨论对于他们学习实施精益里面的自动化（Jidoka）部分帮助很大。伍兹对于自动化的最初定义是：无论手头在做什么都要停下来，而不允许生产第二件不良品，直到指出是什么出了错。沃德已经为此做了很多努力，还把伍兹请来检查。

"把这想成是认证的过程。"伍兹建议说，"生产中的每一步一定要在确认无误后才能继续加工，这才能一次就产出合格品。每个工人或者机器，无论做任何工作，都应该能辨别上一道工序的产出是否正常。当有怀疑的时候，生产线就要停止，并且会有人来仔细检查发生了什么。但这并不意味着在找出明确的解决办法前生产线都一直停工。每一次生产单元停工的时间只应该持续几分钟。自动化意味着不良品不会流入下一道工序。所以，工作、确认，如果有问题，停工、检查。

与穆勒、克拉拉、巴雅德共事，他们罗列出了每个工作站上需要马上改进的一系列缺陷。由于不常见的缺陷很少出现，他们制定了连续不良产品的一系列确切的数字规定，一旦达到数字规定，生产主管必须介入或停止生产。

唯一令沃德遗憾的是，斯蒂格勒和查蒂都没怎么参与这些讨论。事实上，他并不清楚该怎样化解自己团队中日益严重的矛盾，一方是工程师们——穆勒、卡罗尔，还有渐渐倾向于此的莫丹，另一方则是管理人员。他能预感到领导层出现分歧的危险，但却没有解决这些危机的好办法。

詹金森关于"一天洗三次手"的话也被他记在了心里。早晨，沃德没有直接去查收自己的电子邮件，而是悠闲地在车间现场逛逛，沿着詹金森的路线，从装箱发货的地方一路走回注塑车间。他为此感到自豪，但从未承认过。这听起来很荒谬，但抛开来自美国和纽霍夫的坏消息就像是戒烟一样困难。伍兹那句"花钱雇你们是干什么的？"的问题仍然让他心里隐隐作痛，所以沃德觉得自己比以前更加投入在工作中了，尽管有些凌乱、无组织。他每天都在车间里巡视，这导致他取消了管理层早上的例会，因为他没有时间参加。

还有，他回想昨天的车间检查的事情，突然想通了一件事，那就是所谓"通过走动巡查实施管理"（这一点他一直在做），与他的总裁心目中的"精益管理"之间的根本区别。没错，他已经学会了花更多的时间待在车间里。没错，他也已经在努力听取别人的意见。这在很大程度上改变了他自己的管理方式和对整个工厂的认识，但他还是不确定该问些什么问题。

伍兹的那一套用可视化管理来教会员工看清问题，并且参与其中、支持持续改善的方法确实很有效。它使"通过走动巡查实施管理"，从一个美好的愿望变为一个目的明确、行动导向的管理技巧。沃德曾经质疑这样花费大量时间，观察周围的重复性的工作，不知道该如何应付。他每次巡查前都信心满满，就像刚开始检查红箱子时一样，好让詹金森看到自己能够到现场去坚持这些工作，但他现在逐渐明白了，离开那些实际的、细节的改善活动，他的巡查可以说毫无作用。那种想要教会工人们认识问题，然后帮助他们解决问题的念头，在沃德脑海中非常强烈，尽管他觉得技术上还难以做到。唉，算了，困难让生活充满乐趣，他只能这样提醒自己了。

❧

"第二点是让问题可视化。"詹金森接着解释道，"这是精益管理方法的独到之处，也很复杂，因为这确实需要一些技巧。你要教会工人们如何简单地把他们的问题可视化出来。比如说，因为我们快要用完我们所有的现金了，我们要在财务部将所有未支付的客户发票都可视化出来，而这只需要简单地把这些票据叠放在墙边上就可以了。红箱子和车间里的库存仅仅是个开始，任何问题都可以被可视化出来而不需要花钱，但你要教给工人们更聪明的办法。我并不是说从电脑里把文件打印出来，贴在告示板上。我需要的是实在的，就像是路旁的指示牌。一些真的东西。"

"你又在说教了！"伍兹嘲笑着打断了他的话。

"得了吧，给我一次机会。"詹金森回应道，"有些人已经开窍了。"

"不会有结果的！"

"鲍勃总是嫌我说教太多。"詹金森无助地看着克莱尔，抱怨道，"他坚信要从实践中学习，别无他法。"

"听起来像是我的父亲。"她无奈地回答说，"总是说骑马不是靠讲就可以明白的，而是要亲自体验。由于我想要教给人们一些骑马的理论知识，他总是取笑我。他总是说那些人的脑子很好使，问题出在他们的四肢。"

"多聪明的人。"伍兹自得地说。

"随你的便，"伍兹出人意料地叹道，"假如我能再多待一会儿，我想再来些这种白兰地。"他说着，转向克莱尔，做出请求的手势。克莱尔笑着去拿酒和果汁了。

"衡量每一个局部的表现是很关键的一步，"詹金森一边说，一边对克莱尔递给他的白兰地摇了摇头，"衡量一个局部的绩效，比较它的现状和最佳表现间的差距，无论是你统计最好的一天还是最好的一小时，或是其他地方所见到的最好表现，一律都会让你对问题有不同的、更加详细的理解，由此就会有不同的解决方法。精益管理是一种权力下放的生产管理系统，它的具体方法也是讲究权力下放的。这就是为什么丰田在过去的这些年里发展出不同的生产控制系统的原因。比如，每一个丰田的工厂都有一个大型的电子显示屏，滚动地播放着当值班次的目标、现状，还有当天结束后要解决的问题。大家理解的是，这里面有一个隐含的假设，那就是这些计划一定要完成。你对这种安灯系统很熟悉：当工人遇到问题按下按钮，向管理层求助时，显示牌上就会显示这个工位的编号。如果这个问题不能在规定的时间内解决，整个生产线就会停下来。这时，现状与目标间的差距就出现了。但关键是丰田能够进行详细的分析，能够了解每个班次、工位之间的不同，细致到确定是谁在哪里造成了最大的问题。其依据就是衡量局部表现的差距，通过观察哪里的灯拉的次数更多，哪里的更少，然后搞清楚其中的差异。"

"从管理层的角度来看，衡量局部表现的差距需要一个能实践的改变，管理者必须要求每一个团队记录当天的表现，并且突出这一天的困难。这么做的好处很大：工人们会真正地培养起深入了解工作，并达到团队目标的兴趣。但这也很困难，因为管理者必须一直保持关注，并随叫随到。生产分析看板必须由生产主管一小时检查一次，生产经理一天检查一次，这样可以让工人们一直看到显示这些数据的目的。我儿子，也就是艾米的丈夫，恰巧是个心理学家，他坚信自律是改善的关键。大家都知道只有能被衡量的，才能最终做好，所以自我衡量是自我改善的关键。但这真的很难。整个管理系统都需要支持现场的自我管理。"

"第四点，"詹金森继续坚定地说着，"是要把当下的操作标准化，并与已知的最好状况做比较。"

"丰田的供应商开发部门的人与你初次合作时都会问你一个问题，"伍兹笑着说，"除了这些精益的工具，你们还有没有持续地采用其他的方法。那可真是让每个人都感觉无法回答啊。咱们需要解决自己的问题的 TPS 秘密方法在哪里？"

"告诉他们关于座椅的事情吧。"詹金森建议说。

"什么座椅？哦，对，那条座椅的生产线。在我工作的最后几年，我在一家生产座椅的汽车公司工作。我们参观过一家在日本的丰田公司座椅供应商的工厂，那里工人的效率是我们的三倍。所以我们决定借鉴日本人的座椅组装和生产线的运转和组织经验。我们的工人一直是按照自己的习惯，从零开始组装椅子，我们觉得这就是我们和日本人的差距。所以，我们的首席工程师学习了座椅组装的操作后，开辟了一块组装的区域，依据顾客的需求划分操作，还创造了一条平衡生产线，依据这条生产线组织工人，各做椅子的一部分。他们的估计是正确的。不幸的是，工人们固执地拒绝改变工作习惯。他们声称，这种流水线式的生产方式不但丧失人性，还会造成很多质量问题，因为工人们都失去了独自做好一把椅子的责任感。"

"我把丰田的老师请来看了一下，他立刻就批评我们的错误思路。他建议我们，首先要做的事情，是和每个工人一起工作把他们的方法标准化，让每个工人都按老办法做椅子。第二件事，是让工人间相互比较，指出彼此之间质量和生产率的差异。好几周之后，他召集我们和工人们讨论流水线作业的好处，这样一来每个工人不会因为缺乏材料而中断工作，因为零部件会按时送来，工人们在遇到麻烦的时候也可以相互帮助。最终，工人们都很赞成流水线的设计，其后生产率提高了，质量也得到了改善，这一切都是通过工人们素质的提高实现的。"

"工作中的差距一旦被确定，"詹金森接过话头，接着说道，"工人们就需要详细了解目前的工作方式，以及为什么会造成这种不足。提高工人素质的第三步是，不要急于告诉他们更好的方法，而是先让他们详细了解现状，然后通过与最佳状态的比较使其发现自己现存的问题。再一次强调，这是基于一个根本认识——工人们是自然的问题解决者：他们一旦明白了问题，某种解决问题的思路就会顺畅地被采纳。相反，如果在他们没有意识到问题的时候被强加一种方法，那么大家肯定会抵制，不管这种新方法是多么有效。"

"你说的是这个，"伍兹大笑着，打断了他的话，"但这只能是在我们遇到大麻烦的时候。"

詹金森做了个鬼脸，摇着头，小声说着："我知道，我知道。"

伍兹高兴地说着："那些大老板都比普通人聪明的多，他们往往对任何麻烦都有解决之道。"

"伍兹总是让我不要为部属考虑太多。"詹金森解释说，"我应该让他们自己找出答案。我只能帮他们确定问题所在，或者指出大概的方向，具体的解决方案还要靠他们自己。这对于一个受过专业训练的工程师而言不是易事。不管怎么说，下个要点是……"

⌒

"亲爱的，"沃德抱歉地小声叫她，"我好像听见查理在叫你。我很想把这故事听完。"

克莱尔一直在专心地听着，露出一副不情愿的表情。她仰起头，站起身来。"等我一下，我去看看发生了什么，马上就回来——我也很想听这个故事。"她说着，瞟了沃德一眼，好像在说自己并不仅仅是个妻子和母亲。

"没关系。"詹金森说，和伍兹相视而笑。沃德感到自己有些脸红。他可以忍受工厂里的任何尴尬，却不能忍受来自妻子的评论。克莱尔已经习惯了这样惹沃德不高兴的做法。

"第五条，我们必须培训工人们最基本的分析方法。"当克莱尔抱着羞涩、瞌睡的小男孩回来后，詹金森接着说。查理在克莱尔怀中看着这些陌生人，把她当作自己的护身符。"显然，使问题可视化仅仅是整个问题的一半，问题需要解决，同样，通过精益的方法——也就是靠智慧，而不是资金。如果人们知道如何事先解决问题，他们就会提前这么做。确实，大多数的生产问题都很难解决，因为往往很难区分原因和影响的因素，所以，把大问题分为小的部分，做深入的分析通常会很复杂。比如，不增加投资而要增加注塑机生产能力这件事，换模成为决定成败的关键。为了帮助工厂节省换模时间，就要采用精益的手段，把内部换模工作（当机器停止的时候才能做的工作）从外部换模工作（所有在机器运转时能做的准备工作）中区分出来，然后相应地重新分配工作。如果你对此不了解，你很难想出应该怎么做。"

"过去这么多年里，丰田创造了许多这种处理特定问题的基本分析方法。这其中的大多数都是建立在 PDCA 循环的基础上的，但也有对应于问题的特殊性。总的说来，丰田还创造了一套'A3'方法，来处理大多数不适用于任何已知类型的复杂问题。"

"这些精益分析工具的关键之处在于，不仅仅通过暂时的关注或手段'处理'问题，而是要真正地解决它们，确保问题从根本上解决，不会再次出现。为了达到这个目标，这些分析手段需要通过对问题进行彻底深入分析，找出问题的根源。最基本也是最困难的方法就是'五个为什么'，连问五个'为什么'直到找出根本原因。尽管听起来容易，但这个方法需要充足的经验，和对于技术的深刻了解。如果不具备这两条，那么将会是无尽的问题，但仍然无法接近问题的根源。"

"不要被连续问'为什么'的简单表象所蒙蔽。"伍兹靠在椅背上，品着杯中的白兰地，补充道，"问'为什么'本身是一个管理行为，而不是简单的好奇。事实上，当大家真的不知道答案而感到尴尬时，仍然不断地问'为什么'，这本身就需要一个坚定的立场。总的来说，大多数人总是习惯回避问题。但是所有的丰田分析方法都要求直面问题，迎难而上解决它们。"

"我并不想给你留下精益管理总是过度分析的印象。"詹金森说，"事实上不是，应该到生产现场去；想出一些聪明的、简单的暴露问题的方法，比如简单地把容器上的带子涂上颜色，记录局部的表现；然后找出根本原因，这些都是实在的行动。很明显，分析是一种深思熟虑的状态，但是，丰田的专家几乎从不让这种阶段持续太久。很快的，供应商的工程师们就提出了新的假设，丰田对此的回答总是一成不变的，'去试试'。"

"那么第六条是试验和反思。我们收购的一家公司曾经成功地应用了一套JIT的拉式系统，因而生产线上游的库存被生产线下游的成品超市替代。下游的流程依据看板系统进行生产，生产单元只会按顺序生产被从成品超市中提走的产品。这一切都进行得非常顺利，不幸的是，在制品库存仍然居高不下。我觉得这个问题好像永远都得不到解决。工厂的精益专员花了好几周的时间，反复地计算供应看板链的精确大小，来'优化'整个系统，但在我看来，问题并没有被充分地挖掘和处理。所以，最终我强制性地宣布，他们应该把批量大小和成品超市中的存货都减少50%。他们对此抗议和争辩了好几周，但我毕竟是他们的总裁，所以他们只能这么做。他们遇到了一些麻烦，但都解决了，仍然继续着这个计划。他们的进展比瞎按计算器快得多。"

"就像是你让我们从生产单元中裁撤一个人一样?"沃德沉思着说。

"没错，每个班次少一个人，仍然可以使生产单元正常运转。就算是有些不足，你们也可以通过加班来弥补。我倾向于采取像'单件流'和'产品平面储存'一样的办法。就是去做! 没有多少操作试验不能被彻底改变。所以，在行动中发生的偏差是完全合情合理的。分析是一回事，延误是另一回事。然而，直接的行动不应该被看作是个终结，而是一次试验。我们强制单件流以此来领会整个生产流程。在前一个例子中，我真正的目的是，要保持管理层对于检查结果的兴趣，让他们明白他们所做的是什么。"

"PDCA管理方法的困难之处，就是更加细致地让员工进行检查和处置，这需要一场彻底的管理模式的变革。"詹金森说，"首先，问题一定要被依次处理，这就涉及与员工和团队达成共识，下一个将要解决的问题是什么，而不是制订连篇的行动计划，要求马上做好所有事情，事实上也从来都做不到。其次，管理者要贴近员工，特别是他们在进行试验的时候。之后他们不必要耗费精力或是给什么评价，只要去看下一个项目就可以了。再次，管理者需要做一个执着于检查的疯子。在面对新挑战需要解决方案时每个人都想逃避。让工人如实地反馈他们对于试验的感受，确实需要一些管理的手段。第四点，从试验中得到正确的结论往往是困难的。最后一点是要提高管理的实践。但是，大多的政策都是由当时质疑他们的那些经理们制定的，一旦付诸实施，会让你公然质疑自己的判断及假设。这需要相当大的勇气。很多经理人认为，改变一个人的想法是软弱的表现。然而，唯一能使自己变得更加具有竞争力的途径，就是不断地改善管理的实践和政策。改善并不是随意更改。这就要求对于每一次的试验总结正确的结论——这是一项很难掌握的技巧，因为这需要判断力。就像我以前说过的，管理即改进。"

"我还记得曾和一位工厂总经理一同参观车间。"伍兹回忆道，"有一个生产小组中的一个班次明显好于另外两个班次，无论是质量还是产量。我问那个班组长，她怎么解释他们的出色表现。'很简单，'她回答说，'我只是确保每天都和同样的人一起工作，我不让他们随意调动工人。'很有趣，这是一个丰田关于运作的核心原则：稳定的员工团队，这样一来，他们可以非常熟悉所从事的领域。这是生产产品前先培养人的根本先决条件。"

"没错。"沃德点点头，"艾米已经解释清楚了。"

"她肯定会的。"伍兹笑着说，"这算是她最新的重大发现。当我问那工厂总经理，为什么不把这种经验在全厂推广，以提高产量和质量时，他很沮丧，'你不了解。这家工厂有大量的变化的订单，如果我把工人稳定在生产小组中，我就失去了劳动力的灵活性。'实质上，那个总经理接受了质量和产量上的不足，而不愿去面对如何既能稳定员工又能更好地安排生产计划这个根本问题。他就在眼前做了一个非常成功的试验，却没能得到一个正确的结论。"

"处置，或者说是调整，"詹金森接着说道，"是检查的必然结果，也是真正解决问题的管理能力的所在。首先，调整是关于判断所得的结果是否能达成，如果不能，要搞明白为了得到预期的结果，还需要做些什么。其次，处置的意思是从试验中得到正确的结论，并且改变系统的组织形式，确保能解决问题，然后还要想想还有什么其他地方可以应用这些经验：我们学到了什么？我们从中得到了什么结论？精益管理就是要学习，并且不断地创造工作中的知识，这些是任何管理活动中的副产品。同时，这又会培养工人的能力，使流程标准化，工人们开始遵循相同的规范，知道什么该做什么不该做。通过解决问题实施管理会积累管理层的经验知识。因此管理者们为了能和雇员们正确交流如何解决问题，不得不对于流程该是什么样、不该是什么样，有个深刻的认识，这会对他们参与到增加价值的工作细节中，起到极大的激励作用。通过解决问题的管理，同样在工人层面上创造了知识。因为解决具体的增值的问题，会提高工人的能力，同时提高他们对于自己工作的掌握程度。"

"总之，"他停顿了一下，总结说，"这样的管理方式，同样会为公司产生一种不同的组织方面的知识，因为工人和管理者共同面对问题，所以他们之间的关系更加团结。这又会增强公司的人力资源优势，并会成为一种难以模仿的竞争力。这是真正的竞争优势。"

"就是这个样子，"詹金森说，"听我说得口若悬河，好像我对这些已经了如指掌了。其实如果我能对此非常擅长，我们早就能做到精益了！"他叹道。"安迪，对于你在质量方面的进展我感到很欣慰，我也希望很快看到你在产量方面的结果。但是，咱们已经聊过这么多次了，你们的柔性提高得还不够快。这会影响到所有人。现在，相信我，我需要你在存货中被套牢的每一分钱。所以，你为什么不专注于减小自己的批量？就像是鲍勃今天在车间里指出的那样，对于一家在高成本地区的注塑工厂而言，你们对换模的关注薄弱得可笑。"

"那我该从何入手呢？"

"我该怎么教你呢，"伍兹建议说，"让我想想，艾米是否愿意在这花上一周的时间，帮助你们建立拉式生产系统。她这一辈子已经听够了菲尔的'通过解决问题实施管理'的理论。她可以通过一个实际的案例帮助你们。"

"好主意，"詹金森拍着手笑着说，"但由谁去说服艾米呢？"

"嘿，你是总裁，伙计。"

"她是你的儿媳妇！"

"她可以住在这里，"克莱尔建议道，同时不容置疑地看着他的丈夫，"我们刚刚收拾好了一间客房，就在隔壁的楼里，在马厩的那头。我肯定她会喜欢的。"

"她就盼着这个呢！"詹金森大笑道，"我早已经花了大把功夫劝她经常来欧洲工作。这听起来像是一个很恰当的激励，就这么定了！"

"有人问我的意见了吗？"沃德不禁想，甚至自己的妻子都站在敌人的那边。

"您真的不再吃点什么了吗？"克莱尔把查理放在他的一堆玩具中间后，问道。这真的很神奇，可能是被两位客人迷住了，查理没有像以前一样的哭闹。他抓着婴儿围栏的边缘，摇摇晃晃地站着，安静地看着他们，一直显得很温顺很开心。

"不用了，谢谢。"詹金森说，"这些非常好吃，但我们还得在天黑前赶到法兰克福，然后坐飞机去布拉格。"

"克莱尔，"伍兹说，"这真的很愉快。骑马！真是了不起。我这一辈子都被人称为牛仔。"他打趣说，"我一定会再来法国体验一下的。"

"牛仔，胡说吧。"詹金森幽默地大笑着说，"你住在旧金山湾区。克莱尔、安迪，非常感谢你们的盛情款待。"

"还有这美味的午餐。年轻人，你这么好的厨艺投身工业太可惜了，你还是来美国发展吧。"伍兹打趣地说。

"没准儿我真会去的，但我觉得我妻子还是喜欢这里。"

"孩子，这也不能怪她呀。"

趁着这段轻松的时间，沃德长出一口气，问詹金森说："我能问你个问题吗？奈普拉斯到底做得怎么样？这很难从表面上看出来，也很难说清楚。"

詹金森显得很犹豫，但沃德一直在屏息凝神地听着，他只好沉稳地回答说："日子很不好过。过了年到明年五月就清楚了。第一年还不错，为我们赢得了一些声誉，但这几乎都是没有预料到的，并不是生产刻意努力的结果。今年会更加艰难。客户需求低于预期，而且，欧洲，对，欧洲这边并没有达到我们在美洲的成绩。但欧洲占了 1/3 的业务，这也就是我经常来这里的原因。"

"事实上，我的妻子也在抱怨我旅行太多。"他补充说道，"由于石油价格的上涨，我们受到了所有原料价格上涨的打击。我试图把一部分损失与客户分担，但他们也同样很低迷，所以价格谈判进行得很艰难。"

"我听说你想把我们转向低端市场，为一些小型的汽车供货。"

沃德的话令詹金森无声地笑了。"我说的话还是传开了，这并不全对。阿奈斯特的策略一直是追求高价值的项目，基本逻辑是，为豪华车做价值不菲的部件。但由于事情出了问题，他们只能比竞争对手的价格更低，并且希望能通过提高批量来弥补上升的成本。不幸的是，这几年的批量都不高，又由于运营管理上的不足，我们还要为不良品返工和质量检查买单。"他停了下来，好像在权衡接下来说些什么，他直视着沃德接着说："总的来说，这也是他们要卖掉一些业务分支的原因。我不反对销售顶级车的部件，但却反对降低价格。所以我努力重新制定这部分产品的价格，向上调价。同时，把全部家当都投在一个市场里令我很不安，所以，我力争一些小型车的项目。虽然这样的利润较少，但长远来看更加稳定。这同样也给我们的技术人员出了难题，他们必须要设计出成本更低的流程。"

"谢谢，这我就明白了。"

"4 月会见分晓，"他低沉地说，"4 月见分晓。这也提醒了我——你要在年底之前把这些部件转移到波兰去，明白？"

"我明白了。"

"去过瓦克劳了吗？那里的情况怎么样？"

"去过了，马马虎虎吧。刚换了工厂总经理，厂子里显得有些凌乱。"

"新来的这个人如何？临时的经理，我记不住他的名字了。"

"布莱恩·斯通布里奇？看起来还好。"沃德小心地回答说，"他很有活力，但对注塑几乎一无所知。他来自一个完全无关的行业。"

"我不了解他。"詹金森简洁地回答，"是贝克梅耶的选择。但我们很快就要见他了。从穆拉达回来后，我们就去那里。你说那里的工厂有些凌乱，是什么意思？"

"嗯，"沃德显得很犹豫，不愿意在背后评价其他的工厂。

"别管那么多！问题优先，还记得吗？"詹金森坚决地说，"我不会对其他人说起，我也会有自己的见解的。但我还是对你的意见很感兴趣。"

"好吧，我对他们在模具方面的做法有些不认可，尤其是关于模具维护的部分。"

"具体点儿说……"

"首先，他们把模具维护的工作外包了出去，这听起来可有些大胆。他们的产品中有很多气孔和空隙，但他们没有系统地检查过模具的排气结构。还有，我们讨论过产品上的问题，但他们似乎都没有把这与模具的温度联系起来。有些产品有凹痕，他们也没有想到可以降低有凹痕那面的模具温度，而提高另一面的温度。我不知道怎么会这样，或许是他们在翻译文件的时候落下了什么。"

"哈！"伍兹拍着手大喊，这着实令沃德惊奇。"我想我是要脱身了。"他笑着说。

"对不起，怎么了？"

"我们打了一个赌，菲尔和我。"

"拜托了……"詹金森说，显得很不好意思。

"昨晚在宾馆的时候，"伍兹继续高兴地说着，很喜欢这样的恶作剧。"我们对于工厂有些分歧。菲尔，这个大傻蛋，他认为，你正在学，因为你听他的话。我不太认同，因为我从没有听你说过技术上的事，哪怕一次。你知道最终这是什么……精益的全部。对吗？我们不再把技术上不合格的产品交给顾客，我们也不会再为生产上的不合格埋单。在一家像你们这样的工厂，这就意味着，到最后全部都是关于注塑的事情。"

"然后呢？"沃德茫然地问。

"年轻人，你刚才的表现证明你们还有希望。你确实学到了注塑的一些本事，不是吗？"

沃德本来想辩解说自己以前就知道，但突然意识到什么而没有说出口。他直到最近才要求生产中有关技术的问题尽快上报。这几个月和穆勒一起工作，一定长进了很多。

"孩子，"伍兹郑重地说，"你刚开始进入一个更广阔的世界。你一直在做这些精益的工作，你真的学到了不少关于注塑的知识。不要像他们那样——你做得很好。记住：一是解决技术问题，提高顾客满意度；二是减少生产中的浪费，提高利润；三是通过持续改善，让工人们知道得更多，提高他们的素质。这就是我对于精益的定义！真的！挑战在于保持改善的精神。"伍兹难以停止，又接着说了下去，就像是临别赠言，"当然了如果你有一个拉式系统会给你很大的帮助——拉动会给你的改善搭一个框架。"

"混球！"沃德看着他们租来的奥迪车拐出了车道的时候，心里不断地这么想着。

"嘿，老公。"克莱尔说着，搂住了沃德，"把百万富翁领到我简陋的房子来？你的老板们给我的印象还真不一样。你注意到他帮我打扫吗？如果我没有阻止他，他还要洗盘子呢。天呐，你太紧张了。"

"邀请艾米·伍兹来小住？你不认为我在工厂已经和她接触得够多了吗？"

"不要这么孩子气……她很好，我喜欢她。看到他们彼此间那么亲密，这很难得，你的总裁，他的导师，同样是个顾问的儿媳妇，还是总裁最好朋友的妻子。这和我想象的大集团的管理层很不一样。就像是个小作坊，你知道吗？你怎么了？"

沃德长叹一口气，看起来又很沮丧。

"我把事情做得一团糟，不是吗？我自找的。"

"自找的什么？"她给丈夫按摩着肩膀问道。

"那个产品上裂缝的问题，伍兹打赌我会失败。但我们做得很好，最后让它恢复正常。结果，他们又打击我。"

"嗨，你的总裁打赌你可以，不是吗？"

"混球。"

"我不知道,"她笑着说,"我喜欢他们。菲尔很有威严,非常热心。"

"你不了解他。他会毫不犹豫地牺牲一个营,来保护一个师。"

"你这么说不公平。我敢肯定他不会这么做的,但很难说仔细考虑之后会不会。我觉得我理解他们。这不就是赛马、骑师和课程的事情吗?在比赛中,这就是我们一直在想的。对你而言,这仅仅是一份工作。对他们来说,这是一场决战。不同的骑师,不是吗?"

"那是他说的,是吗?在比赛中,你总是想要表现出最好的水平。我们只是独自慢跑,达到平均水平已经很开心了。"

"法国有一个小故事,是关于一只从鸟窝中掉下来的鸟。那只鸟'啾啾'地叫着。"她一边讲一边做出可爱的表情,蓝色的大眼睛看起来茫然无神,"这时候。来了一只又大又胖的母牛,拉了一坨牛粪在它身上。所以小鸟暖和了,但它仍然不开心,因为它不喜欢那种味道。它又'啾啾'地叫着,狐狸先生又来了。狐狸把小鸟从牛粪堆中抱起来,仔细地洗干净,把它吃掉了。"

"怎么了?"沃德问道,既烦躁又不解。

"这个故事讲了一个道理:置你于难处的人有时是在帮你,帮你脱险的人有时却想害你。"

方 向 明 确

"这根本没用。"生产主管丹尼斯·克拉拉嘀咕着，让沃德大吃一惊。一大早沃德没有进办公室，就直接来到了车间。他是冒雨赶来的，工厂里微弱的塑料味道令他感到一阵亲切。他看到克拉拉站在一台注塑机旁观察换模，并不停地自言自语。他们已经花了很多时间想要找出简化换模的办法，但迄今为止，还没能显著地提高换模的次数。总感觉有些什么难题阻挡了他们的前进。

"瞧啊，我知道咱们不可能得到额外的经费支持了，只能自己想办法。"他自嘲地咧着嘴笑着说，"咱们已经把模具存放在机器旁，这样他们就不用跑到车间那头去取了。咱们还准备了预热的工作台。但总的效果还是不够好。你看看这些！"

他们围着一台大型的注塑机看，模具安装工忙着把乱成一团的冷却管一个一个地安装在模具上。那伙计显然遇到了麻烦，他这么做既浪费时间，爬上爬下地又很危险。

"你有什么建议吗？"

"我认为我们可以设计一种简单的附件，把这些管子捆成一束。这并不困难，你说呢？"

"你说得对。"沃德说，"我会告诉奥利弗的。"

"啊哈！"有一个人眼光转向别处，低声说道。

沃德心想，又出了什么事！他最不愿意看到的事，就是把克拉拉这样的人激怒，以免他们抱怨自己的老板。他傻站在那里，模具安装工还在一旁梳理线路，逐一安装。这看着都让人费心。

克拉拉把手插在工作服的口袋里，这是真正的克拉拉风格，看起来就像是头发灰白的詹姆斯·迪恩。他上身穿着灰色的工作服，下身是配着银色皮带扣的黑色牛仔裤，黑色的 T 恤领子外翻，头发则用发胶定型。沃德看着他不禁发笑。这家伙令人头疼，但确实很有型。

"是我老了吗？"生产主管打着哈欠说，"还是现在上班有些早？来点儿咖啡吗？"

沃德很意外地点点头。这还是第一次他接受这样的邀请。他们走到了那排注塑机前。7 号注塑机仍然没有开工，一个工人在费力地拖着一个刚由铲车送到的大箱子，而铲车司机则坐在驾驶室里无动于衷，沃德看到这些不禁在心中咕噜。还是不要责怪那个工人和铲车司机了，沃德自忖，又一次地对工厂中的等级制度感到苦恼。

"拿着。"克拉拉说着，递过来一只塑料杯子，装了刚从咖啡机里接出来的炽热的咖啡。每天的这个时候，其他地方还没有人来，整个厂房内部看起来也明显很简陋。沃德也觉得应该做些什么改变——但哪儿来的钱呢？

他们默默地喝着杯中的咖啡。他敢肯定，生产主管在想着些什么，但怕说得太早，时机不成熟，所以一直等着。

"那个家伙，菲尔。"克拉拉慢悠悠地说着，"他是大老板，对吗？"

"他是总裁，也有一部分股权。可以说他是老板。"

"他看起来不像，完全不像。"

"没错，他确实看起来不像老板。但话又说回来了，很多东西都与它们看起来的样子不像，不是吗？"

他听了笑着说："我也这么认为。"

"你在想什么？丹尼斯。"

"他会关闭工厂吗？"

"据我所知，不会的。"沃德在犹豫了片刻后，认真地回答说，"你为什么问这个？"

"最近总有些风言风语。"

"是谁说的？"

"你也知道，"克拉拉挥着手说，"大家。记住咱们在哪儿，周围的工厂迟早都会关门。大家都这么说。"

"那你认为呢？"

"我也不清楚，所以才问你。我从没见过一个这么热心于生产的出资人。还记得前一次，他在生产单元那里花了整个早上的时间。这引起了一阵骚动。大家都不知道他究竟是什么人。他们都在谈论。里奥不得不回答一大堆的问题。大家都非常关心这件事，心情都不好。"

"那家伙到底怎么了？他叫做什么来着？费南德？"沃德继续问道。

说话时，他的眼睛看向了别处，有些狡黠，嘴唇动了动，但最终没有回答。

"这样并不好，大家都这么的不安定。他们需要知道发生了什么，你明白吗？如果不知道，他们就会往不好的方向无端猜测。"克拉拉追着说。

难道是克拉拉要教他如何管理？但无论如何，现在这个事是第一位的事情。

"还有，现在整天都在改善，"他用很浓重的法语语气说道，"做了很多的改变。我觉得这很好，但是，这对于他们来说可不那么容易理解。他们有很多疑问。为什么要这么做？为什么不再用以前的办法？目的仅仅是生产率和质量，为老板挣更多的钱吗？"

该死，沃德泄气地想。一边是疯狂的老板，一边是疯狂的工人。这真是导致灾难的原因。

"菲尔看起来还不错，我觉得他真的很在意工厂。"克拉拉看着沃德说，"但有关工厂关闭的传言，我不知道该怎么跟员工们解释。如果不想让他们总是瞎想，咱们迟早得说些什么……"他无奈地耸耸肩，不再看着沃德。

你和我的想法很一致，沃德挖苦地想着，仔细地考虑着该说些什么。

"菲尔·詹金森并不坏，但他是个生意人。"他解释说，"他只是非常郑重，他很在意他所做的事情，他是总裁，也是老板。由于他是一个认真的生意人，他会给工厂安排任务，给他挣钱。他难道不对吗？如果钱是你的，你会怎么做？"

克拉拉缓缓地点了点头。

"从另一方面看，正因为他的认真，所以他的工厂都能给他挣到钱。这就是咱们看到的——他比我们见过的其他所有老板都努力，不是吗？"

"看起来是这么回事，"生产主管谨慎地说。

"那么，他把咱们置于何处？"

"煎锅之外，炉火之中。"他心事重重地点头说道，"这里赚不到钱，所以没有新产品，所以没有未来。换个角度说，如果我们能尽快地做出成绩，他就不会立刻关闭我们的工厂。"

"这就是我的看法。"沃德说，"但是我也不了解内情。"

克拉拉若有所思地摸着自己的下巴，然后下意识地理顺了头发。

"你必须和工人们谈谈。"他断然地说，再一次直视着沃德，"这是迟早的事情。"

沃德听了他的话反倒有些拘束。在他的印象中，这是这位经验丰富的生产主管第一次给自己提意见，能看出他对此十分在意。德隆曾经提到过克拉拉是个有故事的人。他年轻的时候致力于工会工作。他曾经工作过的那家家具公司被韩国的一个集团收购了，后来这部分业务又被重组到了中国。那家工厂的关厂以痛苦和暴力收场，工厂总经理作为人质被扣押在了办公室，最终大部分失业的员工找不到新的工作，主要就是受到这件事情的影响。据德隆说，克拉拉自从那次事件之后，就下定决心再也不把自己掺和在任何事情中了。"工作就是工作"成为了他的处事原则，所以他这次的坦诚相待令沃德很是惊讶，不知该如何应付。抛开其他不说，这是共事四年来他们第一次推心置腹的谈话。

"还有件事。"克拉拉表情复杂地说，"我讨厌自己问你这些——如果这全是真的。如果我们做到了那个美国佬想要的，工厂是不是还有一线生机？"

沃德点点头，希望自己能给他一个更加明确的承诺，但他自己也无能为力。

"你最好问问自己，为什么斯蒂格勒被人戏称为'不同意博士'。"

沃德还没来得及仔细回想一下和克拉拉的谈话，就接到了科尔曼打到办公室的电话。

"你熬过总裁的视察了吗？"

"像以前一样，让我无处遁形，但我还是挺过来了。"

"不用着急，所有的工厂总经理都是同样的感觉。除了他喜欢的马屁精马克，其他人都在诅咒和抱怨他的视察。不用担心，这家伙在这行里待不了几天了。"

"你这话是什么意思？"

"他在逐渐失去客户。"科尔曼对沃德解释说，"这在生意场上可是绝对的禁忌。最新的消息是，山德斯与一家整车制造商达成了生意，在罗马尼亚专门设厂供货。一笔大买卖，包括全部的前端模块。但是这个发疯的詹金森却断然拒绝签协议。他说，不能签排他性的合同。不能设立专用的工厂只为一个客户供货。"

"上一次我们给客户建的厂不是出了些问题吗？"沃德说，"在华雷斯的工厂？"他很清楚地记得，听说那家工厂没有挣到钱，因为客户的数量远低于最初的预期，但后来又增加到超过了工厂的产能，这又造成了一笔没有预期的成本，紧随其后的是汽车销量跳水。沃德发现一个很讽刺的事情，在过去的三年里汽车的销量仅比预期低了10%，但是那家工厂在产能过剩时亏本，在产能不足时也亏本，当车市长时间销量不高，而售后配件市场还没来得及重新调整的情况下，依然亏本。

"在我看来，这个家伙只是要坚持自己柔性生产的那一套原则，你知道的，多品种混合生产？"

"这并不是关键。"科尔曼意味深长地说，"谁会在意那些精益的麻烦事呢？关键在于，这一行里没有人敢对客户说'不'。如果被汽车制造商列入了黑名单，那你就死定了。咱们只能盼望着尤尼宛的那些家伙能尽快意识到詹金森是一个我行我素的人，然后给他点儿教训。"

"他们会这么做吗？"沃德惊讶地问道。

"为什么不呢？他们毕竟是大股东。他们有权决定谁去谁留。他们甚至可以让他不再担任总裁。如果他不卖掉自己的股份，他就还是董事会的一员，但他再也别想像现在这样给咱们找麻烦了。这样经营公司没有出路。"

"是的，就好像我们现在已经比和阿奈斯特合作时出色多了。"沃德讽刺道，心里还在想着自己怎么会陷入这场对话。

"嘿，你到底是站在哪一边？"

"我听说你的项目进展得不太顺利？"沃德问道，岔开了话题。

"你怎么会这么说？其实没有，我正和采购部门紧密合作。我觉得我们会有所斩获。这也是我打电话给你的原因。我需要工厂里的价格和需求信息。你能告诉我吗？"

"没问题，我会交待给阿玛蒂尔，让他把你需要的资料发给你。"

"你是一颗明星，安迪，就在那里闪耀。"

$\backsim$

"沃德？"

技术经理弗兰克·巴雅德在大门口遇到了刚拜访一个供应商回来的沃德，想要和他谈谈。这个可怜的家伙从没有戒烟成功过，现在整个工厂内禁止吸烟，他只能时不时地在楼外面抽支烟。弗兰克在三月的小雨中颤栗着，看起来异乎寻常的激动。他那令人讨厌的平头和酒瓶底似的眼镜并没有帮上什么忙。沃德知道他是一个居家型男人，有四五个孩子，但很好奇地猜想他的生活充满了秘密——没有人在任何公司的活动中见过他。不管这秘密是什么，它被保守得十分严密。

"弗兰克，你这样会早逝的。"

"因为抽烟吗？"弗兰克看着升腾的烟圈暗想，"是的，我也知道。"

巴雅德平静地看着他，而沃德则在心里暗暗叹息———一种轻率的想法悲惨的破灭了。

"对了，弗兰克，到底怎么了？"

"你说得没错。"巴雅德在过道掐灭了烟蒂，郑重其事地说。沃德被他那种像是要做个声明的架势吓了一跳。这个生产专家对于自己的业务很精通，但却以为其他人对此都一窍不通。他并不是个坏人，只是有些过于严肃，并且有些固执己见。

"我说过什么？"

"你说得没错。"他又重复了一遍，好像在说服他自己。

"嗯，有关哪方面的？"

"让我领你看看去。"

他们往回走进了工厂，更让沃德惊讶的是，巴雅德把他直接领进了车间。他们径直穿过了注塑机的区域（7号机器又停工了！）来到了装配区域。就当他们快要走近几个月前詹金森观察过的那个装配小组的时候，沃德惊奇地看到生产主管莫丹，拿着秒表，眉头紧锁地观察着小组中的四个工人，看他们是怎样组装产品的。

"没什么效果。"她说，"还是以前好一点儿。哦，你好，安迪。"

"那就再回到以前那样。"巴雅德赞同道。

"不要。"一个工人说，"这么做其实更加容易操作。"

"你真这么认为？"

"绝对的。咱们先看一会儿这样是如何进行的。"

"干得不错，年轻人。"沃德不知道该说些什么，只能这么说。

“就像我说过的，你说得没错。”

“很好。我说过什么？”

“你还记得咱们那次曾经关于平均时间和最短时间的争论吗？”

沃德并没有想起来曾经和巴雅德有过这么一次争论，但他还是点了点头。

“嗯，我已经改变了想法。到现在为止，里奥和我已经重新设计了这个生产单元五遍了，我也意识到以前在设计流程的时候，从没有认真考虑拿取部件的因素。”

“啊哈。”

“我过去认为，应该在标准时间之外预留一点儿时间，以弥补工作中可能出现的各种问题。现在，我看到了真相，这样做的后果其实是把问题都隐藏了。”

“这是我说过的话。”

“我知道，我知道。”这个专家的口齿有些不清了，好像是掺杂了极大的罪过，“我现在想通了。我们现在关注每一个抓取的动作，这简直难以想象，我之前从未这样做过。这样大有改善，不论是生产率还是工效。我以前怎么能那么熟视无睹呢？”

“恭喜你，你学到了东西。”

巴雅德不以为然地看着他，好像是自己想要学些什么，才去向他请教似的。

“进行得怎么样了，里奥？”他问道。

“还不错。这真的很有趣。我认为，我们应该在物流部门开辟一块中央区域，来定期地给生产线输送零部件。这样会大有改观的。”

“这已经在准备中了。还有，是什么拖延了时间？”

里奥瞄了他一眼。她像往常一样显得很疲惫，苍白的脸颊上眼袋明显。她每天都来得很早，是一个顽固、好像没什么创见的工人。组装工作大部分是由女工来做的。沃德偶然听说，里奥能成功地调解女工中间那些无穷无尽的琐碎矛盾。相比于克拉拉，她之前对于管理并不擅长，但现在每次事件之后，她都有些长进。

“仙顿和斯蒂格勒还在争论应该由谁来负责物料运送。”

糟糕，沃德心想，那是另一个他还没有解决的难题。以前有物流部门的搬运工，负责仓库和装车，还有生产部门的搬运工负责搬出成品，搬进零部件。他本来想把所有的搬运工都归到物流部门管理，但仙顿和斯蒂格勒都抵制这个想法，所以他还没有强制执行。他们就不能互相让一次步吗？哪怕就一次？

"我会解决的，"沃德疲倦地说道，"你们做得很好——坚持下去。"

里奥对他笑着，使他比以前更加的困惑。

詹金森和沃德站在瓦克劳工厂里，看着叉车就像跳芭蕾一样地来来回回，工人们也时不时地在注塑机之间穿行。沃德又一次对于老板的意图感到茫然。

"你看到了什么？"詹金森问。

"我看到了什么？老实说，我看到了很多同佛顿一样的东西。但我没看到什么方法可以让这些回到控制之中。"

"那咱们就先退一步。忘记你知道的那些东西。你又看到了什么？"

"一团乱麻，"沃德回答说，"装满箱子的货架。工人们在车间里四处乱走。叉车大多数时间都在空载状态下行进。注塑机停在那里，什么也不做。我们那里以前也是这样，但使我困惑的是，尽管我们很努力地到现场去，还不断地在改善，我们也取得了一些效果，但似乎还是无法改变这种第一印象。"

"艾米到佛顿工厂去做拉式系统的工作了吗？"

"她来了几个星期了，我们已经开始做这些工作了。"

詹金森沉默了几分钟，只是静静地看着工厂。沃德不知道，所有的情况都貌似每况愈下，他怎么还能这么冷静地看着。他们来到这家在波兰的工厂，是想确保产品的生产转移能够顺利进行。那些模具已经在规定时间内运到了瓦克劳工厂，但是却无法生产出优质的产品。幸亏沃德早已准备了一些库存，但是也支持不了太久了。如果瓦克劳工厂在接下来几天里还是无法生产出合格的产品，奈普拉斯就无法给客户供货了，这将是一场灾难。

在最近几个月里，沃德已经往返波兰多次了，努力在詹金森限定的时间里完成生产的转移。他第一次来到瓦克劳的时候，情况简直乱了套。好的方面是，瓦克劳有直飞法兰克福的航班，但他是在暴风雪中降落的，而他预订的出租车并没有出现。当他终于赶到工厂的时候，才发现那里完全是一团糟，然后猛然惊醒，这里的工厂就像佛顿没有进行一系列改进之前的样子。

这家工厂的经理布莱恩·斯通布里奇，是个四十多岁，来自伯明翰的英国佬。他这半辈子都在从事流程方面的工作，曾经两次被派到波兰的一个工厂做项目。当沃德在斯通布里奇的办公室里享用甜点的时候，听说了他的故事。他在波兰的任期内结识了一个当地姑娘，就决定不再回家了。沃德出于礼貌没有追问下去，但那家伙说得越多，沃德越觉得自己有可能会见证这家工厂最后的灾难下场。在吃过点心喝完咖啡之后，斯通布里奇就去参加和纽霍夫的电话会议了，把沃德托付给了工厂的生产经理托马斯，一个上了年纪几乎不会说英语的人。但托马斯似乎是这里真正当家作主的人。他们一起查看了准备安装那些模具的机器，尽管机器很新，但是它们的状态令沃德很是恼火。

沃德花了一整个下午，尽力讨论搬迁的计划，但斯通布里奇却在工厂里四处奔走，用掺杂着波兰语的英语不断地提着各种问题并发号施令。沃德甚至怀疑这个家伙是不是在到处创造些新的词汇。一到五点钟，他就像一个拆掉电池的玩具一样突然停下了所有的工作，拉着沃德进城喝酒了。

他们来到了一个可以俯瞰这个小镇中心广场的小餐馆，沃德接过了他硬递过来的啤酒，斯通布里奇喝的是伏特加玛蒂尼。当一个女孩儿加入他们以后，他顿时觉得斯通布里奇或许是这世上最幸运的男人了。那是个相当漂亮的女人，有诱人的长发，身材高挑苗条，琥珀色的瞳孔，肤色白皙。她似乎很钟情于斯通布里奇，但他是一个嗜好啤酒、头发卷曲、长相平庸的家伙。那女人的英语说得不好，他们似乎仅仅是靠爱情在维系交流。

整个诡异的晚上，沃德不断礼貌地拒绝与她的朋友们认识，她们约在午夜时分去这里的一处中世纪时的地下通道——很明显是这座城市历史文明的见证——还婉拒了透露奈普拉斯聘请他来管理工厂的薪水。他最终幸运地清醒地回到了酒店的房间，心里怀疑是否这个世界一直是这样的，只是自己太闭塞而没有注意到？

斯通布里奇四处指手画脚，来弥补他商业智慧上的不足。第二天在工厂里，他似乎无处不在，但平时生产时他又消失得无影无踪。斯通布里奇总是在沃德耳边抱怨他要处理的种种问题，诸如高达30%的工资涨幅，还有过低的失业率导致他招不到新员工，等等。后者对于波兰人尤为明显，并且导致了骨干技术人员的短缺。据斯通布里奇所言，由于工厂之前的总经理被发现与临时劳动力中介机构有暗中的协议，对每份合同都抽取一定的回扣，因此被贝克梅耶开除了，这使得现状雪上加霜。他们开除了总经理，却碍于当前的劳动力状况，保留了原来的劳动力中介，但这个中介却不再维持原来的低调，反而在鼓动工人们要求加薪。他预计最近可能会有一次罢工。

沃德满腹疑惑地回到了家中，他不知道该如何评价这个厂子和负责的总经理。他已经为生产转移打好了前站，但现在却有种不祥的预感。就像是他对詹金森说过的，他发现他们对于注塑的知识少得可怜。克莱尔的爸爸也总是打趣说，他曾经见过一个骑兵军官，就连他的副官也觉得他愚蠢。至少第一次去波兰的工厂使他认识到，他至少要储备像小山一样的库存，才能确保无论模具被搬往波兰后出现什么样的乱子，他都能保证客户的需要。因为这次生产转移，佛顿工厂不但失去了一大块业务，而且首要的是，还要经受大量库存的重击，这就像是在伤口上撒盐。

虽然迄今为止，他的担忧还没有成为现实，但是最近他的精力都花在了生产转移上了，没能照顾自己的工厂。詹金森本意是希望他能兼顾搬迁和佛顿工厂拉式系统的建立。沃德不得不承认，当这个家伙执着于一件事情时，他就不会放弃，他会逼着你直到你做好为止。在建立拉式系统这件事上，他在上个月与马克频繁地交流过意见，希望能找到使它发挥作用的法子。白塔尼的经理也帮了很多忙，他发过来很多照片和演示稿，但建造一个简单的均衡生产柜就难住了佛顿的团队。通常都是一些这样的小问题，最终可能造成大麻烦。

不管怎样，当沃德对马克抱怨向波兰转移的紧急时，他却实实在在地笑了。"当然了，他们只是想在年底前完成，"他说，"你想想这个，你从高成本的地区搬向低成本的地区，反而造成了成本的增加。就好像，我把这里的一种产品转移到工资水平只有十分之一的地方去，假设他们能够做好产品，而售价又不变，那么我就赚到了其中的差价。但是，客户也不傻，当他们续签合同时，他们会按照当地的劳动力价格重新核算产品的价格，那个时候你就失去了所有的优势。麻烦还要加上在低成本国家生产的所有额外支出，例如外派专家、国际差旅等问题。菲尔不顾一切地要尽快降低成本，但我们已经没有那么多产品可以转移到低成本地区了。所以他们才要把你的产品转移到波兰去。韦恩·山德斯甚至要把生产转移到成本更低的国家去，现在墨西哥、波兰、捷克的工资水平已经上涨了，他们又在考察洪都拉斯和哥斯达黎加。就连巴西的成本都很高了。"

沃德没有发现这有什么好笑的，但他看出了其中的逻辑。他很惊讶，自己没有看出其中的门道，居然还能当了三年的工厂总经理。

"你在这里看到的就是真正的制造成本。"詹金森和沃德在波兰工厂的车间里漫无目的地走着，他的话把沃德带回了现实。詹金森摘掉眼镜，揉着疲惫的双眼。在这种环境下詹金森看起来还是非常坚定，沃德在怀疑压力是否都在他的肩上。

"真正的、需要支付的运作成本，生产系统的成本。事实上，产品价格的基础是它们的单位成本，而不是像账面上的那么简单。"詹金森拿过沃德的记事本，边说边写：

- 物料和零部件的成本
- 制造的成本（比如磨削、铸造等）
- 装配的成本
- 人力成本
- 检验、检查、返修的成本
- 储存的成本
- 搬运的成本
- 分摊到产品的公司经营费用（比如设计的成本、管理的费用）
- 废弃品的成本

"还有其他。技术人员要做的就是尽可能地使每一条都减到最少。但由于在同一时间、同一系统内，使多个变量同时达到最优是非常困难的，那些最优化策略往往会有副作用。我之前就说过，在做改善时所谓的'局部最优'的成本。要明白，有时局部的改变，甚至是改善，有可能造成其余部分更严重的问题，这一点是非常重要的。有明确的目的，并且有共同认可的指标，可以让大家明白，不仅要追求他们自己个人或一小块地方的进步，更重要的是如何让全局有所改善。举个例子，工程师总是试图重新设计产品，力求使物料成本降到最低。这样一来，就使得每件产品都多了很多部件，这同时也增加了管理的难度。每个新的部件都需要新的开发，还带来了供应稳定的问题，以及由于批量大小带来的运输问题等。每一次重新设计每一个部件的总体成本经常高得令人害怕，就算减少了部分物料的成本，也往往还是得不偿失。在另一方面，尽可能地使用标准化、通用化的部件，则可以产生巨大的系统收益，尽管这使工程师的工作更加艰难。在我之前管理公司时，这种思路很普遍。咱们只能学习这条艰难的方式，在可能的地方使用标准化部件，因为咱们已经获取了制造它们时学习曲线的收益。"

"就像是在为大型部件制造的多腔模具那样。"沃德自言自语地说，"如果其中有一个部件发生了报废，就不得不扔掉其余的三个，或者是花费大量的精力来挑选。而且，这改起来也太麻烦了。"

"没错。要么就是选择最便宜的供货商，尽管这样可能要横跨整个大西洋来运送产品。"

"只考虑价钱而不管质量和产量来更换供应商，然后由于难以及时交货或者质量问题被迫停产。"沃德想到这里大声嚷道。

"通过加大生产批量来把生产换模的冲击降到最小，这将会造成过量生产的库存……咱们可以连夜加班。关键在于要用精益的眼光看待这个问题，使我们能够看透单位价格的逻辑本质：实际制造和运输产品所需的真正成本。从大方面而言，精益就是要找出制造产品的真正成本，剥离所有的浪费。想想这个，我们能看到各种各样的浪费：时停时生产（stop-and-go）、生产负荷过重、七种浪费，等等。"詹金森想了一会儿，又补充道："我相信大野耐一他本人对丰田生产方式的定义，就是在需要的时间、按照需要的数量、生产需要的产品，并且追求较低的成本。"

"那么，为什么无论我们怎么努力改善，还是没有像你说的那样，看到系统成本的降低？"

詹金森坚定地看了沃德一眼，这让沃德觉得自己就像是在做一份不知该如何得分的试卷。这不仅仅是行动，他提醒自己，还得要见到效果。做正确的事，目的是得到想要的结果。

"公平地说，"詹金森说，"你现在还只是出于热情。这不是一件简单的事。"

沃德被詹金森的坦率所鼓舞了，他说："我很清楚，我们所做的一切工作的效果，除了不良品的下降，都还没有体现在财务状况上。但我不明白，这究竟是为什么。似乎并不是因为我们没有解决问题。在整个工厂里，我们解决了问题。但是，出于某种原因就是没有效果。这不但令人沮丧，而且对于凝聚员工继续干下去也很不利。"

"你们的工厂真正需要的是方向明确。"总裁用他一贯的娓娓道来的语气说道，"你们学着从很多工作中找到浪费，但现在应该让你的团队关注一些明确的目标，然后坚持不懈直到得到想要的结果。"

"如果你们只是解决问题，而没有明确的方向，你们就会陷入所谓'枕头困境'：一座工厂是一个整体的系统，你们压紧一头，另一头就会鼓起来，你们不会得到真正的收益。通过改善把员工从流程中拉出来，是很难的一件事情。而且不知为什么，一定程度上，思维还是局限在账本里。"

"给我讲讲，"沃德反驳说，"我们在试着用改善和整体的人员编制来安抚从生产单元中减少出来的工人，而我还是不清楚下面将要发生什么。你瞧，我做到了现场观察，也做了改善。也在工厂里花了大量的时间让工人们注意我们定义的'不正常的状态'。但我还是没有看出来，这最终会怎样影响工厂的盈亏底线。"

"你说得对——这样做不会有效果。"詹金森笑着说，"但这却是开始。"

"然后呢？"沃德问道，做好了聆听另一段宣讲的准备。

"方向明确。咱们一步一步地讲。首先，我们承认管理是发生在车间里的，在真实的地方，涉及真实的人，为了真实的事情。"

"是的，我现在承认这一点。我也在努力做到这一点。"

"第二点，咱们把管理定义为要解决的问题，对吗？"

"没错。我在车间里四处巡视，让工人们明白自己的问题所在，然后帮助他们解决问题。"

"那么，为了确定在工厂里所做的流程改进举措是对是错，就需要来看这些行动在财务上的影响。现在，你觉得你做了很多工作，但没有一件有所回报。你觉得我对问题的理解对吗？"

"说得对。"沃德说。

"咱们都赞同，所谓管理，就是要为生产线上的工人找到问题，然后解决。"

"理论上是，我也是这么做的。但实践起来千头万绪，是这样吗？"

"并不是所有的问题都同等重要，安迪。"詹金森解释说，"我们确实是把管理定义为要解决的问题，但并不是简单的任何问题——那只是走马观花的管理，不会有任何真正的效果。精益管理旨在对于一些有典型解决办法的典型问题，确定明确的方向。你说你需要解决问题，这很好。但不是所有的问题都会带来同样的回报，而且由于你有机会找出许多问题，你就会很容易地纠缠于一些每天都会出现的问题上。"

"我同意。"

"现在的关键是，我们要集中精力解决少数几个的典型问题。比如，在佛顿，你主要是用红箱子解决了质量问题，还通过车间的改善提高了生产率。在这两个问题之外，我还加上了建立拉式生产系统，还有向波兰的搬迁，对吧？"

"这些就是我被期望做到的吗？"沃德自嘲道。他觉得自己每天东奔西跑，像是一只愚蠢的小鸡，每一件有可能出错的事情他都做错了。但他还是不得不承认，"就是这些，我猜。我还会加上花时间拜访客户和供应商。"

"很好，没错。我的意思是，这些问题很大程度上固化了我们的思维。我的朋友，也就是艾米的丈夫迈克，那个心理学家，他说过，我们的'思维模式'或者说世界观可以用我们认为重要的问题来描述。关键就是要分清这些重要的问题，这样才能带领大家解决问题。"

"比如避免安全事故、零质量投诉，等等？"

"没错，但是就精益的观点而言，我们要更加细致。精益的思路无外乎精确的定义一些需要解决的关键问题。我们永远也不可能彻底解决它们，但是只要我们坚持，就能越做越好。所以，咱们就来尝试着把这些核心问题描述出来。"

"第一，质量优先：不要让一件不良品流入下一道工序。这是一个看起来简单，但实践中非常难以解决的问题。机器必须要设计成可以识别不良品，员工也要进行这样的训练，然后是要落实适当的管理规程来实现'不良品快速反应'等。

第二，及时生产（JIT）：这又可以分解成四个基本的问题：

1. 多品种混合生产，无论用任何设备，都尽可能地接近节拍时间。丰田的经理人可以在一条生产线上生产比其他制造商类型都多的车型，就是因为他们掌握了节拍时间的思想。

2. 拉式生产，以避免生产线上每一个环节的过量生产。

3. 单件流制造产品，按照需求的顺序，一件一件地生产。

4. 均衡化生产，避免峰值和低谷，不仅对生产线如此，对供应商方面也是如此。

听着，这些问题都是非常基本，但却很难解决的。每个人都很难成功地彻底解决，但是可以慢慢地越做越好。这样做的妙处在于，如果能在这些问题上有所进步，就能够使工厂整体的生产稳定，同时还可以应对市场的复杂变化。节省下的资金也是惊人的。

第三，通过工人的参与，而不是资金投入，改善工作方法和工具。同样，这也是一个相当基本的问题，而且特别难以做到。标准化和持续改善，还有所有其他的手段，都是用在这个问题上的。"

"当然了，这还只是对于生产系统而言。在整个公司层面，还有其他重大并且相对明确的问题，比如设计顾客愿意买的产品、使产品的系列齐全、设计能在市场上保持销量的产品、与当下的技术和创新保持同步，等等。重要的还是明确如何通过有典型解决方法的典型问题来认识现实。总的来说，典型问题（archetypical problems），特有的问题决定了我们的行动。这些典型问题会反映出你的商业模型——在市场中如何赚钱的思路。关键是有实力说出，'如果我能更好地解决这些基本问题，我就可以使我的商业模型更加完善，我就可以从中赢利。'这些都是有据可查的，不论是财务上的结果，还是车间里。"

"但我们怎么能够知道我们的对策是否正确呢？"沃德问道，"或者说我们是否是在正确的解决问题的道路上。"

"所有的事情都能归结于方向明确，还有接受'只有可衡量的才能做到'。指标是什么呢？这是企业经营，所以你必须从预算开始，然后你要制定一系列明确的目标，这就为你的财务状况和问题解决得有多好之间建立了桥梁。这样一来，你就在预算——指标——问题解决之间建立了联系。"

"指标可以入乡随俗，但对于工厂而言，我总是倾向于用下面这个列表：

销售
- 对客户的每百万件不良率 (PPM)
- 质量投诉
- 百万件中延误交货期数（MPM)

劳动力
- 事故率
- 内部 PPM
- 每小时的产量（PPH)

- 意见和建议

物料

- 供应商的 PPM

- 供应商的 MPM

设备

- 设备综合利用率

- 换模时间

- 换模次数

库存

- 占销售额的比率

- 储存的原材料天数

- 在制品库存天数

- 制成品库存天数"

"就是这些。"詹金森检查了一下，对沃德说。沃德大概地扫了一遍。

"每一天，工人们都需要明白自己在做些什么。你可以通过典型问题的视角帮助他们建立行动的框架。他们的工作所要达到的基本、明确的目标是什么？这就是我们所说的'北极星'（north star）或是'真北'（ture north）。预算决定了目标，但我还要与团队的其余成员一起定出我们的'北极星'——用它来确定我们需要改善的维度，以及需要改进的程度。它所确定的不是目的地，而是我们所需的进步的速度。"

"每年减少 50% 的质量缺陷，增加 10% 的生产力，减少 20% 的库存，这类的指标？"沃德问道。

"是的，还有创新、新争取到的项目、工人素质的提高，等等。"詹金森停止了说话，好像是看到了车间里的什么状况，但过了一会儿他又继续说道："从预算的目标开始，然后实施为达到目标所需的运营改善。这些改善可以通过那些指标来量化，而这最终又与那些典型的问题相符。"

"目标可以帮助你们，了解自己是否把精力花在了正确的地方。比如说，你们在大量的工作站推进改善，我认为这很了不起，不论是为了提高生产力还是学习经验。但是，此时此刻，我最需要的是佛顿能产生充足的现金，而你们的库存并没有减少。你们换模的速度改进得足够快了吗？"

"没有，"沃德无奈地承认，"似乎在此事情上我无能为力。"

"那是因为你的团队缺乏明确的方向。没有方向，就很难全神贯注于当下亟需解决的事情上，即使这件事情是下一步需要做的。"詹金森注视着沃德，又说了一遍以示强调，"员工需要明确的方向。他们需要知道你要把他们引向何方。在具体事情上，你则可以尽可能地听取大家的意见，修正自己的想法，只要他们觉得你的大方向是坚定的。就像是操纵一艘帆船，需要坚定前进的方向。"

沃德还在琢磨着刚才的观点："每年减少 50% 的质量缺陷，增加 10% 的生产率，减少 20% 的库存？你是认真的吗？"

"还有零事故。没错，咱们这么来看。你已经证明你知道如何解决质量问题了。你做得足够吗？你部分地做到了拉式生产，证明你知道如何降低库存。你什么时候能使整个工厂都做到拉式生产？你做到了提高生产率，我们也看到了。你知道你需要多少个大脑才能兼顾这些问题？但是关键的问题往往都是一样：

你在做你需要学着去做的事，还是你仅仅在做你想做的？

为了得到你想要的结果，你做到你学到的事了吗？"

"你看你的工厂。"詹金森指着整个车间，"你所见的是大量的问题。这里乱成一团，每个麻烦之后都隐藏着一个特定的管理上的问题，你同意吗？"

"嗯，我开始有点懂了。"

"下一步就是要明确按照什么顺序，解决哪些典型的问题，并且需要什么指标与方法。"

"我觉得我有点明白你的意思了。比如说，他们可以让人去解决换模问题。有一种做法相对比较便宜，那就是依靠蛮力减少换模时间。但他们同时还有很多模具维护的问题，所以他们必须首先集中精力解决废品率的问题。"

"是的，就像是这样。质量往往都是很好的入手之处，在这家工厂，我需要一个翻天覆地的变化，大幅度地提高一次质量合格率。"

沃德还是在关注着波兰的工厂，仔细地思考着。斯通布里奇还是以他惯常的状态出现在他们面前。沃德看出，詹金森注意到了那家伙对于一些工人的坏脸色。沃德对于斯通布里奇的看法并没有在工作中好转。

"你听说他想解雇托马斯吗？"沃德嘟囔道。

詹金森没有立刻回答，而是过了一会儿冷冷地说："是的，我告诉他他应该先滚蛋。"

⌐

　　当他们俩回到住处之后，天气就放晴了，詹金森看起来筋疲力竭，不想看电子邮件，他们绕着市中心的广场散着步。在这凛冽的天气下，他们有幸看到了消逝的阳光照在炫彩的老房子上，还有奥德河上渐渐融化的浮冰。显然这些都不能驱走严寒，他们很快就回到宾馆喝酒了。和老板一起出差的一项好处，就是住宿条件大为改善。他们住的地方是一个很有历史的房子，充满艺术气息的装修显示了昔日的辉煌。

　　但是这些特殊待遇却伴随着项目进展的不顺。詹金森坐在酒店的酒吧里，膝盖上放着笔记本电脑，用他的黑莓手机查收邮件——显示出了他社交魅力的缺乏——沃德在椅子上无聊地闲坐着，目光空洞茫然。他把电脑留在房间里了，又懒得去拿。所以他只好闲坐在那，试图独自享受这儿的啤酒，仔细想着棘手的问题，如何用这些模具生产合格的产品。然而回到自己的工厂后，麻烦事将更多。他已经花了一整天的功夫，想要运用伍兹的手段听取波兰团队的意见，找出潜在的因素，但是，现在语言是一个障碍。他把问题归结为三个因素：注塑压力过大、错误的加热曲线，还有不恰当的夹紧压力。那些家伙似乎想要告诉他，他们这些参数很准确，但又不知道该如何检验。他把那份关于螺杆的文件发给了穆勒，想听听他的意见——

　　"什么？"詹金森突然大叫道，吓得沃德跳了起来。另一位客人也在看着他们。过了好几秒钟，詹金森一直静静地坐着，一遍一遍地看着他刚下载的文件，满面狐疑。然后他突然站起身来，抓起自己的黑莓，冲到了过道的中央，不知给谁打电话去了。

　　沃德在猜测可能发生了什么，他希望没有发生工伤。但他看到，詹金森给好多人打了一通长途电话之后，反而突然变得开心了。沃德本想回到房间取来电脑，但最终他的好奇占据上风。或许他不会知道发生了什么，但他可以一直看着这场戏。他感到有些愚蠢，只好装作思考的样子看着壁炉里跳动的火苗，却用眼角偷偷瞄着他的老板。

　　"哈哈，"詹金森笑着走回座位，满意地摩挲着手掌，"服务员！再来一杯啤酒，不要冰块，谢谢。"

　　"好消息？"沃德无动于衷地问着。

　　"不是，"詹金森高兴地笑着，"根本不是，而是坏消息，真正的坏消息。"

"不是你的私事，我希望。"沃德彻底地糊涂了。

"哦，不是。与个人无关，纯粹的公事。哈！"

沃德觉得自己的舌头出了问题，只是好奇，但不想打探什么消息。

"脏狗终于露出了爪子。"詹金森说，仍然满意地搓着手掌，"你会下象棋吗？"

"嗯，不太会。"

"那好，除非对手是个彻底的天才，否则都要花大量的时间在开局时，构建好一个架势。然后就是等待第一次进攻。直到你走了那一步，无法救回的那一步，在此之前，你自己也不会知道棋局的发展方向。但一旦对方暴露了布局，你就能把对方的子吃空。对吧？"

"发生了什么？"

"一家 OEM 的采购负责人给尤尼宛的大股东写信，对我没有答应他们的要求一事兴师问罪，并暗示如果我还坚持现在的条件，我们就会在这个行业里被列入黑名单。"

"好吧，这怎么会是个好消息呢？"

"听着。"詹金森品着杯中的威士忌，露着怪笑说，"首先，吉姆·马哈尼在接到信后做的第一件事，就是把信转发给我。其次，写信的人是咱们的韦恩·山德斯的密友，所以最终狼还是从树林里面走出来了，终于现身了。"

"山德斯？"

"对，是山德斯。他这一辈子都在和 OEM 的采购打交道，几乎参与了每一次价格的谈判，销售那些几乎难以制造的产品，还要为没有交付的问题责怪生产部门。他在客户中的声誉很高，所以当我请求他在价格上向客户施加压力时，他总是害怕影响到自己的关系网。他使尽浑身解数想要避免承担责任，但最终还是被抓到了证据。哈！"

"你不能开除他吗？你已经解雇了那么多人。"沃德问，他回想起詹金森最初的一招，就是从山德斯手中拿回项目管理权，将项目管理的重点重新放在技术部门，而不是销售。

"啊哈！"詹金森从服务员手中接过第二杯酒，"谢谢，这很难。他对销售把持得很严，而且我也不确定能否离得开他的关系——况且他也是把这个业务部门合并进尤尼宛的人之一。他和马哈尼一起打高尔夫球，他也持有一部分奈普拉斯公司的股份。"

"所以，他的所作所为会造成真正的损失，对吗？"沃德不知该说些什么，感觉超出了自己的程度。

"有可能。这就是一个数字游戏。如果我们能在下个月达到那些财务指标，就不会发生什么。唯一能影响贷款的，就是账面上的盈亏。这就又回到咱们的讨论中了。"

"为什么呢？"沃德像是在听天书。

詹金森脸上又显出一丝怪异的笑容，让沃德有些寒意。他不禁在想，能有多少人低估了詹金森，单调乏味的工作方式，那种美国中西部牛仔的举止，还有浑身的书呆子做派。他想起艾米曾经对克莱尔说过，詹金森是怎样凭借大学时的一项专利开办了第一家公司。这家伙惊人地聪明，根据事后的经验，可以看出他是很有进取心的人，但当时看起来却不像。只有在非常巧合的时候，当他重温他的旧事，或是刚才那种情况，你才能有幸一窥他的内心，才能认识到他的锋芒。

"让我这样解释给你听。当收购这家公司的协议谈妥的时候，我就做了确定的设想。一方面而言，股权投资者给自己的投资估值的方式是 EBITDA（息税折旧摊销前利润）⊖的倍数，比如说五倍。所以为了让他们满意，我们要适度地提高这项指标。但是考虑到他们只出了微不足道的钱进行收购，这并不是最紧要的事情。另一方面是偿还银行的贷款，这就需要现金了。我们现在的主要难题就是，我们并没有达到原有模型所假设的销售增长率。现在销售方面裹足不前，主要是因为客户的汽车销量不佳，在接到大的订单之前，我们可能要经过一阵萧条。"

"这就是你定价时非常激进的原因？"

"至少是一部分原因，我必须要从现有的业务中取得尽可能大的利润。同时，原材料的价格也在剧烈的上涨，尽管我们可能在生产率提高方面超过预期，但这些收益还是难以弥补原材料和零部件的涨价。现在阿奈斯特的老臣子们和我在某些领域的认识并不统一，他们认为在低成本国家生产是一个救星。但我并不苟同。这要考虑很多因素：客户在哪里？这些产品的技术含量如何？对它们的需求方式是什么？你明白了吧。如果把所有生产都转移走了，我们还可能失去创新的能力。更为重要的是，在美国和欧洲的工厂推行精益生产要比在中国容易得多，因为欧洲和美国的技术知识更加完善。而在中国，

⊖ EBITDA, earning before intrest, tax, defriation and allocation. 会计术语。——译者注

则是'与我无关'的文化，这是一个纯粹的管理层要考虑的问题，当然这也是可以解决的。总而言之，两个主要的挑战就是新产品和充足的现金。"

"因此要处理质量和库存的问题。"

"说得对。但很奇怪，这在工业界里，并不如想象的那样不言自明，所以我因为没有做好控制成本的战略而饱受非议，比如还没有把佛顿的工厂迁往俄罗斯，而且也没有人理解，为什么我要这么辛苦地整顿技术和生产质量。"

"我明白。"沃德点点头，"你需要提高质量赢得新客户的信任，得到新的订单，提高生产率来弥补物料的涨价，并且安抚股东……剩下的就是现金的问题了。减少库存增加现金流，对吗？"

"没错，"詹金森笑着说，仍然为他的策略得到知音而高兴，"明确的目标。佛顿令我很棘手，因为尽管质量的改善振奋人心，但是生产率的提高还不足以弥补原材料的涨价，所以没有给我提供我想要的现金流。"

听到这样的评价，沃德有些失望，但他还是希望詹金森能保持这种异乎寻常的健谈。

"所以我们让你来看看，尽管你还没有学过很多关于控制成本的方法。"

"没错。如果不是这样一个政治游戏，我不会特别担心的。我最好的朋友迈克总是说，人们看待现实的方式对现实的发展会有实际的影响，你最好相信这个！这全看马哈尼和尤尼宛其他的股东如何看待这种局面。他们来这是为了挣钱，而不是其他的。"

"我们已经从生产线上缩减了很多工人。"沃德说，他想要阐明自己的观点。"我们现在几乎没有临时工了。但我也很惊讶，原材料会涨到这么高。"

"这是我所听到的正式说法，"詹金森耸耸肩说，"而且你工厂的生产量也下降了。"

沃德在想该如何解释这件事。两个人都在抿着酒，看着壁炉中的火苗，沉静在各自的想法中。

"真正重要的是生产能力。如果工厂每天的生产负荷正合适的时候，工厂就能挣到钱。如果生产量太大，就会带来很多额外的相关成本。如果生产量太小的话，工厂甚至连自身的固定成本都难以摊销。确实，我们能尽可能地管理好自己的固定成本。很多所谓的'固定成本'并不是那么固定，真的。但是，我们能做的只有这些。所以，你不得不使工厂的负荷填满。一条路，当然是使得生产更加具有柔性，这就是为什么我对你们减小生产批量的进展不顺非常焦急的原因，也是为什么为了单一车型和客户而新建工厂是一件彻底愚蠢的事情。还有一个办法，就是抓住需求量平稳的产品的细分市场。"

"做 SUV 和皮卡车的部件的问题在于，尽管我们的价格还不错，因为每辆车都能赚不少钱，但是销量很不稳定，受环境影响大，比如如果油价上涨或者车市萧条的时候，怎么办？这使得安排工厂的负荷问题变得非常棘手。我所要努力的部分目标就是，要把生产转向供应全系列车型的部件，而不仅仅是大型车市场。"

"我认为我清楚了，"沃德说，"如果我们能够柔性地生产全系列车型的部件，我们就可以依据大数定律，把产量维持在满负荷，对吗？"

"大数定律，是的，你说得很对。"詹金森显得很激动，可真是遇到了知音，"每种车型都是一次试验。试验越多，得到的平均值就越接近理论值。很聪明的比喻。关键点在于我们要有足够的柔性，能在任何工厂生产任何车型的部件。"

"无论如何，这都是个挑战——我们需要有足够柔性的工厂，应付各种车型的部件。最基础的是，这种策略需要你先把全球的销量分解为多品种混合的、均衡的水平，而且准备好需要的各种资源。"

"那么工作内容呢？"

"没错。随后我们就会看到各种预期之外的成本会逐渐上升，因此也就可以更好地认清我们的真实成本和标准成本。在现今的条件下，就算是丰田也会错误地估计全球销售量，但是在工厂的层面上它们解决了这个问题。它们考虑了每条生产线每天发生 10 分钟的停产情况，但是如果某个班次内没有完成计划产量，它们会立刻加班以履行节拍时间的法则。这样一来，它们就可以以每天为基础，了解自己的成本和超出额。"

"我现在最大的难题，是要让销售部门相信，我们如果能够转向单件毛利不高、但是销量较大的车型，就不但能完善我们的系列，而且还能够赚到钱。这是很艰巨的。但我确信，这是我们最根本的策略目标。只要我们把目标转向在美国的外资工厂，无论如何，我们的整个前景都将更加光明。"

"我明白了。"沃德嘴上这么说，但其实他并不清楚。

詹金森的眼光突然从酒杯转向了沃德，这令沃德感受到了他头脑中的想法，感到很不自在。他感觉，自己就像是一局象棋中的小卒，而自己甚至没有意识到这局棋的存在。沃德很惊讶于总裁每次视察时关注的问题是那么的细致，在评估工厂的财务状况时又是那么的快，这使得沃德甚至曾经天真地认为，詹金森作为一个工程师出身的总裁，只是微观的管理，而缺乏全球视野。看来，他不能再低估詹金森了。不论是对是错，詹金森确实有着清晰的广阔视野。令他困惑不解的是，与其他的高级经理人不同，詹金森给人的感觉更像是一个顾问，他把主计划说得这么具体，反倒听起来不像是个主计划了。

"听着，咱们还是多谈谈佛顿的事情。我认为你做得已经很好了，但仅仅是在车间里花更多的时间无济于事。看看丰田的情况：它们的终极优势在于把高层决策和车间可视化生产联系在一起的能力。事实上，如果可视化系统很好地建立起来，你就可以每天都能看到现场的情况，并在任何时候检查自己的决策是否被落实到位。这就是明确的方向。你用什么方法能让车间里的工人们想着、并且做着正确的事？你会发现，仅仅到现场去了，并不能解决问题。你还需要确立明确的方向，并确保主要精力都花在了回报显著的问题上。"

"很对。"沃德叹道，感觉自己的脑子不足以立刻装下这么多内容，"还是同样的问题，我应该从何着手？"

"接下来就是你和你的团队能做的事情：

首先，查看今年的目标，看看你们是否完成了，然后以此为基础，参考我给你的目标，分析制订下一年的计划。关于这些计划是否合理，你需要在你的经理层内部达成共识。我愿意听到一些项目，而不是另外的项目，当然了我们还会对此进行讨论。记住，这不是一场平等的讨论，尽管如此，终归还是一场讨论。我不会强迫你接受你认为不可能完成的任务。

检查这一年来你们所做的改善工作，检查它们的实际效果。问问自己哪些有用，哪些没用，还有哪些没有做到。

然后，讨论一下这一年的关键工作，拿出一份可以按照主题和部门分解的计划。"

"最基本的问题是：你们是否已经竭尽所能地来实现目标？如果没有，你们在哪里做错了。"

"我们能做到这些。"沃德回应道，尽管他还不确定他的团队是否能在更大的压力下从容应对。

"到现在为止，这还只是一个纸上的计划——只要你的可视化管理系统在车间里投入运行，它就可以改变工人的工作效果。如果你能踏实地做好这些，你就可以每天检查生产是否按照策略进行。"

"通过可视化系统？"

"是。如果你有一个 PPM 方面的目标，你就可以不用亲自去数红箱子，而了解每个班次的表现。"

"因此，说明每个班次红箱子中可允许的最大不良品数。"沃德想起了伍兹的话，尽管当时听起来觉得毫无道理。

"说的没错，你的车间就是你最好的老师。你必须和你的团队一起每天检查你们定的策略是否被执行。"

"这就是你每次视察工厂时所做的事情？"

"工厂、技术中心、客户。没错，到现场去。我知道我想到哪里去，所以我就去了，并搞清楚工作是否在正常进行。大多数时间，他们并没有朝着我们确定的方向去，因为每个人所理解的现状不同，同时每组人都在追求自己单位的目标，所以我需要不断地教会他们，我们的方向在哪里。"

"然而，这不是一条单行道。记住，有一半时间我也在犯错，跟其他人一样。每一次我到现场去检查，工人们的工作都会教给我一些东西，即使这很少是他们刻意要向我阐明的内容。在朝着北极星（目标）努力前行，和因为没有倾听工人真正的问题而无所事事之间，总是会有这样的矛盾。

当詹金森的思路又回到了他的大局时，沃德呆坐在那里想要理清思路，二人陷入了沉默。詹金森突然鼓励似地笑着，站起身来。

"咱们的大多数讨论，我都告诉你要倾听别人的问题，而大部分的时间却都是我在讲！还得请你原谅。不早了，我还要打几个电话。我相信你会记住这些的。我还会去佛顿的，到时我们可以继续谈谈。"

由于有了一个自己信任的老师准备对他的下一次考验，沃德感到很放心。艾米·伍兹又回到了佛顿，这次由于克莱尔的盛情难却，她住在了他们家的客房里。在马兰科特接待她感觉很奇怪，而且整整一周的早晨他们都一起驾车去工厂上班，他确信谣言已经在工厂里到处流传。克莱尔和艾米相处融洽，他们下班回到农场之后也从不谈起精益的事情。事实上，艾米对马匹很着迷，想要学习骑马。沃德知道那种感觉——起步晚，而且临阵退缩的感觉。但是当这个小个子女人下定决心之后，就没有什么能阻挡她了。至少在这一点上，她和克莱尔非常相像。但是，像这样把工作和生活混在一起，还是令沃德很不适应。像很多其他的细节一样，詹金森对此的习惯，和沃德之前所知大相径庭，他与鲍勃·伍兹和艾米的关系是真正的友谊，远远超过了一般的交情。

艾米对于流言蜚语毫不在意。她在工厂内外都是同样的一个人。在与仙顿、穆勒、克拉拉和莫丹一同设计拉式系统的过程中，她的工作方式与詹金森的强力、不留情面，以及鲍勃的辛辣批评，完全不同。她很喜欢对于问题反复地讨论，边讨论边执行，总是非常愉快。她充满希望地无视工作中的压力，从而带来了乐观的工作氛围。最后，仙顿成为了艾米的法语翻译，两个女人的关系密切。

"真正令人难以理解的是，"当他们评估这个一起实施的系统的各个部分时，艾米对大家解释说，"拉式系统是持续改善的脊梁。正是它，使得每一个小的改善活动有了明确的前进方向，所以你们需要一个这样的系统。"

"我现在有些困惑，"沃德承认说，"我认为拉式系统仅仅是一个工具，明确的前进方向来自管理层的态度。"

"你没有看出它们之间的相似之处？丰田的各种工具都是管理层态度的真实反映。同时，他们又通过这些工具的运用，不断完善着自己的管理。"

"但我知道你为什么会这么认为，"她接着说，"大部分的经理人都会在工具和原理之间设置一些简单的分类。这很简单而且容易。办公室里工作的专家们精通工具的所有细节。生产主管告诉他们要做什么，从不关心这些工具具体是怎么发挥作用的。因此，大多数的公司都会对于这些精益项目的效果感到失望。只有那些成功地将工具运用和管理同步进行的人，才会取得惊人的成功。你既需要这些工具，所谓'是什么'，也需要那些方法，所谓'为什么'。并没什么奇怪的，真的。"

"咱们从实践中看看。一般认为，自上而下的精益包括两个因素。"

"使问题可视化，以及管理层的参与，这个我知道。"

"其实有三个，还有明确的方向——我们要如何使问题向着被解决的方向发展。"

"好吧——但我还是看不太清楚。"

"那么咱们到现场去看看整个的生产流程吧。"

他们来到了仓库，检查在艾米的指导下，由仙顿划定的货车准备区。那里有一个清楚的告示牌，在货车到来之前，就写明了每一份当天要装车的货物。

在每一个货车的准备区里，他们还安放了一个小的告示牌，写明了要装车的货物清单。物流工人会记录下每一份搬来的货物，这样就可以表明车上真正装的是什么，并且反映出货车已经装了多少货物。

发货准备表

卡车目的地	出发时间	准备区域	开始准备时间	结束准备时间	现状	备注

"咱们都看到了什么？"

"咱们现在有问题。"沃德指着显示货车晚点的一栏说，"这个问题需要立刻解决。"

"还有什么更重大的问题？"

他看着整个区域，试着用新的眼光去观察发生的一切。

"货物过剩。我们尽可能有规律地以拉动的方式，从装配生产线上运来货物，但我们并没有均衡化顾客的需求，所以这区域里的货物越积越多。"

"精益管理中的哪一个环节出了纰漏？"

沃德背对着艾米看着堆放着的货箱，无奈地耸耸肩。他仍然无法控制顾客的需求。

"客户第一，"艾米笑着说，"还有现场观察。"

"你的意思是？"

"你们内部提货的节拍时间，和真正的客户需求之间的不平衡，可以追溯到你没有和顾客紧密联系的现实。你还不明白为什么他们的订单缺乏规律，同时你也没有找到客户那方面可以交流的恰当人选。"

"哦，救救我吧！"

"现在，就现在，"她说，"我并不是说你现在就要这么去做。但是咱们要搞明白：找到可以让我们弄清现状、得到改进方向的问题所在。同意吗？"

沃德轻叹一声，叉着手，强迫自己点了点头。

"那么，咱们现在再退后一步。"

在均衡柜那里，沃德发现很多张卡片堆放在那里。这表明一切并没有按照他们计划的那样由物流工人每隔30分钟来搬运货箱，而是物流工人擅自积压了货物，这样他们就只需每小时来一次，而不是每隔30分钟。

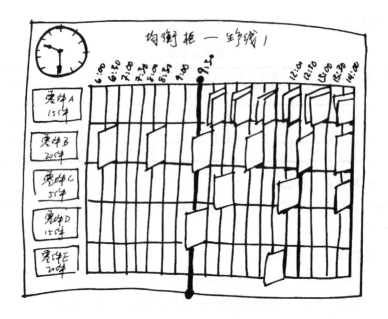

"那么？"艾米只是站在那里冲着沃德笑，这比受到詹金森或是伍兹的批评更令沃德气愤，他感到很狼狈。艾米接着说道："这么做会造成什么影响？"

"生产失去了取货的节奏。这意味着他们无法看清楚顺序。"

"还有呢？"

"这反过来和改善有关系，不是吗？他们怎么才能看到自己已经不在正常状态了，如果客户，也就是这里的物流工人，没有在指定的时间里取走完成的产品？"

"没错。还能看出什么吗？"

"有些卡片没有被收走。"

"能看出为什么吗？"

"恐怕不行……我需要去询问一下工人。所以，没错，这是一个可视化管理的失误。我们需要能够立刻看出发生了什么。"

"啊哈。记住菲尔说过的通过解决问题实施管理。

第一，现场观察，我们在做些什么？

第二，使问题可视化。我们就能够看出卡片没有被收走。

第三，评估局部的绩效。"

"是啊。我们应该有些跟踪手段，弄清楚无法收集卡片的频率，并且做出原因的帕累托图，等等。比如说，有关均衡柜的客户服务、生产部门对运输部门的及时交货。我能看出这些了。"

"说的对。接下来第四点，使目前的做法标准化。当卡片没有被收走时，管理层该如何应对。"

"你的意思是？"

"改善的最终目标就是提高管理的水平。你有接到电话吗？卡罗尔打电话给你了吗？有谁知道这个情况，咱们又对此做了些什么呢？"

"有道理。"沃德摸着自己的脸颊，赞同道。

"然后，我们必须要教给工人们一种分析这种问题的方法。"

"但是，似乎问题不是出在这里。更像是出在生产上，在于车间内的存货。"

"好想法，咱们去现场观察吧。"

果然没错，车间内的产品的存货已经空了。这个产品直接来自注塑。他们看到触发队列里的等待安排的生产指令已经排满了。

注塑机确实在工作。当沃德发现问题在于正在包装的产品并不是看板系统显示的所需产品时，他不由得抱怨起来。他清楚地看到，正在装货的货箱上没有贴着看板卡片。

"换模没有及时进行。"他一边仔细地看着生产区，一边说，"所以还在生产我们现在并不需要的产品。这是过量生产。"

"而且与系统的要求不符：没有看板卡片的货箱不允许流转。所以？"

"还是改善。在这个问题上，生产管理没有参与进来。"

"那么方向呢？"

"我们没有解决按计划及时换模这个根本的问题。该死。"

"那么？"

沃德又再一次感到了同样的挫败感。这种感觉一直就在眼前——但他就是无法看清。如果他都不能看出这些单个车间里的问题与整体策略间的联系，他又怎么指望工人们做到这一点呢？他知道自己必须面对既需要得到保持工厂生存的现金流，又要面对这令人失望的库存状况。最后他开口说话了："我们永远也不可能把这该死的库存降低，这就意味着我们永远也不能给詹金森提供他在年底前所需的现金。是的，是的，我知道。我就是推动地不够狠。该死。"

艾米没有失去她的镇定（她永远都是笑嘻嘻的吗？），她说："咱们再回顾一遍那些步骤：

第一，现场观察。好的。咱们现在就在这里。

第二，使问题可视化。生产指令触发队列帮我们做到了这一点。

第三，评估现场绩效。我们需要记下换模的次数，以及每台注塑机的换模时间。

第四，阐明现状的标准应对方法。模具安装工人是怎么组织的？

第五，教会基本的分析方法。在这件事情上就是快速换模的方法。

第六，试验并反思。

第七，得到正确的结论。"

"我们已经做了够多的试验，"沃德沮丧地说，"但是没有足够的反思。这是个问题。所以我需要继续处理这个问题，再仔细想想。然后我要和生产线上的工人一道想出更加有效的响应。好啦，咱们再去看看批量生产柜。"

"这个批量相比于菲尔的要求，还是太大了。哎呀，我确实需要让斯蒂格勒解决这个问题。如果这是他需要的明确的方向，这就是他真正该要达到的目标！"

"嘿，在你走之前，请务必帮我讲清楚菲尔一直提到的方向明确的问题，"沃德恳求道，"所谓的'北极星'到底指的是什么？"

"在现阶段还不必要为此太过在意，"艾米笑着说，"这说起来就像是你们存在的问题一样多。"

"那是怎么回事？"沃德吓了一跳。

"是这样，你也知道，他总是处理一个接一个的麻烦，但是在所有事之上，鲍勃都会给菲尔一段艰苦的时段，用于明确方向，不仅是为了他，也是为了所有人。鲍勃之所以这么坚持，是因为，如果没有一个明确的方向，大家是很难同时处理好大的挑战和日常的小问题。"

"我赞成这么做。那恰恰就是我现在经历的状况。一方面，菲尔所希望的精益转型令人头疼；另一方面，他们在这种细节问题上不断地发现问题。"

"方向明确就是关于兼顾所有的工作，即使它们同时发生在工厂的各个角落。换句话说就是，大家要在导航星的指引下前进，而不受现状、暗礁、海难的影响。这就是为什么要称之为'北极星'了。"

"在我们的工厂中呢？"

"让我想想。菲尔给你的第一个任务是什么？"

"稳定质量。"沃德立刻回答说。

"很好，要怎么做呢？"

"红箱子。"

"没错，但是更加普遍的呢？"

沃德想了一会儿，回忆起他与总裁的第一次谈话。那是很久以前的事情了，但不会超过一年。"生产部门要靠自己解决问题？"

"这听起来像是菲尔说的。那么你这样做了吗？"

"嗯，"沃德有些犹豫，"我觉得是。我们对问题的认识确实比以前清楚多了，但是……"

"你说得对。我们四处看看，可以发现快速响应并不是那么快速，也能看出问题的根源并没有被解决。"

"这听起来很糟，"沃德有些窘迫，"但是我不得不承认这就是我们所看到的情况。"

"关键在于，你们在做这方面的工作，但你们如何知道自己是否有真正的进展？正是为此，菲尔才提出了所谓的'北极星'。他已经给你指明了主要的方向，那就是质量问题。还有什么？"

"生产单元的生产率。通过拉式系统降低库存。我觉得我明白了。"

"有关你自己的难题呢，还有什么吗？"

"对，他还在客户关系方面给了我很大的压力。我已经开始加强与供应商的合作，尽管他并没有这样要求。还有就是把一些产品的生产向波兰工厂转移的事情。"

"还有吗？"

"让我想想，"沃德仔细地想着，"再有就是给工厂添加新的产品和培养员工解决问题的能力了。"

"很好，这些都可以被改善。这就是你的第一个北极星。"艾米说。她走向会议室的白板前，写了起来：

- 通过红箱子，改善质量。
- 通过车间看板，改善工作站生产率。
- 通过拉动系统降低库存。
- 通过每次在客户投诉时拜访他们来改善客户关系。

- 通过拜访供应商共同讨论问题来改善供应商关系。
- 增加工厂的产品种类——你知道该怎么做吗？
- 通过什么来提高员工解决问题的能力？

"我猜是改善研讨会，或者是快速响应。不是，等等，鲍勃说过的分析问题的根源。"

"我认为这三个都不是，"艾米说，"咱们应该把眼界放宽，先暂且称之为'通过解决问题的管理'。那么安全问题呢？"

"嗯。当然了。安全，当然。"沃德附和道。满脑子都是令自己尴尬的事情。

"听着，既然你们在朝目标前进，至少是接近。你们就已经有了一颗'北极星'。虽然比我愿意看到的内容多，但是你们至少清楚了应该做些什么，不再整天被那些救火式的问题纠缠住了。"

"真是这样吗？"沃德很怀疑。

"对于初学者而言，"艾米笑着说，"然后你们就可以着手解决各个方面了。你们这一年降低 PPM 的目标是什么？你们希望通过改善研讨会使效率达到多少的 PPH？为此你们准备开设几次改善研讨会？等等。"

"也就是说这给了我目标？"

"非常正确。"

"好吧，仅仅是这些吗？"

"不是的。你们一旦明确了想要达到什么目标，就要和你的团队开始讨论，直到每个人都达成了共识。并不需要他们一定能够达到，而是这些目标是可实现的。也就是说，如果我们把每件事情都做对，我们能够达到目标吗？"

"我们可以试试。"

"无论是谁，试着这么做，都会有效果，"艾米俏皮地眨着眼睛说，"你们会得到真正的收益，尽管，这需要能够衡量你们是否在稳步地向自己的目标前进，而不要被琐碎的小事影响了方向。但如果'北极星'是明确的，咱们可以此为参照发现自己的错误。咱们是否在做计划上的事情？现在做的是否足够取得成果？这样做的好处在于，如果你能让员工专注于明确的目标，迟早会赢得他们的信任，所有的事情都会迎刃而解。你就不用每件小事都费尽周折。这是菲尔之前收购的公司已经发生过。人们一旦信服，便会明白自己在做什么，因为他正在为了实现目标艰苦地努力着。这样所有的非议都会烟消云散，这有很大的不同。"

"希望如此吧。"沃德说，因为他并不确定自己是否真正掌握了这一切，也不知道自己有没有得到员工们那样的尊敬。他责备自己，应该问清楚才是。他在陪艾米下楼梯搭乘去法兰克福的出租车时，他在想自己应该更加详细的了解，而不是仅仅知道自己所希望的答案。自从艾米以前租过一辆汽车后，她就立刻决定再也不会在德国的高速公路上开车了，无论是为了爱情还是金钱。

～

最终还是有些事情令沃德感到开心。管理团队确定了明确的方向，制订了实现这些指标的行动计划。他想，这反映了他们在白板上列举的每个问题上所取得的进展。巴雅德在负责生产率的问题，这使得持续改善专员马丁更加的努力。马丁几乎每两周组织一次研讨会。工人们甚至都开始抱怨，由于总是要去参加研讨会而无法完成日常的工作了，但巴雅德对此听而不闻，沃德对他全力支持。让他们来，他同意了。

另一个好消息是穆勒和克拉拉开始了合作，结果是，注塑机的开机时间大幅提高。他们还决定把红箱子的方法应用到维护上去。他们简化了原先的大修计划，现在，在每天共同巡视的基础上，以两周为单位，可视化地检查机器，并且研究生产的录像。此举对于改进注塑机的可利用率效果显著，而且由于他们取消了几个周末的加班班组，财务盈亏底线上的结果已经开始显现出取得的进步。这很好，沃德想，非常好。

沃德现在亟须要做的，是弥补车间成绩的进步和他一直遭遇的、来自本应该支持自己的经理们的抵制之间的鸿沟。所以他们聚在了一起，沃德简单地陈述了现状。虽然由于客户的投诉，工厂经历了艰难的二月份，但质量问题总体还在正轨。然而很快沃德就发现，自己身陷在大家对于其他不相干的问题的争论之中，埋怨、责任之类的问题。詹金森或许是沃德见过的最不客气的家伙，但是他的见解似乎总能支配别人。

"三分之二的问题都与标签贴错了有关。"质量经理查蒂斩钉截铁地首先采取防守态势。

"那么，咱们是否正确地认识了问题？应该怎么贴呢？"

"这是生产上的问题。"她无奈地说。

"这是软件的问题，"斯蒂格勒反驳说，"如果物流不能正确编辑标签，我们也无法把它贴到正确的箱子上。"

仙顿的眼神冒着怒火，但没有再说什么。大家要求她解释，为什么库存还是居高不下。沃德在波兰时，他曾问过詹金森是否希望他用会计的方法在年终人工地降低库存，关闭所有的 TAPS 进货账目，在年底后再重新登记。

"这怎么会有助于你的'北极星'呢？"詹金森回答说，"降低你的库存，在年底之前，但是要聪明地做到。"

"我们快速换模做得足够好了吗？"沃德问。

"问题不在于快速换模，"物流经理回答说，"我们所做的每一次研讨会都很成功。咱们已经达成一致了，我是按照换模时间的 10 倍计算生产批量的。"

这是鲍勃的建议：每次把注塑机数量的 10% 换模。粗略的就是把换模时间乘以 10，在没有停工的条件下，作为生产批量的参考。

"但是生产过程并没有按照这个计划。"

"我再告诉你一遍，我们没有足够的模具安装工。"斯蒂格勒发火地说，"我们怎么能在不增加模具安装工的前提下，增加换模次数呢？告诉我！"他在这次会议中一直都很安静，沃德都在纳闷，他怎么越来越沉着了。

"总是在对生产说长道短，但是我们没有足够的资源！"

"大家听我说，"穆勒傲慢地搓着手，讽刺地说，"你有没有见过你的模具安装工每天都在做什么？当我们忙着维修的时候，他们却很轻松。"

"他们一直在忙着清理你的手下留下的烂摊子。"斯蒂格勒愤怒地回敬道。

"够了，先生们。"沃德打断了他们的争吵，他尽可能地显得沉着冷静，"咱们还是来搞清楚问题吧。"

"搞清楚问题，搞清楚问题。"斯蒂格勒模仿着说，"你是在对詹金森鹦鹉学舌吗？"

"好了，好了。"德隆停下了手头的事情，说道。

"安迪，你可以按照你的意思来。但是你不能指望着没有投资就进行生产。如果这样能行，我现在就想知道怎么做。"斯蒂格勒抱怨道。

"你没有解释清楚模具安装工的问题是什么。我们知道按照卡罗尔计算的批量大小，平均每天需要多少次换模吗？"

"大约三次，至多。"仙顿强硬地回答说。

"这并没有太过分。奥利弗，是吗？"沃德问道，"咱们是不是能够想出个计划？"

"你现在都知道了，那你自己想计划吧！"

"你太过分了！"沃德突然喝道。

"有吗？那你索性解雇我吧。"斯蒂格勒也大声地对骂，愤怒地把椅子推开了很远，"来吧，就这么做！我很想看看你能把生产做得多么好。你别再自欺欺人了，沃德。我们都知道你对生产一窍不通。只要你能让我们给你卖命，你就能有好的业绩。但是现在，现在，"他激动得有些口齿不清，"你有了詹金森做靠山，就以为自己什么都懂了。这真是笑话！"

"你在胡说些什么？"沃德在短暂冷场之后平静地问道。大家都在看着站在那里正愤怒得浑身发抖的生产经理斯蒂格勒。

"我在说些什么？"他大喊道，"我在说我受够了为厂子里所有的差错背黑锅了。你总是在说你想帮助我，那么就先把这个混蛋克拉拉开除了吧，他总是在一切场合刁难我。"

"嘿，你会在他之前被开除。"沃德也无法控制自己的情绪了。尽管他无法控制局面了，他还是感觉自己的方式越来越像詹金森了。

这句话使斯蒂格勒哑口无言了。他面色苍白地站在那里，透过厚厚的眼镜片瞪着沃德。

"我们会看着这一切的，不是吗？"他声音沙哑地低声说道，"我们会看着你还能这样指使我们多久，不是吗？"

他说完突然转身离开了会议室，重重地摔上门扬长而去。

"这听起来像是威胁吗？"沃德难以置信地大声问道。

"或者是一个警示。"人事经理平静地说，"那个老头子没有丝毫的慌乱，或许他知道些你不知道的东西。"

～⌒

"斯蒂芬？你见过奥利弗吗？"那天稍晚的时候沃德问道。

沃德难以抑制地担心那个场面。他讨厌争吵，也不擅长处理这种事情。这让他很难受，也许还会做噩梦。他最终还是决定找到斯蒂格勒，并且和他冰释前嫌。同时，他也因人事经理那句漫不经心的话而忧虑。他在努力地想有什么事情可能会恶化——可能有很多——但就是无法想出一件具体的。

"他走了，我觉得。"那个年轻人不安地回答说，"我看到他的车出去了。"他说着，看向窗外的停车场。沃德早已废除了专用的停车场，制定了先到先得的规矩，但是人们的习惯很难改掉，大家还是停在自己以前的位置，工厂总经理的车位总是为他空着。

"咱们已经为年终的财务审计做好准备了，对吧？"他坐在桌子的角落问道。他认为财务主管斯蒂芬看起来有些不安。或者是他自己在妄想？

"我认为都准备好了。"

"情况和我们讨论的一致吗？咱们超过了预算，但是不多。"

"是的，是的，只是……"

"只是什么？"沃德不由得出了一身冷汗。

"是这样，"斯蒂芬捋了一下头发，说道，"你知道财务审计是怎么进行的吧？我们依据标准成本检查销售额。然后再检查每一项的差异：采购的差异、物料使用的差异、人力效率的差异，等等。最后，我们得到销售的总的成本、毛利，还有利润。"

"我知道这些，斯蒂芬。"沃德不客气地说，"那又怎么了？"

"所以每一项都依据估计的标准成本。咱们做过假设，之前的预算是建立在完全没有依据的采购价格会下降的基础上的，对吧？"

"是的，我已经向科尔曼澄清过这个了。咱们无法控制物料的价格，所以我们假设采购中心成功地降低了成本。我们不知道它们能否达到预估的价格。"

"这就是问题。我们不知道我们到底付给了供应商多少钱。科尔曼的手下已经在问我要这些的详细信息了。"

"然后呢？"沃德问道，他似乎预感到了危机的降临。

"奥利弗已经要求我按照现有的票据重新核算标准成本了。现在看来不但采购没有达到预期的价格降低，他们反而接受了供应商涨价的要求。按照那个价格，咱们几乎难以为继。所以，最终结果是……"

"咱们的总成本远远超过了预期。"

"超过了很多，所以我们的利润是……"

"混蛋！你把这些告诉其他人了吗？"

"没有，没有。"他回答说，"只有奥利弗知道。"

"该死！"沃德咒骂道，"该死，该死，该死！"

"汉斯？我是安迪·沃德。你好吗？朋友。"

"安迪！真高兴你打电话来。你干得怎么样？好久不见了。"汉斯·阿克曼回答说。

"还是很忙。你知道今年纽霍夫工厂是怎么处理采购成本的吗？还记得咱们上次和肯特·里德的讨论吗？"

"嗯……"阿克尔曼有些犹豫，这令沃德又开始了胡思乱想，"我很想帮你，但是我无权得知这些信息。我建议你去问问贝克梅耶先生。"

"我会的。"沃德答道，暗自咒骂道，"你好自为之吧。"

———

"我很抱歉，安迪，"贝克梅耶谨慎地说，"我知道你很心烦，但是我爱莫能助。"

心烦？开车去纽霍夫是沃德这辈子最糟糕的一次出行。他的脑子总是想着这些事情，无法专心于路况——险些造成一次事故导致他错过了高速路的出口。心烦？他还有些发疯呢，他忧郁地看着面无表情的区域经理，同样也是德国分支的控制者。

"在纽霍夫工厂，你们用的是什么样的预估价？"

"我也不知道……"

"告诉我！"沃德狂躁地大喊道。

"你最好不要用这样的语气对我说话！"贝克梅耶回敬道，依然守口如瓶。

"冷静点儿，安迪。我们用的是最初的预算假设。"贝克梅耶冷静地回答道。"采购价格的变化被欧洲总部驳回了，并且反映说由于全球物价上涨采购部门并没有得到预期的价格降低。这是真的，我相信。"

"但对于佛顿工厂不是这样，对吗？在纽霍夫你用虚构的低价格，但你告诉我的数字却是包含了真正的采购价，那些数字高了一个数量级！这是真的吗？"

"我们怎么会那么做？"贝克梅耶冷冷地回答说，"你可以不通过我们直接和美国的大人物联系。这超过了我们的职权。如果你参加了任何一次讨论这个问题的电话会议，我们就不会落入现在这样不幸的境地了。"

"这会使得佛顿看起来成为全集团最差的工厂——大不了，嗯？"他愤怒地说。

"无论怎么说你都赔了本，不是吗？"贝克梅耶傲慢地问道。

———

"我中了圈套，"怒火中烧的沃德咬牙切齿地对妻子说，"彻底被骗了。"

"我不知道怎么回事。生意归生意，不是吗？这只不过都是关于顶线和底线的游戏，又能有什么呢？"她已经做好了晚饭。沃德从法兰克福回来之后，就一直坐立不安，走来走去的，看见什么都想拿过来摔碎。显然不会像往常一样做晚饭了。

"如果是这么简单就好了！没错，生意就是生意，但是集团所做的事，大多是在花时间找到新的算计你、挑毛病的方法。这样一来，我就被击中了要害。我很有可能因此失去工作。我对不起你，亲爱的。"

"这些话你早就说过了，但是这些现在还没有发生。而且就算你失去了工作，我们也会过得很好的，我确定。"

"我可以帮你打扫马棚？"

"你太笨了，我是不会给你工钱的。"

"用实物交换？"他笑了笑，想要放松一下紧绷的神经。

"这要看你的活能不能干好了，"她打趣道，"来，再喝一杯。"

"为什么每次我有坏消息你都会开香槟呢？不应该是恰恰相反吗？"

"你和劳威尔说过这些了吗？"

"这是个麻烦事，"他说着，与妻子碰杯，强迫自己喝下了苦涩的酒，"我不确定他会站在哪一边。问题的一部分原因在于，他的办公室直接从厂外得到消息，而不是通过纽霍夫的财务中心。贝克梅耶可以仅仅因为我没有通过正轨的渠道而责罚我。可能还会有更加严重的后果。"

"亲爱的，不要胡思乱想了。"

"嘿，就算是胡思乱想也有问题。我只是不知道该想些什么。在瓦克劳，詹金森告诉我他有更加沉重的降低成本的压力。这听起来很奇怪，但我有感觉他为了保护佛顿而受到了指责。"

"你给他打过电话吗？"

"打电话说什么？我才不会打电话给自己的老板，告诉他我连预算都不会计算。"

沃德给马克打了个电话征求意见。他们已经有了很好的关系，由于经常谈起佛顿拉式系统的麻烦事。沃德渐渐地发现了他头脑冷静能有所帮助。虽然由于没有对他足够的了解而不能完全信任他，但是在现在的情况下，他迫切需要他的建议，胜过了对马克敞开心扉的潜在危险。无论如何他离欧洲的工厂十万八千里。沃德陈述了所有的麻烦。刚开始马克还在笑，他确实这么做了，听起来就像是一场轻微的地震。但是随后他的语气变了，他变得生气了。

"又是科尔曼！那家伙是条真正的毒蛇，一个人渣。我告诉过你他曾逼我退出吗？他是在收购我们的时候加入我们的。他很擅长与高级管理层搞好关系，来为自己的快速升迁铺路，使得自己举足轻重。但他是个混蛋，安迪。他算计着每一个人，谁欠他的，谁没有，他知道得清清楚楚。满脑子政治头脑。他利用一切机会安排亲信，排挤其他的人。"

沃德什么都没有说，想到自己也在不知情的情况下，成为了科尔曼的亲信。没错，安排他当佛顿的经理并没有什么商业意义。有眼光的人一看便知。看在上帝的份上，他只不过是一个顾问。但是科尔曼一定认为这是一个安排自己能掌握的人的机会。或许斯蒂格勒有足够的理由这样愤怒。所有人都希望沃德在这里待几个月，做一场经营工厂的秀，然后调回总部。如果不是为了马兰科特，他或许真会这么做。沃德在想，他是不是已经不再受到科尔曼的眷顾了。

"我需要告诉詹金森这些情况吗？"他最后问道。

马克想了一会儿，然后莫名其妙地大笑起来，"我会提醒他的，一定。但我不敢奢望他现在能帮上什么忙。他自己的事情就够他忙的了。"

"什么？"

"你不会相信那个家伙有多么的疯狂。"马克笑着说，"他去找三大巨头之一，与我们正在讨价还价的公司，拿着枪指着他们的脑袋：你们把钱付清，否则我们就停止交货。"

"你在说笑吧！"

"绝不是。我已经停止发货了。"

"你们没有在生产？"

"我们当然还在生产了，你认为詹金森会真的发疯？不会的，我是在积累库存，没错。我只不过不发货而已。"他笑着说，"马上就要达到我这个月的库存目标了，这是肯定的。"

"然后呢？"

"我们这两天还不知道，等到他们用尽了存货，到时就见分晓了。我最近每天被他们的采购员骂，我们的销售员也是，总部充满了勾心斗角，你知道是什么样子。我只是个打工仔，我能知道什么呢？"

"真见鬼了。"

"我会应付他们的。哦，对，我会尽快告诉他的，但我不会奢望太多。我感觉你很快就能挺过来的，我怀疑詹金森是那种对于数字把戏很在意的人，就像是你描述的那样。"

"如果他想保住自己的饭碗。"

"就是这样，没错。"马克笑着发出低沉的声音，"要知道怎样把事情搅浑，我的意思是，让这一切变得更加的有趣。"

"我想起了一个中国的成语，浑水摸鱼，"沃德叹道，"祝你在这场混乱中过得愉快。"

"他不会接受这个职位？"德隆捋着自己的胡子说，"告诉你吧，他不会接受管理职位的。他总是这么说。"

"见鬼！"

在与人事经理商量过这件事后，沃德决定让克拉拉担任生产经理。斯蒂格勒被安排了一个制造工程师的岗位，沃德告诉他不再是生产经理了，作为回应，他只是不断地说'走着瞧吧'，从那以后，斯蒂格勒一直称病，没有再来过工厂。沃德被迫不得不打电话给詹金森详细汇报了情况。詹金森没有多说，就匆匆挂了电话。

"他推荐穆勒。"

"穆勒会接受吗？"

"我想他会吧，"沃德小心地对德隆说，"但这并不会令所有人都满意。"

"为什么？"

"你也知道穆勒是多么的莽撞和易怒，这使他在工厂里树敌过多。"

"他能胜任吗？"

"仅从技术上来说，没有问题。至于其他……"

"咱们还是试一试吧。你不介意在我公开宣布之前先给他透露一下吧？"

"别客气。"那老男人露出职业的笑容，令沃德不安。这是这个家伙最喜欢的表情。

"每个班次设立主管的事情怎么样了？你向丹尼斯提过这件事了吗？他怎么说？"

"嗯，我还没有。这件事最好你亲自对他说。"

"每个人都怎么了？"沃德突然发火了，失去了耐心，"每一次我要求工厂里的人做些什么，回答不是说'不'就是说'让别人去做'"。

这突然的爆发似乎仅仅逗乐了这个老家伙。他只是慈祥地看着生气的沃德，若有所思地摸着自己的胡子。沃德以前总是在想这胡子是不是假的，还幻想着有一天出其不意的从德隆脸上把胡子揪下来。

"你难道不认为，你应该亲自处理工厂的组织问题？"

"我知道，我知道，"沃德听从了他的话，冷静了下来长叹了一口气，"我确实应该等奥利弗回来了和他好好谈谈，这样他也可以转达给克拉拉。但我很确定，他不会这么做。在另一方面，如果我直接去找生产主管，我只会听到更多的有关削弱生产线、削弱职权，这类的抱怨。奥利弗对于任何事情都变得敏感了。"

德隆以高人一等的眼光看着沃德，不以为然地摇着头。"这无关于他是什么样的一个人，而是在于你要他做什么。你把他推向了一个他非常不喜欢的方向。"

"你的意思是什么？"

这个老家伙不详地看着他，然后出乎意料地建议一起吃午餐。

———

"把人和问题分开来看，"人事经理建议说，"你把事情弄糟了，认为大家不乐意按照你要求的去做。事实是他们不同意你想要做的事情。他们认为这是愚蠢的，所以硬让他们做就会搞砸。"

德隆把沃德带到了小镇那头一家别致的餐馆。一对年轻的夫妇把一处破旧的城堡改造成了一个昂贵的酒店，可以俯瞰一片广阔的草坪，上面还矗立着中世纪的塔楼，忠诚地保护着一条小河。这种环境色彩斑斓，但就像是法国的大多数景点一样，难以保持。沃德过去就非常喜欢领客人去梅兹市中心的塔楼。

"说实在的，这很有趣，"老头看着什么有趣的东西，说着，"用个人眼光看待这些问题很容易，但这只是一个简单的观点问题。我发现这很好笑，你知道，你们这些人把我们全都带出轨了。"

"我们这些人？"

"你、奥利弗、玛里卡，没错，搞那个系统的人。"

"你是指像是丰田生产方式？"

"不，"他在笑声和咳嗽中喘了一口气，"不，我不是指这个。我指的是那个IT系统、那个质量系统、那个人力系统。你知道工作流程，加工过程，所有这些。当我们被阿奈斯特收购建造这个工厂的时候，并没有这些系统。老板周围是为数不多的几个他信得过的人，无论对错，工厂总经理在信封的背后记账，人事经理只用负责人事档案，其余的就是生产和技术。唯一要紧的就是财务上的底线。为了达到这个目的，我们依靠每个人做好本身的技术工作，你知道，工人操作机器、维护工人维护设备，等等。预算被记在一张纸片上。所谓的MRP不过是一张被神话了的清单。但我们知道我们的任务，所以我们能赚到钱。"

"詹金森不是说过吗？利润是一种评价，现金才是实际。"沃德说道。

"没错，所以他是在以一种不同的方式看待。但事实上，他很接近我们当初的方法。这是问题的一部分。他在关注客户和现金流，而且他是一个工程师。但这和阿奈斯特兼并我们的时候所做的不同，他把他们的系统强加给了我们。"

"全集团的MRP系统？"

"这只是其中之一，"德隆笑着点点头，"其余的还有质量系统，你知道我在说些什么，那些所有的检验和汇报，还有报表等。在人力方面也是这样。你知道，我之所以选择工厂的职位是因为他们把我排挤出了高层，但我还想留在这个行业。但这很疯狂，所有的程序和官样文章我们都要执行。"

"像是我为集团做过的供应链的工作？"沃德不安地问道。

"没错。系统。集团创造了这个系统，工厂里很少人服从，就可以使得所有事情进展顺利。"

"但，确实，现在比你们以前做的好了，因为你们最后被收购了。"

"这样的分析是错误的，"德隆反驳说，他的眼神中似乎蕴藏着陈年的愤恨。"依据我们之前的运作方式，我们更加有效率。实际情况是总裁很少打没有意义的电话，类似当所有人都准备向东方搬迁的时候，要求在法国提高产能。但也不要欺骗自己，工厂运转得比现在好，也更加赚钱。工人们知道他们在做些什么。事实上，詹金森要求你做谁的工作？"

"那些老资格的人，"沃德恍然大悟，"穆勒、克拉拉，还有你。"

"那些了解工作，但是不了解系统的人。为什么穆勒从未在工厂得到提拔？"

"因为他不擅长系统。"沃德若有所思地附和道，"他只是在关心维修机器。"

"没错。"

"那么，这又是怎么影响到奥利弗和玛里卡的？"

"把这些点连起来。你、奥利弗，还有玛里卡，都是被聘用来运作系统，而不是管理工厂的。更好的管理软件，更多的 ISO 质量标准，斯蒂格勒总是在要求一套计算机化的注塑机管理软件系统。你也被训练通过中央集权的 IT 系统实施管理。斯蒂格勒的梦想就是每台机器前有一个显示屏，告诉工人每天之中的每一秒该干什么。"

"是的，我看出来了。现在詹金森是在把我们引向另一条完全不同的路。"

"詹金森要求你把管理权分散，是的。这与我们之前的做法不同，因为我们主要是依靠生产线的权威。据我所知，詹金森想同时加强权威和授权。在我们那个时候，没有人会考虑请求工人们的参与。他们只是在那里一成不变地操作。普遍的态度是，当员工们开始思考的时候，他们就会开始不遵守规定。这种'一气儿来解决问题'的方法对我来说是全新的，至少是这样。"

"现场观察……"

"还有改善。无论以什么速度，都会严重地使你的经理们不安。出于很多原因，对此你似乎没什么问题，但是我告诉你，他们有许多顾虑。这不是关于他们怎么看待自己的工作。当你要求他们频繁地出现在车间里，他们的'正常'工作就会在办公桌上堆积。而且，花这么长时间在车间里，就意味着他们不得不直接与工人们打交道。"

"这不是管理层被要求做到的吗？"

"或许是吧，安迪。但是你为什么要求我替你去和克拉拉谈呢？你喜欢和穆勒共事吗？当总裁直接和伦布罗索交谈时，你是什么感觉？"

"讨厌，讨厌，还是讨厌。我能看出你的观点。但是，我认为他是对的。真正做工作的人才重要，不是吗？"

"我不是说他不是，"德隆点点头，"我是说你必须承认这种新的方法对你的管理团队而言有多么难。我可以告诉你，你必须把人和问题分开。他们不是在抵制你要求他们做的事情，而是由于詹金森的要求太难——更别说这和他们过去所接受的训练完全不同。"

"这是他的公司，"沃德耸耸肩无奈地苦笑，"同时，他是一个讨厌的家伙，但我也不能说他不对。"

德隆没有说什么，而是专心地吃饭。

"你怎么想？"沃德问道，"奥利弗做得对吗？詹金森所做的一切是想让我们失败，好最终关闭工厂吗？或者他是真的想帮助我们？"

"在我年轻的时候，"这个老狐狸开始认真地回答说，"一个朋友有钱买了一辆黄蜂型摩托车，一件真正的宝贝，我们都很嫉妒。每个人都很羡慕，都认为他非常幸运，但有一个老人却说'焉知非福'。果然，我的朋友不久后严重地摔伤了腿，这时大家又都说买摩托是一个愚蠢的想法，是伪装的诅咒，但是那个老人又说了'焉知非福'。这之后我们在战时都被强制去北非服兵役，但又由于这个朋友的腿伤，他躲过了兵役，这时那个老人又说……"

"'焉知非福'，所以如果我问你，你认为精益管理对于工厂是好是坏？"

"焉知非福。"

"你确定你不接受这个职位？"沃德问道，希望不会听到令他失望的答案。

"绝不。"克拉拉回答说，"我还没有疯狂到想当一个经理的地步。"

"这就是你现在所做的工作。"沃德提醒他说。

"这并不一样。"他坚定地说。

"甚至不为了多挣些钱？"

"不，沃德先生，"克拉拉看着他，嗤之以鼻地说，"任何时候涨工资都可以，非常感谢，但我不会接受任何管理岗位，这是我最后一遍提醒你。"

"不能说我责怪你，"沃德不满地说，"你能和马提斯·穆勒一起合作吗？"

"我？没有问题，我们一直都在合作。其他人，我就不知道了。"

"我听说他因为某些事情很出名。"

克拉拉又笑了，仅是耸耸肩。

"斯蒂格勒怎么样了？"克拉拉问道。

现在轮到沃德无奈了，同样什么也没有说。沃德又在想斯蒂格勒的诋毁在多大程度上影响了自己。他可以轻而易举地想象得到。

至少克拉拉没有停止干活儿。沃德发现他在注塑车间制作了一个流动式货架超市。按照以前的办法，操作注塑机的工人会把装有产品的箱子竖起来，做成一个托盘，然后由叉车送给物流部门。他们已经和物流部门商量好了，一台小型的轨道车每半小时进行拉动，从注塑机处把货箱一个接一个地运过来。客户的托盘就放置在仓库里而不是注塑机旁。他们花了很多时间，商量如何把车间内的库存仅维持在所需，但最终还是决定听从马克的建议，试着做一下。

"还有一件事情。你对于工作班次怎么看？"

这令克拉拉停了下来。他放下手头的工作，仔细地想着。

"对我而言很好，我习惯了这样的换班，让我有更多的时间工作。你的意思是你需要更多的生产主管？"

"至少要两个。我们准备让夜班暂时保持现状。在咱们内部你有没有什么推荐的人选？你还记得詹金森在刚开始的时候，希望咱们怎么做吗？生产部门要学着自己解决问题。这就意味着要组织人力解决问题。所以如果我们按照这个方向，每个班次都应该有一个生产主管帮助生产团队的负责人解决问题。我们需要既能解决问题，又会和人相处的人。但实际上还是技术人员。"沃德嘴角抽动，好像在表明在工厂现有的文化中，这是一个多么过分的要求。

"让我好好想想。"克拉拉谨慎地说。

"不着急，我同时还想适当地增加班组长的位置。"沃德接着说道，"这需要有更多的责任感，能够团结 5~7 个人的团队的人选。他们会获得 5% 的奖金，但这很明显还是一个生产岗位，他们还是要生产产品的。"

"5%？"

"是这样，我希望他们能够做到在和前面的班次交接时早到几分钟，在下班时晚走几分钟，等这类的事情。不算是'管理层'，就像是你说的那样。我在物色可以信赖又擅长技术的人。我在寻找工作勤奋，人缘又好的人。当然，如果能找到可以解决问题的人，那是最好。"

"我首先想到的，我向你推荐阿德里安·迈耶和玛蒂尔德·韦伯，"他回答说："至于其他的，我需要再仔细想想，并且和里奥商量一下。咱们打算讨论多少个人？"

"最开始五六个。这是一个新的岗位，我们必须一步一步来。但最终，我希望能达到每五个工人中有一个。"

"这是很多人了——咱们能负担得起吗？"

"如果我没有理解错，我们不会增加人头预算。我们要通过正在做的改善，来释放一批工人。"

"没错，"他长舒一口气，说道，"如果你那个时候还是想让我当经理的话，我会接受你的建议！"

方向明确来自于平日一系列人为设定的问题，沃德想，还要让大家把注意力集中于每天出现的各种问题。如果做不到，我们会因纠缠于小问题而失败，比如那些公司政治，那些人事问题，等等。对于质量方面的问题我们需要快速的反应，在车间现场建立起解决问题的组织。实施拉式系统可以帮助我们降低库存，并且改善工作站的安全和效率。就是这些，这就是我每天要做的工作了。还要在公司政治的夹缝中生存。如果詹金森现在解雇我，我就谢谢他了，沃德坚定地对自己说。

———

"你好，戴妮，"沃德说。当他从工厂回到家的时候，他惊奇地发现克莱尔的会计还在，"加班了？"

"亲爱的，戴妮留下来吃晚饭，"克莱尔说，"我们还没搞定。"

长长的餐桌上铺满了各种小型文件资料、发票、管理报表，还有在法国开个或大或小的公司所需要的各种乱七八糟的东西。之前请来的会计师都不行，克莱尔终于在戴妮这儿交到了好运气。她不仅专业而且友好，处理那些无穷无尽的政府收费，帮克莱尔减轻了不少负担。只不过聘请一位兼职工人来帮忙，就带来很多让人头疼的事情，因为要增加跟至少半打的社会保障部门打交道，这在原来已经很长的压榨者的清单上又添了浓重一笔。不过，现在至少有这位会计在处理，一定程度上缓解了克莱尔的头疼。

"我们已经完成了去年年终数据的编制。"戴妮说。她是一位穿着过时的中年妇女，看起来就像个会计。不过她有种古怪的幽默感，当她聊一些梅兹中产阶级的婚外情绯闻的时候，能让人捧腹大笑。

"然后呢？"

"不亏不赢，"克莱尔绷着脸说，"不过，我仍然无法给自己发工资。"

"就当是为了事业献身了，"沃德笑着说，读出了她脸上的失望神情，"我们还不是那么需要钱。"

"索林再次为马兰科特提供了投资。"

索林是特兰格的主人，非常富有，也非常烦。

"这里没那么紧急吧，嗯？"他问，试图使声音听起来有信心。"有一点你要相信我：你不会想去为别人工作的。她可以付钱给额外的员工，这很好，不过这是你的地盘。保持原样。"

她笑了。似乎一切都太不公平了。他们为了所拥有的一切勤勤恳恳地工作，但是生活仍然没有变得轻松，甚至，每向前迈一步，艰难困苦却总还在更前的一步等着他们。安迪总是跟她讲，能做自己喜欢的工作，并且为自己干活，是她拥有的最让人羡慕的地方，但是，每次就像今天这样的夜晚，她都会怀疑。她意识到恐惧，那种渗人的恐惧感回来了。顾不上还在整理文件的会计，克莱尔靠近了沃德，希望奇迹还在。恍若隔世，那个随遇而安的乐天派早已成了旧的回忆，但是，当她把手放在他的臂膀上，轻轻地一碰，恐惧感就消失了。

"你真的认为明天会变得更恶劣？"

"他们已经解雇了一些工厂总经理了。"他咧嘴笑着说。

"找找菲尔呢？他不会帮忙吗？他看起来很友好啊。"

"不要把友好与语气温柔混淆，"他说，"他愚弄了所有人。这家伙就是个赌徒，没错。他虚张声势地骗人，都不带通知一声的，而且从不失手。我根本不知道他要走哪条路。"

年终的预算总结会议不但是虎头蛇尾的，而且令人伤透了脑筋。沃德在会议召开之前近乎失眠，在黎明破晓之际就出发了，在灰蒙蒙的冬日清晨驱车前往纽霍夫。克莱尔跟沃德同时起的床，像往常一样，在沃德离开之前为他准备了一份丰盛的英式早餐。沃德的兴奋只有在被照顾的时候才能激发起来。从他上次参加工作面试或者期末考试以来，从未感到过如此强烈的焦虑。这很滑稽。沃德的情绪起伏不定，既害怕当场被解雇，又想不如干脆来个简单的了断。他严肃地对自己说——不能这么轻易地就让工作陷自己于困境。

你到底怎么了？伙计，这就是你明确的方向：这仅仅是个工作！沃德一遍遍地说服着内心，仿佛在念咒语，这仅仅是个工作。

詹金森把全部执行委员会成员都召集到欧洲，来审核欧洲的工厂，并且坚持在开会之前简单地参观一下工厂。沃德已经好久没来纽霍夫了，因此被这里的变化之大震住了。跟随一大群高管参观车间的时候，阿克曼对沃德低声解释，他现在有一个由三人组成的全职小组，来实施拉动式生产系统，艾米也提供了一些支持。

事实如此，贝克梅耶在尽量大的范围里展示拉动式生产，从发货区到均衡柜，再到取货看板循环，上面写着令詹金森发愁的数目巨大的存货，紧接着是第二块看板循环，由批量生产盒和触发队列组成的生产指示，一条小火车把部件运到生产线那里，并把成品取走。

沃德被深深地打动了。干得漂亮，这是名副其实的德国方式，闪着金属光泽的均衡柜，还有用颜色区分的塑料看板卡片。与佛顿试验的超市货架式存储不同，他们选择了将三个或四个装有部件的容器叠放在有滑轮的小托盘上。阿克曼用低得快要听不到的声音向沃德描述鲍勃·伍兹是如何对他们苛刻要求的。这老傻瓜让他们不要每次运一个托盘的部件，而是要像现在这样一次运一小堆。这就意味着他们进步了，确实，不过进步不大，他们陷在自己的解决方案里了，不能进一步实现多品种混合取货了。阿克曼解释道，贝克梅耶为了安装这套设备花了大价钱，他还在犹豫，要不要投资在每条流水线前再加一个超市式存储货架。如果那么多列生产线每列都装的话，那整个项目的投入将数目惊人。

詹金森在整个参观过程中一言不发，面无表情地听贝克梅耶向参观者解释着这个那个。但当看到他们的进步时，沃德注意到他终于有了反应。显然，拉动式生产将工厂里的生产线路条理化了，同时也使问题容易查出。这很好。不过，他注意到，问题并没有解决。生产分析看板上的数字与每个小时的计划目标完全相符。这简直就是伍兹所谓的"不可思议的生产线"：工人不可能每个小时都完成要求的部件数目。除此之外，沃德还注意到那块分析板上一句文字说明也没有。

沃德看到一个红箱子里装满了不良品，尽管它对应的生产单元并没运转。有几排货架是空的，但是人群中却没有人发问。沃德知道，这个时候，如果将大家的注意力吸引到他这里来，局面将是十分尴尬的，但是他确实有太多疑问。他看得越多，他的好奇心越是激增。他在一张桌子上看到了貌似是电脑生成的订货单，这一瞥点醒了他，原来德国这家工厂不过是做足了精益系统的表面文章，而并没有真正用来改善。如果自己没经历过相同的状况的话，他也许会觉得滑稽的。用似乎已是多年之前伍兹在高管会议上说过的话说，他们就是在面前摆了座佛像，却并不真正信仰。

这一天里剩下的时间他都花在紧张上了，因为每位欧洲区的工厂总经理都要走进会议室，面对如法庭一般严肃的高管们，陈述一年来的各种工作细节以及明年的工作计划。他本来以为会与斯通布里奇在这里碰面的，没想到波兰工厂由财务主管做代表来了。那是个性格有些急躁的年轻人，在他的笔记本电脑上反复地检查他的演示文稿。沃德与捷克的工厂总经理拘束地闲聊了几句。他们不怎么熟，这是个精力旺盛的小个子，曾经在美国工作过，讲英语有厚重的布鲁克林口音，同样地，讲话很有趣。都灵工厂的经理是个高大优雅的意大利人，来得晚，错过了参观，并且通过审核之后马上就离开了，所以沃德基本上没有机会与他交谈。

最终，他自己的汇报变成白费苦心。尽管展示了惨不忍睹的预算结果，跟他全年的计划差得不只一星半点儿，这帮各色俱备的大亨们竟然连一个问题都没有。当他谦卑地陈述的时候，他们根本没在听，显然被其他事情吸引了。詹金森和山德斯——正是那个山德斯——不停地离开座位接电话，而当他们回来的时候，还要急切地跟另一个耳语一番。沃德惊奇地发现劳威尔·科尔曼也在这个专门问题小组中，不过这老头除了礼节性的寒暄，没有跟任何人讲话。贝克梅耶坐在欧洲区域副总裁的位子上，像是咬了一口苦柠檬似的，不过，他一向脾气不好。他蔑视地看着沃德，对他所说的嗤之以鼻。沃德希望被打断，然而，没有提问的声音。他结束了幻灯片的放映，在座的都象征性地点点头，感谢他的到来。詹金森唯一的评论，竟然是他下一阶段的库存目标不够具有挑战性。

—◦

"你能告诉我吗？"沃德问，抓住刚挂掉电话，打算回会议室听捷克的报告的詹金森。

"告诉你什么？"总裁问，看起来很吃惊。

"我是否还拥有这份工作？"沃德问，恨自己的声音听起来如此懦弱。

"如果你被辞退，"詹金森笑着缓缓地说，"我会亲自告诉你的。"

"但是，但是，"沃德结巴了，"我那些预算数据呢？佛顿现在排名最后。"

"不要紧，"詹金森说道，急切地瞟了一眼会议室，捷克的报告还等着他呢。"统计数据的变化对我来说没什么意义。我不能一下子改变掉所有的事情。但那些我们下一步要做的损益和现金流量的预算，要用简明的英语写出来，这样我们大家更容易理解，并且对将要做的事情达成共识。"

"我更关心的是做预算这件事本身。好的预算绝对是我们之前谈到的'方向明确'的基础。我一点儿也不愿意听到关于今年结果的各种笑话和游戏。劳威尔·科尔曼答应过来接手欧洲地区，不过我们还在寻找一个本地人。克劳斯·贝克梅耶可以重新集中精力在纽霍夫了，上帝知道工厂需要他。"

科尔曼？沃德震惊了。欧洲区总经理？代替贝克梅耶？怪不得此人看起来就像是吃了酸葡萄似的。虽然他装成冷酷的样子，尽量不表态——这毕竟只是工作——沃德还是不能否认这充满了奢望的感觉。沃德轻舔了一下嘴唇，想象着对面的人嘴里说的到底是什么意思。

"价格争议问题有什么进展吗？"沃德草率地脱口而出，之后才意识到他说了错话。詹金森愁眉不展。

"你怎么知道这些的？"他简短地问。

"马克提到过。"沃德口吃地说，这句话更加失礼，简直雪上加霜。

"马克说得太多了！"詹金森不高兴了。

"处理得很好，"他最终还是带着虚假的笑容说道，"情况已经回归正常了。不是你想的那样。不管怎样，我更愿意你不要管这些事，其他人也一样，我就是这个意思。我需要制造一个假象，就是我强有力地让客户同意我们的价格。"

"明白，"沃德点头，尽力弥补他刚才的过失，"我什么都不知道。"

"还有啊，沃德……"詹金森要进会议室的时候严肃地补充道。

"什么？"

"降低库存。让我看到现金流入。"

⟿

"你说得对，"沃德在电话里高兴地对妻子说，"我还是保住了工作。"

自从检查开始，他的神经就一直紧绷着，以至于他不得不在中途停留在加油站休息一下。他喝了些不知名的苹果汁，吃了一份盖着香草冰激凌的果馅奶酪卷。

"一切还顺利吗？"

"没出一点岔子，"他说着，仍然不敢相信自己的运气。"他们似乎都在想着其他的什么事情。还有一个重大新闻，那就是詹金森把欧洲的业务从贝克梅耶手中交给了科尔曼。"

　　"哇哦，这真是个好消息，不是吗？"

　　"焉知非福。"沃德调笑道。他把德隆讲的摩托车的故事转述给了克莱尔，克莱尔非常喜欢，那天整个晚上都用一句"焉知非福"回答沃德的一切对话。

　　挂掉电话，沃德才发现直到这一刻他才真正地信任了詹金森。斯蒂格勒认为，精益只不过是一般的管理手段而已，只不过是管理层所做的短期投机行为和数字游戏，只不过是詹金森想要证明自己的机会罢了。沃德过去对于类似的看法将信将疑，但是现在，沃德不得不承认，尽管经历了业内的萧条和国际局势的变换，詹金森按部就班地教给了他们到车间现场去、处理无穷无尽的质量问题，还有红箱子、降低库存、拉式系统、提高生产率、重新设计工作单元，等等。经过了这些，并非使得他这个人不再令人畏惧，但是至少，一旦理解了他的想法，就可以依靠他有预见地做好准备。而且在一定程度上，这些也让詹金森变得值得信任了。

　　沃德总是在筹划某种类似目标的策略，一种让人知道该走向何方的愿景。在他看来，这种用关键挑战的形式表述战略的做法，就像是一颗新星，令他痴迷。通过为数不多的几次领教詹金森的思想，他意识到詹金森不仅仅拥有这种愿景，而且对于全局有着广阔而深刻的认识。阿奈斯特在过去总是不断地推进领导人的想法，通过为高档车制造昂贵的部件推高盈亏的顶线，通过在低收入国家生产降低成本来拉高底线。但詹金森并不这么认为。他希望通过及时地交给客户零缺陷的产品来使客户满意。他希望工厂能柔性化地生产多种产品，并且满负荷运转而又不使库存积压。他希望生产从零故障做起，并能达到自如地更新换代产品。为了达到这些目标，他需要在企业中确立质量意识，培养解决问题的能力。沃德猛然警醒，如果按照阿奈斯特之前的策略，佛顿工厂将永无翻身之日，被关闭只是时间问题。但是如果詹金森真能做到像他说的那样，他们就还有一丝希望。如果他们赌一把，然后凭着自己的努力，或许最终能够取得资金上的改观。总裁或许真是个疯子，但在他的疯狂中确实有些办法：现场观察、持续改善、方向明确。为什么自己之前就没学过这些？

团队合作

"我们只是不够好。"维基尼·勒叙厄尔说道。

"为什么这么说呢?"沃德问。身材纤细的勒叙厄尔站在胡须半白的马提亚斯·穆勒和丹尼斯·克拉拉中间,说得很肯定,她有着圆圆的眼睛和脸蛋,看起来十分年轻。他们四个人正一起就她在挂纸板上进行的质量分析进行讨论。质量部经理玛里卡·查蒂似乎从未认真执行全质量的 PDCA,而把这项工作交给勒叙厄尔。勒叙厄尔是名年轻的技术员,两年前才从学校毕业,被查蒂直接招聘到她的部门里。勒叙厄尔是本地人,一直生活在梅兹,她的父母在这里经营着一家面包店。她本人是化学专业的,对于分析质量问题的根本原因非常有热情,遇到问题就像鸭子见到水一样,而且也经常给出令人大呼意外的分析。尽管如此,她的老板查蒂还是对此缺乏兴趣,这令沃德想起了人事经理让-皮埃尔·德隆早些时候跟他说过的关于通过系统来管理,还是通过人来解决问题而进行管理的观点。查蒂在维护工厂的质量系统方面做得的确很好,但这对减少客户投诉,以及客户端的 PPM,又能起到多大的作用呢?

"请看这个。我们已经尝试找出大概五种不同的原因了吧?但是仍然不能找出浇口流涎的真正原因。"勒叙厄尔指出。

"我告诉过你,这是因为注塑机的射嘴坏了。"新任命的生产经理穆勒抱怨着。

"但是其他产品上并没有发生浇口流涎,只是在这种产品上。"克拉拉指出。

"而且，这也不是倒索（也称射退、防涎）的问题，我们已经检查过了。"勒叙厄尔补充道，很是苦恼，"我们现在可真是没有办法呢。"

"那么，何不继续尝试呢？"沃德建议道，感觉一再地重复相同的事情有点傻，"到底是什么问题？你能分清楚么？继续尝试吧。"到目前为止，从技术上讲，至少他还粗略地知道他们在做什么。但眼前的这个质量问题曾经引发过一项客户投诉，这项投诉重大到勒叙厄尔坚持要陪着他去客户的现场进行检查确认。在整个检查的过程中，她始终瞪大了眼睛盯着那条汽车装配线。他也无法阻止她这样的反应，虽然自己过去曾经见过许多汽车厂，有些时候不想去都没办法，但是他仍为这些设施的巨大和工厂的规模而惊叹，这些工厂可比他自己的村子还要大得多。

"你不明白，我们是在原地兜圈子，"她强调，"我们对问题知道得远远不够！原因分析只有在你已经拥有了一些想法的情况下才能起作用，但现在，我们只是在不停地挖啊挖啊，希望能找出点儿什么想法。恐怕我们得永远这样下去了。"

"你有什么建议？"沃德问道，他想起了马克对他说的"提个建议"的思路。

"还没有任何想法，"她撅着嘴承认，另外两个人也没提出什么建议，只是茫然地看着有缺陷的产品，"看来得求助于格里伯特了。"

"谁？"

"格里伯特教授。他曾教过塑料部件制造。他真的很棒。"

"不是那个'gateux'格里伯特吧，"穆勒笑道，"你不是说真的吧。他不可能还在教书。"

"你知道他？"

"当然。我们这个夏天见过的从梅兹理工大学毕业的大多数年轻技术员们都在谈论他。他可真是个要求很严的家伙。"

"他很好，"勒叙厄尔为自己的老师辩护着，样子十分可爱，"只是不能接受任何懒惰的想法罢了。"

"你认为他现在还会活跃着么？"

"三年前是这样的。"她耸耸肩。

"那么，你为什么不和他联系一下呢。如果他同意的话，我们可以聘请他做一天的咨询顾问，你们就能共同研究这个问题了。"

"哦，请注意，"穆勒抗议道，"我们需要的是……"

"放轻松些，马提亚斯，"沃德微笑道，"这没什么损失。目前，你们所建议的都只是替换这个或者那个零件。也许我们需要的是好的想法……"

"不是钱的问题，"好脾气的克拉拉窃笑着说，"请咨询花的钱可能比换掉喷嘴要多哦。"

"是啊，不过我们也许可以收获一些东西。维基尼，我能先走一步吗？联系的结果及时告诉我好吗？如果你那位教授真的来的话，我也希望参加。"

自从穆勒成为生产经理后，这个工厂就看起来大大不同了。当然了，这家伙会在任何时间为了任何事情冲着任何人大吼，但车间里却从此不再有令人头痛的粗心和马虎了。他也会面对并且解决那些换模方面的问题，并且让克拉拉为每一项产品的换模计时。克拉拉最初畏缩于这样做，他并不想直接面对着模具安装工。经过与穆勒的几番口角，终于不情愿地同意了。新的换模时间和换模次数以令人吃惊的速度改进着，这几乎改变了沃德关于旧有的靠"命令和控制"进行管理的想法。穆勒显然不是属于授权型管理者的类型，他的风格是手里随时抓着一根鞭子，但至少，他的办法最终奏效了。奥利弗·斯蒂格勒自从请了长期病假后就再没出现过，这令人事部门陷入了一场诉讼。那是之后的问题了。现在，沃德已经告诉自己，一次只能专心于处理一项麻烦。

"我们一定是哪里做错了，"沃德在一次例行电话中向詹金森坦白道，"我们已经有了一个适当的拉式生产系统，而且它运转正常，但结果却还是很惨。"

"怎样的惨法呢？"

"只用了两个月，我们就已经减少了大约 20% 的库存，但是我们的准时发运指标却垮了。自从卡罗尔·仙顿开始一车车地发货后，它就一直处于最低水平。她现在已经认为这个系统无法工作了，并与新任生产经理不停地争吵着。"

"你们做了均衡化了么？"

"我们正在做拉动呢。根据看板卡补充库存，就像我们之前讨论过的。"

"是的，但你们均衡化了么？"

"我不懂你指的是什么。"

"看，我这段时间确实很忙，但我想问问艾米，看她是否能过去一趟，再帮你看看该怎么做。可以吗？"

"那可太好了。"

"还有其他问题吗？"

"还有一个，"沃德犹豫着，"我仍对一些问题感到困惑……"

"来说说看，问题优先。"

"嗯，是关于方向明确的问题。我明白精益管理中的两个重点是'客户至上'和'在制造产品前先培养人'，对吧？"

"的确。怎么了？"

'我也不想说得太夸张，但我实际听说的可都是与客户斗争，以及解雇人。所以，我感到这好像很矛盾啊。"

"哈，"詹金森说道，电话的另一端安静了下来。沃德并不知道自己为何与这个人一致。有些时候，他能够非常开朗，让你感觉到几乎友善。而有些时候，他能一下子冷淡下来，让你感觉到自己好像是在问他内衣的颜色。过去这一年里，沃德逐渐变得崇拜起自己的老板，由于他同时做到了对细节的注重以及战略性的思考。但同时，他又不能摆脱自身的恐惧感，无论老板多么坚持说"问题优先"。如果不是说像别的什么的话，这种感觉就像是个傻瓜似的。最后，他得到一个结论：若问詹金森的话，只会是一时的尴尬，而不问他的话，则意味着也许几个月里都要尴尬下去。

"说的是一套，做的又是另外一套？你是在想这个，是吗？"总裁终于回应了。

"嗯，不，不是这样的，但是……"

"好吧。首先，你曲解了马克告诉你的事情。事实上我与那款车的项目经理有个协议。作为我们已经制定的一个更为全球化的安排的一部分，她接受了对这个车型在剩余使用寿命期里的涨价，就是这样。这么做的原因，一部分是为了补偿比期望低得多的销量，另一部分是因为我们在新车型的部件成本降低上花了很多力气。我告诉她，我愿意对新车型的部件价格上做些让步，但我现在需要前期的资金投入。"

"我以为你想要就这些部件的价格重新谈判，要求涨价呢？"

"这不是黑和白那么简单、容易分辨的问题。这个车型的项目经理清楚她自己在做什么。我们双方一起研究了我们为她做的部件，而且我们相信，我们能够做出好几个改进，来使得这些部件的制造成本降低。如果能成功的话，双方将会分享成本降低带来的利益。最后，我们也将为她的车辆做更多的部件，于是，大家将实现双赢。"

"那为何会发生那一出矛盾呢？"

"这是客户内部的争斗。他们的采购副总裁以善于'榨干供应商'而著称。他也确实曾经把不少供应商都逼死了。他告诉山德斯要这样做，并且忘记所有我们和项目经理共同完成的内容，让大家知道谁才是大人物。他和山德斯打过很多交道了，山德斯很了解他。这一次，山德斯变聪明了，把我卷进入了循环，我们就说他虚张声势。我从来没有让整车厂做任何事，我与那名采购副总裁纠缠，项目经理就去总裁那边诉说他如何破坏与首选供应商的关系，并搅乱了一个大的合作项目。后来总裁站在了项目经理这边，整个事情也就这样过去了。"

"我懂了。我只摸到了大象的一条腿啊。"

"那我继续说，冲突大多数情况下都与误解有关，真是浪费时间。但是，这不是这里的主要结论。"

"啊？"

"整件事之所以能走向这个结果，是因为白塔尼工厂的质量是顶级水平的，而且马克他们去年还获得了客户的'最佳供应商'称号。"

"要不是那样，你手里可就没什么好牌了。"

"非也——要不是那样，就根本没我什么事，"詹金森更正道，"那可是好生意啊。这个项目经理愿意在她的下一代产品上继续与马克合作，因为她对马克交出的部件感到放心，而且也信任我们向她提出的成本削减建议。她的工程师们也许需要处理一些他们可能不太喜欢的问题，但她相信马克的判断，并且希望和他以及我们一起工作。这就是她为什么坚持与我们合作这个项目的关键。所以说，客户至上，当然了，并不是以任何的形式。我们希望提升客户的满意度，并且降低成本。这件事情使我们看得更远，理解谁是真正的客户，不是采购人员，而是项目经理。"

"这就像客户的生产线经理告诉我，他的生产项目很平稳，但从客户那边来的订单却变动很大，"沃德说道，"我按照采购的要求向客户发运我的存货，但是我真正的客户却是生产线。就是这样，我懂了。"

"关于放手用人，也是同样的道理。为了培养人，我们一直与善于在第一时间与他人合作的人们一起工作，这些人能够正视自己的问题，并协作解决。

你应该也听说斯通布里奇离开瓦克劳了吧。他之所以离开，是因为无法与波兰人团队合作，而且总是把责任推给别人。那时，他是工厂总经理，所以问题理应是他的，即使这些问题是由其他人引起的。经理的职责，就是确定他的下属能够胜任自己的工作。顺便提一句，在我们找到合适人选之前，如果你能够继续到波兰工厂去现场观察的话，我将非常感谢。虽然说起来，没有人总比用人不当强，但不能总这样啊。"

"没问题。"沃德同意了，但他心里想，不知道克莱尔会对此事作何反应。过去6个月里，他旅行的时间比他们到法国来这些年的总和都要多。他确实听说布莱恩·斯通布里奇被解雇了，但他不知道这是劳威尔·科尔曼还是詹金森的决定，尽管他倾向于认为这是后者的决定。他怀疑这家伙会被解雇，但除了对这位前任工厂总经理略表同情以外，也无能为力。他倒是在考虑另外一个问题——如果在当天的预算评估会议上，自己被解雇了的话，该怎么办。

"我们已经讨论过现场观察的问题了，"詹金森继续着，"还讨论了改善精神和方向明确。精益管理的另一个关键是团队合作，这里我指的是跨部门的合作。马克与工程部门合作得很出色，这样我们就能为客户提供更好的建议。我跟客户的项目经理合作得好，我们就能整合出更好的交易。对于你前面提的问题，我得说，实质性的双赢并不等于表面上你好我好，有时候为了让大伙合作好，你甚至得敲打每个人，但团队合作仍是关键。"

⌒◞

沃德走向自助区喝咖啡的时候，仍然在沉思刚才的谈话。最近他添了个新习惯。一上班在车间现场待上几个小时后，他会到自助餐厅去吃早饭，这样就能遇到因为午休而换岗的工人们了。开始时工人们总是盯着他，后来才慢慢习惯了，甚至有时也让他加入他们的话题。他们一般都是讨论诸如孩子啊、学校啊、周末计划啊，还有在拮据的收入情况下怎么过日子之类的话题。沃德已经适应了这种情况。他对这些事也无能为力，所能做的也只有听着，并且正视这些每天与自己在一起工作的人们的生活现实了。

那天，女工午休时间的话题是一条震惊全国的惨剧。一个化学家上班的时候把自己刚学会走路的孩子锁在了车里，结果孩子死于脱水。沃德为查理小小地祈祷了一番，也加入了讨论。

"我有些担心玛瑞安，她也像这样把孩子放在车里。"她们中的一个说道。

"玛瑞安？"沃德被吓到了，不假思索地问到。"是在装配区质量墙岗位的那个玛瑞安吗？"

这时，6名女工突然盯着他看，仿佛刚刚发现了他的存在。沃德顿时为她们的无声以及面无表情感到很是尴尬，感觉自己好像因为刚才的诧异而打破了她们的信任。

"你是认真的吗？"他追问了一句。

"当然是真的，"刚才提到这件事的那名女工说道，把脸转了过去，显然在为自己在老板面前泄露了同事的行为而挣扎不已——她要为刚才的行为做些什么。"只是一个小时左右。她上下午班，她丈夫在 Lafalc 工厂上早班。他俩的上班时间上有交叉，所以他下班后会骑车过来，接上孩子开车回去。"

"孩子就待在车里？"沃德再次询问道，很是震惊。

"你想什么呢！"另一名女工冷笑着。"大多数年轻女孩都这样做。以她们的收入水平，谁雇得起保姆啊？那个花费要比她们自己的收入还多。"

"那政府不管吗？"沃德结结巴巴地说道，"没有一些社会服务系统吗？"

女工没做任何回应，在沃德道歉并离开之前，她们只是低头看着自己的手。过后，大家又继续议论起来，好像之前什么都没有发生一样。

———

"真受不了！"那天晚上他告诉克莱尔，"我们制造并且向半个欧洲运送部件，但我们却没法安排好照顾孩子的事情！这能有多难呢？"

"抱怨吧，亲爱的，抱怨吧！"

"她工作的时候不得不把孩子扔在车里。"他重复着，徘徊于愤怒与怀疑之间。

"继续抱怨。"

"你说得对。尼罗河不是埃及的一条河⊖。我不能只是装作不知道。我要让德隆帮忙。看看他自夸的与市政厅的交情能不能有什么作用。你怎么样了？兽医怎么说？"

⊖ 英文原文为" Denial Aint Just A River in Egypt"，讽刺某些人拒绝承认明显存在的事实。——译者注

"兽医不满意马驹的位置，说我们得看它真正生产的时候要怎么办。"她满脸关切地回答。

克莱尔的朋友曾经建议她让她的母马任意配种，而她也对能够养一只小马到一岁来卖个好价钱充满希望。她担心这个季节已经迟了，也许会因此而浪费一整年。沃德对她养马的事感到有点厌倦，这简直比贩卖马匹还要冒险，但这是今年的一个大项目，而且最终达成了一致。他们能做的也只有屏住呼吸并不断祈祷了。

"问题在于，我们仅仅实施了拉动，而没有实施均衡化，"艾米·伍兹解释的时候，沃德为她做翻译，他们整个上午都在工厂里检查他们的拉动补货系统，"但是为了实现均衡化，你们就需要团队合作。这不是你们任何一个人能独立解决的问题。我们得一起来解决这个问题。"

艾米又回到了佛顿，但并没为这件事情感到太高兴。当然，她还是那样乐观的人，但压力是不可避免的。她看起来有心事，也不像平时那么有耐心。沃德心想是否发生了什么事，也许晚上会听到些消息，因为她和克莱尔会唠叨着分享她们的信息。佛顿工厂建立的拉动系统起了一些作用，但是结果在客户那一端并不好。库存直线下降，这固然很好，但同时又发生了许多准时交货方面的麻烦，这可让人难以接受。

"让我们回到基本的事情上来，"她用手势表示着，"卡罗尔，你运行 MRP 的时候，你是否同意，这是很省事的做法，是吧？你把客户需求输入到 MRP 系统，它就会自动发布生产指令。"

"实际上要做到工作还是很多的！"卡罗尔抗议道，声音有些大，正是她熟悉的语气，"我们要做很多的工作，检查 MRP 库存水平的精准性，还要检查生产能力的信息是否准确。但我同意，MRP 系统会计算出机器的具体排产要求。"

"那么，MRP 系统是怎么想的呢，"艾米解释道，"本质上讲，它试图为满足客户需求而为每种产品保持足够的库存。所以，当库存水平达到某个触发值，它就做再订货，要求生产一个批量，然后把这个生产订单安排到有空闲能力的生产单元。从本质上说，这是一种数量固定、时间可变的再订货方法。订货的数量是固定的，而时间取决于客户的需求。因为订货的批量总是比较大，你获得部件的时间就会比你发出订单的时间晚很多。这在稳定的市场环境中没什么问题，但是问题在于客户的需求会发生变化。"

"给我们讲讲！"

"让我们看看一个其他公司的例子，这跟你们现在的情况很相近，"艾米说道，并在物流区的墙上投影了一个 Excel 制成的电子数据表。

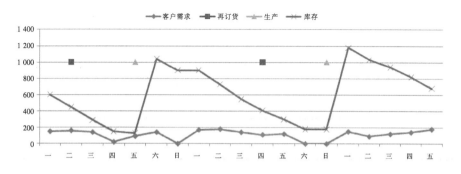

	31 周：需求 700							32 周：需求 700							33 周：需求 680					
	一	二	三	四	五	六	日	一	二	三	四	五	六	日	一	二	三	四	五	平均
客户需求	150	160	140	20	90	140	0	170	180	140	110	120	0	0	150	90	120	140	180	111
再订货		1 000									1 000									
生产					1 000									1 000						
库存	600	450	290	150	**130**	1040	900	900	730	550	410	300	180	180	1 180	**1 030**	940	820	680	603

"这里你能看到几个星期里的客户需求——就是底部的那条线。你们看，他们面对的这种变化符合实际情况么？"大家点点头。

"这些方块符号，表明了当库存少于 500 件时 MRP 系统给出的再订货指令的状况，每到这些点，它就会要求生产 1000 件。这样的事情你们已经做了很久了，是吗？我们可以说，从订货至交货，需要三天的交付周期（lead time）。所以那些叉叉符号，是你们得到的存货变动的状况，这个我们也都很熟悉。"

"从这个图中，平均有约 600 件库存，但是最低点只剩了 130 件，是吧？现在，如果你们对高周转率的部件实施看板方式的话，你们就从根本上改变了再订货的程序。"

"我们每天都补充实际被消耗掉的品种和数量。"

"并不完全准确，因为你们生产批量的问题，你们从订货至交货仍需要两天的时间。"

"这是因为我们在安排换模计划时，遇到太多的麻烦了。"生产经理穆勒争辩道。

"我们后面会谈这个问题的。现在让我们还是把焦点放在它的逻辑上。图显示出你们的存货方面发生的变化。"

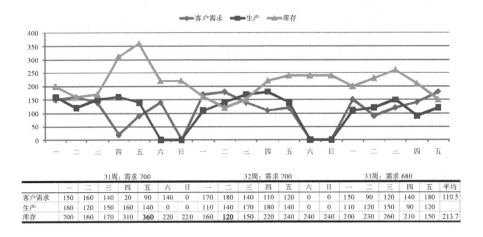

	一	二	三	四	五	六	日	一	二	三	四	五	六	日	一	二	三	四	五	平均
	31周：需求 700							32周：需求 700							33周：需求 680					
客户需求	150	160	140	20	90	140	0	170	180	120	110	120	0	0	150	90	120	140	180	110.5
生产	160	120	150	160	140	0	0	110	140	170	180	140	0	0	110	120	150	90	120	
库存	200	160	170	310	360	220	220	160	120	150	220	240	240	240	200	230	260	210	150	213.7

"它已经不再是经典模型了，库存因为客户需求的改变而在 360 件到 120 件间震荡。均值为 200 件，为原来库存的 1/3。取得了很大的进步，不是么？"

"我们已经将库存减少了大约 20%，"沃德表示赞同，"但还是有一些新的麻烦，因为我们在准时交货方面出现了大量的失误。"

"继续讨论逻辑方面的事，"艾米重复道，"这是一种数量可变、时间固定的方法。每天都会交付产品，但是需要的产品数量可能发生随机的变化，而这种变化取决于客户两天前提出的需求。"

"是的，但是这就给生产带来了严重的冲击。"穆勒抗议着，从椅子上站起来，敲着他的光头。他不喜欢开会，甚至比克拉拉或里奥还不喜欢。这个人充满了活力，总是站起来走到屋子的后面，而后才坐立不安地回到座位上。

"确实如此，"艾米强调，"以前，物流完全依赖于生产，就是要接收并储存产品。现在，生产则服从于物流，必须每天生产不同的数量。这就使得生产的组织变得很困难。这也是你们总争论这个问题的原因。"

"但这是 JIT 体制所要求的做法，不是吗？"物流经理问到，同时揪着自己的马尾辫，"生产就是要交付客户需求的产品，不是吗？"

"这是不均衡的时制生产。它虽然有效，但在生产的柔性和产能方面都需要很高的成本。在这个阶段，问题是工厂并没有足够的柔性去应付系统的要求——而且，可能永远都不能满足要求。"

"我只是不明白，我们如何能够做到将生产的批量减到换模次数增加10倍的水平，如果我们需要严格地遵循客户需求的话。"沃德问。

"这就是问题的所在，"穆勒皱着眉头表示赞同，"我实在是没有任何办法去安排好生产，所以只好不断地检查MRP里的需要，并根据它的要求选择看板，而不是根据拉动系统的要求来做判断。"

"但你就是应该遵循看板的要求！"仙顿喊道。

"如果……看板是均衡化的话，"艾米解释道，"来，让我们顺着这个，考虑最后的情况。现在，要严格遵循客户的需求而带来的问题就是，你需要有一个订货至交货的交付周期，因为你无法按照每天的需求来安排生产——有时需要的量比你能生产的量要高，有时需要的又比你能生产的要少。这就会引起混乱，同意吗？"大家再一次点头同意。

"我们所要做的就是考虑节拍时间。节拍时间是一段时间里的客户需求，在一段时间里加以平均。让我们以一个星期为例。在一个星期的时间里，我们可以知道我们所拥有的生产时间，拿这个时间除以这个星期里的客户需求。就像这样。"

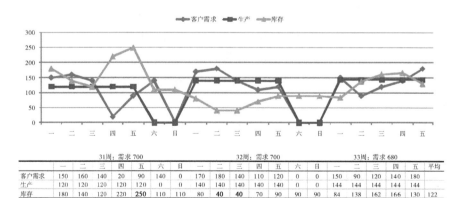

	一	二	三	四	五	六	日	一	二	三	四	五	六	日	一	二	三	四	五	平均
	31周：需求700							32周：需求700							33周：需求680					
客户需求	150	160	140	20	90	140	0	170	180	140	110	120	0	0	150	90	120	140	180	
生产	120	120	120	120	120	0	0	140	140	140	140	140	0	0	144	144	144	144	144	
库存	180	140	120	220	**250**	110	110	80	**40**	**40**	70	90	90	90	84	138	162	166	130	122

"也就是说我要把一个星期内的客户需求平均分配到每一天？"物流经理问道。

"对。这个星期内，你每天给生产安排的需求量相同，不用管客户实际要求发货的数量是多少。我们对客户的了解是，他们每周的总需求量是比较稳定的，尽管每天的需求量变化比较显著。于是，他们今天没有要求发货的数量，将会增加到明天的订单里。就平均水平来说，它是较为稳定的。如果你看一下你的需求波动模型，我确信，你会发现这是真实的。"

"嗯，是的……"

"在这个例子里，库存的均值降到更低的水平，大约是120件。但这仍很冒险，因为我的最低点只有40件，这就是精益的方法。这虽更精益，但它要求时刻保持关注。这是一种数量固定、时间固定的方法。在生产中，你能遵循看板的要求，因为你得到的需求量是均衡化的，"艾米总结道，然后转向一块白板。"看，就像这样。"

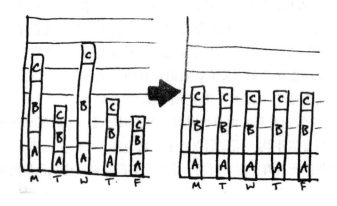

"我在一个星期的时间里，日复一日地生产相同的数量？"

"是的，这样你就能安排好换模，并紧紧地控制住生产了。"

"那如果遇到问题，会怎样呢？"仙顿问道，显然很是不安。

"这就是你们需要合作的地方了。生产和物流需要靠合作来应对问题。这就行了。记住这些：

首先，每周你们都需要就一种均衡化的生产计划达成一致，双方共同签字，要从心里认可。

第二，你们需要经常检查库存水平是否正常，看看它是否超过最高限，或是低于最低限。"

"可视化控制。"仙顿大声道，咬着她的手指头思索着。

"这就是为什么我们需要将货物平放在各处，"艾米表示赞同，"库存存放点不能仅仅是部件累积和等待的地方，而应该是一个管理工具，它应该能控制整个工厂里的部件和信息的流动。不要只是讨论了，让我们到外边去看一看你们的库存现场。"

没有去卡车发运准备区域，艾米倒是走向了仓库的另一头，所有的从供应商那里来的零部件都放在那里。这个区域非常整洁，角落里已经不再有损坏的托盘或裂缝的纸盒，但看起来仍像个大黑洞，一列一列、各种大小、各种形状的箱子，塞满了不同品种、不同数量的零部件。沃德不得不承认，自己也搞不懂那里什么是什么。他将仓库里的这些库存与他们在车间里设立的库存超市做比较后，发现了不同点。注塑机旁边的小型超市可以与他对话！

它们会说："我这已经满了，所以要么是生产提前了，要么是物流滞后了，"或者"我这里空了，所以要么是生产滞后了，要么是物流不够均衡"等。而这儿，在仓库里，这些库存是沉默无声的。

"我们已经对主要的零部件开始建立超市，"仙顿说道，并带着他们来到一个区域，那里放着推车，并且放有成排的蓝色塑料箱。"虽然这意味着当从供应商那里得到大箱子时，我们需要先拆箱，将零部件移出来，转到自己的塑料箱里——目前采购人员并不希望我们要求供应商改变包装条件。"

"到处都一样，都一样，"艾米笑道，看向其中的五个箱子。"你们这里应该有多少个箱子呢？"

"我知道，"物流经理发着牢骚，"标签上写着呢，最多三个，因为我们每天都要发出这些部件。"

"那好。可为什么我们看到了五个箱子呢？"

仙顿耸耸肩，其他人也是你看我，我看你。不知所以。

"对你而言，安迪，为什么要让这道工序比实际需要的多出来两个箱子？"

"你想让我怎么办？"他叹口气，"把它们拿走？"

"当然，"她回答，并从最上面拿出两个小箱子放到前面的路上。

"我并不想用鲍勃·伍兹的方法对你，但是你要记住……"

"是的。任何时候，需要靠可视化的流程来暴露问题，"沃德抢着说道，"要一个一个地解决问题，最后，改进管理方针。卡罗尔已经通过把这个部件放在专门的地方，实现了流程的可视化，但是在这个地方放了比标准规定的更多的箱子时，也没有发现问题。”

“对极了。那现在呢？”

“现在你通过将多出来的箱子放在别处，而发现了问题。”他笑道，“我问过卡罗尔她准备怎样解决这个问题。这也许会引出一个管理政策的问题。”

“是的，”仙顿带着罕见的微笑，插嘴道，“我一直在问你，对于无视我们需求，而供应过多或过少的供应商，应当怎么处理？我还在等着你的答案呢。”

艾米看到沃德痛苦的表情大笑起来。

“我想你已经有主意了。如果我们采用一个均衡化方案，我们就需要严格的可视化控制，来保证流程确实按照我们的规划进行。做好这件事情的秘密，用管理学的术语来说，就是让流程按照标准执行，并进而处理各种由此引出的问题。但是，卡罗尔，为了做到这样，你就需要一个全面的库存管理方针了。”

“你这是什么意思啊。我们已经做了这个了。很有效，不是吗？”

“还好，但是仓库的其他地方怎样了呢？你已经有这个问题了。我们现在已有为成品库存设立的卡车装车准备区域，并开始为主要的零部件提供了平面存放区域。但是其他的东西要怎么样——那些你放在这儿的周转较慢的成品，以及其他那些中等周转率的零部件？整个仓库都需要能可视化。例如：

——一个‘黄金区’，用来存放周转最快的物品，以减少物料搬运人员的工作。

——一个‘死货区’，用来存放那些不怎么动的呆滞料——也就是几个月来没动过的部件，要很清楚地记录什么物料被放到了这里，是什么时间？

——使每一处地点的最小、最大库存水平，以及再订货的频率可视化，这样的话，你就容易知道我们现在的状态正常与否了。

——追踪仓库到工厂的发货绩效情况，评估它们是否能满足生产的需求，等等。”

“可是……”仙顿犹豫着。

“电脑系统，”沃德转着眼睛说道，“继续。”

“你们想知道如何运用电脑系统开展工作，”艾米同意，“但请记住，在一个均衡化的拉动系统中，你不需要随时知道自己到底有多少个箱子，而只需要知道数量是否在上下限之间就行了。”

“等会儿，”仙顿焦急地再次表达了自己的担心，“你的意思是，当存货水平处于上下限之间的时，我就不用操心了？”

"这个存货水平可能会随机变动。这说明不了什么——实际上，你不需要矫枉过正，因为那样很容易引发经典的'淋浴问题'：你知道的，拧开热水龙头的时候，会经过一段时滞，因为一开始水还是凉的；但如果把水龙头拧得再大一些的话，热水留出来的时候就会很烫。要是你把它关上，水就又冷了。所以，只要你的成品库存还在限制的范围内，就不用管它了。"

"你的意思是说，我们的计划应该是要保证每天生产一个平均的数量，我们需要尽自己所能地执行计划，并且只需要在库存超过了设定的限额——高于上限或低于下限，那种情况下才做决策？"沃德问到。

"没错。有了批量生产柜，看板系统就会为你做正常的决策。本质上讲，如果一切正常，看板系统就会在固定的时间拉动固定的数量了，因为当你均衡地拉动生产的时候，注塑机那里的这些变化的参照物就会被以稳定的节奏拉动。要是物流方面，存货界限内没发生什么的话，就没事儿了。如果真的发生了什么事……"

"我们就需要弄清楚问题，并且做出反应。"

"均衡柜的好处就在于，它能够帮你日益巩固与客户卡车之间的联系，这样你就能知道自己的生产中是否存在问题了，因为物流会在车间存货中发现空列，并因此显示出问题的所在。"

"我有些糊涂了，"沃德说道，"我原以为，我们需要将客户的发货需求放在均衡柜上。"

"如果需求是均衡化的话，"艾米解释道，扬起了她的眉毛，"如果你在给丰田发货，那没问题，他们的生产安排是完全均衡化的。但对于其他客户，你就需要将均衡化后的需求放到均衡生产柜上，这样才能保护你的生产，并对付物流方面存货的不断变化。"

"是的……"他回答道，但仍很迷茫，"我所能理解的一件事就是，所有的变化都应当在物流环节进行处理，而不是在生产环节，对吗？"

"本质上讲，是这样的。生产方面要处理由生产因素引发的变化，而物流方面则要处理由客户因素引发的变化。拉动式生产的第一原则，就是要在适当的地方拥有适当的存货。每件存货都要能应付仅仅一种形式或变化，这样，我们才能了解工作的进展。"

"那么我们怎样做到这些呢？"

"我上次来的时候就已经告诉过你们了，但你们还没有执行，那就是每周生产计划。第一步就是要每周把大家召集过来一次，一起制订一个均衡化的生产计划。你从高周转率的产品入手，列出产品清单。确保每周一次，让物流制订一个均衡化的计划，之后让生产和设备维护部门一起讨论该计划，并最终达成一致。计划是严肃的。在大家没达成一致前，你要把门锁好，一个人都不能离开。计划不能有其他变化，除非有某些更大的事情发生，而且要把所有的变化都记录在案。"

"这部分比较简单，我会亲自核准各种变化的。"沃德同意了。

"这个会议的主要目的是为了检查生产计划与客户需求的一致性，检查存货水平以及生产情况。这还是一个团队合作的时刻。计划不被采纳通常有各种各样的原因，从司机罢工到机器故障等都有可能。这时候，就需要有一个'B 计划'（后备计划）来确保原计划的执行了。"

"那怎么做呢？"

"这就是先期投入还是后期投入的问题了。你要不现在就投入适当的资源，来保证计划的执行；要不就在事后投入额外的运输费用。一个基本的办法是，要记录下所有产生的额外成本，一旦发生的话。"

"就像是如果计划没有被执行完成的话，就要在正常的班次结束后立刻加班完成吗？"

"是的。这个计划反映了一种正常的资源水平。如果我们担心计划不能被执行完成的话，那我们现在就要来学习如何解决问题！要不，这些问题可就都要摆在你脸上了。你能容忍那样的情况吗？"

他们又回到了仙顿在仓库里的办公室，沃德用法语将艾米的问题仔细地翻译了出来。仙顿和穆勒盯着他，显然是为了避免瞧到对方，这令克拉拉感到好笑。沃德突然想起了詹金森关于"双赢不一定就是你好我好"的观点，这令他感到要想让他俩合作解决问题，恐怕非得将两人硬拉在一起了。对于詹金森关于团队合作的解释，沃德突然有了新的理解。团队合作并不是人们相处的问题，而是他们如何共同解决复杂的问题。物流和生产两方没必要成为朋友，他们只需要在工作中能达成可行的计划就行了。

"有了均衡化的生产计划，每个星期，你就为下个星期确定出每天要生产的细节，再用以后的 11 周，来检验对本月的设想是否正确。"

大家都点头同意。

"一个月一次，"艾米补充道，"你们需要考虑更远一些的事情，制订一份 6

个月的生产能力计划。我们都知道，每辆车都有一定的生命周期，就像这样。"

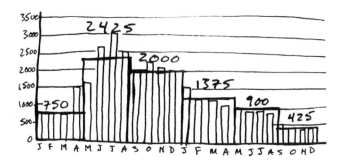

"但我们不知道应该怎么做和何时做。比如销量上升的时间会持续多久？什么时候能达到销售的峰值？什么时候销量会缩减？所以，我们应该联合销售、物流和生产等几个部门，一起来制订这样一个计划：

按产品系列划分的每月均衡化生产量；

非专用设备的利用率；

必要的劳动力；

成品和在制品（WIP）的目标库存；

目标的班次数量。"

"然后我们每个月制订下面 6 个月的计划？"仙顿问道。

"绝对正确。实际上，我们要不断地将自己的假设与实际的客户需求进行比较。"

"但这就需要我们提前准备库存了，"沃德有些担心，"这就造成过量生产了啊！"

"说的对！这就是有趣的地方了，"艾米笑道，"肯定总是会有均衡化和过量生产之间的矛盾。没人说过这很容易。一方面，那些制订出来的计划经常有误；另一方面，计划的过程就是一切。我也经常建议，负责制订计划的人也要负责制定计划的原则，那些计划的原则要经常更新，才能让我们的计划更精确。"

"不要忘了，问题的另一方面是柔性。当你越来越精通于分段批量生产和接近于产品均衡化的节拍时间的混合批量生产之后，你也就有更强的能力处理各种'突发事件'了。这也是另一个悖论所在，不过你也不得不接受它，并且逐渐理解它是多么的正确。"

"供应商那边呢？"仙顿打断道，"我们基本上无法控制他们，全都是集中采购的。"

"同样的道理，"艾米直接回答道，"你无法控制供应商，但你能控制发送给他们的信息。如果第一周你要了 100 件，而第二周 600 件，那他们会怎么做？他们就会把已有的库存都发过来，并且为未交货的部分重新安排生产计划以及发运计划。再比如，你在一个星期里发了两份订货单，但下面的三个星期里却一份也没有。你对供应商的做法，就像是客户对你的做法一样。你可以决定不要这么做：订购相同的数量，采用相同的频率，并在计划发生变更前及时通知他们。不留空档，这就是秘诀。"

"如果我们针对每一个产品，制订均衡化的生产计划，那么我们就可以把它们拆分成零部件计划，并把计划发给相应的供应商。"

"绝对如此。这就是为每个部件做的计划。在精益供应链中，客户每周会向供应商发送自己的生产计划，对于每种部件都有一周的确认订单以及对于该月剩下几周的预测。要点就是，假设每次发生供应商未能及时交货的情况，都认为是因为我们自己犯了一些错误，使得按期交货成为不可能。"

"这要怎么做啊！"仙顿大叫道，"怎么可能！"

"嗯，还是可行的，"艾米回应道，"好好想一下。比如你已经很久没向供应商订一种货了，但突然告诉他们要补充很大一批。他们就会把所有的存货都发给你，并再安排剩下部分的生产计划。但除非你是特别重要的客户，不然你就要和其他客户一起排队了，他们会在有空的时间才开始生产你要的产品。另一方面，如果你让供应商每天给你发运相同数量的货物，并在发生变化前及时通知他们，他们就没理由推托了。当然，这也不是说他们完全不会推托。但你能更早地发现，只要勤和他们沟通，你就会知道应该怎么办了。"

"继续来说团队合作吧，"沃德咕哝着，"这回该说说供应商了。"

"为什么不呢？马克·纳威乐刚被丰田汽车批评了，他们告诉他 99.9% 的按期交货率也许听起来不错，但这也就意味着每 100 万件中有 1 000 件未能送达。"

"你在开玩笑吗！"

"他们很认真。他们给我们做了一次培训，告诉我们需要怎样的一个更强大的'交易中断'风险管理系统。显然，他们相当关注供应商们不能及时供货的原因。可怜的老马克前几天晚上在工厂奋战到夜里 11 点，就因为丰田公司担心有些部件可能没有被装车。最后证实，部件在车上了，但是发生了与其他部件品种的混合，他们为此很担心。丰田公司提出了三项要求：

1. 坏消息第一，要优先报告，他们专门设立了一个'坏消息'热线。

2. 迅速沟通，并计划好安全库存。

3. 人员管理。"

"听着，丰田这么做没什么奇怪的。他们只不过是又一间大公司罢了，有他们自己的麻烦。他们只是在很多方面做得更精确罢了。他们相信，现在就动手搞好问题！"

"要点在于我们要对供应商的送货结果负责。"沃德点头同意道。

"你疯了！"仙顿大叫道，愤怒地抬眼看向天花板。

"先别打断我。"他笑道。

会后，沃德一直对自己重复着，团队合作，即各职能部门通力合作。确实，所有关于拉动方式的这些事情都很有趣，但是这种特别的观点让他想到了如何处理那些先前无法解决的管理问题的答案，不过这个答案也许会造成很大的冲击。他先前很少见到真正的团队合作，将团队合作的意义进一步延伸到客户以及供应商，真的是相当明智的。让他们在一起合作，就意味着让他们一起解决问题。他突然间明白了为什么有关键部门参与的每周生产计划会是那么重要。这为部门经理们创造出了一个合作解决问题的平台。沃德一想到这儿，便明白了那也是拉动系统的要点啊。他希望自己能想出其他一些情形，他能在特定场合设法创造出让他的经理们相互合作。最终，希望重新燃起，他思考着，最终他找出了些办法。

$\backsim$

"为了培养团队合作的意识，我需要抓住人们的胳膊，让他们在一起解决问题，不是吗？"沃德问道，同时在努力观察大家的反应，此时一些人正在会议室大口大口地吃那令人生厌的三明治，而其他人则分布在自己写字台上吃午饭。

"而且方向明确，菲尔会说的。"艾米经过深思后回答道，此时她正将火腿和奶酪从抹满蛋黄酱的面包中挑出。"减肥的时间又到了"。她做着鬼脸说道。沃德面无表情，没有笑。他是幸运的，他的母亲给了他一副好胃口，想吃什么都可以，而且也不用担心长胖。这可不像他的父亲，人到中年就已经赘肉满身。或许沃德还没有到那个岁数吧。

"怎么扯到了方向明确？"沃德在想，"问题每天都从各个方向向我们袭来，没完没了。"

"对，但是为了更好地凝聚你的团队，你不得不挑选一些典型的问题，让他们持续地努力解决。"

"就像均衡化吗？这就是我刚才在想的。"他大叫道，"顺便说一句，法棒是三明治中最好的部分。"

"不要刺激我，"她叹气道，"对，均衡化，事实上，均衡化是一个更大问题的一个方面，那就是物料停滞。如果我们回到基础，回到价值流图析，我们会明白，在注塑机上加工一件产品，只需要一分钟，然后再需要几分钟，最多，将它们组装好。但如果你按四个小时一个批次的方式生产，那么你将会花240分钟从注塑机那里搬运一件产品到组装单元。"

"我知道，增值时间是两分钟，然而从生产到交付的交付周期却是以天计算。"

"按照精益的观点，你的产品从订货到交货的生产交付周期由几分钟的加工时间和几小时的停滞时间组成，目标就是减少停滞。"

"零部件的停滞，我想我能想象得出来。"

"鲍勃通常将零部件的停滞划分为四大基本原因：

批量的大小：很明显，如果你的生产批量能够满足四天的需求，比如说，一个小时的生产。用交付周期的概念来说，我们可以看作是一个小时的加工时间加上四天的等候时间。生产批次的最后一件真正被使用的时间，是在这件产品被订购后的四天零一小时的时间。

复杂的流程：同样的道理，如果你有一个复杂的流程，也会产生零部件的停滞。打个比方，在这个流程里，你有一个分包环，还有许多不同的单元，那么一个产品要通过整个流程的时间就会比它通过单个工序要长得多。从根本上说，任何时候你对流程进行拆分或者整合，都是在创造停滞。这时，当你订购了一件特殊的产品，你是很难知道它什么时候才能从混乱的流程中走出来。当然，另外还会带来一个问题，就是通过一个复杂的流程，很难去追踪质量问题。

缺乏对节拍时间的考虑：另一个典型的情况发生在生产不能满足节拍时

间的时候。从根本上讲，安排生产时一般要依据设备和操作员的可用性及其生产能力。因此我们很快就能在一台机器上生产几百个零部件，然后让操作员在同一台机器上对另外一个品种的零部件做同样的事情。这会制造停滞状态，因为它又在'批量化'地生产零部件，即使在专用设备上生产也是如此。更好的办法是让机器根据节拍时间生产，并让一名操作员同时控制多台机器。这里的典型问题是，没有人对根据销售的节奏——经过均衡化的销售节奏协调生产的节奏，足够有信心。

糟糕的搬运和物流：如果我们不能一直不停地以小批量移动每一种物料，我们只能将搬运的指令集合成一组一组的，这样，我们又在创造停滞的状态。当你自己每个小时一次从生产线上拿下部件，但你客户的卡车只是每天来一次，这种情况就会发生了。如果换个做法，与其每次由一辆专用的卡车只运送一种部件，不如每个小时，都让一辆卡车来，运送每种部件的一小批的量，这样你将能避免停滞状态。"

$\backsim$

"我们将努力去证明这一切。"沃德说道。

"不要忘记，"艾米回答道，"我试图解释的这点是创造团队合作，你们已经把大家聚在一起，试图解决典型的问题。而这种问题之一就是停滞，它可以进一步细分为多种具体情况，接下来又可以划分为更多的细节。这就是为什么精益管理必须要有持续性，这是一个系统工程，它需要时间去使所有这些部分能彼此契合。它需要团队能明白彼此间的联系，不是简单地说要如何优化，而是要找到问题的根本原因并加以消除，那样才能使工作得以流畅地进行。当你们对这一点理解得更好的时候，你就能带领你的团队解决这些典型的问题。"

"他们永远也不会完全地解决这个问题，但是他们将做得越来越好，"沃德这样想，"再回到体育运动中，你需要解决的问题通常都很简单，就像是要比你的对手跑得更快一样，但是要完全解决问题，你需要越发详细地理解跑步到底意味着什么。"

"要分享彼此的理解，那是一个关键，"艾米点头道，"因为他们已经一起在前线作战，这时你就创造了分享理解的机会，他们也会慢慢地停止相互推诿。"

"就像他们现在做的那样。"沃德叹气道。

"对，他们确实做到了，他们开始帮助彼此。像那些工人一样，当你创建了一个生产单元，并且以单件流的方式运转的时候，他们也会相互帮助。"

"那么这又是因为我的错误了！"沃德懊恼地说，"我想了几个月，他们这是怎么了，他们彼此间不能合作，互相推诿责任，还落井下石。现在你所说的，作为他们的经理，我没能为他们的相互合作界定足够清晰的责任和关系。哇噢！我明白了。"

"这不仅仅是同事和伙伴的感觉，"艾米笑道，"尽管没有这样的问题。但是很显然，人们总是在一起讨论他们知道的消息。因为我们不知道如何表达不同意见，或是如何倾听，我们不断地重复谈论每个人都知道的信息。在工作时的讨论还像在宴会上的一样，没有深度，就是这个问题的表现之一。"说着，她随手抓起一张纸，开始在上面画了起来。

"关键的秘密是让人们彼此分享只有自己知道的，而对其他人来说又有相关性的信息。要想做到这样，团队需要将精力集中在解决某一特定的问题上。"

"但是为什么呢？"

"嗨，我不知道！我也许没法解释得那么准确。你应该找我的丈夫迈克谈谈，他在心理学领域可是专家。我只是在重复他跟我说的。迈克的观点是，如果我有些很独特的专业知识，对你讲出来，而此时你所想的是另一个自己遇到的问题，那你就很容易对我的知识置之不理。他有一个关于神学院学生开展实验的故事。当他们到了一所神学院时，他的两个同事要求这所学院的学生步行至另一所礼堂，在那里这些学生要进行一个讨论，关于《圣经》中的好人撒玛利亚的比喻。在朝那里走的路上，在实验中的学生们会遇到一个演员扮演的角色，这个人会从门口跌倒。由于实验在事先已经做了精心安排，每一个环节都环环相扣，这样看起来，'跌倒'是一个突发事件。看到此情景，受调查者中，那些不着急的学生中有 2/3 停下来帮助跌倒者，那些中等着急程度的学生中有近半数的人停下来，而在很匆忙的学生中只有 10% 的人遇到此情景立刻停下来。迈克的观点是，关注度决定了吸引力。那些有'帮助人'的想法的学生，并不一定就真的会停下脚步，去帮助那个跌倒的人。"

"往大了说，这解释了很多所谓能够熟练应用精益理论的精益专家，遇到了一个很明显的浪费现象，却没有加以注意。第二，急匆匆的人们比其他人更不太可能帮助别人。在精益的环境中，这意味着除非某人刻意停下从一件事到另一件事的匆忙脚步，并且仔细地观察着那些操作，否则他是非常有可能看不到任何东西的。"

"现场观察！"

"当然，但是迈克说，这个道理同样能应用于交谈。如果我们不是忙于在一起解决同样的问题，我们就不会在一起讨论一些我们知道而其他人不知道的信息。当我们让一个团队关注于一个共同的问题时，我们就能像把拼图放在一起一样，真正利用到大家的专业知识。就像经典战争电影里，所有的英雄们都互相不喜欢其他人的缺点，直到需要将坏人的老巢粉碎的时候，他们才能够很好地合作。"

"这一切又回到了对专业知识的利用上了！"

"还能有别的什么吗？这是个工业，对吗？生产产品要从培养人开始。因此，实现跨职能合作的方法就是，让他们全都关注于解决少数几个典型的问题，而且要求越来越详尽。"

"现场观察，和大家分享你对问题的理解；改善，获得亲身实践的经验学习，并且不断地挑战，要求越来越准确地解决问题；方向明是要始终保持对典型问题的关注度；而团队合作使有不同领域知识的专家们一起合作。现在，我需要在这个讨论中，所有的人都应该很好地参与。没有其他办法！"

"没想到吧？这是一种管理方法，明白了？"

"但个人的职责是什么呢？"

"什么？"

"好吧，如果我把所有的精力都集中在团队上了，那么个人会不会变得松懈？有一件我深信不疑的事就是，如果你不指定专门的人去负责，那么这件事肯定做不好。"

"完全同意，"她笑道，"这方面，迈克做过很多有趣的实验。从根本上说，如果你在人群中弄伤了自己，没人会帮助你，因为他们认为有人会帮你。如果路上只有一个人的话，他们会很乐意帮助你。如果你扭伤了脚踝，站不起来，最好的方法就是指着某人说，'就是你，先生，请帮忙叫辆救护车。'"

"如果我对个人责任理解的正确的话，这不和团队合作相互矛盾吗？"

"不是这样的，你仍然可以把解决某个问题的责任交给一个特定的人，但是要确保他们是在集中了团队中其他成员的努力的同时，履行自身的责任。"

"我认为不应该用'我'这个单词出现在团队中。"

"这是顾问式的废话。听着，如果你对问题的职责划分不清晰的话，你将不会得到什么好结果。教会大家，他们不能独自地解决问题，而是要和他人一起解决问题。事实上，你可以把解决问题的责任，赋予本来在这个领域没有什么权威的人。"

"如果没有权威，那么他们如何能承担解决问题的责任呢？他们永远也不能解决的啊。"

"这就是你自己来的地方：团队合作！你是工厂总经理啊，看在老天的份上！你的持续改善专员也许对注塑成型一窍不通，但是他仍然需要与车间合作，并且使职能部门的员工与操作工们相互协作，找到问题的解决方案，不是吗？这是怎么实现的呢？"

"如果他们不是这样做的话，"他意味深长地笑着说，"我就会跟他们单独聊聊的。"

"不要搞得像鲍勃那样，"她笑道，"但是从根本上说，你是对的。你已经拥有创造出团队合作的权威了，所以你能给任何人赋予解决问题的责任。他们会把每一个部分拼在一起，或者向专家咨询，让他们达成对问题的一致看法，试着得出解决方案，使每一步的解决方法都得到一致同意，诸如此类。"

"就像我们和鲍勃做的质量分析？"

"对，丰田实际上有一项清晰的技术。他们叫 A3，因为它通常放在一张 A3 纸上。"艾米扯出一张 A3 纸，在上面描画起来。

"标题：也许听起来无关紧要，但 A3 报告的标题是描绘出问题的第一步。标题必须用简洁的语言正确地表达问题所在。例如，'机器 X 的问题'与'减少从机器 X 中产生的磨削飞边不良问题'这两种描述是不一样的。

负责人：谁是问题的负责人？谁是辅导者？谁是主管？这听起来都很直观，但是 A3 工具不能直接解决问题，而是在老板和下属之间把问题的解决和辅导的关系理顺。团队合作和个人能力的提高就是通过这样的方式一起得到了实现。

问题描述：为什么这是个问题，这个问题有多大？经理和团队成员必须在问题的范围上达成一致。必须辅导员工们，让他们用现状和标准之间的差距来表达问题。例如，机器生产的产品有 3% 的不良品，是生产标准规定水平的 10 倍，这导致公司要负担额外的特别运输，或是额外的成本，或是人因工程问题。通过问题的描述，员工必须将与标准的差距以及该问题对业务的冲击，用某种方式进行量化，并告诉管理者。这听起来很普通，但是实际操作起来却非常困难。需要沟通的信息很少能轻易地获得，这迫使人们创造出 A3 报告的形式，来告诉人们在发生什么事。管理者需要辅导他的员工，让他们学会从眼前这个区域之外寻找信息，以及以更好的方法确定问题的范围，以让大家能更好地理解其重要性。总的说来，如果他们不能拿出关键指标的历史数据，并拿它与标准做对比，那么 A3 的作者就不能正确地理解问题。

把握现在的形势：正确把握形势的意思是正确地识别出原因点，也就是流程出错的确切地点和原因。首先，你需要总揽全局找到真正的问题，然后不断地深入挖掘，以找到问题的根源。不良品并不是像变魔术那样被变出来的。缺陷是由于正常流程中的某些环节出错才造成的。在分析成因之前，人们不得不正确找出哪个环节出了问题。要这么做，管理者必须帮助员工画出技术流程，这是理论上应该发生的事，然后再观察实际发生的事，识别出可能出问题的全部地方。员工们必须列明可能的每一处因素，然后对每一处以实验的方式加以验证，直到找出导致问题产生的最大因素。必须绘制一幅帕累托图，展示出首要原因，例如冷却液被污染是该机器产生不良品的第一大原因。这样，原因点才算是被识别出了，并且也找出了导致这一结果的主要原因。

这会是十分困难的分析，因为在现实工作中的诸多因素必定会彼此相关，很多人认为这便是分析的终点了，然而这实际上只是个起点而已。要做到这一点，管理者必须训练员工利用科学的假设 - 检验方法。这也许看起来像是在工业环境下干的重体力活，但这就是任何物理实验室在探索问题时都要采用的方式。

设立目标：一旦通过找寻原因点而准确地理解了现状，在员工和管理者之间就可以就一个清晰的目标达成一致。这个目标必须有足够的挑战性，避免只是更努力地按照当前方法工作，必须创造出这样一种效果——鼓励人们进行根本性的反思。这个目标也应该是可以实现的。确立适当的目标以挑战员工，而不是完全把它们吓倒，是一项非常关键的管理技巧，也是一次重要的关系建立的时刻。再一次地，员工们建议一个目标，管理人员对这个目标进行反复的论证，直到他们之间达成了共识。

根本原因分析：在目标上达成共识后，管理者必须辅导员工学习反复地问'为什么'，直到问题的根本原因被找到。得知冷却液被污染只是分析的开始，并不是结束，替换掉冷却液是一种即时处置措施。了解为什么冷却液在没有人动过的情况下会被污染，则是下一个问题。五个为什么（5 Whys）练习可以被看作是在作谋杀案调查。'为什么'需要问那些实际在做那项工作的人，这意味着将进一步导致对整个组织范围的调查。记住，团队合作。对 A3来说，它会有一个问题的负责人，但这个人要想正确地解决问题只有一个方法，就是他们要与所有相关的人员谈。最后，也许他们不能让每一位都满意，但是每一个观点和角度都需要被认真地考虑过。再一次地，我要强调，这种做法里，对建立关系与执行清晰的分析，有同样高的要求：为了获得正确的事实，员工们必须和做这项工作的人打交道，学习在没有歪曲事实真相的前提下倾听他们的意见。这里，管理者必须通过正确的引导，使工人们能把注意力集中在生产流程和结果上。"

"嗯，你们还在听我讲话吗？"艾米问道，看看沃德是否能跟上自己的思路。

"嗯，嗯，我在听。"沃德点头回应道，"我想是的。"

"应对计划：既然已经识别出了少数的根本原因，员工们现在必须找出相应的对策来根治问题。这是另外一个微妙的时刻，因为管理者将会对每一条原因，接受不少于两条或三条的解决措施。一条简单的解决方案是不能被接受的，并不仅仅因为这是显然和昂贵的：仅仅提供唯一的办法，是与科学方法的精神相矛盾的。这是非常关键的。没有所谓的'解决方法'，只有需要验证的假设。对于精益而言，就像对科学方法那样，我们所执行的每一个行动都是我们验证的一个假设。为了真正地理解问题，我们永远都不应该只有单一的假设——如果不能想到多个可行性的选择，我们就没有很好地理解问题。团队成员必须将每一条对策加以细化，然后解释他们的相关成本和解决问题的效果，这样才能解释为什么应该推荐这个方案而不是别的方案。在某些情况下，我们将会执行不同的方案，只是为了学习。

执行：一旦对应采取的对策达成了一致，A3 的作者就应该制订一项执行计划。员工向管理者提交一份执行的时间框架计划。员工也会指出，其中哪些实际的步骤可能被理想化地估计了。再一次地，最好的执行计划对参与其中的任何成员来说，都应该是没什么可惊奇的，因为他们也参与了整个过程，而不是简单地分派了任务的目标和完成日期。

检查结果：一旦采取了措施，就要仔细地检查结果。再一次地，这是一个管理问题：员工们总是倾向于转移到其他事情上。除非管理者刻意强调其重要性，员工们总会觉得 PDCA 的检查部分是多余的累赘。有两件事情需要检查。首先是解决最初问题的对策的有效性，同时还要考虑执行对策所带来的对整体流程的成本影响。精益是要用更少的资源得到更好的结果。因此，如果解决方案增加了总成本，那么它就不是非常精益的，是这样吧？

追踪和学习的要点：如果解决方案被证明是有效的，那么该方案很有可能也适用于其他地方，例如适用于新的设备或者是下一代产品的设计。精益化设计的关键就是将生产现场的解决方案回头应用到下一个循环的流程或者产品设计之中。这是一个非常有效的训练，让员工们能够参与，并努力应用到下一代设备或产品设计上，向工程师们讲述自己的看法。另外，每一个问题的解决可能同时又会发现另外一些问题。然后也就可以详细分析这些问题，并进行进一步的考虑。"

艾米暂停了一下，接着说道："本质上讲，你在创建一个沟通的协议，就像互联网协议的那种，目的是使得公司中的每个人都能够阅读，并且明白这是关于什么的。"

"更多的团队合作。"

"鲍勃对于一张好 A3 的标准是，你只用一分钟或者更少的时间，就能很清楚地读完。他评价工程师的标准，就是这些工程师所完成的 A3。我个人认为他在这一点上有点过了，但这的确是个主意。把它想成是为工程师办的一场时装模特表演吧！"

"确实是个有意思的想法。"沃德笑道。

"让我强调一下，对于我来说，在这个 A3 的格式中关键的部分是两个小空，这两个空揭示了经理或是导师，下属或是学生。因为关于团队合作的一个真实悖论，就是它其实都是关于怎样更好地培养个人能力。"

"你让我不明白了，"沃德一边说着，一边用他自己带到工厂里的特浓咖啡机冲了两杯咖啡。

"个人培养是团队合作的终极目标。迈克有很多理论可以对此做出解释，但是归根到底，我们通过团队的方式学习，要比我们独自学习的方式更有效。"

"真的是这样嘛？"

"你想想，为什么要举办研讨会？为什么总裁要来考察？"

"你是对的。"沃德若有所思地表示同意，思考着自己陡峭的学习曲线，以及自己是多么讨厌总裁考察，但同时他又不得不承认，这对他的学习有多么大的帮助。

"从我丈夫那知道，我们与生俱来就有一个发达的大脑。思考是没有闲聊那么有趣的。我们的社会性学习要远比我们的智商发达得多。因此，方法就是创造一个社会化环境来学习，以团队的形式解决问题，这也是从其他人那里学习专业知识和经验的好方法。"

"我这有一个很好的例子，"沃德说道，"我们年轻的质量技术员，由于她经常进行质量问题根本原因的分析，通过与克拉拉和穆勒共事，她的技术大有长进。而质量部经理玛里卡，则不得不在我们每次讨论详细问题的时候都叫上她。"

"鲍勃跟你讲过'管理者必须是老师'这段话吗？"

"嗯，没有。菲尔讲过。"

"对，他会讲的，"她笑道，"花了很长时间，他才明白。"

现在，沃德确认了一个事实，那就是，艾米在詹金森变成令人可怕的'精益管理者'之前就已经认识他。尽管如此，他还是对她谈论菲尔在成长道路上遇到的如此多的挑战感到吃惊。某种程度上他发现，这些事还真令自己感到安慰，因为詹金森学习这一切的事实让人感到更加亲近。而他离顶峰越是近，这种感觉就越强烈。他学得越多，他就会发现还有更多需要学的。这看起来是个没有终点的过程，这也许就是全部的要点，但时不时地让人感觉无法抗拒。

"管理者必须是老师。话听起来很妙，但是却很难做到，你没发现吗？"

"跟我讲讲吧。"

"精益的传统实际上对此事有一个隐含的理论，"艾米说，"第一，你从实践中学习；第二，你在团队中学习得更好；第三，如果团队成员在一起解决问题，他们也会学习到更多的知识和经验。要寻求一个共同的解决方案，就需要考虑别人的观点，这样他们就学习到了更多。团队合作是为了培养个人能力，因为个人技能在于将这三者揉在一起。团队成员在为了解决问题而不断尝试的过程中，个人作为其中一员也能够有效地学习。"

"我承认我曾经是一名人事经理，因此有些偏见，但对于我来说，丰田成功的关键，是不断地训练员工，让他们懂得更多，然后完全地发挥出自身的潜能。通过与一线团队一起工作解决具体的问题，并得出正确的结论，它不断地发展出对解决实际的工业问题有价值的、最少浪费的解决方案。而这一切经过长时间的积累，任何人也无法复制。它也不是任何一个天才个人的解决方案（那也可以被复制、粘贴）。他们的优势来源于不断的积累，来源于所有员工共享的关于如何运行设备和流程的经验。让我们试试看，尽可能向前赶吧！"

"我将在你的车间现场给你展示些东西。"她笑道，这使沃德有些畏手畏脚，因为他知道自己会遭受另一个打击。

他们径直走向那台该死的 7 号注塑机，那里一名操作工正从注塑机的传送带上拿取零部件，并且要装配成一个小的部件，插进一个大型的正方形设备里，直到将完成的产品放到一个大容器中。沃德现在对于这些由客户提供的大容器非常头疼——但你根本不可能对这些东西采取任何措施。这些大的金属箱，阻碍了生产单元的合理设计，移动它们也不那么安全，让半小时就取货一次显得碍眼。真是太令人讨厌了。为什么整车厂不能理解小塑料箱的好处啊？那对于他们的装配线也是很有效的啊。艾米从红箱子中捡起一个产品，上面正确标记着'首件'。那件产品本身看起来并没有问题，但是质量程序说第一件产品必须报废。

"怎么分辨一件产品是好还是坏？"

"我知道你想问什么。杰罗姆上一次被培训是什么时候，当然是对这个岗位？他每天都在这个工位上工作，你是知道的。他甚至都可以培训我们了。"

"那么，边界样品在哪儿？这名操作员又是如何培养的呢？"

"嗯，你是对的。我已经要求我的团队关注红箱子，并进行一些根本原因分析，但是他们，对不起，我还没把这件事列入培训的范围。"

"团队合作对两个维度都适用，"她解释说，"它意味着横向的跨职能的合作，以及纵向的跨等级的合作。"

"我知道，我需要进一步地把班组长和主管们融入进来。"

"班组长需要持续地让其他工人明白，标准是什么，而什么是不符合标准的。主管需要培训操作者，让他们执行质量标准和标准化工作，以及支持改善。培训人们更好地完成工作，是我们无可回避的责任。"

"你们在实施拉动系统方面遇到了阻力，是因为你们过于关注解决产品流动的问题，而没有对改进知识流的问题予以足够重视。精益需要两条腿走路：一条腿是生产质量合格的产品，并让产品流动起来；另一条腿则是让大家参与进来，培养人。如果你仅仅依靠一条腿走路，迟早你会发现自己发生面瘫的问题。"

"但是我正在培养人，"沃德辩驳道，"我们在工厂的任何地方举办改善研讨会。我们在让我们的工人参与进来。"

"你还是没有理解，安迪，"她摇着头，"研讨会里的少数几个工人不会解决问题的。你们没有处理好这个问题。通过建立拉动系统，你们在组织产品流和信息流。但是对于人的智力，你仍然停留在培养你周围的 10 个人的脑袋。你并没有创造出一个组织，每天训练每名员工。结果是你失去了他们的参与和他们的智慧。"

"但是我经常和主管们一起工作呀，"沃德回应道，"我们讨论了菲尔关于方向明确的意见，我们决定由部门拟定季度计划，我和每一位主管一起，每天做例行现场观察，检查我们的进展。我们确实在取得进展！而且这些进展终于开始在财务报表上有所显现了。"

"你没在听我说，"她带着那一贯的典雅微笑，回敬道，"你在让你的主管们参与进来，这很了不起。但是这不过是在你的小团队里增加两三个人而已。我要的是所有的人。这样，整个工厂看起来将完全不同，那才是最了不起的。"

"对，穆勒对做文件工作是很不擅长的，但是他在现场实施了严格的纪律。我们现在也开始有了可视化管理。看看四周，当有人占用了通道的时候，我们就能看清楚。对不起。"

不远处确实有一个巨大的金属框，一半伸进了通道的中间。这可恶的铁框，可能会造成安全事故啊！

"嗨！"沃德叫喊，让一个物料搬运工停下，"你已经来回经过了两次啦，想清楚该怎么干。"

"我都重复过多少次啦……"他嘟囔着，而艾米在沉思着。她最初遇见的那个羞怯的工厂总经理已经不见了，眼前的这个沃德越来越像菲尔了。她试图警告沃德，仅仅变得严厉对于解决工厂目前面临的问题是没什么帮助的。

"可视化管理做得比以前好多了，"她点头说，"但你不是在训练你所有的工人。你是要求员工遵规守纪，这并不是团队合作。"

"我有一个计划，"沃德闷声道，"我只是还没有找到合适的人。"

实际上，克拉拉令人吃惊地给沃德提供了另外6位班组长候选人，这些名字对沃德来说都很陌生。克拉拉还推荐了他认识的一个人，作为注塑主管的候选人。这家伙经验丰富，原来工作的工厂最近被重组了，因此他领了解雇金回家了。最近，他一直待在家里，感到很难受，只好做些稀奇古怪的事情，折腾起自己的房子。克拉拉说，他在加入阿奈斯特之前的第一份工作里，曾经是那个家伙的师傅，那家伙应该愿意承担这份工作。沃德总是很忙，所以像很多其他的事情一样，尽管知道这件事情的重要性，却仍没有真正做任何实质性的工作。

"精益的DNA由两个螺旋组成，安迪，"艾米说，"你要组织产品的价值流，你还要组织人的价值流。如果你总是一条腿走路的话，这不可能持续，而且你还会使自己陷入麻烦。我以前就遇到过这种情况。"

那个周末，艾米一直待在那里，但是沃德直到星期六的晚餐时间才见到艾米。星期六通常是克莱尔一星期中最忙的一天，周末的骑马爱好者齐聚马兰科特，进行不中断的骑行课程和跳跃训练，特别是最近，竞赛季又要开始了，克莱尔就更忙了。艾米被眼前的这个俱乐部迷住了，在马场待了一整天的时间。这里的骑马场就像个社交场所，会员们彼此间闲聊，或者训练他们的马匹。他们当中的大多数人每个周末都能见到，他们之间形成了一个关系紧密的组织。沃德看起来属于这个组织，但是大家并不跟沃德多说什么。沃德很难分享到这帮骑马者在马背上难以言表的激情。因此，星期六就成了沃德陪着查理的时间。把整天的时间花在一名两岁大的孩子身上，让他感觉回到了亚当和夏娃的时代。但这些天他发现自己有些累，并且有些失去耐心了。工作在他脑海里出现的次数要远比以前多得多。克莱尔有几次提到这个情况，但他并没有搭话，一想到就烦。

艾米很识趣地没有将精益管理的话题带到餐桌上。和克莱尔一起，她过得很充实，那天她还第一次学习了骑马，当然是在俱乐部的事情处理得差不多的时候。事实上，是沃德把精益的话题带回来的，致使克莱尔扬起眉毛就离开了，带着哭闹的查理去睡觉了。

沃德也想知道，他不喜欢的三种类型的人——艾米、鲍勃和詹金森——是怎样遇到一起的。詹金森和艾米的丈夫迈克是发小儿。当詹金森开始扩张他的第一个公司时，发现自己陷入了困境，迈克说服他的父亲帮助他。艾米——曾经先后担任过快餐店的经理和一家网络公司的人事经理——被詹金森的合伙人雇用，在真空断路器的工厂担任人事经理。她把詹金森看作是个不修边幅的人，没有妻子的帮助他可能连自己的袜子都找不到。沃德不知道这些，但是詹金森的妻子查琳在家看孩子的时间里建立了一个设在家里的网站，并成立了一个正规的妇女支持团体。艾米听起来对妇女事业不是很热衷，但是查琳的成就确实令她印象深刻，她系统地阐述了在工业界中的男女的收入差异，并且以专家的建议和数据来支持妇女们起诉她们的雇主性别歧视。

"菲尔喜欢解决问题，"她解释道，"他把商业看成是一盘大的、有意思的国际象棋棋局。对他来说，这是一场鲜活的、复杂的棋局，也是为什么他热爱企业经营的原因：要让这一切能很好运转的挑战。这既是他的优点，也是他的缺点。他总是对企业经营中的人的因素感到吃惊。他小时候家里并不富裕，他所赚的钱对他来说也没有更多的意义，只不过是数数字而已，而查琳才是真正花钱的人。"

"告诉我更多关于 A3 的事吧？"沃德问，"我该如何使用它们？"

"你又来了，"艾米笑道，"喔，新的工具！我该怎么用它？"

"你知道我的意思。"

"我很明白你们的意思，而且你也知道那不是一条明智的选择。"

"是的，嗯，退回去，重新开始。我现在试图解决的问题是什么？"

"你知道的，是什么？"

"培养我的员工。我明白，我需要培养生产线人员的能力，以解决他们自己的问题，但是我也需要提高我的员工的专业知识，对吗？"

"我们需要努力的是培养'T'型人才。T 的水平线的意思，是我们想培养员工更广地理解整个工艺流程。T 的垂直线的意思是，培养员工在他们各自专业领域的知识深度。"

"T 代表丰田？"他开玩笑说。

"我宁愿相信 T 代表团队，"艾米转着眼球重复道，"A3 报告构建了 PDCA 的管理关系。就像生产分析板上的目标那样，提出一张好 A3 报告的责任是由管理者和它的作者共同承担的。创建报告的人需要打出自己最有力的一棒，但是管理者必须一起掌控流程，让大家保持足够的激情和动力。A3 流程最核心的关键在于它改变大家思想的力量。员工们仍然是自我指导、自我独立，被授予找寻正确问题的最佳答案的权力，但是他们永远不会被抛弃。管理者的角色是在过程中辅导和带领员工们，直到他们恍然大悟的时刻。在很大程度上说，问题解决是一个错误的说法，就其本身而言，PDCA 更是一种知识转移方法。这种关系是建立在一个事实之上的：管理者负责维持原则的一致性，而员工们做执行的工作，解决具体应用时的问题。"

"团队的概念远比人们认识的要重要得多。这有两个方面。我们在谈论 A3 的问题，但其实是关于管理者与员工的关系问题。如果是你，作为一名管理者，关注于创建稳定的团队，那么你也就不会热衷于'雇用'和'解雇'。

你要和这些自己拥有的员工们一起共事。"

"下定决心。一方面，你说我需要在团队中有合适的人；另一方面又要有稳定的团队。听起来好像自相矛盾，你不认为是吗？"

"鲍勃在这方面的观点更为极端，"她笑道，"与往常一样。他说如果能找到更适合做这项工作的人，他明天就要把人换掉。但是无论其他地方的草长得多绿，发现合适的人往往都是很困难的，而且要花费很多时间。而在此同时，你不得不培养你现有的员工。如果你在这方面做得成功的话，他们就能变得比任何你能在市场上发现的人都要好。"

沃德尽量用为他人倒酒来掩饰自己的尴尬，因为他意识到那正是詹金森在他身上所做的事情。因为找不到经营佛顿的厂子更适合的人选，或者关闭工厂，所以他尽量地培养沃德。

"两种最常见的人员管理模式就是'按我说的做'和'做你认为对的事情，只要能得到想要的结果'。"

"事实是两者都有一点吧。有些问题上是'按我说的做'，如果事情变得棘手的时候，就变成了'你自己决定，但要做出结果来'。"

"精益管理则完全不同。它倡导的是'让我们一起来解决这个问题'。它是建立在管理者与员工之间的指导的关系的基础上的。你需要经常观察你的员工，在你做的时候，让他们观察，让他们从解决具体问题中学习。通常，你还能从他们身上学到很多东西。"

"没错，要不断地重复这个过程，重复再重复。"

"还有，"她模仿着詹金森慢吞吞的语气和严肃微皱的眉头，笑着说，"就是我们在做的事情，均衡，均衡，再均衡。"

"持续改善，改善，再改善。"沃德笑着接腔。

"通过一次次地与员工们一起完成 PDCA 循环，你也就在工作中与他们建立起了良好的关系，你也一步一步地调整了大家的思维方式。"

"但这并不适用于所有人，对吧？"

"对。万能钥匙是不存在的。有两件事是我们不能左右的：人们按时上班且努力工作的愿望，和学习的愿望，或者说学习的能力。要想做好精益管理，你需要员工具备这两个素质，因为人们在面对不断重复的问题时很容易气馁放弃。"

"再多说说这个问题！"沃德说。

"这个完全取决于人，"她挥舞着手臂，看起来很坚定，继续说，"有些人具备这些素质，有些人不具备。最麻烦的问题是怎么辨别谁具备这些素质。大部分的公司都是随便招个人，给他们工作，然后期待着他们能有好的表现。如果雇员表现不如意，就解雇他们。这种做法显然很疯狂。对于一个企业来说，人员招聘的成本是巨大的。菲尔让我负责与奈普拉斯公司的人力资源部一起改进招聘培训的流程。这工作根本就是个噩梦。他们根本不把人看成是一个完整的个体，只是一味地把人塞到一个职位上。这种做法简直让我忍无可忍。"

"也就是说，回到 A3 的问题上来，"沃德插嘴道，"当他们解决非自己专业的问题时，我可以利用 A3 让他们去找专家来一起工作，毕竟 A3 本身就需要他们与专家或其他人沟通才行。或者我还可以利用 A3 鼓励他们更深入地研究自己专业领域的细节。是这个意思吗？"

"最必要的是，每一个员工和每一位生产线经理应该在任何规定的时间里，都在按照一张 A3 工作。还记得现场观察吗？你带领他们到现场，与他们在问题是什么上达成一致，然后你做例行的检查，让他们进一步修改各自的 A3，直到你满意为止……"

"或者直到他们辞职离开你！"

"对，这种情况也是存在的，"她笑道，"但不管哪种情况，问题解决了。其实，管理他人的 A3 跟做分析一样难，或者更难。"

"而且，"她顿了一下，"我现在并不担心 A3 的问题。除非你能正确地使用——也就是在合适的环境下使用，否则它就只是一个华而不实的工具而已。而且在那之前的问题是，我确信你到现在还是不了解团队合作的重要性。人们并不是为你或者他们的薪水而工作。任何愚蠢的政策，或微薄的报酬，或者不愉快，都会降低员工的积极性。但没人知道应该怎么激励他们。人们不会为了你工作，但他们会为了自己的同伴，也就是他们的团队成员而奋斗。这才是他们的工作动力。所以，你应该注意从最基层开始。目前你已经注意将生产线经理纳入到你的管理中，这很好，但如果你没有基层工人的稳定团队，你的工作就没有一个合适的基础。工作小组是我们做所有工作中最基本的材料，就像一块砖对于建房子一样重要。"

"你不知道你在要求什么！"沃德抱怨道，"生产部门的人总是希望在不同的班次之间换来换去，因为……"

"缺乏对节拍时间的充分考虑。"她打断了他。

"还有工人自身的原因！他们总是吵个不停。我真是不知道该从哪下手好。"

"我非常理解你。你知道，我曾经管理过一个汉堡店。我们也有所有这些问题，或者说我们的问题更多。员工早上上班迟到，对新员工的培训时间只有短短的 10 分钟，就是你所谓的'愚蠢的管理政策'。但有一件事是上面的管理层确实理解的，那就是团队，他们称之为'命运的共同体'，而且也的确努力将团队的模式付诸实践。从结果来看，那些团队建设成功的餐馆都生意兴隆，反之，那些团队建设不好的餐馆都经营惨淡。我们每天举行班前会来讨论问题，我们还开展团队建设活动，即使是因为行业的特殊性，在员工离职率较高的情况下，我们仍然坚持这么做。我要说的是，即使在逆境中，我们也在努力地创造团队精神。所以，你应该让你的人事部门的人向这个方面努力。这才是他们的工作！"

"我的人事部门，"沃德叹了口气，脑海里显出了德隆的面容，尽管他们已经对建立一个团队化的组织结构进行了多次谈话，他仍然保持沉默。"你简直想象不出来。"实在地说，穆勒也是一个障碍，对于谁去做什么工作和怎么做，他总是保持绝对的控制。

———

"我不会为了谁对谁说了什么，就去责备他，"沃德怒吼道，使劲拍着桌子，直拍到手掌发红。他已经对所有这些不断的争吵忍无可忍了。"仙顿，如果生产的部件符合每周均衡化水平的要求的话，你就要接受。穆勒，你不肯改变你的计划，就因为你已经决定了要进行预防性维护工作？这不就是咱们的计划过程要解决的事吗？可你们现在却要告诉我，一个多星期以来，你们没见到维护部门的人来？同志们！"

"我不知道你是否注意了，但我最近一直在忙生产上的事情，"穆勒生气地反击道，"维护部门的人没人管了，我可没有分身术，不可能同时把什么事都管好了。"

"这太荒唐了！那就让他们中的一个人参加生产计划会议，这事情到底难在哪了？"

于是，每周一次的管理例会又一次在互相争吵中结束了。沃德已经快走投无路了。很显然，他没能成功地团结大家。这是一个进度缓慢、令人绝望的工作，而且他感觉，每个人好像已经都找到了牵强的理由来互相推卸责任。这种情况的发生，让沃德的情绪变得越来越暴躁，然后就经常地陷入一种陷阱——向大家下达命令告诉他们去做什么，而没有采取让他们自己理清问题，并自己解决问题的做法。他能够感觉到这个不利的变化，这种感觉更加深了他的挫败感。但要抵制这种变化可不容易，尤其是现在这个阶段，看起来离管理好工厂只有一步之遥，却总是无法跨过去。这是第一个月，过去一年里艰苦努力的效果开始在财务报表中得到显现。现在，他们的'总库存周转天数'的指标显著地好过纽霍夫工厂，同时他还经常和集中采购部门争论，要减小供货商的供货批量。不过，这件事做起来感觉就像是从石头里挤水一样困难。

"能跟你谈谈吗？"当他们走出会议室时，查蒂问道。

"当然，我也正想找你谈呢。我们为什么还没有实行质量边界样品制度，还没有对工人进行关于自检的培训？克拉拉总问我咱们到底什么时候开始这些计划。你们难道没有一起讨论过吗？"

她平静地看了他一眼，没有回答，而是默默转过身去，朝他的办公室走去，沃德只好跟着走过去。

"这是我的辞职信。"她关上身后的门，边说边递上了一封折好的信。

"你要辞职？"他一愣，吃惊地问。所有人里他最想不到会辞职的就是查蒂。

"我找了个别的工作，在巴黎附近，离我父母比较近。"她回答。

"天啊，我不知道该说什么，"他喃喃地说，几乎是沙哑地说，"那个工作好吗？"

"那个公司是一个大的汽车零部件供应商。他们对我们这里做的红箱子模式很感兴趣。"她微微笑着说。

"对啊，我们已经取得了进展了，那你为什么现在退出呢？"沃德意识到自己已经很久没有跟查蒂谈过了，从跟斯蒂格勒吵架以后就没再谈过。他的确在红箱子检查会和管理层例会上见到她，但他们几乎没有实质性地交流过。事实上，他最近见得比较多的倒是勒叙厄尔，因为她老缠着他去访问客户，追踪各种质量投诉问题。勒叙厄尔作为一个同行的旅伴还可以，但确实不如从前的查蒂那样风趣幽默。这位年轻女士所谈的事情几乎都是关于质量问题的。沃德也曾几次试图跟她谈一些别的话题，但她总是没什么话要讲，搞得沃德也只好放弃。有几次，沃德也曾邀请查蒂一起去客户那里访问，但她总以这样或那样的理由推辞掉，于是他就不再邀请了。他甚至怀疑，她是不是在主动避开自己。

"那么是为什么呢？"

"你肯定不想知道的。"她阴郁地答道。她是个感情强烈的人，他已经感觉到她要爆发，但却不知道为什么。他只知道不会是什么好事。

"我真的想知道。来，请坐，告诉我吧。"

"你已经变成一个不能一起工作的人了！"她激动地说。

"勒叙厄尔好像不会这么认为吧，"他为自己辩护道，"她在解决问题上花费的时间比你多。"

她的脸色更加阴沉了，眨着大大的黑眼睛。

"看，这就是我要说的。安迪，过去我们经常一起讨论，而我现在每天听到的都是我没有干这个，我没有干那个。我不是一个工具，我是个人。我不可能在这样的环境下工作。"

他吃惊地盯着她。的确，他们很久没有像以前那样一起吃过午饭，但……

"而且我不能原谅你对奥利弗做过的事情。太卑鄙了！"

———

"我对他做什么了？"他抗议起来。正如德隆所担心的那样，比起简单的辞职、换个工作还要可怕的是，斯蒂格勒采取了错误的措施，他找了律师，正在准备起诉公司不公平解雇。人事经理对此倒并不太担心，因为斯蒂格勒实际上并没有被解雇。他们给他提供了另外一份工作，但这件事仍然是压在沃德心头的一块石头。

"我们过去曾经是朋友，安迪。我们一起在这里工作了三年，现在你就这样对我们吗？奥利弗一直是对的，但他最先被牺牲了。你包揽了所有的荣誉，现在你成了总裁的爱将。恭喜你，但我受够了。"

"嘿！请你注意，这个工厂还在开工。你不记得我们曾经离倒闭有多近吗？非常近！"

"对，你多英雄，"她轻蔑地说，"我确信，这功绩足够抵消你伤害一小部分人的罪过了。"

他们就这样沉默地互相怒视着对方。已经没什么好解释的了。沃德喉咙发紧，感觉自己受到了无比的伤害。她明显地有失公正。她利用他们在精益管理上的努力当作踏板，争取到了更好的工作，而且还回过头来责怪他。她在利用他们，而且还造成了他在利用她的假象！太过分了。而这种行为对于朋友来说，又是多么不可思议！他们曾经是同伴，而且是朋友，但这是工作！难道这个女人还在期望他道歉，并祈求她不要辞职？不管怎么说，除非强制要求，否则她几乎不在车间现场露面。她张张嘴，想说些什么，但又咽了回去，转过身去，没有说一个字，而是嘲讽地看着他。

"祝你好运。"他朝着向外走的背影说，但他怀疑她是不是听见了。他甚至不确定自己是不是把这句话说出口了。

———

"嗯，"当克莱尔爬上床，他嘟囔着，"事情怎样了？"

"我们救活了母马，但没保住马驹。"她沮丧地低声说。他在黑暗中伸手去摸她的脸，感觉到泪水在顺着她的两颊流着。

"亲爱的。"他喃喃地说。

"我没事。真是个漫长的夜啊。"

"查理，你来干嘛？"他问道，感觉到这个小男孩正试图挤进他们两人中间的地方。

"让他进来，"她呜咽着说，抱紧他们两个，"没关系的，我现在想跟你们在一起。"

"不可能，我觉得你目前不可能找人来代替查蒂，或者斯蒂格勒，"科尔曼在电话里说，"菲尔正在施压进行裁员。你只能凑合了。"

"好吧，"沃德不情愿地答应了，但倒不是特别意外。没人会对他的尝试出言责备，"我会问问弗兰克，看他愿不愿意接手质量和制造工程的工作。而且，现在我们还没有任何新产品项目，所以……"

"千万别丧失希望，事情正在好转。"科尔曼神秘地说。从他搬到纽霍夫去负责欧洲区域的管理后，他们的关系就有所变化了。沃德感觉科尔曼比以前更冷漠了，两人的距离好像也更远了，但也没准这都是自己的想象。他显然并不太了解科尔曼，因为科尔曼将大部分时间都花在了纽霍夫。从贝克梅耶换成科尔曼，曾经是一个受欢迎的改变。因为科尔曼专注于协调业务分部的财务事务。他将所有的运营事务都留给了詹金森，这一做法减少了贝克梅耶曾经由于集权而产生的矛盾和混乱。

"这怎么说？"沃德感到很奇怪。他希望能有事情最终会按照他的方式进行。他急切地需要一些好消息来振奋自己，就好像在冬天里期待春天的到来那样。

"你听说了吗？山德斯辞职了。"科尔曼说，声音里透着高兴，"他虽然仍然是董事会成员，但不再是执行委员会的一员了。"

"怎么回事？"沃德惊讶地问，回想着当山德斯开始公开叫板时，詹金森满意地搓着手的情景：他最终达到了自己的目的。

"说来话长，但长话短说，詹金森接手工作后，他花了好几个月时间与工程部门泡在一起。他做的事情之一，就是评估所有的创新项目。他热衷的理论之一，是他想建立一个创新的节拍时间，别管这到底是什么意思。不管怎样，有些仍在安娜堡工作的人说，他们在解决一个高级仪表盘的外罩问题，这种外罩看上去跟真皮非常像，以至于难于区分——但成本却便宜10倍。"

"这是很有前途的发现，尽管他们表示，在正式考虑在客户项目使用之前，他们还需要可能多几年的时间来做改进工作。菲尔有一个强烈的观点，就是要将创新和开发分离，而他当时与山德斯之间的部分争论正是他不同意将未经测试的创新应用于客户项目。也就是说，只能摆在架子上看。然而，不知怎么回事，山德斯听说了这个神奇的产品，而且将它卖给了整车厂。当然，当客户真的提出要购买时，工程部门却并没有准备好，连展示样品都拿不出来。这无疑是对公司形象的一大打击。于是菲尔逼迫山德斯退出了，他从本田挖了个人来接管销售。"

"我还没听说，"沃德谨慎地回答说，"我很替山德斯难过，但这对我又有什么帮助？"

"你还不知道？"科尔曼嘲讽地问，"山德斯一直都在叫嚣让佛顿关门。这正是他跟菲尔不合的原因所在，他一直向詹姆斯·马哈尼强调说，在西欧地区有一家厂子就足够了。我们要保持竞争力，就必须把其他的工厂都移到东边去。"

"你难道不也是这么想的？"沃德问，同时对自己这阵子的好斗感到奇怪。他一直知道科尔曼是敬畏地生活在韦恩·山德斯的阴影下的。现在山德斯走了，他成了分管欧洲区的副总裁。虽然这很常见，但听到他如此为自己高兴，沃德仍然感觉很不痛快。

"我？曾经是这么想的。但菲尔为我们展现了一种对成本的全新解释，不是吗？无论如何这意味着你摆脱困境了。"

"当我为这个工厂找到新业务的时候，我才可以摆脱困境。"沃德不高兴地回嘴道。

"通过这个做法，我们进一步减少了不良。"沃德说道，向詹金森展示着他们放在每个单元和工作站前的标准板。

"当一个工人进入工作站开始上班前，或者进行了换模后，他们需要检查以下事项：

工作站是否清洁？

首件是否合格？

他们是否已经接受过培训？

设备参数是否正常？

基本维护是否已经做过？

如果上述各项中的任何一项有问题，在主管亲自来检查并允许开始前不能开始工作。"

"很好，"詹金森承认，"那么你已经实施让主管跟着生产人员倒班了吗？"

"还没，我们仍在寻找合适的人选。我已经面试了很多人，但我现在对雇人越来越谨慎了。没有人比用错人强，是吧？"

詹金森点头同意，但没说什么。这是七月里一个清爽的日子，然而工厂里却很闷热，到处弥漫着注塑的气味。总裁在亲自执行工厂的现场观察，他穿着统一的Ｔ恤制服和米色的裤子，不时询问各种细节，并就一些问题与大家进行争论。

"我对这个管质量的小家伙印象很深……"

"维基尼·勒叙厄尔吗？是的，她表现很好。我还认为，作为质量经理来说，她还是太过年轻了，但是我现在已经让工程经理同时管这两个部门了。"

这个工厂看起来不错。他们从发运区开始，进行工厂巡视，并用了很长的时间和穆勒、仙顿讨论有关均衡生产柜的使用细节问题。总的来说，系统奏效了。现在，詹金森正让他们更加深入地理解工厂里的具体因素。

"干得好。"他重复道。

"问题是，"沃德抱怨道，"我认为我们在生产力方面已经快要达到极限了。我们几乎没有任何临时雇员。我们周末也不再加班了。注塑机的负荷还是不很足。我不能在没有证明人员富余的情况下再减员了。我们仍有一些区域没有合适的班组长；因为我们已经决定不再为这个位置雇用新的人，而是使用因为改善而释放出来的操作工，我还能再抽出一些人来担任剩余的班组长，所以问题不是很急迫。但是过不了多久，我们就必须得面对这个问题了。"

"如果必须的话，我们会做的。"总裁说道，"但我同意你的观点，尤其是在这样的社会背景下。我暂时还不想为这个费劲。"

"但是，在业务量方面，我想我们得做点什么了，"詹金森补充道，"首先，我现在可以确定你们将获得新的柴油滤清器项目。这是显然的事，整车厂自己说它们要与佛顿合作。这里曾经出现过很多问题，但它们对你们与它们合作并解决问题这一点是非常满意的。对此，你们可以为自己骄傲一下，因为按计划本来是要把这个部件的项目交给斯洛伐克工厂的。现在这个部件留在你们这里了。你们需要和它们的工程师以及我们在纽霍夫的工程师一起，围绕新车型展开工作。"

沃德高兴得差点要叫起来。他对这个项目一直很是担心，在为结果而坐立不安。

"马上，"菲尔语气平静地继续道，"我们在捷克工厂里需要一些产能。我们有一些零件在他们那里，但不在当地装配，而是在法国这边做最后装配。如果你将运输成本考虑在内，并且考虑那些零件没有装配的工作内容的话，在捷克生产就没有任何意义了。所以，既然你这里的注塑机还有产能，并且我们在那儿需要一些注塑产能，我想啊，我们应当在这个夏天过后将它们拿回来。"

"客户会同意吗？"沃德问道，有些高兴，但显然没敢这样想。

"我想不出他们为什么会不同意。我们没有要改变价格，而且他们在运输成本方面也会有所节省，因为这些部件我们定的是出厂价格，运费是他们承担的。是的，我知道他们过去教促我们把这些部件放到低成本地区生产，但现在很多事情已经改变了。人的想法也在跟着改变。"

"太棒了，太棒了！"沃德重复着。这只是个保守的陈述，事实上他高兴得很。这个额外的项目将为工厂争取更多的业务量，将使得工厂变得更有吸引力，而最后，他们所有的辛苦工作就会得到回报。多好啊！

"真是个好消息，"詹金森说道，仔细地看着那些注塑机，"我们还是回到工作上来吧。你们的主要问题是什么?"

"你的意思是,除了业务量?"沃德回答道。他现在不想讨论这个。他只想庆祝胜利!休息一下。享受一下此刻的欢乐。

"我们总体上很顺利。"他回答得不怎么积极。

"拜托,安迪。你只是向我展示了已经完成的东西。如果不告诉我你的问题,我怎么帮你呢?"

"是的。有一个。我们的旷工率太高了。"

"是吗?为什么呢?"

"这我不确定,"沃德耸耸肩,做了一个高卢人的手势,表示着"这我无法控制"。"六月的时候,我们为了弥补五月的假期,安排了许多人加班。外面的阳光很好,于是人们就请假了。我真的不很清楚。"

"你的人事经理怎么想?"

"啊,"沃德不情愿地承认,"他认为我们用人用得太狠了。"

"是吗?"

"你希望怎样?"他不悦地回答,"我们完全改变了这个工厂的文化。是的,对,我们使用了零容忍的方式。穆勒有时态度很粗鲁。但你没法想象,在这个工厂里慢慢灌输纪律意识,实在是很困难。看看周围的情况。难道你不这么觉得吗?"

詹金森又看了看工厂,不得不承认确实有些改变。大多数系统都处于工作状态,厂子很有秩序。值得注意的是,注塑机区域已经不再有铲车了,这里用火车有序地运送装在小容器内的部件。沃德曾对此下定决心,承担对部件进行两次搬运的风险和成本,也就是说,在物流区域,他们需要将小容器里的部件,重新装到客户的大容器里。对于这件事仍有一些争论,但他认为这样做是值得的。他并没太大声地宣传这件事,因为他仍不知道如何对这个做法的效果进行检查。对于一些问题,他只是靠着信念在支撑着。他承认这并不是正确的做法,但是,有些时候,你不能太犹豫,必须敢作敢当,不是吗。

"对于生产分析板,我有几点意见。"詹金森指出。

沃德又开始生气了,的的确确。

"生产方面怎么样呢?数据是收集了,但是,备注部分很少,没什么意义。"詹金森不赞同地撇撇嘴,一时之间也没说什么。沃德对自己的老板已经足够了解了,他知道,詹金森正在考虑怎么说。

"你记得鲍勃不久前关于精益管理的分析么？就在大会上的？"

"当然。"

"鲍勃说过精益管理的两大支柱。一个支柱是持续改善，另一个支柱是尊重员工。我能看到，你对于第一点已经做了很多工作，就是持续进步。你正在进行现场观察、改善，以及给工厂一个明确的方向。而这些都在获得回报。"

"但是如果你只是看到了桌子左腿的重要性，而忽略了右腿的话……你的桌子就站不住脚了。你需要在尊重员工方面做些什么：团队合作与尊重，这是同等重要的事。你能把这两点综合考虑吗？一点是持续进步，第二点……"詹金森坚持道，在沃德面前掰着手指数着，"第二点，就是员工参与。你打算什么时候开始正视这个问题呢？你们是否已经设立了一个员工提案建议系统？"

"这和人有什么关系！"沃德回应道，忽然间有些气愤，"你要求的总是更多，更多，不是么？你想要结果——你已经得到了！你还想从我这儿得到什么？对，我还没有设立什么员工提案建议计划！"他这才意识到自己在大叫着。

"不是更多，而是更好。"詹金森冷静地回答道，他用手将眼镜推回鼻梁，这是他激动的表现。

"尊重人！哈！"沃德喊着，无法自已，"你还真是敢说啊！你到处裁员。榨干他们，然后换掉，这就是尊重，是吗？"

"你到底说什么？"詹金森问到，很是疑惑。

"就说山德斯吧。他促成了这个公司，促成了所有事。他促成了生意，但他挡了你的道。你可好，冷酷地把他干掉，然后说声'谢谢'，'再见'，'对不起，你会明白的'之类的话。"他为什么要为山德斯辩护呢？该死。他也很疑惑，但仍很生气，无法停止。山德斯、斯蒂格勒、查蒂，我们到底会失去多少人啊？

"我从没想解雇韦恩·山德斯。"总裁摘下眼镜，小心翼翼地说道。

"见鬼的你没想过！我们都是被利用的，不是吗？就像下棋时，一旦找到更好的，就把旧的扔了，不是吗？"

"我没有……"詹金森挑眉重复，很诧异沃德想歪了。这人一旦认真起来，就很棘手，你就得尊重他的看法。"韦恩是名很好的销售员，如果你非要说下棋的话，要不是有什么原因的话，我为什么要舍弃这样的资源呢？问题是他引出太多麻烦了。他引发了许多客户问题。每个新问题都破坏了我们的声誉，并且影响了我们未来的销量。我的工作不仅是保证下一年度的现金流，而是要保证未来 10 年的收入。"

"你有没有想过，为何阿奈斯特的汽车业务部门会把自己搞得那么糟糕呢？"

"因为工厂缺乏生产效率？"沃德猜测着，试着冷静下来，希望有什么能控制自己一下。他发现了詹金森的愤怒，并突然感到他也不想这样。

"并不比这个行业里其他竞争对手差多少。生产效率是一个很大的问题，但不是一个突然的原因。问题是投产了错误的产品，这消耗了业务分部的几乎全部的毛利。韦恩专注于向任何人卖任何产品，而后才会考虑产品能否做出来。这花费了公司上百万的成本，但他从不承认，而认为这都是生产部门的问题，他把这些问题都扔给了工厂。可实际上，从你第一次与客户交谈开始，产品的投产工作就开始了。"

"生产效率确实在问题中占很大一个部分，因为直到我们'擦净了窗户'为止，就像你们在佛顿工厂做的这样，要想详细地理解为何新产品的投产会带来如此的灾难，都非常困难。所以，你做得很好，是的，但这只是个开始，你还没完成，还差得很远。我们需要工厂长时间地、持续不断地进行改善，因为现场是个好老师，这也是我们学会如何从计划的 PPM 水平以及生产能力开始，制造有利可图的产品，而且需要能尽可能快地加以完善。"

"所以韦恩并不是因为惹我生气，或挡了我的道而离开的。韦恩的离开是基于客户第一的原则。购买钻孔机的人要买的并不是钻孔机，他们想要的是那些孔。韦恩是个天生的销售员，但是他不明白，如果你只是关心别人想要的什么，而不是真正需要什么的话，你就会逐渐地把自己逼入绝境。这也是阿奈斯特汽车业务部门的问题所在。当然了，在我的管理下，我是不允许这样的状况继续的。"

"我也不知道自己是怎么了，"沃德回家后跟克莱尔说着，对自己的行为很是气愤，"詹金森为工厂带来了生意，但我却攻击他。"詹金森走后，他也很早就回家了。这是个愉快的下午，克莱尔在马场上训练佩古，而查理则被放在一个充气小游泳池里，光着身子，就像夏日里的一只小虫。克莱尔解开了缰绳，那匹灰马立刻就开始低头吃草了。

"你需要休个假，亲爱的。"她担心地看着他。

"如果他不因为我冲他喊而解雇我的话，我觉得我们的厂子在近期应该是安全的了。"

"嘿！"她笑得很温暖，"你做到了！我要去开瓶香槟庆祝一下。"

"我还以为我们只庆祝坏消息呢。"他咧着嘴，边笑边说。

"谁告诉你我们庆祝一定需要理由了？"她也笑起来。

她能看出来他有多高兴，就好像一个小学生得到了奖励一样。但她同样看到了他这一年来的付出。他最近开始认真对待事情，而且已经达到了一定的境界，他会在商场餐馆里为小事争吵，对于以前他从不曾注意过的在法国对任何人和事表示气愤的天赋权利也开始细想了。有些时候，当家里的事情不如他意时，他甚至会用她称之为"工厂厂长"的口吻来说话。当然他不会很过分——你不会想和一个工作中的经理进行争吵比赛的。沃德通常都是平易近人的，因为他跟那些权利游戏从来搭不上边，他不在乎。但改造这个工厂使他也发生了改变。他已经很久不去树林中散步了。她祈祷，希望他在取得成功后压力能够有所消失。她坚信他不是个易怒的人，但最近他却总让她担心。他总是开玩笑说，自己坚信能够推动这个宇宙运转的唯一动力就是讽刺。现在，置这个工厂死地而后生，这实在是最讽刺的事情了。

讽刺的讽刺是，他快要成功了。最近他们翻来覆去讨论的一个问题就是菲尔所说的团队合作这个概念。她对于团队合作的最初理解就是"和睦相处"。但团队合作的核心当然不只是大家一起分担工作以及彼此间态度温和，即使是在竞争激烈压力骤增时，依然保持这种状态。通过沃德的讲解，克莱尔理解了菲尔的特别术语团队合作，它意味着团结不同职能部门，一起解决问题。事实上，她对现场观察、管理即改进和方向明确等其他原则也有了更多的理解。沃德隐约觉得，自己是在挣扎。当然，最近这些日子，他基本每个晚上回家时都是带着满脑子难题，每天都在考虑如何能让他的员工更好地合作。但一点一点地，她发现他在取得进步。很多讨论、辩论和偶然的争吵，都是被恰到好处地引发的。毕竟他们是一起工作的，强烈的个性和个人观点如果不经过争吵是很难磨合到一起的。她知道他们已经能打破工作的界限和等级观念，聚在一起解决问题。然而，对于沃德而言，相对于他对此坚持不懈的努力，所得的进步总显得异常渺小。

她觉得，沃德最终冲老板发火，没准并不是一件很糟糕的事情。根据她对詹金森的了解，她不认为这个男人会因为这件事而记恨沃德。他们以前经常谈论詹金森，有一次还差点吵了起来。但可笑的是，沃德竟然不能简单地看透这个人。对于克莱尔来说，这位总裁先生并不神秘，就像艾米常说的，他是个聪明而内敛的人，他已经学会怎样去管理别人，却不用常见的那些技巧。她能够感觉到，沃德发现老板偶尔会不讲理，但她并不觉得这里面有什么卑鄙的因素，她觉得他只是不太会处理情绪问题，所以会比较直接，有时候还会犯错。她担心沃德承担了过多的压力，却找不到地方释放——没准儿发会儿脾气正好可以达到效果。当她重新系上了缰绳，并轻轻爱抚了一下佩古，轻盈地上了马背，这时，这位老伙计扭过它的脖子，冲着她轻哼了一声。真是美好的一天啊。她在心里祈祷，但愿所有的事情都能够顺利。

相 互 信 任

"工厂罢工了。"

"什么？"沃德惊讶地问，"再说一遍？"

沃德正在捷克工厂，查看一些准备要转运佛顿工厂生产的产品。他以前从没来过这个工厂，很想看看它们是如何在詹金森的施压下挣扎的。既不同于沃德实施一套完整的精益管理系统的做法，也不同于纽霍夫工厂采取的一份漂亮但浮于表面的拉动系统的做法，捷克工厂的总经理弗杰克，决定另辟蹊径。他集中力量在降低生产批量和实现快速换模上。为此，他组建了一个专门的换模准备团队，独立于模具安装工。他从改变每台注塑机的排产开始，执行一种被称作ABCDX的排产方法，其中ABCD是每台注塑机要生产的常规品种，而X是客户不经常订购的特殊品种，并且逐渐减少实现整个循环所需要的时间。最初，需要几个星期才能运行完一次ABCDX的循环，但是现在，他们大多数情况下都能在24小时内完成一次循环。这些产品将被"推"到物流部门，那里无论什么都必须接收，并且尽可能发运给客户。这个方法不一定对，但是沃德不得不承认，这个工厂的库存水平明显较低。

然而在其他方面，弗杰克几乎没有进展。红箱子已经设置到位了，但是显然没有真正派上用场。他抱怨詹金森不断施加压力要求提高质量，却不让他雇用更多的员工去解决质量问题。他觉得总裁完全不近人情，对此，沃德只能表示同情。弗杰克还试图让詹金森相信自己的工厂在注塑机产能方面存在困难，并且进而要求增加几台新的注塑机。但詹金森的回答是，如果捷克工厂不能够有效地减少废品率，以及减少停机时间，那么他连一台注塑机都不会批准，并且，他绝对不会为工厂购买一台他们不会正确使用的注塑机。

至于产能问题，解决办法很简单，詹金森决定把其中一些产品的生产转到佛顿工厂去。将产品生产转移到一个成本较高的国家去，这种事情对弗杰克来说可真是第一次听说！简单地说，他认为这么做在经济上根本不合算。事实上，他清楚地感觉到自己受了惩罚。沃德试图向他解释，由于原油的不断价格上涨，运输费用已经成了成本中很关键的部分，然而他并没听进去。弗杰克这个人并不是不友好或者不高兴，他只是深陷在自己的生产问题里，时常用古怪的捷克语自言自语。

沃德刚才已经告诉了弗杰克他自己正在遭遇的问题。

"我说过了，工厂在罢工。"穆勒在电话里重复着。

"发生什么了？"沃德愣了。沃德已经跑到注塑车间的休息室，他感到短暂的窒息，确实需要坐下来。

"今天下午，厂里的所有三个班次的工会代表聚在一起，并告诉所有工人，说他们发现公司计划关闭工厂，并且过去一年里所有的生产改进都只是为了挤榨工人最后的血汗。他们站在打卡机前，游说工人们不要进工厂。"

"我简直无法相信，"沃德大叫，"他们是如何得到那份计划的？"正当他预备把新的项目带回到工厂的关键时刻。

"还是那一套，抗议工厂被关闭！"

"该死的。"沃德咒骂着。

"听着，你先顶住，我尽快赶回来。"

━━━━━━⌒

"菲尔？首先讲坏消息，是吧？"

"佛顿罢工了。我听说了。谢谢来电。"这个男人什么时候睡觉？沃德特别因为时差问题等了好几个小时才打电话，但是显然，已经有人先报告了。

"我在布拉格机场，我会尽快赶回去，我需要你的帮助。"他诚恳地说。

他等着菲尔特有的长停顿，这停顿长得就像在等其他人讲话一样。沃德已经熟悉了这些停顿，他在想总裁下一步如何落子。

"我会帮忙的，"詹金森最终回答道，"但是你不会喜欢。"

"我什么时候喜欢过你的建议。"沃德讽刺道，意在缓解一些气氛，但听上去却是不满。

"首先，找到问题的真正所在。不管工会怎么说，事出有因。记住工会的兴趣和大多数工人的不同。找到是什么触发了矛盾，如何产生的。"

"好吧。我会的。"

"其次，你得单打独斗，我不会现身。但我保证这事由你做决定，不会有人在背后说三道四。安迪，你搞定你的人。如果需要做交易，可以随时找我来谈。我也会让科尔曼知道这件事。"

"现在，听着。下面已经很清楚了。第一，工厂会失去原来捷克工厂的活。我绝对不会给一个罢工的工厂新的活做。"

"那新的柴油滤清器项目怎么办？"沃德问，他开始恐慌。

"这是下个季度的事情，已经和客户达成协议，计划不变。捷克工厂的活，我们还要看事情的进展如何。但是，这个季度绝对不会做任何转移。"

"第二，如果工厂造成了客户停产，我就会关闭它，不论代价如何。"

"菲尔，这件事我有意见。"

"不要和我争论，客户第一。没有哪家奈普拉斯的工厂可以因为内部的争执而让客户停产。一个不能够将客户需求放在个人私利之前的工厂，是肯定要被关闭的。你们已经建立了一些安全库存，所以你还有一些时间解决问题，但这必须非常明白。我会言出必行。"

这个工厂就要被牺牲了，沃德丧气地想。

沃德早上5点到达佛顿的时候，开始下起了毛毛雨。从法兰克福机场驾车返回的路上，沃德的大部分时间是和穆勒、德隆和仙顿通话，之后，他抓紧时间回家睡上一小会儿。下午，穆勒已经失控，几乎要和工会的领导动起手来。对手是丹尼尔·皮特，一个物流部门的技术人员，他看起来"弱小"，但这是他的光荣时刻，他不会退缩。当时，情绪高涨，场面严重失控。当天晚上，工会扩大了打击范围，并且堵住了从工厂离开的卡车。沃德得知货车上有客户需要的产品，因此他只有一天的时间解决问题。也就是说，要么今天，要不，咱就告吹。听仙顿说，一个好消息是这次罢工并不很一致。接近一半的员工在权衡利弊后，选择了继续工作。自然，丹尼斯·克拉拉没有接他的电话。

当沃德到达现场时，罢工的人在工厂门口混乱地站着。他们让开地方，让他停车。他在许多人的敌视下走出来，感觉自己的血管中血液横流。他感到嘴唇干裂，想上厕所，两手也是汗。他实在不想跟眼前的这种事情打交道。为什么人们不能和平相处呢？

"反对关厂！"当他到的时候，在暗处有人私语着，但是这个声音并不是很热烈。

"艾芙琳，你好，""早上好，马赛欧。"他对他见到的每个人都一一打招呼，有些人自然地回答了他，并且和他握了手，另一些人招呼中带有抱怨。"皮特，这是怎么回事！"他故意在和所有工会代表打完招呼后问道。他并不想马上行动。在法国工作了好几年，他已经懂得，握手只是表面上的礼貌。

"我们知道你要关闭工厂的所有计划，我们不干了！"这个工会领导喊道，从人群中露出来。

沃德站在那里不知道该说什么好。他在路上曾经想过很多策略，但是面对自己认识的这些人，真不知道如何开始。他将自己的愤怒掩埋，他感到无能为力，并且逐渐丧失希望。他就那么盯着他们，好像要爆发一场愈演愈烈的、连他自己还没搞清楚的争论。"你现在需要一杯茶。"当灾难来临时，他想起他妈妈曾告诉他的一句话。

"我们现在需要一杯茶，"他大声说道，"为什么我们不离开这雨淋的地方，到餐厅去怎么样？然后我们看能否解决问题。"

工会的人犹豫了，但是，这里又湿又冷，并且院子周围的有些人点着头说餐厅的确是个不错的地方。他们进去以后，沃德把咖啡机的钥匙给了其中一个人，并且礼貌地请她给需要的人提供热饮。然后，他开始试图与工会的人沟通。这一年里，沃德说法语已经很地道了，虽然在压力之下，英语单词还时不时地会蹦出来。他希望尽量不要让工人们觉得自己是个外国人，从而引起不必要的矛盾，这是个绝对的考验。他一直倾听，不愿说太多。他听到了要关闭佛顿的详细计划。他听到了有人生气、不满和宿怨。他在一群忧郁的面孔中，迷失了方向。

突然之间发生的这一切，对他来说实在是太多了。他待在这个地方，尽最大的努力去解救工厂，并且已经看到了成果，甚至马上就可以翻身了。而现在，工人们专注于他们自己的利益，看起来说什么他们都听不进去。这件事发生得太突然了。他自己不一定能解决，他已经努力了。这毕竟只是一份工作。工人们可以选择关闭工厂。

这使他突然觉悟了，乐了起来。刚开始是咯咯笑，很快就变成了不可控制的大笑。大家摇着头静静地看着他，认为他是在嘲笑他们，开始小声地交谈。气氛紧张起来。

"所以你们认为我们要关闭工厂？"他恢复了正常的神态，问道，"好吧，也许我们应该这么做。这真是令人难以置信，无话可说。我们的工厂大概不该幸存。"

他的话显然招致了罢工人群更多的愤怒，大家大声反对。

"听着，"他举起手以示平息，"请听好。我要告诉你们完整的故事。但是首先我希望所有的人都到这里来，这毕竟是为大家考虑。有人愿意去把正在工作的同事们叫来吗？告诉他们我有话对大家说。"

虽然工会的领导不乐意，还在大声地抱怨，但是有人已经向没有罢工的工人传递了信息。他们一个个地来到了餐厅，带着怀疑的目光看着罢工的工友，想知道接下来会发生什么。

沃德跳上了桌子，慎重地看了他们一眼。他从屋子的最后方看见了藏在人群中、没有抬头看他的丹尼斯·克拉拉。

"我告诉你们一件有趣的事，"他大声地说，"很有讽刺性。我们刚刚失去了一个价值上亿欧元的生意。我昨天在捷克工厂和詹金森研究，预备把一些产品转回佛顿工厂生产。"

"你在说谎，"一个年轻的工会小伙喊道，"我们已经知道了你要关闭工厂的决定！计划书上面有你的名字！你别不承认！"

"骗子，"人群中有人响应道，"你们都是大骗子！"

"让他说。"工会的一个领导说道。他认识这个勤劳的女人，她总是比别人更有建设性。她几乎没有掺杂任何政治色彩，认真对待自己的任务，捍卫个人的利益。

"这段故事很有意思，"他说道，"的确有个关闭工厂的计划。并且，这个要关闭工厂的决定其实早在去年就已经制定了。但因为我们今年工作得很努力和所取得的成果，詹金森已经改变主意了。"

"是菲尔先生？"有人问道。

"是的。这家公司的总裁。但是现在，因为这次罢工，他告诉我两点。第一，我们不会得到捷克的生意。第二点，如果我们的罢工造成了客户的停产，那么从客户停产的那一刻起，他会立即关闭工厂，不论代价如何。"

"骗子！"有人又叫道，"菲尔先生不会对我们那么做的！"

在这个荒唐的大厅里，事情的变化实在是让他觉得没法更滑稽了，沃德忍不住再次大声地笑出来，他的神经好像不再受自己控制了。他现在被工人们指责为"骗子"，居然是因为菲尔，菲尔先生，很多人对总裁表示崇敬，并且认为他不会对他们那么做。

"没错。是菲尔·詹金森，总裁先生。他的确曾经决定关闭工厂，但是由于我们的工作努力，已经说服了他。现在，我们又大声地告诉他，他过去的决定是对的。这家工厂不再会受到客户的信任。关了佛顿吧！"

"这是虚张声势！"工会的领导咆哮道，"他不能那么做！"

"相信我吧，"沃德平静地说，"他说到做到。如果他说要关闭，那么他会那么做的。"

"我们扣着模具。没有模具，他们什么也做不了。"

"这是废话，"年轻的工会小伙皮特嚷道，"真相就是，这些人总是想关闭工厂，他们让我们像奴隶一样工作，为他们赚更多的钱。"

"好吧，"沃德回答，"别相信我。继续拦住卡车，让客户停产，然后看看会发生什么事。我个人一点儿也不在乎，我已经为了保住这家工厂努力了一年，这就是我们得到的。所以，你们继续罢工吧。关闭工厂。我已经尽力了。现在这是你们的饭碗，你们自己的选择。继续吧，就这么干。"

"他还在虚张声势！他在虚张声势！"皮特喊道，虽然人们看起来有些动摇了。

"哈，你不用相信我，没关系。问问克拉拉，他在那边。他会告诉你的。"

"丹尼斯·克拉拉？"那个工会的女领导问道，所有的脸都慢慢地朝向了车间主管，感觉就像春风拂过草坪一般。

克拉拉背着墙站着，双手交叉。他低着头，谁也不看，比任何时候都像詹姆斯·迪恩。他缓缓地抬起头，面带扭曲的笑容，那不是快乐，看起来更像悲伤。沃德看到克拉拉在自己的"不参与"政策和严峻的现实之间挣扎，他也第一次真正感到这个工厂里的人对这名主管的敬佩。整个屋子的人都在等着他会选择哪个阵营。

"沃德是对的，"他最后说道，"他说的每一件事都是真的。詹金森只给有生产效率的工厂活儿干。我也相信，如果他说他要关闭工厂，他会不惜一切代价。这不是虚张声势。"

"那关闭工厂的计划是怎样的？"

"过去是有一个关闭工厂的计划，"克拉拉耸耸肩，"而且已经是一年前的事了。但从那以后我就再没听说这件事了。"

"听着，伙计们，"沃德在克拉拉说完后马上接道，"不要傻乎乎地冒险。如果你们愿意，可以继续罢工。有问题我们也可以解决。但是必须先让卡车走。不要冒险去造成客户的生产线停产。那样就太蠢了，尤其是在我们做了那么多的努力以后。"

"那我们还能重新得到捷克工厂的生产项目吗？"一名站在屋子后面的工人问道。这个是选择继续工作的员工。

"我不敢说，"沃德在桌子的最高点回答道，"但无论如何，不会马上得到。我会先回去见总裁，也许能再次让他改变主意。但是我们必须努力，克拉拉是对的，他只给有生产效率的工厂活干。"

"工友们，"一个情绪激动的小伙子喊道，"他们总是说好听的。最后我们受骗。要我说，咱就闹！"

没人呼应他的喊声，甚至工会的领导，大家都用不确定的眼神看着皮特。工会领导的面部表情一片空白。

"撤换穆勒，我们就回去工作。"伦布罗索站出来喊道。她不是工会代表，但是她是人尽皆知的老想与人争论的人，她不停地抱怨，谁也不愿听她没完没了地唠叨。穆勒？又生出了一件事来。

"他把我们逼疯了。"人群中更远处的一个人喊道。

"那个人确实很让人痛苦。"另一个人赞同道。

沃德看着皮特，他已经没气了。

"撤换穆勒。"另一个人喊道。瞬间，餐厅里充满了"撤换穆勒"的口号。沃德觉得自己站在桌子上很傻，低头看着尖叫的人群。他还没有准备好。他向克拉拉望过去，却看到了一个扭曲的微笑，和一个表示无能为力的耸肩的动作。

"希尔维？"他转向那个女工会领导，觉得自己已经再次失去了主动性。

"穆勒把我们逼疯了，"她点头道，她严肃的表情看起来被扭曲了一样，"我们并不是针对你，安迪。但是他一整天都在冲我们大喊，这是事实。"

"而且他要求我们站着工作！"人群中的一个女人喊道。

"我们不想站着工作，"桑德琳·伦布罗索大声道。

沃德退缩了。他没意识到让员工站着工作会成为这么敏感的一个话题。在创建改善生产单元的过程中，为了让单件流的过程更加可视化，沃德注意到经常会在这里或那里出现一些小停顿，使得产品在不同工位之间流动不畅。在和弗兰克和穆勒讨论后，并且又与詹金森确认过，他们得到结论，这个是由于员工们在工位上坐着工作的原因。更肯定的是，当他们征得其中一个生产单元的同意，改为站着工作以后，生产单元的流动速度有了三倍的提高，几乎实现了单件流。在讨论过程中克拉拉发表了反对意见，他坚持说，一些女工对这种做法抱怨得厉害。沃德已经请来了一个人因工程学专家来演示，坐着，弯着身体弄组件远比站着要伤害身体。这个话题争论了一会儿，直到沃德决定让穆勒照着执行就好了，让工厂的每个人都站着工作，这时候才没有更多的异议了。穆勒以他一贯的风格完成了工作。但现在，沃德惊恐地发现，穆勒做的事，正是自己明确要求他做的，而穆勒和克拉拉都曾经反对过。这种感觉简直是太糟糕了。

"好吧，"他深吸一口气，"我们能否达成协议，让卡车先离开，然后咱们心平气和地谈一谈？"

希尔维密切地注视他了一会儿，好像在权衡什么。

"我们同意。"她最后用坚定的语气说道。

"你什么意思？"皮特叫道，"我们不能事先答应。"

"别傻了，"她马上小声说，"在没有彻底讨论完这个问题前，我不会拿工厂的前途做赌注。"

"但是……"他吓唬道，看了下周围，舔了舔嘴唇，寻找支持者，但没有找到太多。

在屋子的后方，选择继续工作的人都将手举了起来。然后，更多人的手举了起来。最后，大部分人都举了手。沃德迅速跳下了桌子，不想破坏这一刻，并且害怕自己说错话。

"好的，我们每个人，现在都回去工作。"她坚定地说道，声音里没有一点点争议的余地，声调慢慢地，就像能够把人拖走一样。很快地，工人们离开了餐厅，只剩下工会的领导站在沃德的四周，看上去困惑，气氛，并感觉自己是不是受骗了。

"克拉拉，麻烦你能过来一下吗？"希尔维问道。出于沃德的意料之外，克拉拉看着离去员工的背影，勉强地从后面的墙边向前移动，好像有谁在拖着他的脚一样。

"告诉他。"她命令道，她两手交叉，手指向工厂总经理。

"安迪，我曾经告诉过你，"克拉拉看着另一边，说道，"穆勒确实是个专家，但是，他和大家相处得不太好。"

"什么意思？"

"发生过一些事。你知道他总是脾气失控。"

"特别是女人，"希尔维说道，"受不了他。"

沃德想，问题来了，他紧张地握住拳头。这是真的问题？还是他们只是想要杀鸡儆猴？

"我可以和他谈谈。"

"没用的，"皮特争道，"我们为穆勒工作了很久，我们不是想要伤害他，但我们不想为他工作。"

"为他工作，还是和他一起工作？"沃德小心地问道。

"为他工作，"皮特重复道，"没有人希望解雇他。他是一名很好的设备维护经理。只是……"

"他太苛刻了。"希尔维补充道，杀气腾腾的。她不会妥协。沃德知道自己也是一部分原因。他让穆勒做了经理的位置，这个人做得很好了，他改变了这个工厂。沃德埋怨自己在过程中，没有发现穆勒和工人们的关系变得这么不友好。他讨厌把自己信任的人丢给野狼，这种感觉就像背叛。如果是詹金森，他会怎么办？沃德心里想。丢车保帅的道理，他当然明白。着眼大局，你不可能和所有人作对，还想管好工厂。但另一方面，之前贝克梅耶要拿自己开刀时，詹金森可能已经牺牲掉自己了——但他没有那么做！

"我现在不能给你们答案，我需要和穆勒谈谈，听听他的意见。"沃德最后缓缓地说。

工会的代表们犹豫了一下，互相看了看，但很快就接受了沃德的意见。他们并不反对穆勒这个人，没有必要非得立刻要求沃德给个处理意见。于是他们离开了，沃德也去处理自己的事情，离开前沃德和克拉拉简单地打了个招呼。

锁上门后，沃德突然觉得自己并不适合这份工作。他坐了下来，但是腿还在颤抖。他突然觉得，当场辞职的主意不错，最好开车离开，再不回来。但他知道这不过是气话而已。他有一个快乐的童年，和睦的家庭和开明的父母，他们在各自的领域都比较成功，这不能不说是非常令人兴奋的。他的父亲是一家大公司在当地的分公司的总经理，他的母亲开了一家高档服装店。他的人生中从没有过什么艰难的选择。他总是和每个人都维持良好的关系，做事也很认真。并且，他也很幸运。他觉得自己根本没有处理这种正面冲突问题的经验。他对这件事情想得越多，就越生气自己处理穆勒的方式。他鄙视那种不能为自己下属站出来说话的老板。这是最糟糕的一种懦弱：你明明命令他们去做，有问题时却又退缩。因为，事实上，自己就是那个决定要在工厂加强纪律的那个人，因为他相信工厂以前的一个大问题就是太过自由放任。而事情发展到现在的情况，自己却让别人做了替罪羊。

如何才能在没有严格的纪律下保持每天的严谨？当然，他也听艾米和詹金森说了，要和大家一起工作，团队合作，而不是和他们对立，但是他们俩不了解佛顿这里的这些人。再有，如果不力挺穆勒的话，不就表示自己投降了吗？不就表示大家回到过去的方式也没问题吗？他考虑了很多次要给詹金森打电话谈论此事，但是不想让人听起来像是个只会哭却不会自己思考和解决问题的小孩。还有，詹金森曾经告诉过他，他自己就是佛顿所需要的帮助。他就是佛顿工厂的希望，再没有其他人了。因此，这次他必须自己做出决定。他准备和德隆好好谈谈这件事。

———

但最后，这个决定却没有轮到他做。他在办公室里抽了一个小时的烟。在不同的想法之间，他思来想去，摇摆不定。他想要表现自己的义愤，在工会面前表现自己强硬的立场和决心，宁可自己辞职，也要力保自己手下的人。他又想应该顾全大局，自己的工作应该是创造团队合作。这时他又想起詹金森赶走山德斯时的理由：这个人不是个好的团队合作者。从管理的经验来看，处理这种事情的方法真是太多了。突然间，沃德在管理上有了顿悟：如果你想做一个足够垃圾的工厂总经理，那么你迟早会自食其果。这不仅仅是我个人的事情——这是拯救工厂的事情；他一遍遍地重复地告诉自己。为此，牺牲掉某个人只是其中的一个小决定而已，就像象棋中的一个小卒而已。他正在办公室里来回地走动，这时他看到穆勒走出自己的汽车，进入了工厂。

沃德飞快地跑下楼梯，希望能够第一个抓到穆勒，但是他发现克拉拉已经和他交谈上了。在大厅的霓虹灯映衬下，穆勒的脸看起来白得像一张纸，紧皱的眉头是沃德从没见过的。沃德走近的时候，他正把眼镜摘下来，焦急地擦着脸。

"你们可以把我这份该死的工作撤掉，"他咬牙切齿地说，"我就从来没喜欢过这工作。"

沃德看向穆勒，然后是克拉拉。他心里想要辩解，说如果事情到了那个地步，他会保护穆勒的，但他知道这不是真的。所以，他只是保持沉默。

"我不擅长和人打交道，"穆勒的声音又小又尖，"这我都知道。随便什么时间给我机器都行——它们不会抱怨，并且它们不会顶嘴。"

"它们只是会发生故障。"克拉拉一脸的坏笑。

"嗯，但是我能搞定它们。"

"我还能做回我的设备维护经理吗？"最后，穆勒缓慢地问道。沃德知道，问出这句话对一个人来说有多么痛苦。他知道那种感觉。这个男人肯定想过在大家面前丢下工作而去。穆勒是个骄傲的人。在他这个年纪，这个地区，他需要这份工作，但他肯定不愿意乞求。沃德心里感到为他怜惜。

"当然可以。"沃德回答，感觉像只老鼠。

"那捷克工厂的产品怎么办？"穆勒问道，"克拉拉说不会转过来了。"

"这个季度不会转了。这是詹金森反复强调的，上天是公平的。如果工厂干得好，交得出好成绩，工厂就能接到活。如果工厂搞砸了，活也就没了。但是如果我们没有再次搞砸，还是能够让他相信我们的。"

"真是一团糟。"穆勒骂着。

沃德惊讶这个人居然还关心工厂发生什么。自己还是对人不够了解，沃德心想。

"克拉拉，"他转向注塑主管，说道，"我们为什么没预见这次事情的发生？"

"我怎么知道工会是如何拿到了关闭工厂计划的复印件？"这个有点年纪的大家伙在装傻充愣，岔开话题，"我猜是斯蒂格勒，也许是他把你们给公司的汇报送给了工会代表的。当然我没有证据。"

"别装傻了，"穆勒生气地说，"你一定知道工厂里的这些事。你本来应该能告诉我们的。"

"我知道大家对工作辛苦犯嘀咕，"克拉拉耸了耸肩，"但我不知道他们居然真的会罢工。我和你们一样，绝没想到。"

"詹金森曾经告诉我说，冲突往往源自于误会，并且是一种彻底的浪费。我倾向于他的看法。看来我们过去倾听得还不够？"

克拉拉就那么看着他，那感觉就像是在大声地告诉你，你是一个大傻瓜。

"你们怎么会理解工人们是怎么想的？"他小声地抱怨着。

"如果这要以关厂为代价，"沃德激烈地反驳，'那么我们最好知道，不是吗？"

"不要把我算在内，"穆勒喊道，"对我来说，游戏已经结束了。"

"克拉拉，你知道，现在你不得不要接手穆勒的工作了。"

"我之前就拒绝过你，"克拉拉口风很紧，"过去是不行。现在还是不行。难道你那边，'不行'的意思和法国不同吗？"

"正如你刚才提到的，"沃德强调着，"我将永远理解不了工人的想法，而你行。"

克拉拉耸了耸肩，看着其他地方，一句话也没说。

"你必须得做了。你已经看到了，这次我们差一点就失去了这家工厂——再一次地！ 400个工作岗位。就像你说的，我们会再找到工作的。你和我。但是梅耶怎么办？还有玛蒂尔德、桑德琳？"

"我们以前都丢过工作。"克拉拉还在争辩。

"的确，但是谁那么幸运又能再次找到工作？我知道你们的故事。再培训？临时工？拜托，最多四分之一的机会而已。这意味着有300人将会失去工作。"

"克拉拉，承担起来，"穆勒出乎意料地说道，"这不是开玩笑，你知道的。我们可以拯救这家工厂，但是我们必须坚持住，要正确地拯救。你不能袖手旁观。"

"谁袖手旁观了，"克拉拉突然大叫，看起来心烦意乱，"在这个工作上，我和你一样认真努力。无论如何，我也没有预料到罢工这件事。"

"可大家听你的。"

"因为他们知道，我是和他们站在一边的。"

"所以站在他们那一边！"沃德坚持道，"这和哪一边没有关系，这是关于大家一起努力，摆脱目前的困境。我们知道我们需要做什么。詹金森一直告诉我们。我们需要建立一个由主管人员和班组长组成的组织，去关心大家的问题，同时驱动改善。到现在我们还没有成功。我和穆勒在这方面都失败了。所以现在轮到你来证明给我们看，你是否和我们想象中的一样优秀。"

"你说这个什么意思？"克拉拉面部抽搐，就像被刺到了一样。

"行了，克拉拉，这个家伙是对的，你知道的。"

"听着，我放弃了工会的运动，因为最后它总是失败，但是我不是那种会换一件马夹、转换阵营的人，我不想做管理工作。我发誓我不会那样。"

"是时候大家都要成长了，"沃德叫道，"这不是关于我或者你想要怎么样的事。我们是为了拯救这家工厂，大家一起奋斗。看看每个人都那么努力地奋斗，如果工厂真的关闭了，那太不值了。"

◦◦◦

"后来怎么样了？"克莱尔屏住呼吸，问道。她坐在地板上，在给马缰绳涂油膏，使那些时间长了的皮革看起来更光亮些。她手指细长，手掌大大的，这和她柔软的手臂形成了对比。他经常想，她到底有多强壮，整天抬那么重的东西？她的骨头那么细，那么秀气，给人小鸟依人的感觉。她用热辣的目光看着他，很多年过去了，这目光依然令他心潮澎湃。

"这次罢工形式上是结束了，工人们得到了想要的。我撤换了穆勒，尽快让工厂恢复正常，他们都没再提什么意见。仿佛他们感到了抱歉。"

"仿佛感到？"

"我不知道，但这是事实。我不知道这些人怎么想的，我这四年里一直是他们的头儿，但我还是没有弄清楚。"

"别把自己说的那么一无是处。你现在肯定比一年前的你更了解他们。天哪，安迪，你刚结束了一场罢工啊。你应该得到一枚勋章！亲爱的，你做得很好嘛。"

"我牺牲了穆勒，我为此感到不安。"

"你能不能停止这种幼稚的想法！穆勒还是有工作，不是么？工厂还开着呢，不是么？你的自尊受到了伤害，因为你感到自己不是个超级管理者，是不是？你知道我爸爸会怎么说吗？"

"回到马背上去，"他笑着说，"如果你还能说话，你就还能继续骑马。"

"没有香槟庆祝一下吗？"他打破了沉默。

"艾米曾经讨论过这个问题,不是吗?"

"嗯。还有菲尔。相互信任……尽管在这里的文化,如何建立相互信任,我不知道。这不是我多付给他们一些钱就可以的。实话告诉你,我甚至不敢肯定那能有效。这里有太多的人不信任。看看丹尼斯·克拉拉这种人——他的才能真是浪费了。"

"他会接受这份工作吗?"

"我不知道。"

"真正的问题就是,从这次经历中,你总结出了什么?"

沃德吹了吹额前的头发,不知道怎么回答。

"真的不想做工厂总经理了吗?"

詹金森笑了,点着头。"你肯定想象不到,我心里也多少次有过类似的想法了,"他继续说,"但是,除了那些表面原因,引起罢工的原因是什么?"

"显然,我们给工人的压力太大了。但是,除了这个,我想我们没有努力倾听。你警告过我,艾米也是。但是我认为成功即将到来,我太想让工厂改革成功了。所以我没有用心听进去。现在我对精益的特征有一点了解了。"

"你以为你已经是冲刺阶段了,"总裁同道,"现在你意识到,这其实是一场马拉松。"

"就像你以前说的,我们可以强迫他们做事情,但是不能强迫他们全心全意和感兴趣。我后来和克拉拉和德隆弄了一份团队化的组织架构安排。虽然需要一些时间,但是相信我们可以完成的。如果一定要我做一个结论,那就是我们过去做事的基础太薄弱了,依赖极少数的个人是很难成事的。"

在奈普拉斯的第三次年度管理务虚会上,沃德和詹金森找时间谈了上次的事情。沃德对总裁非常信服,因为公司有了翻天覆地的改变。许多老的管理层离开了,取而代之的是新的一代,很多新的面孔。这家公司感觉更像一家工程公司了。今年的主题聚焦在产品开发上。詹金森的演讲主要是关于下一年产品的成功发布。你需要学习的知识,远比你想要知道的多。看起来公司现在真正需要的是学习如何推出新的产品。

詹金森停下来,考虑沃德的问题。"'问题第一'已经不仅是个词组,而是一种态度，"他继续说，"就像很多丰田的格言一样，我们以前并不重视，只当是老生常谈，现在我们才意识到它们是管理技巧。就像每次有人提出一个新问题，都要用'谢谢'来回应一样。这就是技巧。"

"相互信任的关键，在于人们认为你认真对待他们提出的问题。理解并不代表观点一致。就像团队合作，很多问题是无法协调的分歧，但是我们可以试图逐点理顺。"

"要彼此信任还有很长的路要走，不论是我们与客户、供应商，或者是管理人员与工人。都有很长的路要走，但你也已经看到了，要想破坏却很快。种一棵树需要几百年，然而砍一棵树却只需要几个小时。所以彼此的信任要持续不断地努力。我们需要反复倾听，强迫自己要严肃认真地对待每个人的问题，弄明白这些问题并且寻求解决之道，无论是工人还是邻居。只要有人告诉你存在的问题，你就应该对他说'谢谢'。"

"说比做容易，"沃德不由自主地想到，詹金森从来没有因为自己总帮助他而感谢自己，他通常做甩手掌柜。除非，"我期望更多的东西"这句话在詹金森的风格里就是"感谢"的另一种说法。

"当然，"詹金森说，"精益里的哪件事是容易的？当人们有问题找你的时候，他们很少友好地提问。他们觉得自己已经尽力了，认为可以强迫你帮他们解决问题。所以才会有罢工发生，要么解决了它，要么放手不管。要忍住愤怒，冷静地回答'谢谢'或者'一起解决问题'绝不是件简单的事。选择一个正确的方法，这需要锻炼，但自然也是会熟能生巧。每次有人来问不同的问题的时候，我真的很感谢他们，因为他们给我提供了实际面对问题的机会。"

沃德讽刺地想，如果老板做的能和说的一样，结果就会大不一样。他突然有一种罪恶感，因为自己在佛顿对工人们也做了同样的事情。该死的。

"如果彼此没有信任，那么我们尝试的一切势必都是徒劳的，现场观察、改善、方向明确、团队合作等，在彼此没有信任的情况下都无法维持。"

"在你身上发生的事情在我身上也发生过，那是在我第一次做一个大公司收购的时候。"詹金森回忆着。总裁趁休息时候抓着沃德，了解佛顿罢工事件之后的情况，当沃德告诉他克拉拉最后同意做工厂的生产经理时，他满意地点了点头。沃德一直在挨个和别人谈话，每个都寒暄了几句，却没有真正地加入某一个对话。他听到了较少的政治话题，而更多的是有关公司技术以及开发新产品的话题。他不知道这是否显示了公司文化的转变，或者是否发生了"詹金森效应"，某种程度上跟总裁的性格和态度靠齐了。

"我们收购的公司，制造的电子设备比我们以往的大得多，"詹金森说道，"并且我要求改善、改善，再改善，并且在很短的时间里建立了一个拉动系统。不幸的是，那时候艾米不再为我工作了，我必须自己处理人员的问题。这简直是一场灾难。我完全忽视了人因工程学的问题，工人们一直朝我抱怨改善后的一些做法。在我原先的公司，产品不一样，这从来不是个问题。就像战败的将军一样，他失败的原因就在于总把对手当作跟从前的一样，我绝对没有想到会发生那些事情。"

"那件事以一场绝对艰难的斗争结束，工会还把我们告到了法庭上。我当时越来越生气，并准备坚定自己的立场。直到鲍勃来告诉我说'你知道吗？他们是对的。'我简直不敢相信，并指责鲍勃在斗争中是个懦夫。他带我到了现场，给我展示了细节，那些员工抱怨绝对是有道理的。所以，我们聘请了人因工程学的专家，作为改善的一部分，开始解决人因工程学的问题。那家公司生产线的每位管理者后来都成为人因工程学专家。那真是个很好的经验。"

"然后呢？"

"哦，和其他事一样，经过了几轮 PDCA，只要你坚持足够长时间，不同的想法开始被彼此理解。人们看待问题的方式不同。他们一起工作解决问题，关系自然就改善了。对我来说，改善的重点就是清楚自己想要什么，和其他人一起解决问题。这样，你就能够和他们结束彼此的不愉快，建立起彼此的信任。"

"鲍勃教会我要对提出问题的人表示感谢。以前的管理方式下，大家形成了这么一种观念——你要么是问题的一部分，要么是解决方法的一部分。基本上，传递坏消息的人总是被打压。于是，他们都学会了低着头不说话。我们需要在车间和他们一起工作几个月，让他们敞开心扉。取得他们的信任是很艰难的，但是当我们做到了的时候，他们就会慢慢地和我们交流，但也会包括愤怒与不理解。有段时间，我几乎要放弃了，但是鲍勃劝我，告诉我有怒气是好事，因为大家没有隐瞒。怒气都出来了，我只能坚持，证明给大家看我是认真的。信任是一点点地建立起来的，但瞬间就能被摧毁。"

"对待每个人都要尊重，是我那时候学的另一件事。这听起来很普通，但是在实际生活中，我们很少能做到。我们的设备很难用，我们发现有不同的人，有不同的问题。有的是生理上的，有的是心理上的。首先，我们想在每个人身上都执行第一个方案，但是却陷入了困境。最后，我们得出一个结论：就是说每个人都不同，我们开始对每件事制定个人协议。两个人极少遇到完全一样的问题，所以，我们需要在一个时间里解决一个问题。但关键是，我们希望有一个标准的工作方法，既要符合政策，也要有具体的工作内容。事实上，这为不同的人造成了不同的问题。为了维持标准，我们必须把个人的问题都考虑进去。这看起来要很长的时间但最终我们搞定了。我发现，这让我不仅学习了工程学，还学会了与人相处。"

"好了，菲尔，你不是讲真的吧，"沃德叫道。摇了摇头，又要了两杯咖啡。"我们需要规矩，不是么？我们不能为每个人量体裁衣。我知道这些业务是靠信任赢得的，但是你要想，一直像照顾小孩一样，那得到什么时候？"

"正是，"詹金森回答道，聪明地躲过了争论，"因为我们都需要照标准工作，我们需要理解工人在面对困难时的挣扎。别骗自己了，这不是软心肠或者做个好好先生的事，这是正常的工作。好好考虑一下，如果车间里有人欠你什么，因为你曾帮助了他们，那么当冲突爆发时，你就会站在一个很有利的位置。重点就是，你与工人们分享了问题。因为你，他们为车间做了贡献。你帮助他们解决难题。他们以质量和产量来回报你。投桃报李，因为我们彼此信任，大家正好可以相互依靠。我们都会以高效率，尽最大努力为顾客服务。你可以拥有最精益的流程，但工人不配合，或者不努力，浪费也就随之产生了，这个流程也就不可能有效。"

"这里有四个关键点我们必须学习，他们来自丰田的培训项目。"詹金森数着手指头，总结道：

"第一，让每个人知道他们应该做什么，并且和他们一起解决问题。问题第一。

第二，表扬那些值得表扬的，特别是积极提出问题的人。有些人甚至能提出新的方法标准。

第三，让他们提前对改变有所了解，他们需要知道为什么改变，并且能够提前做计划。

第四，充分利用每个人的能力。没有比不利用聪明才智和积极性更严重的浪费了。我们的任务就是发掘人才，至少不能阻碍他们进步。"

"从第一个改进项目，我就学会了要为每个产品都制订一个计划，然后又学会了给每个人都制订一个计划。"

"这句话什么意思?"沃德问道。

"你要晋升谁?哪个人可以被委以重任?如果不奏效,你将扮演怎样一个角色?你怎么培养他们?针对工程师,我们每季度会有一次单独谈话,列出一张表,上面有需要的基础能力——技术和管理的能力。每三个月,我们将根据不同领域的人需要培养的能力,而挑选出一些问题来解决。培养人需要花时间,但这就是管理最终全部的内容。为了做到这一点,你就必须单独对待每个人,并且认真对待他们的问题。没有两个人会用相同的方法,体会相同的事情。我现在已经明白了。"

⟶

"让拉动系统去管理这个流程;别让管理层去人为管理这个流程,"马克·纳威乐友好地解释到。他已经改变了对沃德的看法。事实上,马克发现自己很享受做个业余导师。另外,沃德的古怪的幽默感和意外的评论逗乐了他。这个可怜的男孩还处在把每件事情都单独考虑的状态。"一旦你真的理解了,你就会发现所有的事情其实都是分不开的。生产线的管理人员要关注现状与标准之间的差距,以维持标准,而不是对单个的工序做具体的决策。将客户端需求均衡化,然后遵循看板卡片的规则。"

在飞回家之前,沃德抓住机会重回了白塔尼工厂。马克很高兴地带他看了他们正在做的零部件供应方面的工作。他的团队决定将高周转率的零部件直接存放在仓库里的小火车上,而不是首先放到超市货架上,然后再放在小火车上。结果是,好几辆小火车提前准备就位,只是没有火车头。当用托盘装的零部件从供应商那里到达时,这些托盘马上被打开,放在托盘上的零件箱被送到等待它们的位置去。

"看那边。我们创建了一套完整的报警系统,以确保零部件能够随着正确的卡车送过来。我们对从供应商那里开始的物流就进行控制。如果他们离开供应商之前,就缺少某一箱零件,那么卡车司机必须打电话通知我们,这样我们就可以打回电话问清楚问题所在。"

"你的生产线是怎么组织工作的?"

"我有一名得力的工厂总经理助理,他能有效地管理生产主管们。工厂里每30名工人就设一个主管岗位,他们是真正的一线管理人员。他们的主要工作就是标准化工作，一切都围绕它进行。"

"这就是他们从早到晚要做的事？"

"是的，还有就是对拉动系统的警报做出响应。我的头等原则是，作为管理人员，不应该总是在正常的状态下重复一个指令。如果他们非得这么做的话，那么一定是我们的流程里有什么问题。我们努力让主管们节省出处理日常问题的时间，这样他们也就可以集中精力在改进标准化工作上了。"

"实际是怎么操作的呢？"

"对每名工人都有一个日常的培训安排。实际上你可以看到这个安排被张贴在每个生产单元里。主管们根据标准化工作，训练工人，并且确保标准得到遵守。当他们发现问题时，那也就是他们进行改善的机会。"

"那班组长呢？他们做什么？"

"大部分工作是管质量，尽管不是每个人想的都和我一样。班组长不是管理人员，他们是不脱产的工人。他们是我在质量前线的第一道防线。所以当工人对产品生产过程有任何的疑问时，他都可以询问班组长。班组长可以告诉他这件产品是好还是坏，并且可以检查是否遵守了标准化工作。如果他们发现了一个真正的问题，就要停止生产单元的工作，叫主管来。每周一次，班组长们也要检查生产线的工作是否平衡。"

"提醒你，就对问题的反应而言，我还差得远哩。每次我去丰田的工厂访问，回来后我都变得很谦虚。我看到丰田的工人遇到困难时，他就会拉安灯绳，班组长就会立刻赶来。不一会儿，他们就能确定是否有问题，往往只是不到一分钟的时间。如果他们认为这的确是个问题，就会停止生产线，主管们就会赶来。如果不能很快解决问题，他们甚至可以停止整个工厂的生产。"

"那是在传递压力啊。"

"的确如此，但是他们的工厂里，几乎每分钟都有人拉安灯绳，显示有问题。即使这意味着可能停止整个工厂的生产，但这从来也没发生过，因为团队的反应是很快的。工人们总是会拉安灯绳。谈谈员工参与的事吧，这是我的问题。我离那还有段距离。目前的情况是，工人们大概每个班次叫班组长一两次，但我们做得还远远不够。"

"很好的 A3 主题。"沃德开玩笑道。

"为什么这么说？"马克看着沃德问道，仿佛他的哪条腿被绊了一下似的。

"呃，和标准之间的差距，以及诸如此类的事，"沃德对着他的朋友的黑脸，回应道，"看看丰田的工厂多久拉一次安灯绳，再和这里作对比。问问是什么原因导致了这个差距，等等。你知道的……A3？"

"你真是一个混球，找我的乐子。"马克皱着眉说道，让英国人感觉很后悔，真不该伸出那条腿去绊美国佬。"但你是对的。"他笑道，"这会是个很好的 A3 主题。我会让我的管理人员们去研究。"

"你们经常用 A3 吗？"沃德问道，松了一口气。

"一直用。但不是最开始就用了。那是我尝试让他们用了几年 A3，并且由于没有人愿意，让我很头痛。我不明白，为什么大家不能领会。"

"给我讲讲。"

"最后，我发现那是由于我自己没弄清楚。"

"那也给我讲讲，"沃德笑道，"听起来似曾相识。"

"事实就是，"马克笑道，"我一直认为 A3 是一个解决问题的好方法。如果大家按照它的逻辑去做，就会找到正确的解决办法。但显然，你不知道你自己到底不知道什么。如果你不明白问题本身，那么结构化地解决问题只是一个幻想。后来有一天，完全是因为另外一个主题，我发现自己在如何管理车间工作是很擅长的，但在管理中层管理人员方面却很不擅长。例如说如何让他们参与进来的事情——我真不知道该从何做起。但不知什么原因，我把两张 A3 放在一起看。这时我获得了新的理解，A3 的要点，并不是帮人们找到问题的根本原因，而是一个好的教练工作，培养大家用正确的流程解决自己的问题。比如说，A3 的每个格子，都让我能检查，看他们是否真的理解了问题——这是关键。这就是说，从应用解决工具变成了理解问题本身。"

"检查？"沃德困惑地问道，"举个例子？"

"如果他们不能从一个指标的历史变化，以及与标准的差距的角度，描述一个问题，这意味着他们还没有很好地深入到问题中去。我能检查他们选择的方法，以及他们是如何理解问题的。其次，如果他们不能找出流程中的原因点所在，并且不能仔细地检验自己的假设，那么这再一次地意味着，他们太急躁了。同样地，如果他们对每个原因找出了单一的解决办法，而不是两三个可靠的备选办法，这也说明他们还没有很好地理解问题，诸如此类吧。A3 的强大之处体现在管理者和下属之间的互动，或者是导师和辅导对象之间，就像在结构化地解决问题本身一样。这是一个管理工具。对于管理中层管理人员非常适用。"

"请继续说。"沃德催促说，他想到了自己过去的固执，持有"我是对的，其他人都是错的"这种心态，不禁汗颜。

"他们和往常一样工作，但他们每个人都有一张正在进行之中的 A3，需要和我交流。而且他们和自己的下属也要通过 A3 进行辅导。这种办法很有效，我现在对他们谁的特点是什么，在干什么，都有了更好的了解。"

"将每个人都分别对待？"

"你最好相信这一点。这样才能一次性地彻底解决问题。"

"那团队会议是什么样的情况？"沃德问道，又回到了生产单元。回想在佛顿工厂，他和克拉拉很努力地想要建立合理的单元组织。但是每次解决了一个问题，就会冒出来 10 个以上新的问题。

"我们在每次休息后开 5 分钟的短会。大部分时间都是在探讨问题。"

"你是否希望主管们也要解决工人的人事问题？"沃德问道，继续了之前他和詹金森的谈话。

这逗乐了马克，并摇起了头。

"安迪，听着。所有的问题都是人事问题。你怎么认为的？我们最大的问题并不是机器坏了，或者是供应商送来的零部件质量出了问题。我们已经知道如何解决那些问题。不是那些问题，而是早上发现工人们迟到，或者干脆不上班。到那时，我们就有了职业性疾病的问题，以及要给不能做某些操作的工人安排合适的岗位，这才是头疼的问题。"

"我们最关心的问题是团队的稳定性，"马克继续道，"在发生人员缺勤的时候，班组长首先要顶上去。这样的结果是，其他工人就不能找他了。这种情况下，如果有人有问题，班组长只好停止单元里的生产。因为我不想拒绝问题，我们的生产力就受到了影响。"

沃德问："你是每一级别都这么做吗？"

"当然。我们的方针是，老板必须接替任何一个缺勤雇员的工作，没有例外。我想我们要讨论一下这个。管理者要对他的员工完成目标负有责任。这是最基本的态度，并且这意味着保持这个工作准时的进展，即使有人没有出勤。我们还要努力地理解为什么员工来得晚，或者干脆没有来。这也是主管们的工作——获得所有的事实，去理解工人的问题，从而获得解决问题的办法。"

在回去的路上，横跨大西洋上空，沃德强迫自己读一本管理书籍，那是马克在他离开白塔尼工厂的时候塞给他的。他通常不喜欢读这种类型的书，但是发现他自己对这本书很有兴趣，这本书是关于盖洛普咨询公司（Gallup）新近完成的一项研究，主题是人们的动机、绩效以及工作条件之间的联系。通过超过 100 万次以上对雇员的访谈数据，研究人员已经寻找出一条衡量工作环境强度的方法。在这些问卷的基础上，他们又询问了 12 个行业的 24 个不同的公司，请他们提供关于 2500 个业务单位的绩效评分（生产率、利润率、员工离职率、客户满意度，等等）。之后，他们寻找与这些业务单位绩效最相关的因素。

他们发现，业务单位的绩效在同一个公司或者同一个行业里差异很大，并且那些绩效最佳的业务单位的雇员们，表现总是一致地好，并且对以下六个问题有强烈的响应：

1. 我知道对我工作的要求吗？

2. 我有做好我的工作所需要的材料和设备吗？

3. 在工作中，我每天都有机会做我最擅长的事情吗？

4. 在过去的七天里，我是否因为工作出色而受到了表扬？

5. 我觉得我的主管或者同事关心我的个人情况吗？

6. 工作单位里有人鼓励我的发展吗？

读了这些，他明白了为什么马克推荐给他这本书。马克的两大法宝：一个是拉动系统；另一个是根据标准化工作进行培训和改善，而这两条和盖洛普的问题非常贴合。

他自己怎么会如此视而不见的呢，他很怀疑。当他步行走过工厂，听到马克讲述的那些改善时，怎么就没想到？他从一开始就明白，要两条腿走路，一条腿是持续改善，另一条腿是人员培养。这时，他真的意识到他已经忽视了这个问题，并且差点以工厂关门为代价！他开始担心他接下来会犯什么错误！他提醒自己，并不是你的车辆危险，开车的人才是关键因素。

放下书，沃德承认马克有其独到的见解，他看到的是工人利用机器在制造产品，而不是机器借用人力装料、卸料生产出产品。机器是用来帮助工人更好地工作，自动化操作首要使用于那些危险和重体力的操作，然后才是提高效率。为什么？因为只有人才能改进自己的生产率。这一点，他自己想，一定是精益流程的秘密。对于管理层来说，非常容易认为，是流程在驾驭人。他自己过去这些年里就是这样的思维模式，甚至自己根本就没有意识到。但是现在，他真的已经理解了，在每个人的每一天里，是人在驾驭流程。精益流程是执行流程的人不断实施改善活动的结果。为了做到这一点，他必须创造充满着改善精神的工作环境。这意味着，在他的生产车间里要达成这样一种基础性的交易：你帮助我解决注塑机的问题，而我将会帮助你解决你个人的问题。我们将会分享收益。相互信任！

当他驾车从机场回家的路上，他有一段短暂的、感觉很好的时刻，他相信一切事情最终都会变成好事，都会实现。相信吧：如果大家意识到他们自己关心的事被认真地倾听了，并且被认真地尝试解决的话，那种美好的局面就会到来的。为了发展这样一种文化，他将要教会一线管理人员来解决生产线的日常问题，方法是使用可视化的工作环境，以及标准化工作。同时，他将要运用个人定制的 A3 来培养自己的中层管理人员。这意味着，在所有层级上都保持着一种不断的对话，来进行问题解决和改进。那才是正确的管理方法，没有其他的方法。管理者的职责是教，而不是管，确实如此。

佛顿恢复了平静。秋天尽管有些狂野，但令人感觉很舒适，而且 10 月大多数的日子都是阳光明媚且凉爽的天气。工厂的缺勤率已经回到正常的水平。沃德和德隆开始和每一个早退或缺勤的员工进行面谈，就像他们早先曾经做过的那样，与他们讨论发生了什么事。这些面谈缓和了他与总是冷嘲热讽的老资格人事经理之间的摩擦，这些面谈更敞开了一扇窗，让沃德对每天与他一起工作的员工有了更多的了解。他思考了自己早期的事业，注意力都是集中在高层管理的事情上；到佛顿以后，他也没有及时调整过来。他已经变成总是和周围一个小圈子里的同事打交道，把他们当成朋友，同时，把厂里那么多人员和设备的每日运作都委任给他的管理组织。他的生活已经以马兰科特为中心，工厂也只是为了马兰科特，自己只是在等待……等待什么，他也不知道。

初秋发生的那些事情最终让沃德真正地理解了，在这个工厂里工作的每个人都是独特的人，他所需要做的最起码的事情就是要不断地了解他们。他发现的事实是，这个地区经历了一轮又一轮的经济不景气的冲击，处于重重困境。他所认识的在马兰科特的人们，大多数都是他的邻居，他们要么是农民，生活过得去，或者是克莱尔的主顾，非常富有，足以负担像骑马这样的昂贵爱好。但是在这里，在工厂，他发现了另一批人，日子过得紧巴巴的，依靠少量的薪水生存，连付开车上班的汽油费都是一笔很大的支出。为生活而工作，为孩子而辛苦，付出的汗水，直到脸上长了皱纹并且变老了才得以休息。他不得不承认，自己从没想过这些。但是现在，他发现了自己的迟钝，人们对老天的不公平虽然没有太多的抱怨，但是许多细小的嫉妒、纷争等，毕竟也是人之常情。沃德从德隆那里学到了很多，这只老狐狸，佛顿的代理市长，对任何事情都可以追溯到背后三代的背景。

在工厂，经过反复尝试，沃德已经学会了如何把握自己的时间，什么事该管，什么事不该管。他也已经学会了如何更好地在车间处理问题。他认识到，作为工厂总经理，每天到现场是非常重要的，哪怕只是站在那。很多事情都在改变，起码大家的行为方式不同了。现在大多数时间里，他就是简单地观察和倾听，并发现他过去所做的很多事，现在工人们正在自己解决。一个星期天的早上，克莱尔讲了一句话把他给逗乐了，她说，他在观看马术课程的时候带着一副"现场脸"。

"什么，现场脸？"他疑惑不解地问。

"你知道，向远处眺望的样子，就像站在甲板上的船长一样！"她开玩笑说，"但可别指望我会向你敬礼。"

当然工厂还有许多的问题。他最关心的莫过于就是弗兰克·巴雅德，这家伙还在以一副宗教般的热情，执着于改善研讨会。他还是一贯地孤僻，并且自我陶醉，很少与人讲话，但是大家似乎对此并不介意。他总是在这个或者那个工位上，慢慢地引导主管们和工人们一起改进。他们不需要讨论更多。他们已经习惯了他的这种工作方法，时不时地也会提出聪明的建议。真正的问题是，沃德已经没有空的岗位用于消化从原来岗位"改善"出来的工人了。他现在有足够数量的班组长，并要求克拉拉培训他们使用红箱子和标准化工作。

这名新的生产经理现在每周用一个小时和他每个班次的班组长们一起，

学习基本的 5S、标准化工作，以及质量边界样品。克拉拉和沃德还达成了一致，每周三的晚上，和夜班员工一起工作四个小时。夜班时间里，工厂真是另一个世界，他们已经安排培训夜班达到白天同样水平的换模。沃德还加强了模具安装工的力量，转了两名操作工过去，其中一个人已经被提拔为维修技师。最终，对于安排那些通过精益改进释放出来的全职雇员来说，那还是会有一个限制，并且他还在以更快的速度接近这个限制。这一刻，他非常需要更多的产量，因为他已经决定尽一切可能不裁员：不仅因为那将可能打破好不容易建立起来的相互信任，而且也是因为大家一起做了这么大的努力，沃德感觉自己有一种要对自己队伍负责的责任。

类似地，在他们自己中间，克拉拉和穆勒已经想办法通过批量和一种更巧妙的换模方法，释放出两台注塑机。詹金森对此表示很高兴，并且也还没有要求把这两台设备搬去其他地方。但是沃德知道，这只是时间的问题。沃德很担心那一刻的到来，他将不得不运走一台注塑机。那将必然会导致工会的激烈反应，但是，嘿，车到山前必有路吗。不可思议的是，尽管他已经和工人们建立起了一个更好的关系，他和工会之间的关系却似乎还在恶化。克拉拉再一次做出让他惊讶的举动，他劝说希尔维·巴拉斯接受一个主管的职位。沃德开始时很犹豫，建议她可能不得不在她的工会代表和主管工作两个之间做出选择。让他更惊讶的是，她已经做了这个选择，这意味着他打输了一个与克拉拉之间友好的赌，克拉拉还告诉他，如果自己是这个工厂唯一一名放弃原则的人，那么自己将会被诅咒。"不要让他们把你看作是一个长官，"他已经满腹唠叨，"但是如果我将要这么做，我也不想独自一个人这么做。"

希尔维·巴拉斯被证明是一名天才的好主管。沃德预料到，其他人可能会不满她缺乏足够的资历，但是很快那些事都过去了。里奥·莫丹负责早班的装配组，而希尔维负责中班。这个预期之外的负面因素，使沃德失去了工会代表中的理性声音，同时由于没有了希尔维深入基层的影响力，这些工会的家伙好像变得更加激进了。"你好像没有理解这其中的要点，"人事经理解释道，以他不寻常的观察事物的能力。"他们正在观察发生了什么事。工人们碰到问题时都去找希尔维或者克拉拉，甚至是直接找你。所以工会失去了对事情的掌握。他们不希望这样，这不久之后可能还要有麻烦。"将注塑机从工厂搬走正是这样的麻烦，它可能会使 9 月的事件死灰复燃，而这真的不是沃德所期望的。

沃德再一次告诉自己，不要对德隆的洞察力感到惊诧。克拉拉已经很清楚地实施了标准化工作，他让这成了主管们每天和工人们一起工作的方式。

"关于为什么我们需要稳定的团队，我现在理解得更清楚了。"克拉拉沉思了一个晚上，当他们试着考虑为什么有一个班次的生产率很明显地低于另外两个班次的生产率。"注意这一点：另两个班次都有稳定的团队，但是下午这个班，人员总是在变化。"

"并且？"沃德问到，感到疑惑。

"让他们遵循标准化工作几乎是不可能的。看，标准化工作方法的一个伟大之处是，你可以将精力集中在人们如何完成工作，而不仅仅是他们不得不做什么。这是实现高生产率和好的人因工程学的关键。我真希望，我们以前就注意到这一点！"

"你是什么意思？"

"你注意到这些微小的塑料片了吗？工人必须把它插进那里。当我们开始跟里奥一起测时间的时候，我们就意识到在这个操作任务上，桑德琳比其他人都快。然后我们也注意到，其他的工人都在双手上缠了带子以保护的自己手指，但是桑德琳并没有这么做。"

"我们是在说桑德琳·伦布罗索吗？"沃德用不信任的语气跟克拉拉确认。他仿佛看到早班的工人们微驼的肩膀、辛酸的面容，以及不变的抱怨。在这些工人之中，桑德琳是最反对主管们系统地运用秒表，建立标准化工作的。现在答案揭晓了，她比处在同样工位上的其他工人都要快得多。

"是，桑德琳·伦布罗索，"克拉拉轻声说，"想想看吧！在任何情况下，我们注意到她是把插片弯曲着插进去，而不是像工程部门要求的那样，用锤子敲击进去。她的方法对于工人们来说是更好的，也是更快的办法。"

"棒极了。"

"像这些微小的细节，我们在一个稳定的团队内部就可以很快推广。但是如果我们用的是临时工或者新工人，那么我们怎么也做不到让他们达到要求的速度。"

"我终于明白了，自我管理的团队真正意味着什么。"克拉拉说，仿佛看到了真理一般。

"自我管理的团队？"

"在你来之前。以前的管理者曾经有他自己的理论，要求每个区域都必须实现完全自我管理。作为一个主管，这意味着我们突然必须负担着所有的行政事务、采购，以及其他的事情。简直没有时间用来制造产品。"

"我们现在已经完全不这么做了，不是吗？"

"哦，是的。这不是我所想要说的。你看，当我还是一名主管的时候，我花费很多时候来安排生产，决定哪个产品需要在哪个单元生产，然后还要再寻找原材料。"

"希望你说的不是拉式系统。"

"这是我的重点。自从我们实施了拉式系统后，生产班组通过看板卡就知道了自己需要生产的产品，而且小火车会把原材料直接送到生产工位上去。所以，他们不需要主管们待在那里决定怎么换模。他们自己就可以做这些工作。这也是为什么现在我们能让主管们把所有的时间都花在标准化工作上的原因。现在我们的生产班组的自我管理程度比原来高得多了，但是这意味着一些和我原先想象的大大不同的事情。'自我管理'意味着他们很精确地知道什么时间该做什么，因为他们其实并没有任何生产的选择要做。他们可以专注于自己的工作，那就是生产好的产品。理解到这一点，我简直太高兴了！"

你和我都一样，哥们，沃德心想，看到克拉拉对精益的理解开始超越他自己，感到非常高兴。人事经理总是满怀信心地说，"我们会看到成果的。"在这个成果丰富的一年里，对自己所做的所有改变，沃德最满意的一点就是，说服了克拉拉接手生产经理的职位。

沃德还记得艾米曾经谈过有关管理风格的问题。在由于关闭工厂的威胁而使自己的大脑大受刺激之前，沃德曾经认为自己是一名授权型的管理者。但是事实是，他让大家自己处理自己的工作，不加干预，信奉所谓"用人不疑"的政策。结果是，在这个工厂中，自己逐渐被孤立到只有几名"信任的副官"围在身边，而整个工厂一直在走下坡路，甚至面临倒闭，要步当地其他工厂的后尘。之后，在詹金森的触动下，他转而变成了面容冷酷的管理者，总是要求人们去执行，并且不断地抱怨为什么大家不能按自己告诉他们的去做。在穆勒身上，他发现自己想要的军队般风格，于是两人一起押着工厂往前走，而大多数人都被落在了后面，导致了很多不满。这种不满的怒火最终还是不可避免地爆发了，差点把他们两人给烧死。现在，事后之见，他对斯蒂格勒的彻底垮台和仙顿的辞职也有了更好的理解。事实证明，斯蒂格勒的事情确实带来了麻烦，德隆还在跟他谈判，商量解决方案。德隆已经得到足够的证据，正是斯蒂格勒把关闭工厂的汇报材料寄给了工会负责人皮特。沃德的这个大逆转把他曾经的得力助手置于不义之地，让他们有被出卖的感觉。沃德那时候太潜心于他所做的事情了，他根本就没意识到，但是他确实是这样做的。

这次罢工可真是击中了沃德的要害，甚至比菲尔宣布要关掉佛顿工厂的时候还要严重。工厂可能倒闭的威胁让沃德严肃认真地对待他的工作，然而在罢工一事之前，他一直以为只要实现公司要的数字就好了——而这正是他所做的事。但是，罢工的事让他开始认真地对待人员问题。人可不像电子表格上的数字那么简明——这事实上是他最重要的资产：他们每天制造合格的产品。逐渐地，并且很痛苦地，他发现了实现每天精益管理的困难的一面。不是"按你自己认为最好的办法去做"，也不是"按照你被要求的办法去做"，而是"让我们一起解决问题"。这是一件要求很高的事，因为他的管理生涯中，并没有人教给他任何去实现这一点的技巧。因此他不得不自己每天去尝试。

沃德今天决定提前一些回家。冬日的傍晚，黑云在天边翻滚，他驾车行驶在林荫大道上。今天可算是美妙的一天。早上，现任装配组的班组长马蒂尔德·韦伯与希尔维·巴拉斯告诉沃德，他们打算尝试一个工人建议的方法。希尔维还问，如果她和韦伯下班后留下来，与下一个班次的女工一起试验的话，能不能算作加班？沃德紧绷着脸，心里却是十分赞许，他同意他们每周不超过一个小时的加班。他们还可以发动更多愿意加入进来的早班工人。这就是相互信任吧，他对自己笑笑，我帮你们解决你们的问题，你们也要帮我解决我的问题。

然后，当然，曙光在他面前出现了。他确实需要启动员工提案建议的项目，并让它有效运转起来。不需要更多的解释和讨论，他必须推动这个进程了。工厂里充满了各种各样的提案，就比如这个由韦伯和巴拉斯提出来的，但是却缺少了评估这些提案的可行性，以及将它们落到实处的方法。还有，如果实施下去，如何对成果表示认可。有些人认为，提出提案是工作的一部分，应该是无偿的（不必吃惊，这种观点在管理人员中更加普遍），另一些人则认为，应该付钱给工人，补偿他们的贡献。原来的阿奈斯特业务系统就曾经有过一个关于提案建议的制度，就是在工厂的入口处装了一个有锁的箱子，并为每一个建议提案付一笔可观的现金奖励。沃德已经将这一套废弃了，因为他觉得，这样可能制造更多紧张的气氛，产生无意义的嫉妒情绪，妨碍团队精神。

沃德相信，马克在白塔尼的员工提案系统在佛顿工厂同样可以适用。沃德决心验证这个系统的可行性，打个比方，这个想法就像在法国地盘上提出了美国的假说。在白塔尼，每个生产单元都有一个白板，展示着员工提案处理的流程：提出的建议、一周之内批准生效的、一周之后还在等待批准的（大多数都是因为申请支出费用），或者被拒绝的。马克亲自检查主管们是否在一周时间之内评定那些提案。他确实做好了这件事。马克给所有被采纳的提案奖励一些小额的礼品券，并在被采纳的提案中进行进一步的评奖，降低成本最有效的提案将被颁发大奖。佛顿工厂在管理层的反应以及员工参与程度方面都有了不少进步，但是沃德仍然不能确定，他们能否实现所有由工人提出的提案在规定的天数内完成检查批准。但不管是否做好了准备，都是时候学习白塔尼的做法了。他想，到了检查的时候，他就会知道大家是否做好了准备。马克一直强调，他的员工提案系统是保持中层管理人员关注工人的法宝。工人们帮助管理人员，管理人员也反过来帮助工人，相互信任。

创 造 价 值

"那么，咱们去看看吧。"沃德说道。虽然眼前的一切令他感到非常欣慰，他还是努力保持着严肃的表情。

"索兰吉，请你给安迪先生演示一下吧！"玛蒂尔德·韦伯冲着想出这个主意的工人点点头，建议说。当沃德刚来到工厂的时候，就坚持每个人都叫他安迪。很多年过去了，尽管他在车间里已经不像刚来时那么拘束了，但是他的这个要求仍然引起了不小的风波，因为这并不符合法国工厂原来的规矩。

"请到这边来。"索兰吉·法布尔应声说道，她是一个话语不多的中年女工，由于家庭原因不得不回到工厂工作。因为她那不成器的儿子回家了，需要她的钱来支持生活。法布尔是一个沉默寡言的人，看上去不像一个会积极地提出什么建议的人。但她确实做到了，她认真地演示了她们花了很大工夫改进的夹具。"以前，我们只能这样拿着工件，这真是个糟糕的方式，然后还要这样敲击工件。每次下班之后，我的手都会很疼。"她说着，伸出了满是老茧的手掌。

"自从有了新的夹具。"韦伯说道，"动作变得简单多了，而且自动检测设备上检查出来的废品也少了很多。"

"做得好。"沃德祝贺说，聚精会神地看着新的夹具，"这个改进的做法，经过弗兰克的验证了吗？"

"他验证过了，"韦伯骄傲地笑着说，"但不是一帆风顺，你知道如果不是巴雅德先生的主意，会很难通过的。但是我们做了一些测试，他告诉我们这样做很巧，还说自己怎么没想到。"她显得很兴奋，沃德也很兴奋，但还是强迫自己不喜形于色。他可以想象弗兰克·巴雅德当时的情景。

"但，我们做的改进还不止这些呢。"这位班组长说。

"嗯，先生，"稍年长的女工小声说道，"我对这个产品有些不明白。你看，我们需要把这两个部分组装在一起，但是如果他们把产品设计成这样的话——你看——那么这个动作就可以取消了。"

"说得好。"沃德信心满满地回答道，突然再一次感到自己摆脱了困境。他已经好久没有这种特别兴奋的感觉了。经过这几年的磨炼，他明显地提高了自己在生产流程方面的专业知识，但是对于产品设计的细节，他还没有怎么关心——至少现在还没有。但眼前发生的事情至少提醒他，拖延了好久的员工提案建议系统终于建立了起来，并且已经发挥了作用，可以从有经验的工人们那里收集意见，而且同样重要的是，这还教会了主管们对于工人们的这些意见做出快速的响应，要么立刻试验（如果没有采纳，也要解释清楚原因），要么支持工人们自己进行试验（或者至少在全面推广之前建立起试验模型）。

"弗兰克对此怎么说？"

毕竟巴雅德是制造工程师，或许对于这个建议的好坏有些看法。

"他同意了，"班组长回答说，"但是他说，现在这个阶段他也无法对于产品设计做些什么，他建议我们向您汇报。"

沃德要感谢这些提出建议并予以落实的女工。他再次告诉大家，自己对此很感兴趣，她们做得很正确。沃德告诉大家，不要顾忌什么，无论是什么新想法或是问题，都要尽快地告诉自己。法布尔转身就回到了工作岗位上，嘴里念叨着，生产单元里的其他工人还在等着自己呢。沃德很高兴看到大家坚持了单件流的做法，在法布尔表述自己想法的时候，其他人都停了下来。

"他说得对，说得对——干得很好，女士，祝贺你们。"

"安迪先生……"当沃德转身要走的时候，又被韦伯打断了。

"玛蒂尔德，有什么事情吗？"

"我们听说下周厂里会有一次重要的参观活动，是一个潜在的客户吗？"

"下周。"沃德默认，心里在想为什么这些消息散布得这么快。他在上周才和詹金森商量过这件事情。"一家日本公司寻求在欧洲开办一家合资企业，他们把咱们当作候选者之一。詹金森在陪同他们的一位大人物，参观公司在欧洲的工厂。我会在下周发一个正式的通知的。"

"日本人，他们很擅长清洁这类的事情，不是吗？ 5S就是从他们那里发源的？"

"没错。在他们来之前，咱们得做一次彻底的清洁。"

"你看，刚才有些工人们还在说，如果您需要，她们愿意周末来加班，把工厂内外都整理一下。"

"这太好了，玛蒂尔德。"沃德立刻回答说，但有些惊讶，"但是，早在几个月前，咱们就停止了所有周末的加班，我们没有这笔预算啊。"

"哦！"她尴尬地说道，"我们的意思不是那样的。我们都知道，工厂确实有活干——也就是说，我们自己也都需要这份工作。我们无论如何都很乐意来，义务加班也没问题，让工厂看起来更好些。"

"太棒了！"沃德说道，简直不知该如何回应了，"让我想想。感谢你们提出这个建议，真的非常感激，确实是。我们会看到成果的，我相信。"

⁓

"她们想要干什么？"德隆大声道，非常惊讶。相对于沃德的暗自喜悦，人事经理显然更处于一种不敢相信的状态。"周末来工厂义务加班，为下周的客户参观做准备？我在这里工作了20年，从没发生过这样的事情。"

"简单地打扫一下工厂，把窗子擦得干净一些，不会有什么坏处。"詹金森说，"一家丰田的供应商想要在给丰田供货的同时，打入欧洲市场。所以像在美国一样，他们想要先开办一家合资企业，以熟悉当地的商业环境。"

"他们不会从我们手里把生意抢走？"德隆反问道。

"我也这么问过，"沃德笑了笑，接着说，"詹金森认为，为了参与到丰田的业务中去，我们值得冒一下险。'竞争有益'，这也是詹金森经常说的。他们会学习到咱们的经验，这毫无疑问。但问题是，我们能够学到他们的经验吗？除了合作生产一些产品以外，他们还在寻找一个地方，希望建立新的工厂。"

"让我告诉你一些事情吧，"德隆语气缓慢地说着，他皱纹满面的脸上浮现出狡猾的表情，"你知道工厂后面的那片地吗？"

"当然，怎么了？"沃德问道，猜测着他接下来要说些什么。他早就学会了与人事经理更加密切地合作，但还是没有真正地喜欢这个人。

"事实上我们拥有这片地。它是我们厂区的一部分。"

"真的吗？"沃德问道，很惊讶。四年过去了，自己才知道这样的细节。

"这都是你来之前的事情了。当时曾有计划要扩大工厂的规模，哈！"他不屑地说，"就是在阿奈斯特收购之前。当时，建造许可都已经通过镇政府的审批，估计那份许可现在仍然有效。"

"那么，你是说，佛顿能够立刻新建新工厂？"

"我还得确认一下，但估计是可以的。"

"哎呀！我得马上把这件事告诉詹金森。这或许能对他的谈判有帮助。"

"还有另一件事，"德隆想了想，接着说，"既然工人们真的愿意来帮忙清扫，为参观做准备，咱们为什么不把这变成一次社交活动呢？"

"你的意思是？"

"你认为这次清扫会持续多长时间？"

"嗯，"沃德盘算了一下，"估计大半天吧，但不会超过一个班次的时间。估计从上午10点到下午4点，中间还包括短暂的午休时间。"

"你知道，或许我可以组织一次活动。接下来几周的周末都没有什么计划，或许可以组织类似烧烤餐会这样的活动。"

沃德惊讶地看着他。在过去艰难的几年中，德隆总是一副旁观者的样子，就像是克拉拉一样。但奇怪的是，他以自己独特的方式明白了沃德想要做些什么。而且还有一件有趣的事，德隆与早年在瓦朗西安工厂工作的一位年轻的丰田工程师保持着联系。结果就是，虽然整个公司中迷茫着对于精益方法的反对，他却对丰田的实践经验有许多了解。但是，他总是避免参与其中，甚至也不提任何积极的建议。沃德往往把他当作工厂旧制度的捍卫者，但是德隆却经常很有帮助，对于沃德的一些计划，他总能提出有价值的建议。看来，这个老家伙的信念是，期望越低，就越不会失望。而沃德自己呢，相比之下，就是一个荒诞的乐观主义者。

"你能主办这次活动吗？"

"工厂能负担得起吗？"德隆若有其事地反问。

"嗨，老兄，我们当然负担得起了。"

⟡

"那是丹尼斯·克拉拉吗？"克莱尔看到生产经理，骑着哈雷摩托车，径直向市政厅前的台阶驶去。他关掉了怒吼的引擎，踩下支架，摘下头盔，松开夹克，向沃德打招呼。他身后的乘客跨坐在车上，露出蜷曲的双腿。那个女孩儿摘下头盔，露出一头金发。克拉拉转身对她说了些什么，她露出了灿烂的微笑，她的笑容，简直可以点亮这个阴沉的一月夜晚。

"亲爱的，闭上嘴巴吧。"克莱尔说着，一边拍打着沃德。

"嗯，没错，你好，丹尼斯。"沃德有点脸红地说，"这是克莱尔，我的妻子。"

"很高兴见到你，"丹尼斯说，脸上是他那熟悉的、透着一丝骄傲的笑容，"这是詹妮弗，我的小女儿，她很好奇想看看老爸工作的工厂，所以我带她来看看。"

"你怎么想？我们会通过检查吗？"

"油漆还需要些时间才能干。"克拉拉笑着说，"但是我们已经做得很好了。我也改变了主意。我们应该改穿白色的工作服。"

"我们随时都能开始。"沃德同意地说。

沃德很满意：对于工厂的整洁很满意，并且对这之后的社交活动也很满意。令人没有想到，很多工人都来了，超出了他的预期。大多数的班组长都来了，他们都很自然地组织自己班组里的工人，干起了各种清洁的活儿。在沃德看来，这是团队凝聚在一起的标志。天气不是很好，所以他们就改成了简单的自助餐会，并且对员工的家属开放。

沃德起初还有些犹豫，但德隆一再坚持，最终他们把家属们组织起来参观了工厂。就连佛顿的市长都来了，因为这毕竟只是一个小镇。

—⁓

"怎么了？"沃德焦虑地问道。他开车送詹金森去梅兹，在那里他们会先招待日本客人，第二天再去纽霍夫的工厂。

"我很乐观，"詹金森冷静地回答说，"他们的总裁要求我为你们的招待再一次表示感谢。干得很好，安迪，你们那里很出色。"

"我们做到了。"沃德说。他认为这次的参观进行得很顺利。他们先是在车间的入口处了解了安全和质量问题，向客人们解释了他们是怎样处理每一件客户投诉的。然后沃德带客人参观了刚刚安装在注塑区入口处的显示屏，显示了所有注塑机的编号，还有四排小灯：

运转

换模

空闲

故障

当时显示屏明显地说明工厂有空闲的产能，同时也显示出，他们还未成功地使7号机器正常连续运转。沃德很惊讶地看到，日本公司的总裁问了很多工厂如何处理看板卡片的关键问题。"为什么是30分钟来取一次货，而不是10分钟？"他同时还指出了小火车迟到了。

"在日本，"这位年长的绅士用缓慢、生硬的英语解释说，"这里有一道门。在规定的时间，闸门打开，小火车出发。"他说着，做了一个空手道的姿势。"在规定的时间，闸门关闭，如果小火车迟到了，就无法进站。主管就会来打开闸门，并且询问迟到的原因。"

沃德长叹一声，沉重地点点头。还好，那该死的火车那一天跑起来了，虽然迟到了几分钟。当他们的总裁在询问拉式系统的细节时，其余的嘉宾四散开来，对于产品和生产流程做了详细的考察。沃德并不确定应该在多大程度上对客人开放，但是詹金森主张全面开放。这毕竟是他的公司。最后日本客人非常热情地鼓掌，对于工人们的出色工作表示祝贺。

而且佛顿工厂看上去非常不错——多余的存货和废弃的产品都被藏在了一个临时租用的仓库里（沃德已经事先向詹金森汇报了此事，詹金森对此只是笑而不语），通道和走廊都被修缮一新，墙壁也被粉刷过了。那又怎样呢，想想沃德还曾经认为，简单的打扫不会有什么影响呢。沃德最担心的莫过于，工会会借此兴风作浪，但事实证明他多虑了。反而，工人们似乎对于展示自己的工厂非常自豪。

"咱们静观其变吧。"詹金森说道，"还有，请感谢你的人事经理告诉我们那块地的消息。这很有可能决定谈判的成败。不知什么原因他们很着急，而且我听说他们可能找不到潜在的合作伙伴。他们真的希望能够找一家欧洲的汽车零部件供应商，而不是一家美国企业，但是，从另一个角度来看，他们也是从美国那边了解到我们的。我们还需要再等等进展。现在……"

"在你向我提问前，"沃德笑着说，"我有一个问题想要和你讨论，虽然我不确定这是不是我该问的。"

"说吧。"

"是有关于弗兰克的，我的生产技术经理。你知道，他倾注了全部的心血投入到改善活动中，特别是装配方面。"

"是的，他做得很好。而且他还提出了很多有益的建议，你跟我提到过。"

"事实上，这次是有关为法国整车厂的产品更新的事情。他最近一直在忙着不断地改善生产单元，但同时每天都在和纽霍夫那边的产品设计人员吵架。他对那边的很多人都很熟悉，以前他就在那工作，他可以说德语。"

"很好，问题是什么呢？"

"问题在于他对于产品和工艺流程的设计都不满意。他不是那种易于合作的人，而且在认为自己正确时，总是固执己见——这是常有的事儿。但我们现在讨论的是一条他改善了 7 次的生产线，他成功地把工作量降低了一半。所以我认为，他是那种用实际行动证明自己的人。"

詹金森还是一言不发，但沃德看到了他嘴角露出的笑容，这时的詹金森看起来就像是一个孩子。"那现在呢？"他突然问道。詹金森这家伙，他自己一高兴，身边的人头就该痛了。

"总之就是，贝克梅耶通知我，叫他不要给别人添麻烦。就此我向劳威尔提过意见，他说我应该直接找你谈。但我觉得你不应该为这种小事劳神……"

"不，不，你做得对。"詹金森说，"你告诉我这件事完全应该。我很高兴听你跟我说。"他确实非常高兴，沃德想起了当他读到客户采购代表在他的销售经理授意下写的那封信时狂怒的表情。突然沃德有点担心，自己不经意间又卷进了詹金森的政治漩涡之中了。

"为什么明天下午你不把巴雅德带到纽霍夫去？客人们乘下午两点的飞机回东京，所以咱们很早就会结束。"

"没问题，"沃德答应了，显得很镇静，但他其实在想詹金森把巴雅德叫来要做什么。

"马克曾经跟你说过，他为什么这么看不惯劳威尔吗？"当他们沉默地开出了几英里远之后，詹金森问道。太阳就要落山了，外面的温度在急剧下降，路旁的田野里升腾起了凄冷的雾气。

"没有，没怎么说起过。他只是曾经提到过曾由于劳威尔而提出辞职，但从没有详细说过。"沃德答道，对这个新话题感到很惊讶。他从没有见过詹金森说这些闲话，尽管他对于发生的一切都了如指掌。尽管沃德置身于纳威乐和科尔曼的矛盾之外，但是他还是感觉到詹金森在白塔尼比在佛顿花了更多的时间。而且，几乎没有事情逃得过他的眼睛。

"马克曾是一名供应丰田的产品的工程师，这使他了解了整套的工艺流程。由于他工作表现突出，管理层提拔他做了项目经理，并要求他把系统完善，就像他现在做的工作一样。当阿奈斯特收购了白塔尼之后，他们任命劳威尔掌管这部分业务的工作。但是他对于马克的工作一无所知，所以他们一直为此争吵不休，直到马克再次回到制造部门。"

"哦，我大概清楚了。"

"但这并不是马克离开的原因。作为一名工程师，丰田方面要求马克参与重新设计为他们生产的大灯。这和发生在弗兰克身上的事情有些相像：丰田认为经过他们的培训，以马克对于产品和流程的了解，足以成为设计小组的一员。所以马克就被派往安娜堡，向那里的工程师说明该如何设计产品，使得质量更好，并且成本更低。显而易见，他们相处得并不愉快。那些人诋毁他只会生产，对产品设计一窍不通，而他认为，那些人是关在象牙塔里做设计，不懂得怎么面向制造做设计。当劳威尔支持那些工程师时，马克提出了辞职。"

"我不知道这段历史，你认为这种事情又会发生在弗兰克身上？"

詹金森没有回答，反倒自己笑了起来。"我认为，在推广精益的过程中，会经历一些神奇的时刻，"他说道，"这些时刻能很清晰地告诉我，工厂在稳步地前进。第一个时刻非常明显：那就是当我看到管理人员和工人们在改善研讨会里讨论如何改善生产线。通常，这种情况会很快发生，但这也并不是一定会发生。"

沃德不禁想到了发生在纽霍夫的事情。阿克曼后来被任命为喷漆和总装的区域经理，并且想要像詹金森那样做事。但是，贝克梅耶仍然从不参加改善研讨会。尽管詹金森一再坚持所有的工厂总经理都要参与，并且要保证他们的管理团队也要全部参与其中，但这德国工厂的总经理终究置身事外。贝克梅耶最终妥协了，同意每月检查车间改善的进展，领着全部的管理人员检查车间，并听取生产主管所做的简要汇报。

"第二个神奇的时刻是，生产线管理人员自发地定期改善。这就是说，他们开始把改善当作常规的工作方式。"

"管理即改善?"

"没错。有些人在我们的敦促之下,也可能建立起完善的可视化管理系统,但是并不真正了解精益的内涵。有些人则恰恰相反,立即就能领悟。我还曾经听说,你并不是很清楚哪些人该做哪些事,或者至少我,有一半时间都在犯错误。"

"克拉拉就是这样的人,立刻就能领悟,真的堪称是佛顿的惊喜,"沃德同意道,"而且,希尔维也一样。"

"第三个神奇的时刻就是当把所学到的改善知识应用在新的流程中。同样地,这又是一个清晰的标志,通常发生在产品投产的时候。但有时,工程师会因为所学到的知识而改变产品设计,使得现有的生产线更加高效。这堪称是通向精益思想的里程碑。"

"第四个时刻就是,改善导致产品本身的重新设计。这是最终的目标。精益不会因为我们仅仅降低了生产成本而取得成功,而是由于我们生产了更加完善的产品,投放市场。归根结底,还是在于产品,产品、产品、产品。"

"我现在有些糊涂了,我认为精益是关于人的,不是吗?"

"制造产品之前先培养员工,这没错。"詹金森发自肺腑地笑了出来,"这是因为有了好的想法,才能生产出好的产品。"他的语气很愉快,说明谈话进行得很轻松。"但最终还是我们交给客户的产品,以及它们的功能。你仔细想想,咱们所做的大多数事情,无论是红箱子、拉动系统,抑或是改善研讨会,不都是为了展现我们对于产品的认识吗? 通过追踪拉动系统里遇到的问题,我们有了看待每个工位的不同看法,但是更加重要的是对如何制造和设计产品,我们有了新的看法。我们对于产品本身获得了更透彻的认识,那将会对顾客产生重大的影响。"

"产品?"

"是的。咱们这一系列的转变起始于一个概念,那就是生产部门应当解决自己的问题。但更为根本的是,我想要做的是创造某种组织方式,使得知识可以沿着生产线流动。生产产品之前先培养员工,意味着培养更多的有知识的工人,这样一来,就可以设计出在客户看来比竞争对手更加优秀的产品,并且应用更加精益的生产方式,降低成本,令竞争对手望尘莫及。这才是持久的竞争优势。"

"我明白了。"沃德喃喃地说道,心想:对自己而言,这样的大局观还不是那么容易养成的。

　　"当公司里的每个人都能够为产品的改善直接地做出贡献的时候，奈普拉斯就将成为一家精益的公司。"

～

　　"你能再给我演示一下该如何修改产品设计吗？"詹金森通过沃德问巴雅德。巴雅德能说非常流利的德语，但是英语却马马虎虎。不得不在总裁面前说出自己的想法，还有他的德国同事——那些总是对他冷眼相待的人，这令他感到焦躁且不快。

　　"请看这里，"巴雅德指着产品的草图说，"在现有的设计中，这个部分非常脆弱。通常在最终装配的时候断裂。为此我们总是不停地抱怨，但这个问题在设计中已经存在。我们已经尝试了生产线能够做的一切，但还是无法解决。现在，我建议，在不改变产品功能设计的前提下，轻微地增加材料的厚度和角度，这会相当显著地提高产品的质量。"

　　"好想法。"总裁赞同道。

　　"不是我想出来的。"巴雅德操着蹩脚的英语，尴尬地说道，"这是生产线上的工人们想出来的。"

　　詹金森若有所思地点点头，沃德似乎在他那平常总是面无表情的脸上看到了一丝笑容。他叹了一口气，抬起头看着周围的工程师和经理们。

　　总裁缓慢地说道："先生们，首先，这件产品的目标成本是完全难以接受的。我希望能够降低30%。这件产品只能在高成本的地区生产，还要有具有竞争力的价格，所以请从这个角度重新审视这个项目。我们已经与日本竞争对手比较过价格了，我们比他们高出40%。这其中的一部分是管理费用：日本供应商的管理费用一般控制在10%以内，而我们至少达到了20%。所以我会继续在公司内降低管理费用。我们会重新考虑管理费用的结构，并且缩减项目管理的成本。但是，最重要的是，我们需要消除不良品的损失，这就是为什么我要求你们认真地听取弗兰克的建议。"

　　这令在场的人面面相觑。"管理费用"在每个人听来都似乎是个流行语。

　　"所以，首先，我希望大家仔细地了解成本的每一个细节，达到降低30%成本的目标。请把成本问题分解成为简单明确的部分。我们需要探索更多的可能性。比如，我们已经知道可以在中国制造简单的模具，质量很可靠，价格也非常便宜。"

"其次，我希望你们提供不同产量下的成本。我们不但需要了解产量增加时的成本，满负荷时的成本，还要了解产量缩减时的成本。这样一来，在设计生产流程时，就可以把产品的整个生命周期都考虑在内。"

大家更加不安了，詹金森显然触及了他们的底线。总裁花了好几个月的时间在美国与工程师们一起工作，但显然在纽霍夫的时间就短得多了。沃德能够从一些工程师的眼神中看出他们的不屑。他能够告诉大家，他们待在这里的目的是什么。但即使他告诉了大家，这也只不过是粗暴地把他们唤醒，他们不会感激的。

"第三，仔细审视你们建议的生产线，我希望你们同弗兰克一道，提出能使投资最少的方案。减少自动化，而不是增加，明白吗？简单的标准化机器，取消传送带。我会请巴雅德给大家解释原因的，但是我希望，在一个月内得到你们的建议。听明白了吗？"

"所以，先生们，现在大家必须要通力合作，解决两个问题。我希望看到你们关于这件产品的目标 PPM，还有你们准备如何实现目标的计划。我还需要一个能够减低 30% 制造成本的计划。有问题吗？"

⌒

"你真认为他们会这么做？"沃德努力掩饰着自己的怀疑。

"他们非做不可。"詹金森回答道。这次艰难的会议似乎并没有影响到他最近异乎寻常的好心情。"迟早大多数产品的成本将由技术环节决定。传统意义上，工程师总是想要立于安全之地，把风险转移给制造环节。但是，精益思想却给了技术环节前所未有的压力，甚至超过了实际的生产。我们现在的关键在于，要把生产的经验反馈给产品的设计。这并不是件容易的事，但是他们会学会的。"

"我相信你，但是就我对他们的了解，他们并没有这样开放的思想。"

詹金森意味深长地看了沃德一眼，令沃德陷入了局促不安，他在想自己的哪句话是不是特别的幼稚。

"你认为弗兰克·巴雅德思想开明？"

"弗兰克？"沃德笑着说，"才不是呢。但是……"

"他也是学会的，不是吗？"

"是，是，他是学会的，但是……"

"那么，告诉我到底是哪一次试验让他真正的领悟，并改变了思路？或许他并不认为自己的思路改变了，但事实是这样。"

"事实上，"沃德回想起了大概是一年之前那次巴雅德在走廊外抽烟时的谈话，"他曾经提到过，经过了改善研讨会，他改变了看法。"

"我们采取的每次行动都可以看作是一次需要经过试验验证的假设，"詹金森开始了又一次的说教，"那么这一次的假设是什么？我们又该做什么样的试验呢？"

"假设是……"沃德认真地想着，"我们能够通过让工程师参与到改善研讨会中来，向他们灌输精益的思想。弗兰克能看到这一点，是因为我们没有新的产品计划，所以他无事可做。所以适当的试验应该是让纽霍夫的工程师们参与到改善研讨会中，是吗？但如果是这么回事，你又为什么不明确告诉他们这一点，让他们去做呢？"

"我为什么不呢？"詹金森大声地反问道，露出了疲惫的笑容。

"唉！"沃德抱怨地叹道。他至今都偶尔会想起用"五个因为"来回答"五个为什么"。"因为、因为、因为你首先需要让他们老板信服。这是当然了。"

"还有，今天有谁很明显不在会议室里？"

"克洛泽和马里奥都不在，"沃德回答说，想到了欧洲区的技术经理马里奥·克劳奇。"哦，我懂了。你一定是遇到了麻烦。"他冒失地笑了。

"我确实遇到了麻烦，"詹金森说道，"在最近，我希望你和弗兰克一起去趟白塔尼，让马克领你们看看他和工程师们所做的工作。我相信你一定会觉得很有趣的。"

⌇

"我都快忘了和老师一起工作是什么样子了。"当马克欢迎浑身湿透了的欧洲佬到工厂时笑着说道。这次冬天的旅行非常艰苦。不但要面对冗长的国际航班流程，而且还遇到了航班被取消和巴雅德的行李丢失这样的麻烦事。巴雅德把自己的个人行李托运了，随身只是携带了几件产品原型，以便在列克星敦展示。

马克给大家解释了为什么白塔尼会被丰田选中成为新一轮发展的供应商。还有另外两个没有竞争关系的供应商同时被丰田选中,来提高他们的精益水平,同时来自丰田的专家也开始访问他们的工厂经理了。

"日本专家第一次来的时候,我很激动地给他们展示了我和供应商之间的'牛奶圈'式的循环取货。"

"牛奶圈?"巴雅德看起来一脸茫然地问道。他一路都在抱怨美式英语比英国人说的话更难理解。沃德曾经打趣地说,美国人和英国人几乎完全一样,唯一例外的就是语言,巴雅德对此露出了古怪的表情。沃德想,自己也许不应该对他说这些俏皮话,经过了这么长时间的交往,巴雅德的英语还是没有什么长进。在那次工厂做完5S之后的聚会中,沃德他们都很惊讶地见到巴雅德的妻子和四个儿子。和他们书呆子似的古板家长一样,四个孩子都带着酒瓶底似的眼镜。

"没错,我们重新组织了运输,这样我们的卡车就可以每天按照既定的路线,分几次经过多家供应商,取回小批量的零部件了。就像是邮局的邮车遍历所有的邮箱,或者是送奶工要经过每一个奶箱一样。这有助于我们控制库存,同时也控制了供应商的供货。现在的挑战是,难以把货车装得超重60%,而且油价又在上涨,我现在非常渴望把运输的成本降到最低……"

"但是……"巴雅德说道。

"弗兰克,一会儿我会向你解释的,"沃德礼貌地打断了他,"我很关心日本专家访问的事情。"

"是啊,"马克笑着说,"所以我一开始就说起了卡车的事情,当他问起什么来着?对了,'质量问题怎么样?'"

"质量并不是什么紧要的问题,我回答那个家伙说。我们整体的PPM值是9,低于整个公司的平均水平。"

"哇!"沃德大喊,"我们离个位数还远着呢,现在的PPM还在40左右徘徊呢。"

"那个专家问道,'9个PPM?'他又接着说,既然你们的不良品这么少,它们一定是非常有趣的,它们肯定对于反应流程中的故障非常有帮助。请给我们展示一下你们的不良品,并且告诉我们你们对于不良品的标准反应流程。"

沃德和马克都笑了,但又一次感受到了一直思路出错的郁闷。首先是质量，其次是生产周期，然后是成本。丰田关注点的顺序总是一致的，而当他问自己，日本专家究竟会对什么感兴趣时，他的大脑又一次地一片空白。经过两年的时间，他应该了解得更加清楚了，不是吗？

"我领着他看了各种不良品的问题，以及我们是如何处理的，我还接受了一次教导，你猜是什么？"

"现场观察，或许是吧。"沃德猜道，"尽管我并不非常清楚怎么关联起来。"

"正是！"马克这个高大的男人苦笑道，满脸惊讶地摇着头，"'现地现物'日本专家接下来解释说，'就是到现场去。你必须亲自到问题的源头查看。'"

"但你做到了！在我们集团里，你已经做到了最接近发生故障即停止生产线的系统。"

"是的，"马克苦笑着说道，"但是我只是片面地明白了问题。你看，我最初理解的现地现物原则，是关于管理团队的响应，生产出现不良品时，我们要尽可能快地在到达车间现场，这样我们就能了解到流程中哪里出了错，我们要怎样做才能解决它。"

"是的，我同意。"

"然后我又学到了现地现物的更困难的一面，那是关于工人的，难在要教会工人们识别废品，以及开展各种活动，向班组长讲授质量边界产品，还有可视化的自检循环。"

"我们现在还在为此努力，但是我们已经开始做了。"

"但是日本专家为我找到了新的角度——一个显而易见的角度——但是，我以前早就应该想到的。当我们一起检查那些剩下的 PPM 时，我跟他们做了各种解释，告诉他为什么我们就是无法做到十全十美，这很明显，为此我们已经做到了生产中所能做的一切。事实上我们暴露出了产品设计上和生产流程设计中的瑕疵。由于或多或少总是有一些系统性的问题，所以尽管通过改善，用尽一切手段还是无法解决。当我们检查红箱子时，他问道，'这是工人的问题吗？这是生产流程的问题吗？这是产品设计的问题吗？'"

"专家解释说，'红箱子可以教给你很多有关产品的知识，工程师一定要参与到现地现物的活动中来，以更好地学习产品。'"

"这是肯定的。"沃德嘟囔道。

"是的，无论如何，由于我们现在正为下一个项目重新设计一款丰田的零部件，他也参与了进来，还要求把我们现在的 PPM 降到一半。这说起来容易，你也知道。产品工程师开始不乐意了！他们说'根本做不到''价格太低'等之类的牢骚。所以，我们该从何开始？"

沃德无奈地耸耸肩。

"现地现物。"马克笑了，"我们需要更加准确地了解顾客的使用情况。这能使我们更加了解产品是如何对流程做出反应的。令人欣喜的是，我们找到了设计和生产中同样适用的原则。"

"对制造工程的看法？你听到了他们的说法了吗？"巴雅德明知故问的态度，让人恨不得想踢他一脚。

"怎么说？"

他们在驱车去往机场的路上一直讨论着这次的参观。

"制造工程。就是'现地现物'这类的事情。"

"现地现物，亲自到现场去。"

"好吧，很显然，在列克星敦，詹金森不会允许工程师在没有把现行流程的表现提高至少10%的前提下，就着手设计新的流程的。"

"我没有听说过，不过听起来这像是詹金森的作风。"沃德说。

"你能想象纽霍夫的工程师们能遵守在改善旧设备的前提下，才准设计新设备的要求吗？"

"这很有趣。"沃德笑了，脑子里想象着这样的场景。

"我倒要看看这场戏怎么演了。"巴雅德说道。沃德想到自己要把所有人调动起来协同工作，不禁沉重地叹气。团队合作，没错，说起来容易，做起来难啊。

～○

"那么，这就是我一直有所耳闻的作战室了？"詹金森环视着空空荡荡的会议室，斜睨着墙上的图标，一如既往的严肃地问道。

"正是，墙上的每一个部分都对应着一件产品的计划。你可以对照着墙上的时间表，按照日期推算真正的交货日期。你也能看到所有被公开的问题，还有供应商的问题，等等，使项目可视化所需的一切，还有团队协作所需的一切。但是，嗯，你听说了什么？"

"哦，简直就是奇迹啊。你想要让他们改变设计的流程，是吗？你把这群德国人惹毛了，安迪。在把他们赶鸭子上架之前，请仔细地跟我说清楚。"

"那么糟糕吗，啊哈？"

"没错，你肯定已经把他们激怒了。"詹金森慢吞吞地说道。尽管经历了这么多的交往，沃德还是搞不清楚他的老板是怎么想的。但是他已经学会了不要操心太多，有话直说。

"弗兰克已经开始和马里奥合作。他们设计了一个对每个项目进行20道审查的疯狂流程。我的理解是，在每一道审查都有一个通过与否的把关。重要的是，每到这些审核的阶段，项目就会被提交给高级管理层看，他们提出不同的意见。然后项目必须要解决那些问题，直到通过审查。而结果是，即使一个项目能坚持下去，它们到达工厂时，仍然会有很多未被解决的问题。尽管这个审查流程能解决一些问题，但却不一定是我们的客户或者是生产线所真正关心的问题。这就又回到了你所说的，在开始设计之前，就要明确想要解决什么问题，而不是在设计之后。"

"嗯，"詹金森含糊地点点头，"那你有什么建议？"

"在进行这个项目的过程中时，根据自然的步骤设定四到五个明确的里程碑，比如：概念设计、系统设计、详细设计、原型，还有试生产。在每一个步骤，我们都要明确，影响后续进展的主要问题是什么，然后努力解决。应该是在上游阶段就解决问题。"

"我同意。"

"马克还说过为了学习的目的，即使最后只能选择一种方法，我们还是应该同时考虑多种不同的方法。我能理解这样做的内涵，但就我们现有的水平而言，这种做法太先进了。我们现在主要要做的是让工程师们严格按照时限完成开发，并且提前发现问题。"

"我对于他们的不合作毫不惊讶，"詹金森笑道，"但坦白地讲，我不认为你有那样的胆量。"

"好吧，"沃德耸耸肩，说，"你给了我这样的权力。而且，经过我在佛顿的经历，这并没有那么艰难。"

"还有什么我应该知道的吗？"

"没有了。我最终还是取消了内部业务上的MRP系统，所以现在在工厂内部，我们只需要依据看板卡片以及拉式系统。车间里已经不再设置电脑了。"

"还有呢？"

"这或许对于你不值一提，"沃德笑着说，"但是对我而言，这的确是最艰难的一次决定。我很难说清取消这个麻烦的东西时，我有多么的痛苦。我们之前都担心，工厂第二天可能一件产品也生产不出来了。"

"我在同你一起笑，而不是嘲笑你，安迪。我会支持你的，而且，这是一个痛苦的时刻。发生了什么？"

"当然，什么也没有发生。"沃德叹道，"看板系统运行得很好。到现在为止已经运转了很久。这一切都在我们的意料中。一如既往地如此。"

"很好，但是不要忽略了看板系统的关键法则：卡片要按月检查，每个月都试着减少一些看板。看板是改善的一种工具，对吧？"

"没错。"沃德说，他意识到自己也在面无表情地应对詹金森。

"在引狼入室之前，开发项目方面还有什么事吗？"

"有一件事情，我想向你申请一些培训的经费，培训这里所有的工程师掌握 A3，我认为这会有所帮助。"

"银行已经关门了，安迪。一分钱也没有。你尽力而为吧。"詹金森冷酷地回答说。

"咱们又陷入了危机？"

"我还不敢肯定，"詹金森缓慢地说道，"贷款给我们成立公司的那家银行最近举动怪异。我们已经成功地通过降低库存偿还一部分贷款，但是进度没有我预想得那么快。按照现在金融市场的情况——我也不知道了。我只是对此有些不好的预感。"

沃德心情复杂地看着眼前的老板，他站在一块项目展板之前，沉浸在自己的思考之中。沃德觉得这样的对话已经超过了自己的级别，而且从詹金森的语气之中感受到了一丝的不确定。

"无论如何，"詹金森理清了思路，重新开口说话了，"在我指出哪里出错之前，严格地按计划执行。降低库存仍旧是首要的工作，并且还要尽可能地缩减开支，能做到吗？我很赞同进行 A3 的培训，但是可以利用我们现有的资源，找出解决的办法。"

人是多么容易健忘啊，沃德在心里想。会议进行得并不顺利，使沃德想起了詹金森在纽霍夫的第一次会议，当时他所做的就是要求贝克梅耶裁减质量部的员工数量。他真笨啊，他那时没想到这一点。结果是，原先大多数抵制改变的障碍都已经在佛顿消失了。确实，工人们仍然在缓慢地工作，他只能不断地提高改善工作的节奏。很重要的是，让员工们坚持执行 PDCA 循环中的"检查"，虽然是一场攻坚战。但是总的说来，他们已经学会了接受挑战，同时也不再质疑结果表现上的差距可以与流程中的问题联系在一起。在许多情况下，他还必须浇灭他们在没有改善现有流程之前就推倒重来另起炉灶的热情。菲尔坚持的设计任何新设备前，必须完成对现有设备进行改善的思路，越来越有道理。在他的工厂里，改善之后再改善，逐渐地作为标准的方式被大家接受了。

沃德又一次险些错过了高速路上去飞机场的出口。他经常犯这个错误。他要把詹金森送到机场，然后自己开车回家。

"你有似曾相识的感觉吗？"他笑着问道。

"此话怎讲？"詹金森一如既往地在沉思，只是慢慢地答话。

"我想起了我上次开车去纽霍夫为工厂求情的那一段往事。"

"事实证明，你做了正确的事情。我承认这是我所做的一个错误的决定。我曾经下定决心关闭佛顿工厂。"

"是的，我听说，这次与日本合资的合同已经签了，但是将来是否能够顺利还取决于工厂是否能挺过需求的锐减。"

"你已经爱上了汽车行业，就得接受其中的酸甜苦辣，"总裁取笑道，"我猜当他们到来后，你会听说更多有关精益的事情。"

"这已经发生了，"沃德笑道，"他们抱怨我们工厂的地板不够平整，难以安装他们需要的设备。"

"还是回到刚才的话题，说实话，"停顿了一下，沃德说道，"我当时只是在争取时间，我不认为我能成功地有所作为。"

"安迪，你做得很好。"詹金森夸赞道，"而且你已经带领公司取得了很大的进展。有时，争取时间就是全部。我同意，这次的合资是一个很大的契机。不在于工厂能做到多大的改善，如果我们达不到足够大的产量，让工厂继续开下去还是一次重大的冒险。但是，由于你在工厂所做的一切。成功有时并不是因为你多么努力地推进一件事情，有时你能做到的最好的事情，就是把自己放在成功的位置上。努力地表现，让人看到这还没有结束，直到它确实结束了。"

詹金森停顿了片刻，转身看着沃德。"你知道，安迪，我们总是在讨论精益管理中的方方面面。维持改善的精神、保持明确的目标、鼓励团队协作、创造完全的信任。这都是非常有用的东西，但永远不要失去对于现场的关注，精益管理真正的秘密在于到现场去。做任何事情之前，你都必须先出现在那里观察。在现场，在正确的人的陪同下，看到真实的事物，找出真相。无论何时只要有工人想出了新的主意，你都要出现在他面前。无论何时，只要有客户对于产品不满，你都要出现在他面前。无论何时，当你的团队中有人由于不明问题的真相，而想到一些欠缺推敲、有可能引起客户或工人不满的对策时，你都要出现在他们面前。你要出现在现场，并教会他们。"

"我知道你可能会问，怎么可能随时立刻出现在每个角落呢？况且，你还有其他许多重要的事，听起来很难——你看我要处理三大洲的运作，但这不是关键。工人们需要做好自己的工作，你不可能每周7天，每天24小时，手把手地教他们，监督他们。"

"到现场去，就是让你定期地检查每个部门，检查工人们是否在按教给他们的方法工作，检查他们是否正确地认识到了公司想要达到的目标。有时你会看到一些他们没有意识到的问题，这是因为你比他们有更宽广的视野。你可以拉动安灯的绳索，然后说'停下来，想一想。更加深入地看待这个问题。明白问题是什么，找到多方面的选择方案。'"

"但是人场券是先到现场去。无论其他的问题看起来有多么紧急。想要实施精益管理，你要每天至少洗三遍手。面对各种人，接触产品。最终，这就能够区分谁真正做到了精益，而谁没有做到。这些全部都发生在工作现场。就像是我的老师很多年前教给我的，精益的秘诀根本不是秘诀：到现场去，问为什么，尊重员工。仅此而已。"

尾　声

　　安德鲁·沃德非常兴奋，他之前从来没有尝试过驾驶帆船，这次坐在老帆船的木头甲板上，随着船穿过金门大桥的赭红色柱子，看着蔚蓝的天空，简直有些被迷住了。帆船真是件好东西：全部是涂了油漆的木头和磨得光溜溜的铜，摸起来的感觉爽极了。鲍勃·伍兹站在控制方向的舵轮前，笑得毫无拘束，他那稀疏的白发飘在鹰一般的脸庞前，像绕在圣人头像上的光环。他的儿子迈克坐在驾驶室里，和沃德坐在一起，全神贯注地在笔记本电脑上敲打着什么，偶尔抬起头，看看周围巨大的浪头以及被扔在身后的山崖。迈克看起来有些像鲍勃·伍兹的矮胖版本，有着同样标志性的鹰一般的脸庞、偏长的头发和短短的胡须。他看起来简直是当年伯克莱激进派的典型形象，沃德猜想他也许就是其中一员。

　　过去的两年时光可谓不容易。首先，原油价格不断冲高，但这同时也带动了小型汽车的需求。有几个月里，人们把菲尔·詹金森当作是一位有远见的总裁加以崇拜，因为他努力地使奈普拉斯的业务重点从 SUV 部件转向小型汽车部件。沃德知道，其实詹金森并没有预想到油价会上升得那么快，他那么做只不过是为了拓宽公司的产品线而已。但是很多时候，幸运地踩到一块西瓜皮，比自己冥思苦想更为重要，难道不是吗？紧接着，全球金融危机就到来了，形势糟糕到超出汽车行业能承受的范围。公司的股东们自身陷入了麻烦之中，他们指责詹金森，没有在市场形势允许的情况下，尽可能快地砍成本。有一段时间，公司的财务报表很难看，但是，回头再看，那时候谁的日子又好过呢？当市场缓慢而痛苦地回复到正常水平时，那些合伙人们最终发现，公司在最糟糕的情况仍然保持了强健的竞争力，而且事实上，越来越成为他们保存下来的最可靠的资产。詹金森的个人评价又上升了。通过这次危机，奈普拉斯的市场份额得到了增长，公司现在被看成是企业翻身的好榜样，甚至那些最苛刻的股票市场分析师，也承认詹金森的精益策略是成功的。

待在"幸福"号的甲板上，沃德陷入了冥思，他回想起把他带到今天的那些点点滴滴，虽然那些事情看起来并不像一根项链那样串在一起。詹金森有一次访问佛顿工厂时，曾经问过沃德，这个工厂里是否已经培养了接班人，可以接手工厂的管理。在脑海中一阵快速而激烈的思索后，沃德向詹金森建议，可以问问丹尼斯·克拉拉是否愿意接手这份工作——对此他有些怀疑——但是从能力的角度看，克拉拉应该能做好；或者卡罗尔·仙顿，她也很可能成为一个好的工厂总经理，当然她需要多一些在技术方面的指导。在过去的两年里，她和克拉拉合作得很好，如果他们俩继续像之前一样做好团队协作，沃德相信她是可以接手工厂管理的担子的。过去一年里，沃德自己花了很多时间参与工程方面的事情，而把工厂行政管理的很多任务委托给了仙顿和财务主管。但詹金森为什么提出这个问题？

"我想请你考虑一下是否能接手欧洲区总经理的工作。"詹金森停了一下，和平时一样随便地说。

沃德则感觉自己好像僵住了，也许既有激动，又带着惧怕。这的确是一个很大的提升。他自己可从来没有那么野心勃勃地想象过这件事，而很清楚的是，过去三年的经历告诉自己，更多的责任意味着更多的问题，但也意味着培养了朝正确的方向协调事情以及把事情做成的能力。"那么科尔曼怎么办？"

"他将很快回到美国。目前这个事还没确定，所以请不要传出去，但是我们正在考虑一个大的收购项目，我需要科尔曼帮我忙。欧洲方面的工作对他来说毕竟是临时的，尽管这比我们原来计划得要长了些。"

"我需要搬到纽霍夫去吗？"

这个问题可把总裁搞乐了，但他并非不近人情。"这个事由你自己决定。我期望你能每周在纽霍夫待几天，但是我也理解你很可能更愿意待在现在住的地方。我对此没有什么意见，只要你能做到现场观察就好了。"

"我乐意做这件事，但我先得跟克莱尔商量商量。"

"那是当然，"詹金森回应道，"这也不是什么着急的事情。"

～

这是他们为什么会来到加利福尼亚的原因。克莱尔听到这个消息，第一反应有点像刺破了的泡泡，多少感到吃惊（当沃德再一次问这是好是坏时，她开了个玩笑，"我们需要走着瞧"），然后声称，他们需要一个假期来好好地想这件事。她与艾米·伍兹一直保持着很好的友谊，艾米已经多次去过马兰科特，每一次艾米都反过来邀请克莱尔到美国。由于成功地写了一本关于詹金森在前一家公司成功实施精益变革的书，迈克现在已经被一家大学的商学院聘用，在那里他全职地研究和教授精益管理。他们在哈阿斯有一处可爱的小别墅，如果在没有雾的天气，待在房子里，就可以看到远处的大海。当沃德和克莱尔到来的时候，艾米已经看得出怀孕了，兴致很高。当沃德他们安排了乘帆船出海的旅程时，她和克莱尔决定待在岸上，也算是表达对大海的尊敬。

～

"总是这样吗？"沃德疑问道。

"也可能出现大雾。"老伍兹回答道。

"我说的是精益实施。它会不会慢慢地平稳下来呢？还是非得永远不断地面对一个接一个的问题不可呢？"

这个问题把老伍兹搞得大笑起来，他的儿子迈克也抬起了头，微笑着。

"当你解决完所有的问题时，你就遇到真正的麻烦了，"伍兹笑道，"没有问题就是你最大的问题。"

"你是什么意思？"沃德回答道，似乎更加疑惑。

"大企业病，"小伍兹解释道，"我们一直期望丰田迟早退步到平均水平，成为另一家很普通的汽车公司。然而直到现在，它们还在不断面对和解决自己的问题，尽管那些问题总是不断地发展变化。举个例子，它们现在正在处理各种由于自身快速扩展带来的问题，诸如尽快地培养够多的人才，以及由于金融危机导致的过剩产能——即使它们并没有像其他一些公司那样受到严重影响，但还是在过去 50 年里首次发生亏损。它们的高级管理层一直对它们所称的'大企业病'保持警觉。它们决心一直保持着改善的精神。"

"你已经完成了其中简单的部分，"鲍勃·伍兹对他儿子的说法表示同意。沃德正想说话，他又开口了，"真的。直到现在，你一直面对的是那些已知的问题。但是在某些情况下，你将要面对更棘手的问题，那都是彻底重新发明解决方案，去面对过去不曾了解的新问题。"

"一个精益的组织里，每一个人都要对产品有贡献，是吗？"沃德问道。

"大致如此。那是菲尔当前的理解。"伍兹说，"我的看法和他不同。精益最终都脱不开那些操作人员。这对我来说一直是最艰苦的教训。对于我们使用的任何新的工具，我的老师都会问，'这个工具对于工人会有什么帮助？'我们知道如何与工厂以及班组长一起工作，但是往往在工人层次花的时间不够。真理是什么？精益绝大部分都是关于教会人们改变，从车间现场开始逐层往上。"

"改变？"

"是的，改变。但并不是泛泛而谈，不是平时我们谈到改变时那种'粉饰'或者'转变'。我的意思是在三个特别方面的实际改变：量的改变，意思是根据新的节拍时间重新平衡；混合的改变，意思是频繁地进行生产切换；产品的改变，意思是成功地开发出新产品。这些都要求真正的大脑思考的技能，不仅仅是懂得如何生产好的部件。这几点对于从工人到总裁的各个层次都适用：在维持充分运用生产能力的前提下，如何应对需求的波动？如何运用同样的生产线生产不同的产品？最终，如何频繁地推出顾客愿意购买的新产品？这可不是关于重新整理甲板那么简单。这是学习如何改变的真正实践。核心要点是，你需要掌握好标准化工作与改善之间的平衡。"

"通过坚持标准化工作，同时学习改善。这听起来好像是个悖论。您不这么认为吗？"

"这也是为什么很少人能掌握好的原因。只有当你每天都不断实践的时候才能体会。标准化工作，改善；标准化工作，改善；直到你改进了自己的管理方式，对你的客户、产品、流程和人员有了更好的理解。"

"这个过程没有一个终点吗？但可以肯定的是，你从人员和机器中挤榨，总有一个限度啊。"

"是个有趣的话题，"迈克回答道，他把自己的苹果电脑扔在驾驶舱里，这时大海的浪花已经有些打湿了甲板，"确实很多人对精益有不同的看法。精益是否意味着吝啬？我们听过许多案例，其中精益工具被错误地运用，导致了工人和管理层的更多矛盾。我的同事和我从员工的角度进行研究，精益对于他们意味着什么？是参与式地不断改进，还是仅仅意味着更大的压力？"

把他的学术倾向与演讲分开，迈克一点也没有他爸爸的那种难以对付。他是个很容易相处的家伙，甚至有些害羞，他的古怪的幽默感让沃德感到有些惺惺相惜，直到他告诉沃德，自己的妈妈是英国人，自己大部分时间里也是在英国长大，那时他爸爸在英国工作。

"激励人们改善精神的基本原理是，如果你拥有权威地位，并努力推动，你可以相对容易地让任何人去做任何事，但是你不可能强迫他们有兴趣。精益管理者们努力让员工们用上自己的智慧和热情，而不仅仅是双手、双腿，或者其他的身体部位，你不可能强迫他人去思考。思考只能来源于兴趣和关注。通过研究人们在每天工作的不同时间点的感受，研究者们已经发现，人们在全身心参与到一项任务时会感到更幸福，就像运动员发现了他们运动项目中难以琢磨的'甜点'一样，无论这项任务是什么——是做一个纵横字谜，检查一个滚珠看是否足够圆，辅导他人，或者解决核物理学里的量子力学方程式。流动——但是这和精益里面谈的流动还不一样，它指的是一种思维的状态。这种全身心参与的感觉，往往在人们感觉到自己面对的挑战和自己的处理能力比较平衡的时候最容易出现。面对太多的挑战，我们感到不安；自己的能力太强，我们感到无聊。显然，这个'甜点'是难以琢磨的，因为工作状态下的挑战和能力有随机的变化，除非我们能很好地管理它。同样非常有趣的是，当人们感到全身心投入到一件任务中时，他们很不喜欢有什么其他事情破坏了他们大脑的流动。"

"还有，改善让员工们有一种对自己工作的更强的控制感，这比其他任何组织方法都更好。最后，也没有什么事比一个感觉到对自己周围的情况毫无能力控制更让人沮丧的事。在精益的状态下，工人在遇到问题时可以停止生产线，工人可以参与到工位的设计中去，他们可以提出意见。总体来说，他们获得了对自己周边环境的某种程度的控制，这对于他们来说是一个大大的奖励。更重要的是，他们越是参与到设计自己的工作环境中去，他们就会有越多的主人翁的感觉，对自己所设计的工作也越有责任心。最后，团队方式的问题解决活动对于公司文化和工作团队内部的友谊来说，是一个有力的促进器。"

"这也是我在这个艰难的过程中理解到的。我曾经把一些改变强加给大家，结果他们反过来给我脸色看。"

"总的来说，这就是精益变革的真相。"伍兹大叫道，让人在风声中能听得到他的声音。"因为我们都有一个严重的偏见：'要的是结果，不管你用什么办法'，所以很难平心静气地去理解丰田关于流程和结果的平行关系。很多公司发现，实施持续改善工具是相对比较容易的，但是往往不能同等地关注让员工参与和培养人才。他们没有两条腿走路，却希望赢得比赛，最终不能持续。我们都是通过艰苦的方式才懂得了这个道理。不仅仅是你——每个我认识的、在精益上取得成功的人，都发现，尊重员工并不是仅仅与持续改善同等重要的事情。为了让客户满意，我们必须坚持现场观察，改善，以及不断地挑战自己，但如果我们不鼓励大家进行团队合作，培养相互信任，只顾迎着浪头不断划桨，那么无论个人划得有多快，其结果是，目标的旗杆却总是被偏到了一边。"

"精益管理能起作用的另一个更深层次的原因，"迈克沉思道，"是自我评估。当人们评估了自己的绩效，他们就会改进自己的工作。不是老板评估他们绩效的时候，也不是管理部门评估他们绩效的时候，这必须是他们自己，真正地参与进去。如果是老板评估绩效的话，他们会很快琢磨什么能让老板开心，这往往形成了另一个问题。然而，自我评估在心理上是很痛苦的，所以管理层需要维持持久的压力，以使得大家能持续地这么做。一句话，这就是精益系统所做的事情：将每小时的自我评估可视化出来。旧的管理方式下，一旦管理人员不再表示兴趣和帮助解决问题，人们就会停止这么做，流程就会开始走下坡路。而在精益系统下，只要人们能积极参与，评估自己的绩效，他们就会持续地改进。"

"将学习和实践结合在一起，并且通过与他人一起工作而学习，通过改善和A3以及其他的精益工具，这将创造一种非常强有力的学习环境。我正在写一篇关于这个主题的论文。自我评估，干中学，分享经验，以及从你的角度挑战他人。简单地说，这就是我关于改善的理论。回答你最初的问题，那就是没有，这个过程没有任何可以预测的'终点'，这是因为人的智慧是没有终点的。但是为了要达到那个境界，真正的挑战是开始按照理解问题的方式去思考，而不是急着跳去寻找解决方案。真正困难的部分是：什么是你努力要解决的问题？"

思考，而不是急着跳去寻找解决方案。真正困难的部分是：什么是你努力要
解决的问题？"

　　"嗨，你看这，"当沃德他们在码头停船的时候，克莱尔朝着他们跑来，兴奋地大喊，手里挥舞着一本杂志。艾米跟在后面，神态虽然庄重得多，但也露出灿烂的笑容。克莱尔登上了甲板，把杂志翻到一页有彩色照片的地方，伸到沃德眼前。那是沃德的照片，那张照片上，他笑得像个呆瓜，发型也有些糟糕，标题还用了粗体——"精益管理者"。沃德记起来了，曾经有人和詹金森联系，打算写一篇关于"精益企业转型"的文章，詹金森建议他们应该采访沃德。看着那张有些傻样的照片，沃德感觉这世界真是太不可思议了，自己好像赢了一个小概率事件，也许那匹马最终真的学会了唱歌！

致　谢

这部小说中的人物和场景完全是虚构的。尽管故事融入了我们在工厂现场的经验，以及先生们教我们的知识，但是这本书并不打算去描述什么是"丰田生产方式"，或者是什么是"丰田模式"。在书中提到"丰田生产方式"或者"丰田模式"，只是反应我们对于这些知识在丰田之外的应用的理解，与丰田汽车公司的立场也毫无关系。

由衷地感谢本书的责任编辑 Tom Ehrenfeld，他对这本书的产生确实做了莫大的付出。关于为《金矿》写本续集的主意在几年前就开始有了，当时那本书的出版人詹姆斯·沃麦克（Jim Womack）鼓励我们写一本接下去的小说，朝着精益企业转型方向再深挖一些。这本书的故事主线最初是由 Pat Lancaster 建议的，他认为，我们的前一本书没有从工厂总经理的角度去写，没有把那种不得不去实际执行精益变革而感受到的兴奋和焦虑写出来，是一个遗憾。几年后，Orry Fiume 给出了同样的评论，我们还一起构思了一个关于精益转型的企业案例的框架。在写这本小说的过程中，我们有幸得到许多每天在现场实践的工厂总经理们的经验支持。特别要提到的是，我们非常感谢 Nampachi Hayashi，他在车间现场传授 TPS，并且对基于丰田模式的精益管理有深入的理解，对我们帮助很大。同时感谢 Tatsuhiko Yoshimura，他对于丰田管理方法的要点做了富有洞见的演讲。在运用这些原则改变公司文化方面，我们很幸运地与多位成功的企业高管一起工作过，如 Pierre Vareille、Jean-Luc Vidal、Theo Benz、Christophe Baroo、Jacques Chaize、Frederic Fiancette、Evrard Guelton、Patric Thollin、Jean-Paul Guyot、Jean-Baptiste Bouthillon、Jean-Claude Bihr，等等，还与许多经验丰富的精益负责人一起共事，如 Allain Prioul、Philippe Pull、Yves Merel、Oaul Evans、Eric Prevot、Phillippe Grosse、Marc Mercier、Marie-Pia Ignace。本书中的许多内容也是源于与精益同行的讨论，得到了他们的支持，尤其是杰弗瑞·莱克（Jeff Liker）和丹·琼斯（Dan Jones），他们一直帮助我们把书的核心结构理顺。其他精益思想专家们，包括 Art Smalley、Durward Sobek、Pascal Dennis、David Meier、Mike Hoesus、Rene Aernoudts，与他们的谈话也对本书的形成帮助很多。其他丰田专家，如 Jim Womack、Jose Farro、Gilberto Kosaka，都为本书奉献了他们的时间和经验。

其他还有许多人对我们提出了建议和鼓励，我们也对他们表示非常感谢，如 Godefroy Beauvallet、Neil Harvey、Philip Cloutier、Laurent Bordier、Christain Amblard、Steve Boyd、patric Labilloy 以及 Sara Bienek。

同样非常感谢精益企业研究所（Lean Enterprise Institute）的团队在本书出版中的尽职和努力的工作，他们包括 Michael Brassard（他提出了本书的书名）、George Tainiecz 和 Thomas Skehan，以及提供了很多有洞见意见的评论者 Peter Willats、Cindy Swank、Mark Graban 和 Matt Zayko。

最后，我们要非常感谢我们的家庭成员，感谢他们的支持和耐心，他们经常不得不比正常人忍受更多关于精益的谈话。

精益企业研究所
（Lean Enterprise Insititute）

继续您的教育

精益企业研究所拥有非常广泛的学习资源，所有都是与您在精益变革上去的成功相关的实用知识。

•学习资料

我们用贴近大众的语言所写的书、工作手册、领导力指南，以及培训资料反映了精益思想的精髓，那就说动手"干"。他们都是基于多年的精益变革的研究和实际经验，涉及制造和服务组织，它们所提供的工具能帮你马上把它们付诸实践。

•教育

所有的教员都有广泛而深入的实施经验，他们通过案例研究、工作表单、公式、方法论等等你实施需要的知识，教你如何实际运用。这些精选的课程涵盖的主题包括技术、文化变革、教练、高层管理的责任，等等。

•活动

每年 3 月的精益变革峰会，企业高管和实施者和您一起探讨最新的精益概念和案例研究。其他活动聚焦于一件事或一个行业，诸如启动一个精益变革，或者在医疗卫生行业实施精益，等等。点击 Lean.org 可以查询详细情况，在第一时间获得那些有人数限制活动的通知。

•网站（lean.org）

一次快速和安全的注册能帮你获得很多在线学习资源：

• Jim Womack 的富有领先思想的电子信件，每月都会发送到你的邮箱；

• 运用联系中心，与精益思想家会员建立联系，或者进行标杆比较；

• 进入一系列的论坛，你可以在那里提问或者帮助他人；

- 获得个人定制和追踪个人学习成长的"精益路线图"；
- 运用精益记事本，储存和分享重要的文章；
- 关于 LEI 活动、网上在线研讨会以及新的学习资料的第一时间的通知。

·关于精益企业研究所

精益企业研究所于 1997 年由管理专家詹姆斯 P. 沃麦克博士创立，是一家非营利的研究、教育、出版和会议公司。作为其在全球范围内推动精益思想的愿景的一部分，精益企业研究所支持了精益全球网络（leanglobal. org）、精益教育学术网络（teachinglean. org）以及医疗卫生界价值领导者网络（healthcarevalueleaders.org）。

精益思想丛书

ISBN	书名	作者
978-7-111-49467-6	改变世界的机器：精益生产之道	詹姆斯 P. 沃麦克 等
978-7-111-51071-0	精益思想（白金版）	詹姆斯 P. 沃麦克 等
978-7-111-54695-5	精益服务解决方案：公司与顾客共创价值与财富（白金版）	詹姆斯 P. 沃麦克 等
7-111-20316-X	精益之道	约翰·德鲁 等
978-7-111-55756-2	六西格玛管理法：世界顶级企业追求卓越之道（原书第2版）	彼得 S. 潘迪 等
978-7-111-51070-3	金矿：精益管理 挖掘利润（珍藏版）	迈克尔·伯乐 等
978-7-111-51073-4	金矿Ⅱ：精益管理者的成长（珍藏版）	迈克尔·伯乐 等
978-7-111-50340-8	金矿Ⅲ：精益领导者的软实力	迈克尔·伯乐 等
978-7-111-51269-1	丰田生产的会计思维	田中正知
978-7-111-52372-7	丰田模式：精益制造的14项管理原则（珍藏版）	杰弗瑞·莱克
978-7-111-54563-7	学习型管理：培养领导团队的A3管理方法（珍藏版）	约翰·舒克 等
978-7-111-55404-2	学习观察：通过价值流图创造价值、消除浪费（珍藏版）	迈克·鲁斯 等
978-7-111-54395-4	现场改善：低成本管理方法的常识（原书第2版）（珍藏版）	今井正明
978-7-111-55938-2	改善（珍藏版）	今井正明
978-7-111-54933-8	大野耐一的现场管理（白金版）	大野耐一
978-7-111-53100-5	丰田模式（实践手册篇）：实施丰田4P的实践指南	杰弗瑞·莱克 等
978-7-111-53034-3	丰田人才精益模式	杰弗瑞·莱克 等
978-7-111-52808-1	丰田文化：复制丰田DNA的核心关键（珍藏版）	杰弗瑞·莱克 等
978-7-111-53172-2	精益工具箱（原书第4版）	约翰·比切诺等
978-7-111-32490-4	丰田套路：转变我们对领导力与管理的认知	迈克·鲁斯
978-7-111-58573-2	精益医院：世界最佳医院管理实践（原书第3版）	马克·格雷班
978-7-111-46607-9	精益医疗实践：用价值流创建患者期待的服务体验	朱迪·沃思 等

金矿：精益管理 挖掘利润（珍藏版）

作者：[法] 弗雷迪·伯乐 迈克·伯乐 ISBN：978-7-111-51070-3

本书最值得称道之处是采用了小说的形式，让人读来非常轻松有趣，以至书中提及的操作方法，使人读后忍不住想动手一试

《金矿》描述一家濒临破产的企业如何转亏为盈。这家企业既拥有技术优势，又拥有市场优势，但它却陷入了财务困境。危难之际，经验丰富的精益专家帮助企业建立起一套有竞争力的生产运作系统，通过不断地改善，消除浪费，大幅度提高了生产效率和质量，库存很快转变为流动资金。

金矿Ⅱ：精益管理者的成长（珍藏版）

作者：[法] 迈克·伯乐 弗雷迪·伯乐 ISBN：978-7-111-51073-4

在这本《金矿》续集中，作者用一个生动的故事阐述精益实践中最具挑战的一项工作：如何让管理层和团队一起学习，不断进步

本书以小说形式讲述主人公由"追求短期效益、注重精益工具应用"到逐渐明白"精益是学习改善，不断进步"的故事。与前一本书相比，本书更侧重于人的问题，体会公司总裁、工厂经理、班组长、操作员工以及公司里各个不同层级与部门的人们，在公司通过实施精益变革进行自救的过程中，在传统与精益的两种不同管理方式下，经受的煎熬与成长。这个过程教育读者，精益远不止是一些方法、工具的应用，更是观念和管理方式的彻底转变。

金矿Ⅲ：精益领导者的软实力

作者：[法] 迈克·伯乐 弗雷迪·伯乐 ISBN：978-7-111-50340-8

本书揭示了如何持续精益的秘密：那就是培养员工执行精益工具和方法，并在这个过程中打造企业的可持续竞争优势——持续改善的企业文化

今天，越来越多的企业已经开始认识并努力地实施精益，这几乎成为一种趋势。不过大多数实践者只看到它严格关注流程以及制造高质量产品和服务的硬实力，少有人理解到精益的软实力。本书如同一场及时雨，为我们带来了精辟的解说。